KB042286

시민이 만드는 민주주의

민주주의 그리고 시민교육

강원택·유진숙 편

박영사

　2017년은 한국에서 민주화가 이뤄진 지 30년이 되는 해였다. 우리와 비슷한 시기에 이른바 '민주화의 제3의 물결'을 타고 민주적 이행을 경험한 국가들과 비교할 때 한국은 예외적이라고 할 만큼 성공적으로 민주적 공고화를 이뤄냈다. 30년 전 많은 시민들이 소망했던 공정하고 자유로운 선거를 통해 내 손으로 대통령을 뽑고 싶다는 목표는 실현되었다. 그 사이 7명의 대통령이 적법한 절차를 거쳐 선출되었고, 선거를 통한 평화적인 정권 교체도 세 차례 일어났다. 국회의 권한이 강화되었고 사법부의 독립성도 커졌다. 그 목표가 실현된 만큼 이제 제도로서의 민주주의의 공고화를 넘어 보다 심화된 민주주의로 나아가야 할 때가 되었다.

　한편, 2017년은 정치적으로 또 다른 출발점이 되었다. 민주화의 진전에도 불구하고 권위주의 시대의 유산은 완전히 청산되지 못했고, 도덕성과 신뢰를 잃은 대통령은 시민들의 분노와 저항에 직면하여 결국 탄핵되고 말았다. 30년의 민주적 공고화 과정에도 불구하고 민주주의는 한국 사회에 충분히 내재화되지는 못했던 셈이다. 절차적 민주주의를 넘어 민주적 가치를 내재화하고, 민주적 관행을 일상화해야 한다는 또 다른 중요한 과제가 우리 앞에 놓여 있는 것이다.

　이 책은 이러한 문제의식에서 출발한 것이다. 이 책은 한국 민주주의가 한 단계 더 성숙되기 위해서는 다름 아닌 시민 개개인이 공동체를 위해 제 역할을 해야 할 때가 되었다는 점에 주목한다. 사실 지난 30년간 우리는 대통령이, 여야 지도자가, 국회의원들이, 청와대 주요 인사들이, 법원 판사들이, 행정부 관료들이, 정당인들이, 후보자들이 민주주의 원칙을 잘 지켜야 한다고 생각해 왔다. 이들이 독재하려고 해서는 안 되고 부정부패나 반칙을 해서는 안 된다고 생각했다. 제도로서의 민주주의가 공고화되어 온 데에는 이처럼 정치를 직접 하는 이들에 대한 감시의 강화, 정치적 경쟁 규칙에 대한 감독의 강화와 관련이 있었을 것이다. 이와 함께 이제는 시민 개개인의 참여, 헌신, 기여를 통해서 대한민국이라는 정치 공동체가 앞으로 나아가야 하는 시대가 된 것이다. 그리고 민주주의의 가치가 일상 속에서 표출되고 구현될 수 있어야 하는 시대가 된 것이다. 공동체 사안에 대한 참여와 헌신, 서로 다름에 대한 인정(agree to disagree), 약자와 소수자에 대한 배려, 더불어 살아가는 삶 모두 우리의 일상생활 속에서 민주주의가 구현되는 모습들이다. 이제는 정치인들이 아니라 시민이 스스로 민주주의를 만들어가야 하는 세상이 된 것이다.

이 책은 2016년 한국정치학회 회장으로 일하면서 개인적으로 큰 관심을 가졌던 '시민이 만드는 민주주의' 연구의 결과물이다. 이 연구의 취지에 공감하며 흔쾌히 연구 작업에 동참해 준 필자들 모두에게 이 자리를 빌려 깊은 감사의 인사를 전한다. 여러 차례의 회의, 발표, 토론 등 쉽지 않은 과정이었지만 항상 즐거운 마음으로 연구 작업을 진행했던 필자들의 열정이 고마웠다. 전체 연구의 진행과 조율을 맡아 준 유진숙 교수와 조희정 박사께 특별한 감사의 말씀을 전한다. 이 책의 초고는 중앙선거관리위원회 선거연수원에서 지원한 시민교육 프로젝트에 기초해 있다. 많은 배려를 해주신 김대년 중앙선거관리위원회 사무총장께 감사의 말씀을 드린다.

이 책이 한국 민주주의의 심화를 위해 조그마한 기여라도 할 수 있다면 그 이상의 기쁨은 없을 것이다.

필자들을 대표하여

2018.2.

강 원 택

1부

민주주의의 역사

2부

국　가

3부

정 당

4부

선 거

5부

시민사회

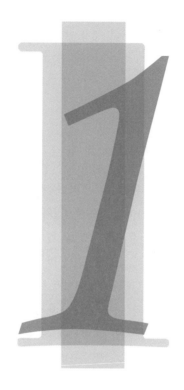

민주주의의 역사

1. 민주주의란 무엇인가

1) 민주주의 개념

❶
민주주의의
정의

민주주의는 군주제나 귀족제와 달리 '인민이 지배하는 통치 형태'를 의미한다. 고대 아테네라는 폴리스에서는 모든 자유민이 동등한 권리를 갖고 직접 정치에 참여할 수 있는 정치를 구현했다. 그로부터 오랜 역사가 지난 후에, 현대 민주주의는 민중 자치를 의미하는 고대 그리스 아테네 민주주의뿐만 아니라, 고대 로마공화국과 르네상스 시기 이탈리아 도시국가의 공화주의, 그리고 17~18세기 서구 자유주의 전통으로 발전해왔다. 한편, 현대 민주주의는 선거를 통해 선출된 대표에게 의사결정 권리를 위임하는 대의민주주의를 의미한다. 이렇듯 다양한 민주주의를 한마디로 정의하기 어려운 이유는, 민주주의가 이념적이며 이상적인 가치인 동시에 실천적이며 현실적인 통치제도라는 의미도 갖고 있기 때문이다.

참고자료

> | 민주주의(democracy)
>
> 민주주의는 기원전 462년 고대 그리스 아테네에서 만들어진 용어이다. 민주주의(democracy)는 인민(demos)과 지배(kratia)의 합성어로서 '인민에 의한 지배(통치)'를 의미한다. 즉, 소수 지배자의 권력이 아니라 다수 시민에 의한 권력으로서 평범한 시민의 이익을 추구하고 그들의 우려에 대응하는 정치체제를 의미한다.
>
> 고대 아테네에서 민주주의는 귀족회의의 권한을 평의회와 민회로 넘겨 시민 결정권을 강화하는 논리로도 사용되었다. 당시 아테네 민주주의의 구체적인 형태는 민회, 평의회, 집정권, 시민법정으로 구성되었다. 평의회는 민회에서 논의할 주제를 선택하여 민회에 넘기고, 민회에서는 시민들이 모여서 선택된 주제에 대해 토론을 하고, 추첨으로 선택된 집정관들은 시의 행정업무를 담당하였으며, 시민법정에서는 재판을 진행하는 방식으로 진행되었다. 시민법정은 시민이 직접 피소하고, 피고인이 직접 변론하는 방식으로서 완전한 시민 중심의 사법체계를 제시하였다.

❷
아테네
민주주의

고대 그리스 아테네에서는 모든 시민에게 법 앞의 평등을 보장하였다. 9일마다 열리는 민회에 18세 이상 남자 시민은 직접 출석하여 발언하고 투표할 수 있었으며 위험한 정치인에게는 도편추방[1]을 부과하였다. 기원전 5세기 말엽 페리클레스 치하에서 절정을 이룬 아테네 민주주의는 모든 자유 시민들이 동등한 권리를 갖고 직접 정치에 참여할 수 있었지만 노예, 여자, 외국인, 이민노동자 등에게는 시민권이 주어지지 않았다.

가장 규모가 컸던 아테네의 경우, 전체 인구 30만여 명 중에 시민은 3만 명에서 3만 5천 명 안팎이었다. 아테네 시민에게 정치는 전문성이 필요한 행위가 아니었으며, 모든 시민은 추첨에 의해 번갈아가며 정부의 일을 했다. 누구나 정의감과 양심만 있다면 정치를 할 수 있다고 생각하였다.

참고자료

┃ 폴리스(polis)

폴리스는 고대 그리스의 도시 국가로서 정치공동체를 의미한다. 아리스토텔레스는 『정치학』에서 폴리스를 가족공동체 기반의 자연적 공동체이자 '정치' 공동체라고 보았다. 폴리스에는 다양한 유형이 있지만, 아테네의 민주적인 폴리스는 다른 폴리스에 큰 영향을 끼쳤다.

초기의 폴리스는 자연 방벽으로 분리되어 주민들이 언덕 위에 구축된 성채를 중심으로 생활하는 작은 왕국 형태였다. 폴리스는 정치·군사·경제·종교적 유대로 결합되고, 법

그리스 아테네의 아크로폴리스
자료: https://en.wikipedia.org/wiki/Polis

으로 규율하는 완전한 독립성과 주권을 가진 시민공동체였다. 폴리스 시민은 국가공동체 일원으로서 모두 정치적 일과 군사적 일에 종사하였다. 폴리스는 서로 끊임없는 내부 분립 등으로 기원전 4세기에 쇠퇴하기 시작했다.

┃ 민회

민회는 고대 그리스 아테네에서 열린 시민회의를 의미한다. 민회는 9일에 1회, 1년에 40회 이상 개최되었으며, 시민 참여자들이 모두 자신의 의견을 주장할 수 있고, 최종 의견은 거수를 통해 결정하는 방식으로 진행되었다. 이때 시민에는 노예나 여자, 외국인들은 포함되지 않았다. 민회는 아테네의 직접민주주의가 실현되는 기반이 되었다.

---

1) 도편추방은 고대 아테네 민주정에서 참주나 국가에 위협이 될 만한 인물의 이름을 도자기에 적는 방법의 투표를 통해 국외로 10년간 추방하는 제도이다. 민회에서는 매해 도편추방 투표를 할지 여부를 먼저 투표로 결정한 뒤, 동의가 많으면 2개월 뒤에 투표를 실시하였다. 이 투표에서 6천 표 이상을 받은 사람은 10일 안에 아테네를 떠나야 했는데, 그 외의 실질적 제재가 없었기 때문에 '명예로운 망명'으로 불리기도 했다. 또한 이 제도는 정치가들이 정적을 추방하는 수단으로도 활용되었다.

페리클레스는 아테네 민주주의의 전성기를 가져온 위대한 정치가로 아테네의 정치개혁을 이끌었다. 기원전 461년 보수파의 대표인 키몬(Kimon)을 도편추방으로 제거하자, 이에 대항해 보수파에서 페리클레스와 함께 개혁파를 주도했던 에피알테스(Ephialtes)를 암살하면서 그가 죽을 때까지 32년 동안 아테네는 그의 시대였다. 당시는 분명히 민주정이었으나 투키디데스(Thucydides)는 『펠레폰네소스 전쟁사』에서 "사실상 페리클레스가 '첫 번째 시민'으로 통치한 1인 독재 시대였다"고 말했다.

하지만 페리클레스는 아테네 민주주의의 본질을 건드리지 않았다. 도편추방을 당할 정도까지 정치적 위기를 겪고, 모든 공직에서 물러나야만 했지만 쿠데타나 암살이라는 수단으로 자신의 권력을 지키려 하지 않았다. 그는 아테네 민주주의의 자유가 개인의 자율성과 공공선을 동시에 충족시켜줄 뿐 아니라 법 앞의 평등이 민주주의의 궁극적인 목표를 설정하는 데 기여할 수 있다고 믿었다.

페리클레스는 대단한 웅변가였다. 그의 기원전 431년 펠로폰네소스 전쟁 희생자 장례식 연설은 유명하다. 이 연설에서 그는 아테네 민주주의를 다음과 같이 설명하였다. "우리의 정치체제는 이웃나라와 다릅니다. 몇 사람이 통치의 책임을 지는 게 아니라 모두 골고루 나누어 책임지며 이를 데모크라티아(democratia)라고 합니다. 개인 사이이 다툼이 있으면 모두에게 평등한 법으로 다스리며, 출신을 따지지 않고 오직 능력에 따라 공직자를 선출합니다. 이 나라에 뭔가 기여를 할 수 있다면, 아무리 가난하다고 해도 상관이 없습니다."

장례 연설을 하는 페리클레스(필립 폴츠, 1852년)
자료: https://en.wikipedia.org/wiki/Pericles, https://www.the-thenaeum.org/art

▎ 아테네와 페르시아 전쟁

페르시아 전쟁(기원전 492~448년)으로 아테네 민주주의가 본격적으로 시작되었다. 페르시아 다리우스 1세와 그의 아들 오세르크세스 1세가 그리스를 침략하자 아테네를 비롯한 그리스 국가들은 큰 위기를 맞았지만 페르시아와 전쟁에서 뜻밖에 그리스가 승리하면서 그리스의 위상이 높아졌다. 특히 아테네 해군을 주축으로 한 살라미스 해전이 전쟁의 승패를 가르면서 전쟁 후 아테네는 그리스 제일의 국가가 되었다.

페르시아를 물리친 후, 재침략에 대비하기 위해 국제기구가 필요하다는 여론에 따라 아테네를 중심으로 '델로스 동맹'이 체결되었다. 동맹국들이 낸 분담금이 아테네 함대를 건조하는 데 쓰이면서 이른바 '아테네 제국'이 탄생하게 된다. 아테네가 해상제국으로 떠오르면서 군함의 노잡이들이 중요하게 되었는데 이는 아테네 하층민들의 정치적 지위를 크게 향상시키는 데 기여했다.

고대에는 군사 장비를 개인이 부담했기 때문에 말을 소유할 수 있는 귀족이나 갑옷과 방패를 마련할 수 있는 부유한 시민들이 국방과 권력의 중심을 차지했다. 반면 군함의 노잡이는 팔 힘 말고는 아무 것도 없는 최하층 시민들이 담당했다. 이제 노잡이가 전쟁에서 중요한 역할을 맡게 되었는데, 이는 본격적인 민주정치가 시작되었음을 의미했다.

┃ 아고라

아고라는 고대 그리스의 도시국가인 폴리스에 형성된 광장을 의미한다. 그리스인들은 이곳에서 민회와 재판, 상업, 사교 등의 다양한 활동을 했다. '아고라'(Agora) 라는 말은 '시장에 나오다', '사다' 등을 뜻하는 '아고라조'(Agorazo)에서 유래한 것으로 '시장'의 의미가 되었다. 그러나 아고라는 시장뿐 아니라 정치·경제·사회·문화 등 시민 일상생활의 중심으로 '사람이 모이는 곳'을 의미하게 되었다. 그리스 도시국가에서 신전과 주요 관공서가 있는 아크로폴리스(acropolis)가 정치와 종교의 중심지였다면, 아고라는 일상생활이 이

아고라
자료: https://en.wikipedia.org/wiki/Agora

루어지는 시민생활의 중심지였다. 아고라는 그리스와 헬레니즘 시대의 도시국가에서 특징적으로 나타나며, 로마에서는 포럼(forum)으로 불렸다. 아고라는 현대에도 공적 의사소통이나 직접민주주의가 이루어지는 공간, 행위를 상징하는 말로 광범하게 사용된다.

┃ 고대 그리스의 제비뽑기장치 클레로테리온(Kleroterion)

클레로테리온은 배심원과 행정관을 제비뽑기로 뽑을 때 사용하는 돌판이다. 우측의 여러 개의 구멍에 시민들이 자기 이름을 넣고 좌측에 흰 돌 한 개와 검은 돌 여러 개를 넣어서 흰 돌이 멈춘 위치줄에 이름을 넣은 사람들이 그날의 배심원이 되도록 선정할 때 사용되었다. 이는 고대 아테네의 민주주의가 배심원에 대한 사전 매수나 외부의 선정 압력을 방지하는 민주적 추첨 방식으로 진행되었다는 것을 의미한다. 또한 당시에는 처리할 일이 매일 있었기 때문에 제비뽑기는 매일 시행되었다.

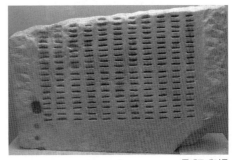

클레로테리온
자료: https://en.wikipedia.org/wiki/Kleroterion

❸
정치형태
구분

고대 민주주의에 대한 가장 뛰어난 서술 가운데 하나인 아리스토텔레스의 『정치학』에서 아리스토텔레스는 통치자의 수에 따라 세 가지로 정치 체제를 나눴다. 1인이 지배하는 '군주정', 몇몇 소수가 지배하는 '귀족정', 여러 사람이 통치에 참여하는 '민주정'이 그것이다. 그리고 이것들이 변질되어 전제정·과두정·우민정치 등의 잘못된 정치가 나오게 된다고

보았다. 아리스토텔레스는 물론 이 가운데 어느 쪽이 절대적으로 좋다고 말할 수는 없지만 어떤 체제든지 해당 국민과 그 시대의 구체적 필요에 합치되어야 한다는 사실이 중요하다고 보았다. 굳이 가장 좋은 정치 형태를 선택하자면, 귀족정과 민주정의 요소를 조화해서 중간 계급이 나라의 중심에 서도록 하는 방식이라고 생각했다.

참고자료

┃ 아리스토텔레스(B.C. 384년~B.C. 322년)의 『정치학』

아리스토텔레스의 『정치학』은 고대 민주주의에 대한 가장 뛰어난 서술 가운데 하나로서, 기원전 335년에서 323년 사이에 서술되었다. 폴리스 형성과 구조, 바람직한 정치체계, 통치기술 등을 다룬 『정치학』은 정치를 '하늘의 뜻'이 아닌 '인간의 일'로 다룬 그리스인들의 정신을 가장 잘 보여준다. 이 책에서 아리스토텔레스는 '인간은 폴리스를 구성하며 살아가는 동물이다'라고 말했으며, 이는 '인간은 정치적(사회적) 동물이다'라는 말로 널리 알려졌다.

아리스토텔레스
자료: https://en.wikipedia.org/wiki/Aristotle

『정치학』 번역본(2009년)
http://book.naver.com/bookdb/book_detail.nhn?bid=6056703

❹
**민주주의의
의미 변화**

민주주의라는 말은 기원전 6세기경 고대 그리스에서 등장했으며, 대표적으로 아테네 폴리스 정치형태를 가리키는 말로 이해되었다. 아테네 민주주의는 2백 년 정도 지속되었는데, 아테네 민주정이 몰락한 후에는 민주주의라는 용어 자체가 역사에서 사라졌다가 13세기 중엽 다시 등장하였다.

19세기 말까지 민주주의는 대부분의 정치학자와 지식인에게 부정적인 의미로 이해되었다. 몽테스키외나 루소, 제임스 매디슨도 고대 아테네와 같은 민주정을 실천할 수 없다고 생각했다. 그들이 염두에 두거나 내건 것은 공화정(republic)이었다.

18세기 말, 프랑스혁명을 거치고 난 뒤, 유럽 여러 나라에서 대중의 정치 참여 요구가 강해지고 19세기 들어와 보통선거권에 대한 요구가 커지면서 공화주의라는 말과 민주주의라는 말이 같이 쓰이기 시작했다. 그러다 어느 순간 민주주의라는 말이 더 자주 사용되었다. 그 전환의 계기가 무엇인지는 여전히 수수께끼로 남아 있다. 민주주의가 시민권을 갖게 된 것은 투표권이 없던 노동자와 여성이 중심이 되어 보통선거권 획득 운동이 일어나고 대중정당이 조직되면서부터이다.

❺
민주주의
의미의
다양성

민주주의는 이상적 가치이면서 동시에 실천적 통치제도를 의미한다. 민주주의는 인민에 의한 지배, 인민의 대표에 의한 지배, 다수에 의한 지배, 인민의 동의에 의한 지배, 프롤레타리아 독재, 최대 다수의 정치 참여, 국민의 표를 얻기 위한 엘리트 간 경쟁, 다당제, 정치적·사회적 다원주의, 동등한 시민권, 시민적·정치적 자유, 자유로운 사회, 열린 사회, 시민사회, 자유시장 경제와 같은 다양한 의미로 해석되고 이해된다. 그 이유는 실제로 민주주의에는 서로 다른 여러 측면이 존재하는데, 그 가운데 한 요소만 떼어놓고 마치 그것이 전체인 양 다루기 때문이다. 또한 대부분의 사회가 민주주의에 찬성하다보니, 왜, 어떻게 찬성하게 되었는지를 이야기하기 전에 용어부터 일반적으로 사용되었기 때문이기도 하다.

2) 민주주의는 다른 제도와 어떻게 다른가

❶
민주주의의
요건

최소정의적 관점에서 민주주의는 보통선거권, 정기적인 선거, 정당 경쟁을 통한 정부 구성 등 민주적 경쟁 규칙을 확립하는 '절차적 최소 요건'을 갖춘 정치체제를 의미한다. 미국의 정치학자 로버트 달(Robert Dahl)은 현대 민주주의에 관한 한 주류 이론으로 자리 잡은 최소정의적 민주주의 개념을 만든 개척자이다.

달은 민주주의 요건으로서, 효과적 참여, 평등한 투표, 자유롭고 공정한 선거, 이슈에 대한 시민의 계몽적 이해, 포괄적 시민권, 의제에 대한 인민의 최종적 통제 등을 제시하였다. 최대정의적 관점에서 민주주의는 형식적 정치체제보다는 토크빌이 말하는 사회 모든 부문의 민주적 사회상태를 의미한다.

> ┃ 로버트 달(Robert A. Dahl)의 현대 민주주의의 핵심 요건
>
> 로버트 달이 제시한 현대 민주주의의 핵심 요건은 네 가지이다.
>
> 첫째, 자유롭고 공정하면서도 주기적인 선거가 이루어져야 한다.
>
> 둘째, 표현의 자유가 보장되어야 한다.
>
> 셋째, 시민이 공직자의 의견보다 다른 여러 가지 의견에 자유롭게 접근할 수 있는 권리로서 대안적인 정보 원천이 확보되어야 한다.
>
> 넷째, 결사의 자유로서 정당과 같은 정치조직들이 정치활동을 조직하고 활동할 수 있는 완전한 자유가 보장되어야 한다.

민주주의 이론가, 로버트 달

자료: http://articles.latimes.com/2014/feb/07/local/la-me-robert-dahl-20140208

❷
자유주의와
민주주의

17, 18세기 계몽주의와 병행하여 발전한 자유주의는 그 이념과 정치적 실천에 있어서 민주주의를 포괄하지 않았지만 현대 대의민주주의를 발전시키는 견인차 역할을 하였다. 역사적으로 민주주의는 이러한 자유주의를 뿌리로 발전하였다.

초기 자유주의는 신으로부터 부여받은 권한으로 전능한 통치를 한다는 절대군주제에 대항하면서 형성되었고 체계화되었다. 자유주의자들은 국가 간섭 없이 발전해나갈 수 있는 시민사회 영역을 위해 투쟁하였고, 국가 권력의 기반이 주권자로서 인민의 뜻에 있다고 주장하였다.

19세기 내내 자유주의와 민주주의는 때로는 함께 때로는 따로 발전해 나갔다. 서구의 전통적 민주주의 국가들이 실현했던 자유주의-민주주의의 연계는 분명 민주주의의 대표 모델이자 경로이지만 이후 남부유럽과 라틴아메리카, 아시아와 동유럽 등 제3세계를 포함하는 많은 국가에서 민주주의 발전은 전통적 민주주의 국가들과 근본적으로 상이한 사회경제적 조건에서 가능했다.

❸
공화주의와
민주주의

공화주의는 민주주의가 일련의 절차적·제도적 장치만으로는 제대로 작동하고 발전하기 어렵다는 문제의식에서 출발한다. 민주주의 발전은 한 사회의 시민의 성격, 질적 수준, 민주주의와 사회공동체에 대한 시민의 태도와 깊은 관련이 있다.

공화주의의 이론적 원류는 아리스토텔레스, 마키아벨리, 루소와 같은 철학자로부터 찾을 수 있다. 공화주의는 공공선에 대한 헌신, 공적 결정에 대한 적극적 참여와 모든 시민이 공동체로부터 배제되지 않고 권리와 혜택을 누리는 시민권의 원리, 시민적 덕에 대한 강조를 핵심으로 한다. 시민으로서 공동체에 대한 애국심 역시 공화주의의 핵심적 구성요소이다. 이는 사적 영역을 우선시하며 개인주의적 사익 추구를 정당화하는 자유주의에 대응해 도덕적 합의에 기초를 두고 하나로 통합된 윤리적 공동체를 전제로 한다. 공화주의는 고대 로마와 르네상스 이탈리아의 도시 공화국, 그리고 미국혁명과 프랑스혁명을 통해 구현되었다.

참고자료

| 로마 공화정

기원전 6세기 로마인이 왕을 추방하고 공화정을 수립하였다. 로마 공화정의 정치 기구는 군대와 행정을 담당하는 집정관, 외교와 재정, 집정관에 대한 자문을 담당하는 원로원, 그리고 관리 선출과 입법, 재판 및 국가 주요 정책 등을 결정하는 민회로 구성된다. 귀족 정치의 색채가 강하였고 평민은 참정권이 인정되지 않아 귀족과 오랫동안 대립하였다.

고대 로마 공화정은 비록 소수 집단에 의한 독점적 정치권력체로서 '과두제' 형태를 벗어나지 못해 민주주의의 또 다른 기원으로 보기는 어렵지만 민주주의에 대한 고대 그리스의 사고에 '법치'를 결합했고 '시민'의 범위를 확대할 여지를 제공했다.

그러나 로마 귀족들이 점차 정치적 도덕성을 상실하고 옥타비아누스가 악티움 해전(기원전 31)에서 승리한 후 카이사르에 이어 사실상 로마 황제로 등극하면서 공공선을 원칙으로 했던 로마 공화정은 무너지게 되었다.

| 수평적 책임성(horizontal accountability)

수평적 책임성은 선거로 이루어지는 수직적 책임성(vertical accountability)과 대비되는 개념으로 국가기구 간 상호 감시와 견제를 통해 확보되는 시민에 대한 공직 담당자의 책임성을 의미한다. 이를 위해서는 지속적으로 공직 담당자의 권력 잠식 행위나 부정행위, 태만적 행위를 제재할 수 있는 독립적인 기구의 권위적 역할이 제도화되어야만 한다.

수평적 책임성을 실천하는 대표적 기구나 제도로는 감사원, 독립적인 통제 기관, 특별감사제, 반부패위원회, 옴부즈맨 제도 등을 들 수 있다. 이는 오도넬(Guillermo A. O'Donnell)에 의해 개념화되었는데 그 이론적 근거로 공화주의를 들고 있다. 사익에 우선하는 공익의 정신과 가치를 시민적 덕의 핵심으로 하는 공화주의는 공직자의 시민에 대한 책임성을 그 중심 요소로 한다.

❹ 비민주주의와 민주주의

민주주의는 사회주의, 전체주의, 권위주의 등 비민주적 사상이나 이념과 지속적인 경쟁과 대립 속에서 발전해왔다. 사회사상으로서 사회주의는 자본주의의 경제 원리인 개인주의를 사회주의로 대치함으로써 사회를 개조하려는 사상 또는 운동이다. 19세기 후반 이래 사상사는 더 이상 자유주의와 민주주의 간 갈등 문제가 아니라 사회주의와 민주주의 간의 갈등 문제로 새롭게 압축되었다.

유럽 대륙을 기준으로 볼 때 민주주의는 제1차 세계대전 이후가 절정기였다. 이 시기 독일 바이마르공화국은 대표적인 민주주의 실험 국가로 여겨졌지만 바이마르공화국에서 민주주의는 잘 작동하지 않았다. 그 결과는 나치즘 내지 파시즘의 확산으로 이어졌다. 이는 독일과 이탈리아에 국한된 현상이 아니라 영국과 프랑스를 포함해 유럽 전역에서 민주주의에 반하는 전체주의적 열망이 나타났다.

민주주의가 사회적 합의에 가까운 지지를 받게 된 것은 제2차 세계대전 이후에 이르러서다. 하지만 2차 대전 이후 수많은 신생국가가 독립과 더불어 민주주의를 도입했지만 이들 국가 대부분에서 민주주의는 오래 지속되지 못했다. 군부독재 등 다양한 형태의 권위주의 체제가 민주주의를 대체했다. 남부 유럽에서 민주주의가 회복된 것은 1970년대 중반 이후였으며 라틴아메리카와 한국을 포함한 아시아는 1980년대에 와서야 민주화가 이루어졌다.

참고자료

| 파시즘

파시즘은 20세기 이후, 특히 제1차 세계대전과 제2차 세계대전 사이에, 유럽 국가를 중심으로 각지에 등장한 일종의 정치이데올로기와 운동을 뜻한다. 좁은 의미의 파시즘은 1922년부터 1942년까지의 이탈리아 무솔리니(Benito Mussolini) 체제를 의미하지만 이것과 유사한 체제, 이데올로기, 운동을 널리 의미하는 일반개념으로서 사용된다. 히틀러(Adolf Hitler) 나치즘, 쇼와 초기 일본의 천왕제 파시즘, 스페인 프랑코 체제 등이 대표적이다. 그 중에서도 나치는 파시즘적인 모든 특징을 극단적으로 추진한 파시즘의 극한 형태로 알려져 있다.

| 위임민주주의(delegative democracy)

아르헨티나의 정치학자 오도넬(Guillermo A. O'Donnell)은 라틴아메리카를 경험적 사례로 하여 선출된 지도자와 투표자 간의 연계 관계가 존재하지 않는 상황을 위임민주주의로 개념화했다. 선출된 대통령이 자신을 지지한 세력

무솔리니와 히틀러
자료: https://en.wikipedia.org/wiki/Fascism

들을 대표하고 그럼으로써 그들에 의해 제약되는 것이 아니라 일정 기간 동안 권력을 위임받고 임의적으로 권력을 행사하게 되는 것을 설명한 개념이다.

위임민주주의는 민주화 이후 라틴아메리카에서 나타나는 민주주의 유형으로 오도넬은 이를 대의민주주의와 대비되는 개념으로 보았다. 두 민주주의의 가장 중요한 차이는 책임성 원리에서 나타난다. 대의민주주의에서 집권 정부는 의회, 사법부와 같은 또 다른 기구나 제도에 의해 항상적으로 견제되는 수평적 책임성 제약 하에 놓이지만 위임민주주의에서는 의회나 정당, 법원은 대통령의 정책 의지를 방해하는 제도로 인식되거나 자주 이를 우회하여 정책결정과 변경이 이루어지는 것을 뜻한다.

3) 동양사상과 민주주의

❶
민주주의와
민본 사상

민주주의를 '인민이 지배하는 통치'로 이해할 때, 동양사상에서는 민주주의를 발전시키지 못했다는 평가가 지배적이다. 현대 민주주의는 근대 서구에서 발명된 것이며, 이외 지역에서는 이를 수용하여 지금의 민주주의를 발전시키고 있다. 한국에서도 19세기 중반 이후 인민주권이나 선거에 의한 정부 구성과 같은 개념이 알려졌고, 체제로서의 민주주의는 일제강점기 이후 본격적으로 수립되기 시작했다. 그러나 20세기 후반 민주주의의 형태와 이상(理想)에서 문화적 다양성에 대한 논의가 등장하면서, 민주주의 발전에 기여할 수 있는 토착적 정치사상에 대한 연구와 관심이 활성화되었다. 유교문화권에서는 특히 민본(民本)사상이 주목을 받고 있다.

참고자료

| 민본(民本)

민본은 『시경(詩經)』과 더불어 중국의 가장 오랜 고전 중 하나인 『서경(書經)』의 하서(夏書)편에 있는 '민유방본(民惟邦本)'이라는 말에서 유래한다. 민본은 '백성은 나라의 근본'이라는 뜻으로서, 정치 목적을 '위민(爲民)' 곧, '백성을 위함'에 두는 유교 정치사상의 기원이 되었다. 이러한 백성을 위한 정치를 위해 필요한 것으로서, 유교는 어진 정치(인정: 仁政), 덕에 의한 통치(덕치: 德治) 등의 사상을 발전시켰다.

서경
자료: http://blog.daum.net/wlsvna1071/8243071

❷
공자와 맹자

공자는 『논어』에서 국가의 유지, 존속에 가장 중요한 것이 경제력이나 군사력보다 백성의 마음을 얻는 것이며, 그것 없이는 통치가 불가능하다고 말한다(足食, 足兵, 民信之 民無信不立). 즉, 공자는 백성을 위한(for the people) 통치를 정치의 근본으로 삼았다. 맹자는 공자의 사상을 이어받아 백성이 중요하고 통치자는 가볍다는 민귀군경(民貴君輕)론을 주장했다. 또한 『맹자』에서 "하늘이 보는 것은 내 백성이 보는 것으로부터 비롯하고, 하늘이 듣는 것은 내 백성이 듣는 것으로부터 비롯한다"(天視自我民視, 天聽自我民聽)고 주장했는데, 이는 백성이 단지 정치적 객체가 아니라 주체로서의 역할을 할 수 있다는 점을 의미한다. 맹자는 실제로 왕조가 교체되는 혁명에서 백성의 지지가 정당성의 기준이 된다고 주장했다. 이러한 맹자 사상은 인민이 통치하는(by the people) 수준에는 미치지 못하지만, 정치권력의 근본이 백성에게 있다(of the people)는 것으로 이해될 수 있다. 한국의 선거과정에서 정치인들이 '민심은 천심'이라고 흔히 말하는 것 역시 인민주권론의 맹자적 해석이라고 할 수 있다.

참고자료

| 군자(君子)

유교 정치사상에서 통치자의 이상적인 모델로 제시된 개념은 '군자'이다. 군자는 도덕성을 체현한 덕이 있는 사람(유덕자: 有德者)을 말한다.

공자는 왕이 유덕자가 될 것을 주창했지만 맹자는 한 발 더 나아가 유덕자가 왕이 되어야 한다고 주장했다. 맹자는 기존 통치자가 폭군일 경우 백성의 지지와 동의에 따라 유덕인인 군자가 혁명을 통해 정부를 전복할 수 있다고 보았다. 이후 주희(朱熹)가 발전시킨 성리학에서는 군주뿐 아니라 유덕인인 사대부가 통치를 주도할 수 있다고 보았다.

유교를 현대적으로 해석하는 학자들은 서구의 개인주의적, 자본주의적 시민성을 보완할 수 있는 민주적 시민 덕목으로 군자 개념의 유용성을 주장하기도 한다. 현대적으로 재해석된 군자는 인, 의, 예, 지 등의 공동체적 윤리를 체화하고, 이를 기반으로 이타성을 실천하며, 공공의 사안에 관심을 갖고 적극적으로 참여하는 인간이다.

| 개화기 유학자들의 민주주의 수용

개화기 유학자들 중에서는 서구 민주주의를 유교의 바탕에서 이해하고자 한 흐름이 있었다. 이들은 근대적 참정권이나 저항권 개념이 유가와 대립하지 않는 것으로 인식하고, 오히려 유가 본래의 목적을 구현하기 위해 민치(民治)라는 민주주의 원리를 수용할 수 있다고 보았다.

박영효와 유길준은 「한성순보」에서 '사욕(私慾)을 꾀하는 자가 실현할 수 없는 것이 삼권분립의 첫째 이익'이며, '입헌정체는 선거를 근본으로 민의를 따르니 현자를 등용하고 소인을 막을 수 있다'면서 민주주의의 권력분립론이 '사천하 방지'와 '현자 등용'에 적합하다고 보았다. 또한 박영효는 서구 정당정치가 조선에서는 이미 붕당정치로 실현된 바 있으며, 서구 의회에 비견되는 제도가 사림중심의 공론화 과정이라고 보았다.

인민의 저항권 역시 맹자 폭군방벌론의 연장선상에서 이해했다. 박영효는 '군주가 삼가지 않으면 천하 사람들에게 죽임을 당한다'는 『대학(大學)』의 경구를 인용하며, '개인의 안녕을 지키지 못하면 민은 반드시 변동을 일으켜 자유를 지키고자 하니, 미국이 영국의 학정을 계로 변동을 일으켜 마침내 자유의 나라를 이루었다'는 식으로, 맹자의 혁명론으로 미국의 독립을 설명했다.

자료: 안외순, "19세기 말 조선의 민주주의 수용론 재검토," 『민주주의의 한국적 수용』.

| 조선의 건국과 유교사상

• 드라마 '정도전'

조선은 유교, 특히 성리학을 국가의 통치원리로 삼은 국가였다. 이성계가 고려를 멸망시키고 조선을 건국한 것은 맹자의 혁명론에 따라 정당화되었으며, 이후 통치의 주체를 놓고 왕권과 사대부 간의 대결, 훈구파와 사림파의 갈등은 모두 유교 정치사상의 해석을 둘러싼 필연적 갈등이라고 할 수 있다. 드라마 '정도전'은 이러한 조선의 건국과 이후 조선의 정치적 전개과정을 이해할 수 있는 사실성 높은 영상자료다.

• 드라마 '뿌리깊은 나무'

세종대왕이 훈민정음을 창제하는 과정을 배경으로 각색한 드라마다. 드라마가 다루고 있는 구체적인 상황은 대부분 픽션이나, 조선의 건국이념이자 훈민정음의 창제 배경인 애민(愛民) 사상 등은 민본에 바탕을 둔 유교 정치사상을 반영한다.

4) 민주주의의 조건들

❶
자유

고대 그리스에서 자유는 공동체의 번영을 전제로 한 시민적 덕성에 기초하였다. 정치적·도덕적 공동체로서 폴리스는 개인이나 제도보다 우위에 존재했으며, 이런 사회에서 개인의 자유 개념은 사실상 불가능했다. 서양 중세의 신분제 사회에서 자유는 기본적으로 귀족의 자유나 도시의 자유와 같은 특권층의 자유를 의미했다.

자유롭고 평등하며 자율적인 개인이라는 개념이 비로소 형성되기 시작한 것은 절대왕정기였다. 절대왕정은 전통적인 봉건신분제 사회를 붕괴시켰지만 종교를 지배수단으로 개인의 내면 생활을 통제함으로써 자유의 억압에 대한 저항권을 강화시키는 계기가 되었다. 종교적 자유에 대한 주장은 종교적 관용의 요구를 유발시켰고, 사상, 신념, 언론, 출판의 자유 등이 주장되었다.

근대 시민사회에 접어들어 소극적 자유 개념이 적극적 자유 개념으로 전환되었다. 이후, 정신적, 물질적, 정치적 자유가 헌법 체계 속에 보장됨으로써 자유의 보장이 구체적인 형태를 띠게 되었다.

참고자료

| 소극적 자유(negative freedom)와 적극적 자유(positive freedom)
  소극적 자유는 개인이 자기의 욕구를 추구하는 과정에서 일정한 유형의 간섭없는 상태를 의미하며 '~로부터의 자유'(freedom from)를 뜻한다.
  적극적 자유는 일정한 개체에 의해 자아실현을 할 수 있도록 보장받는 자유를 뜻하며 '~에로의 자유'(freedom to)를 의미한다.

❷
평등

일찍이 토크빌은 평등을 향한 강력한 정치 문화적 요소가 미국 민주주의를 만든 동력이라고 보았다. 평등은 일반적으로 기회 평등과 결과 평등으로 구분한다. 기회 평등은 소극적 자유와 결합되는 평등개념으로서, 만인에게 법적·정치적 기회 평등을 보장한다는 의미를 갖는다. 결과 평등은 적극적 자유와 결합하는 평등개념으로서 만인에게 개인의 자아실현에 필요한 경제적·사회적 평등을 보장한다는 의미를 갖는다. 민주주의에서 자유와 평등의 조화를 추구한다는 주장은 소극적 자유와 적극적 자유의 조화 및 기회 평등과 결과 평등의 조화를 의미한다.

현대 민주주의는 대의제와 보통선거, 대중정당을 중심으로 한 여러 제도를 통해 인류 역사상 그 어떤 정치체제보다도 대규모의 사회 구성원에게 정치적 평등의 권리를 부여할 수 있었다. 현대 유럽에서 민주주의는 보통선거나 의회를 통한 정치적 평등에 이어 경제적 평등을 지향하는 사회민주주의로 발전해 왔다. 시장체제가 낳은 불평등이나 불안정한 경제질서는 의회만으로는 제어할 수 없어 국가가 사회에 부분적으로 개입함으로써 실질적인 평등·공정을 달성하고자 하였다.

❸
인권과
시민권

인권이란 민족, 국가, 인종 등에 상관없이 인간이라면 누구에게나 인정되는 보편적 권리 또는 지위를 말한다. 인권에 관한 관념과 제도는 근대시민혁명을 계기로 하여 정립되었다. 전형적인 사건이 1789년 프랑스 혁명이며, 이 혁명의 이념과 목표를 천명한 것이 '인간과 시민의 권리선언'

이다. 자유권을 중심으로 하는 근대 인권사상이 20세기 이후에는 사회권으로 발전해 나갔다. 인권을 '도덕적·당위적·추상적 차원에서 논의된 인간의 권리'라 한다면, 시민권은 '제도적·법적·현실적으로 보장된 것'으로 정의할 수 있다.

마샬(T. H. Marshall)에 따르면 시민권은 서양에서 17, 18세기 이래 자유권, 참정권, 사회권이라는 형태로 역사적으로 발전해 왔다. 인권의 '이념'은 시민권 '제도'와 상호작용하면서 발전해왔다. 이러한 인권과 시민권의 상호작용에 따라, 우리 헌법은 '기본권'을 보장하고 있다. 계급, 성, 출생, 신분의 차이와 상관없이 동등한 시민권을 부여한 체제는 현대 민주주의밖에 없다.

❹
갈등

미국의 정치학자 사츠슈나이더(E. E. Schattschneider)는 갈등은 민주주의의 엔진이며, 민주정치에서 핵심문제는 갈등을 관리하는 것이라고 정의하였다. 그는 민주주의 정치체제라도 정당정치를 통해 사회갈등을 폭넓게 조직하고 동원하고 통합하지 못한다면 시민주권은 사실상 실현되지 않는 것이라고 평가하였다. 따라서, 갈등이 억압되는 조건은 곧 정치가 약화되고 민주주의가 축소되는 환경이라고 할 수 있다. 민주주의 국가에서 갈등이 가장 잘 드러나는 순간은 선거이다. 갈등은 정치가들이 유권자에게 파는 상품과 같다.[2] 각기 다른 계층을 대변하는 정당은 경쟁구도를 만들고 갈등을 조직한다.

참고자료

▎ 사츠슈나이더(E. E. Schattschneider)의 『절반의 인민주권』
『절반의 인민주권』은 대의제에서 인민의 주권이 완전히 대표되지 못하는 원인에 대한 가장 대표적인 저서로서, 이 저서에서 사츠슈나이더는 '민주주의의 핵심은 갈등이다'라고 평가한다.

『절반의 인민주권』(1969년) 원본과 번역본(2008년)
자료: http://book.naver.com/bookdb/book_detail.nhn?bid=5046574

---

2) 『민주주의의 엔진, 갈등』(EBS 다큐프라임 2016년 5월 24일 방영)

❺
다원주의

다원주의에 따르면 사회는 여러 독립적 이익이나 결사체로 이루어져 있기 때문에 권력 엘리트에 의해 지배되기보다는 집단 간 경쟁, 갈등, 협력 등에 의해 민주적으로 운영되어야 한다. 민주주의에는 어떤 단일한 제도나 집합체가 존재할 수 없다. 오히려 사회는 상충되는 목표를 가진 수많은 이익으로 구성되거나 특별한 문제를 중심으로 일시적으로 연합하는 변화무쌍한 연합체로 구성되어 있다.

다원주의는 집단이 아닌 시민 개인에게 주권을 부여하는 현대 민주주의의 당연한 결과이다. 현대 민주주의는 사회 전체 이익과 목표를 대표하는 총체적 사회관과 이를 실현코자 하는 전일적 합의 형성을 부정하는 것을 핵심으로 한다. 민주주의는 균열, 나누어진 것, 부분들 간의 갈등, 이를 정치적으로 조직한 자유적 결사체 간의 경쟁과 갈등, 타협과 협력이라는 동학을 통해 하나의 통치체제로 작동하는 것이고 이러한 민주주의가 작동하기 위해서는 사회의 다원주의적 기반이 마련되어야 한다.

참고자료

▎제임스 서로위키(James Surowiecki)의 『대중의 지혜』

서로위키는 『대중의 지혜』에서 탁월한 과학자 프랜시스 골턴(Francis Galton)에서부터 자신의 이야기를 시작한다. 골턴은 아주 소수만이 사회를 건강하게 유지하는 데 필요한 자질을 갖고 있다고 믿었기 때문에 훈육을 중요시했다. 대부분의 사람들은 그런 자질을 가지고 있지 않다는 것을 증명하기 위해, 그는 자신의 전 생애를 그런 자질을 측정하는 데 바쳤다.

어느 날 골턴은 길을 걷다가 1884년 만국박람회에 이르게 되었는데 거기서 그는 소의 중량 알아맞추기 시합을 우연히 보게 되었다. 살찐 소 한 마리가 선택되었고, 한 무리의 군중들이 내기를 걸기 위해 줄지어 섰다. 8백 여 명의 사람들이 자신들의 운을 시험하기 위해 각양각색의 예상치를 제시했다. 시합이 끝나자 골턴은 중량에 대한 일련의 통계학적 조사를 했는데, 참가자들이 제시한 평균 무게는 1,197파운드였다. 실제 소의 무게는 1,198파운드였다.

나중에 골턴은 다음과 같이 썼다. "그 결과는 민주적 판단의 신뢰성이 내가 기대했던 것보다 훨씬 믿을 만한 것임을 보여 주는 것 같았다". 서로위키는 적절한 기회가 주어질 경우 집단은 현명한 결정에 도달할 수 있다는 자신의 믿음을 옹호하기 위해 풍부한 증거를 제시하고 있다.

자료: 로버트 달, 『정치적 평등에 관하여』, p. 134.

▎민주화 시위: '아랍의 봄'에서 '아랍의 겨울'로(연합뉴스, 2016/01/12)

2011년 1월 14일, 튀니지를 25년간 장기 통치해온 벤 알리 대통령이 대규모 군중시위에 밀려 사퇴한 후 사우디아라비아로 망명했다. 이후 리비아, 이집트, 시리아, 예멘 등지에서 유사한 대규모 시위가 잇따랐다. 오랫동안 독재에 시달려온 이들 아랍국의 민주화에 대한 기대가 커지면서 서방 등 외부 국가들도 이들의 반독재 봉기를 지원했다.

이렇게 시작된 아랍권의 민주화시위인 이른바 '아랍의 봄'은 5년이 지난 지금 기대와는 달리 민주화의 꿈이 무산된 채 오히려 혁명 이전보다 열악한 상황으로 반전됐다. 보다 관용적인 사회와 책임 정치, 많은 일자리 기회, 특권층의 경제 장악 타파 등의 꿈은 사라지고 경제성장 침체 속에 공안세력의 입김은 어느 때보다 막강해지고 있다. 여기에 유가 폭락으로 재정수입이 급감하는 가운데 혁명 당시 25%였던 청년 실업률은 30%선으로 오히려 늘어났고, 종파간, 계층간 내분도 전례 없이 심화하면서 이슬람국가(IS) 등 지하디스트들이 발호하고 있다.

　아랍의 봄을 통해 아랍국들이 글로벌 통치 수준에 근접할 것으로 기대됐던 지난 5년간 주요 시위가 벌어졌던 6개국 가운데 튀니지 한 곳을 제외하고는 재앙적 수준의 내전과 혼란 및 황폐에 시달리고 있다. 불행하게도 튀니지를 제외하고는 모두 해피엔딩으로 이어지지 못하고 있다.

　영국 일간지 인디펜던트는 아랍의 봄 5주년을 평가하는 가운데 '희망으로 시작했던 아랍의 봄이 5년 만에 황폐화로 막을 내렸다'면서 봉기 5년 후 결과는 재앙적 수준이라고 지적했다. 시사주간지 '이코노미스트' 역시 분석 기사에서 아랍 혁명의 반전을 빗대 '아랍의 겨울'이라는 제목을 달았다. 아랍의 봄이 이처럼 기대와는 달리 대부분 실패로, 그것도 혁명 이전보다 훨씬 악화된 상황을 맞고 있는 것은 무엇 때문일까.

　인디펜던트는 서방측이 항의와 봉기를 유발한 정치적 요인들을 너무 단순하게 파악하면서 그 결과에 대해 마치 동구국들의 민주화처럼 너무 낙관적인 기대감을 가졌다고 지적했다. 미국의 경우 독재자들이 누구로 대체될지에 대해서는 제대로 검토하지 못했다는 것이다. 이와 관련해 이코노미스트는 서방의 순진함이 두 가지 사실을 과소평가했다고 지적했다. 하나는 아랍국들의 취약성으로 제도적으로 대변혁을 수용할 능력이 안됐다는 점이다. 다른 하나는 기성 권력체제가 그토록 필사적으로 권력을 유지하기 위해 버틸지는 예측하지 못했다는 점이다.

　아랍의 봄이 무산된 것은 아랍 사회에 많은 교훈을 안겨주고 있다. 아직도 사회적 불만의 토로 채널이 이슬람 종교인 상황에서 거리 시위와 떠들썩한 선거만으로는 민주화를 달성하기 힘들다는 사실을 보여주고 있다. 종교적 텍스트 보다는 인권 및 다양성을 존중하고 이에 부합되는 법치주의를 실현하는 것이 성공의 핵심이며 이를 위해서는 시간이 걸리더라도 탄탄한 제도적 기반을 마련하는 것이 중요하다고 이코노미스트는 강조했다.

직접민주주의 대 대의제 민주주의

자료 1: 현대 민주주의는 대의제 민주주의

"현대 국민국가의 시민은 과거와 비교가 되지 않을 정도로 대규모이며, 계층적으로 매우 차이가 큰 집단들로 이루어져 있다. 또한 고대 민주주의는 독립적인 국가기구를 갖지 않았던 데 반해 국민국가를 거대한 위계적 관료 체제를 갖는다. 거대한 국가를 통제할 수 있는 유일한 방법은 정당을 통해 시민의 힘을 조직하는 것이다. 그렇지 않는 한 국가는 얼마 든지 시민 개개인을 동원하고 통제할 수 있다. 고대 민주주의에서는 시민 개개인이 추첨을 통해 통치자와 피통치자의 위치를 교체하는 방법으로 민주주의가 작동할 수 있었지만, 현대의 대의제 민주주의에서는 불가피하게 선거라는 제도 와 대표의 방법을 통해 통치 집단을 선출할 수밖에 없다. 그러므로 현대 국민국가에서 민주주의는 정당 간 정권 교체를 통해서만이 '민중들 스스로의 통치'라는 민주주의의 이상을 실현할 수 있다. … 정당 민주주의의 기초를 튼튼히 하면서 대중 참여의 기반을 넓히는 방법으로 시민사회가 직접민주주의의 요소를 활용하는 것은 좋겠지만, 그렇지 않고 반정당, 반정치의 이데올로기를 동반한 직접민주주의나 반(反)대의제적 민주주의를 무비판적으로 불러들이는 것은 바람직하지 않다. 직접민주주의가 이상적인데 현대 국민국가에서는 어쩔 수 없이 대의제 민주주의를 할 수밖에 없다고 보는 것은 잘못이다. 시민사회가 여러 차이와 갈등으로 분열되어 있고, 헤게모니가 작동하고, 강력한 국가가 존재하는 한 민주주의 의 유일한 방법은 정당이 중심이 되는 대의제 민주주의라는 사실을 이해하는 것이 중요하다." (최장집, 2007. "최장집, 그는 민주주의를 어떻게 말하는가." 최장집·박찬표·박상훈. 2007. 『어떤 민주주의인가』. 서울: 후마니타스, pp. 32-34.)

자료 2: 직접민주주의의 문제

"스위스에서와 같은 주민 투표나 주민 발의, 주민 소환 제도를 말하거나 미국의 오랜 전통인 타운 홀 미팅 등을 강조 하면서 직접민주주의의 가치를 주장할 수 있을지 모르나 그런 제도들이 실제로는 감세 정책을 압박하고 의회를 통과한 외국인 국적 부여 법률을 무력화시키는 등 보수적 결과를 낳는 경우가 압도적으로 많았다. 대의민주주의에 대한 신화 화된 비판에는 "사악한 정치가(내지 파당적 이익에 골몰하는 정당) 대 선량한 시민"의 가정, 즉 시민이 자신의 문제를 직접 다룰 수 있으면 대의민주주의에서 대표의 딜레마를 해결할 수 있다는 가정이 숨어 있다. 그러나 정치학의 출발은 좋은 정치를 통해 좋은 시민을 만드는 문제에 대한 것이지, 좋은 시민에게 좋은 정치의 책임을 묻는 데 있지 않다. 과거 나 지금이나 좋은 통치자를 뽑는 것이 정치의 중심 문제이지 시민이 직접 정치를 책임지게 하는 것은 아니다." (박상훈. 2013. 『민주주의의 재발견』. 서울: 후마니타스, pp. 62-63.)

자료 3: 선거보다 추첨제도

"직접행동은 이런 자유민주주의를 넘어서 '강한 민주주의', 궁극적으로 자치와 자율의 삶을 추구한다. 직접행동이 추구하는 자치와 자율은 사회적 개인의 것이다. 나는 근대의 대의정치를 직접정치로 전환시키는 근본적인(radical) 전 환이 필요하다고 강조했다. 자율적인 개인을 만드는 과제가 자율적이고 강한 사회를 건설하는 과정과 무관하지 않다고 전제하면서, 나는 선거보다 추첨제도가, 그리고 집단적인 힘을 생성하는 코뮌(commune)이 필요하다고 강조했다. 그 이유는 자유민주주의가 개인을 수동적이고 소극적인 '작은 인간'으로 만들며 그들이 직접행동에 나서고자 하는 능동성 을 갉아먹기 때문이다. 그리고 그런 수동성의 중심에 바로 비폭력(비폭력은 '비폭력주의'와 다르다. 비폭력주의는 폭력 적인 수단을 쓰지 않는다는 의미만이 아니라 자치와 자립이라는 의미도 가지기 때문이다)과 대의제도가 자리를 잡고 있다. … 선거라는 대의민주주의의 방식이 아니라면 어떤 것이 가능할까? 이미 제비뽑기를 비롯한 추첨제도의 민주성 은 지속적으로 강조되어 왔다." (하승우. 2008. 6. 13. "직접행동의 민주주의" 함께하는 시민행동 발표문)

자료 4: 직접민주주의가 필요하다

　"지난 몇 십년간 대한민국의 대의제 민주주의가 원자력발전소의 안전성을 두고 어떻게 작동했는지를 생각해 본다면, 정확히 그 반대가 아니냐는 게 많은 사람들의 의심이다. 무지하고 무관심한 관료들, 탐욕에 가득 찬 이해관계 세력들, 나약하고 교활한 정치가들이 한 무리로 얽혀서 굴러가는 것이 대한민국의 국가가 아니냐는 것이다. 그리고 이번 지진들을 계기로 드러난 실로 경악할 만한 원전의 위험상은 그 한 예에 불과한 게 아니냐는 것이다. 이러한 국가 기구의 낙후성을 극복할 수 있는 길은 직접 민주주의의 강화이다. 200년 전의 엘리트와 '선량'들은 일반인에 비해 지식과 지혜가 월등했는지 모르지만, 지식 정보 혁명이 한창 진행된 오늘날 그 격차는 크게 줄어들었을 뿐만 아니라, 총량적으로 볼 때 아리스토텔레스가 말하는 '보통 사람들의 집단적 지혜'가 소수 엘리트의 그것에 못하다고 볼 수가 없다. … 길은 멀더라도 방향은 정해져 있다. 지진과 원자력 사태는 직접 민주주의의 미래를 가리키고 있다." (홍기빈, 2016. 9. 24. "직접 민주주의가 필요하다." 「경향신문」.)

〈토론 주제〉

　1. 직접민주주의가 진정한 민주주의인가?

　2. 현대 대의제 민주주의를 지지할 수 있는 요소는 무엇인가?

　3. 선거보다 추첨이 더 민주적인가?

2. 근대 민주주의

1) 르네상스와 민주주의

❶
마키아벨리
(Niccolò
Machiavelli,
1469-
1527년)

마키아벨리는 르네상스 시기 피렌체에서 태어나 공화정 시대에 외교 업무를 담당했다. 1512년 메디치 가문이 복귀하자 체포되어 고문을 받고 자리에서 물러났다. 마키아벨리는 피렌체 근교에서 재기를 노리며 『군주론』과 『로마사논고』 등을 집필했으나, 끝내 공직에 복귀하지는 못했다.

그는 정치와 도덕의 분리, 공화정에 대한 찬사, 자유와 시민의 덕성에 대한 강조 등을 주장해 근대 정치사상의 문을 열었다. 그는 정치에 본질적으로 비도덕적인 측면이 불가피하게 존재함을 발견했다. 정치에서는 도덕적 선이 항상 공적으로 좋은 결과를 가져오는 것이 아니며, 비도덕적 행위가 공적인 선이 될 수 있다는 점을 강조한 것이다.

그는 『군주론』에서 주로 왕정체제의 정치에 대해 논했지만, 『로마사논고』에서는 일관되게 공화정의 우월성을 주장했고 특히 공화정에서 가장 중요한 덕목이 시민의 자유임을 역설했다. 자유는 자치의 정신에서 나오며, 공적인 일에 참여함으로써 얻어진다. 이러한 그의 사상은 공화주의, 자유주의, 민주주의에 큰 영향을 주었다.

참고자료

| 르네상스

르네상스는 14세기와 17세기에 서양 중세와 근대를 잇는 역할을 한 지적·문화적 운동을 지칭한다. 기독교 중심의 중세 이전 그리스와 로마 사상가들의 저작들이 이슬람 문화권을 통해 유럽에 소개되면서 고대의 인문주의가 '재생'되었다는 의미를 가진 용어다. 르네상스로 인해 신(神) 중심에서 인간 중심으로 세계관의 변혁이 일어났으며 회화, 문학, 과학, 교육, 정치 등 광범위한 분야에서 대변화가 나타났다.

르네상스는 13세기 이탈리아에서 시작해 전 유럽으로 퍼졌으며, 서양 근대의 정신적·문화적 배경이 되었다. 단테, 미켈란젤로, 레오나르도 다 빈치, 갈릴레오, 마키아벨리 등이 대표적인 초기 르네상스의 인물들이다.

르네상스를 통해 정치가 재발견되었다고 할 수 있으며, 국가나 사회와 관련된 공적인 일을 인간이 어떻게 해결할 수 있을 것인가에 대한 고민이 공화주의, 자유주의, 사회주의, 민주주의 등 근대의 다양한 정치사상의 발단이 되었다.

| 시대의 베스트셀러, 마키아벨리의 『군주론』

마키아벨리는 조화와 일치가 안정을 가져온다는 종래의 관념에 도전하여, 정치에서 갈등은 필연적이며 그 갈등을 효율적으로 관리하는 것이 정치의 역할이라고 생각했다. 이후 정치학자 샤츠슈나이더 등은 갈등이 민주주의의 핵심 요소라고 평가하였으며, 이는 현대 민주주의에서 중요한 원칙으로 받아들여지고 있다.

『군주론』 원본(1550년)과 번역본(2015년)

자료: https://en.wikipedia.org/wiki/The_Prince
http://book.naver.com/bookdb/book_detail.nhn?bid=8788213

❷
프로테스탄트
종교개혁

1517년 비텐베르크 대학 신학 교수였던 마르틴 루터는 면죄부에 반대하고 가톨릭 교회의 부패를 비판한 '95개조의 반박문'을 작성하였다. 그는 모든 신앙인은 곧 자기 자신의 사제가 될 수 있으며, 사제가 아니라 성서의 권위를 존중해야 한다고 주장했다. 그는 일반 신도들이 성서를 직접 읽을 수 있도록 독일어로 번역했고, 교황권을 견제하고자 했던 독일 군주들이 그를 옹호하면서 루터의 주장은 유럽 전역에서 힘을 얻게 되었다.

영국에서는 헨리8세가 가톨릭으로부터의 독립을 선언하고 국교회를 창립했고, 스위스 제네바의 칼뱅이 프로테스탄트 종교개혁을 본격적으로 이끌었다. 이러한 변화는 양심과 사상의 자유, 관용의 정신을 확산시키며 17세기 자유주의의 모태가 되었다.

참고자료

| 인쇄혁명과 미디어

루터의 종교개혁은 15세기 중엽 거의 모든 유럽에 확산된 인쇄술 혁명에 힘입어 성공할 수 있었다. '95개 조의 반박문'은 독일어로 번역된 지 15일 만에 독일 전역에서 읽혔고, 관련한 루터의 저술 30종은 3년 만에 유럽에서 30만 부 이상 팔렸다. 또한 성경이 각 나라의 언어로 보급되면서 성서에 대한 해석권의 독점에 기반을 둔 사제의 권위가 하락하였다.

종교개혁 이후에도 인쇄술 발전은 신문을 통해 여론을 형성하고, 주요 시민혁명 과정에서 팸플릿을 통한 사상의 전파에 기여했다. 로크의 『통치론』, 루소의 『사회계약론』은 근대 시민혁명의 사상적 기반을 제공했고, 팸플릿 형태로 인쇄되어 출간된 시에예스의 『제3신분이란 무엇인가』, 토마스 페인의 「상식」은 프랑스혁명과 미국혁명에 직접적인 영향력을 발휘했다. 이 때문에 두 혁명은 '팸플릿 혁명'으로 불리기도 한다.

| 상업의 발전과 부르주아의 등장

상업의 발전과 르네상스의 인문주의 정신은 근대 민주주의를 발전시킨 부르주아 계급의 성장에 결정적인 역할을 했다. 르네상스 시기 이탈리아의 도시국가들이 인문주의를 발전시킬 수 있었던 계기는 이슬람 및 아시아 국가들과의 중계무역에 기반을 둔 경제력이었다.

피렌체, 베네치아 등은 당시 유럽에서 가장 부강한 도시였고, 이를 기반으로 교황권이나 황제권, 그리고 특정 귀족가문의 전제적 통치에도 저항할 수 있었다. 지중해에서 대서양으로 상업의 주도권이 넘어간 뒤로는 영국, 프랑스, 네덜란드 등에서 상업이 본격적으로 발전하였고, 막강한 경제력을 갖게 된 부르주아 계급은 지대(地代)에만 의지하던 봉건 토지 귀족에 맞서 시민혁명을 일으키는 주체로 성장하게 된다. 이 때문에 근대의 민주주의를 연 시민혁명은 부르주아 혁명이라고 불리기도 한다.

❸ 사회계약론

홉스, 로크, 루소 등이 주장한 '사회계약론'은 국가와 사회가 자연의 산물이 아니라 인간이 만들어 낸 것이라고 본다. '사회계약'은 각 개인의 자연적 권리를 보장하기 위한 것이며, 국가를 수립하는 과정인 '사회계약'에는 모든 사람이 평등하게 참여하기 때문에, 주권의 최종적 근거가 인민에게 있다는 근대 민주주의의 인민주권론의 토대가 되었다. 또한 로크와 루소 등은 국가가 각 개인의 자연권을 침해할 경우 이 계약은 무효가 되므로 정부가 교체되어야 한다는 주장을 통해 시민적 저항권의 근거를 제시했다.

참고자료

| 최초의 사회계약 이론, 홉스의 『리바이어던(Leviathan, 1651년)』

『리바이어던』의 표지

『리바이어던』은 사회계약론을 사실상 최초로 이론적으로 정립한 홉스의 저작이다. '리바이어던'은 성서 '욥기' 41장에 나오는 바다 괴물의 이름으로, 홉스는 국가라는 가공할만한 인공의 창조물이 가진 이중적 성격을 표현하기 위해 이러한 제목을 붙였다. 즉, 국가는 인류의 생존을 위해 반드시 필요한 것이지만, 동시에 무제한적인 힘을 가진 괴물과도 같다는 것이다.

홉스는 타인에 대한 권리를 주장할 수 없는 자연상태에서는 모든 인간이 완전히 평등하지만, 동시에 서로가 서로에 대한 무제한적 권리를 주장하기 때문에 '만인에 대한 만인의 투쟁'이 벌어진다고 주장했다. 이처럼 자연권을 가진 이기적이고 합리적인 개인들의 투쟁을 종식시킬 수 있는 유일한 방법은 사회계약이며, 이를 통해 주권자에게 절대적인 권력이 부여된다.

2) 시민 혁명과 민주주의

❶
영국 내전과
명예혁명

1629년 찰스 1세가 전쟁을 위한 세금을 걷기 위해 의회를 소집했으나, 의회는 오히려 승인 없이 과세를 금지하는 권리청원을 통과시킨다. 이후 찰스 1세는 11년간 의회를 소집하지 않는데, 1640년 재소집된 의회는 왕의 측근들을 해임하고 체포했다. 1642년 발발한 왕당파와 의회파의 내전은 1651년까지 약 10년간 지속된다. 전쟁 도중 찰스 1세가 처형당하고 승리한 올리버 크롬웰은 공화정을 수립했다. 1658년 크롬웰 사후 다시 군주정으로 돌아오지만, 의회의 실질적 권한은 사실상 왕권을 넘어서게 되었다. 1685년 왕위에 오른 제임스 2세가 가톨릭을 부활시키려고 하자 영국 의회는 메리 공주와 남편 오렌지 공작에게 사실상 왕위를 양도하였다. 1688년의 이 명예혁명으로 의회 우위의 입헌군주정이 확립되게 된다.

참고자료

▎권리장전(Bill of Rights, 1689년)

1689년 2월, 명예혁명으로 윌리엄 3세를 국왕으로 추대하면서 왕관과 더불어 권리선언을 제출하여 승인받았고, 이를 기반으로 12월 16일 '신민의 권리와 자유를 선언하고 왕위계승을 정하는 법률'이 공포되었는데, 이를 권리장전이라고 부른다. 전임 국왕인 제임스 2세의 문제점을 12개 조로 열거한 후 의회와 시민의 주요한 권리를 보장하였다.

주요 내용은 의회의 동의 없는 입법 및 법률 집행, 과세 징집 금지, 청원권 보장, 의회에서 언론 자유 보장, 과도한 형벌 금지 등이다. 권리장전은 영국 입헌 군주제의 기반이 되었을 뿐 아니라, 식민지 시기 미국 각주의 권리선언, 프랑스 인권선언 등에도 영향을 주었다.

권리장전
자료: http://cogweb.ucla.edu/Restoration/Images/
DeclarationOfRights_1688.jpg

▎올리버 크롬웰(Oliver Cromwell, 1599-1658년)

영국 내전은 초반에 왕당파에게 유리하게 전개되었다. 의회군은 물적, 인적 자원에서 왕당파의 상대가 되지 못했다. 이 때 하원의원이었던 크롬웰은 지역구이자 고향인 케임브리지 근교에서 기병대를 조직하고 엄격한 훈련을 통해 여러 전투에서 전과를 올렸다. 의회군은 그의 부대를 본 떠 신형군(New Model Army)이라는 새로운 기병 부대를 편성하고 크롬웰에게 지휘를 맡겼다. 이후 의회군은 프레스턴에서 대승리를 거두며 영국내전에서 승리했다.

의회파 핵심으로 떠오른 크롬웰은 찰스 1세의 처형을 주장해 관철시켰고, 왕정을 폐지한 후 공화정을 수립했다. 공화국에서 크롬웰은 종신 호국경(Lord Protector)에 올랐다. 크롬웰에 대해서는 내전을 승리로 이끌었고 결과적으로 입헌군주정을 수립하는데 기여했다는 평가와 더불어, 1인 통치를 강화함으로써 공화국의 가치를 훼손하고 결과적으로 왕정복고를 가져왔다는 평가가 엇갈린다. 그러나 명예혁명 이후 영국에서 입헌군주정이 수립되는 과정에서 크롬웰의 영향력은 모두가 인정하고 있다. 현재 영국 의회 의사당인 웨스트민스터에는 그의 동상이 있다.

올리버 크롬웰

자료: http://www.dailymail.co.uk/sciencetech/article-3291659/What-REALLY-killed-Oliver-Cromwell-Civil-War-leader-died-lethal-combination-malaria-typhoid-poisoning-plot.html

▎수평파(Levellers)

수평파는 영국 내전 시기 의회파 군인을 중심으로 근본적인 정치적, 경제적 개혁을 주장했던 집단을 말한다. 이들은 '모든 인간은 과거와 현재에 모두가 날 때부터 권력, 품위, 권위가 평등하고 동일하다. 그 누구도 날 때부터 다른 사람에 대해 어떠한 권위, 지배 혹은 통치권을 가질 수 없다. 모든 영국인은 그가 가진 부와 관계없이 동의에 의한 통치를 받을 권리가 있다'는 등의 급진적 평등론을 내세웠다.

수평파는 성인 남자의 평등/보통선거권, 매 2년 마다 선거를 치르는 하원 중심의 의회 운영, 양심의 자유, 인신의 자유, 법 앞의 평등, 균등한 토지분배, 종교의 자유 등을 주장했다. 이들의 주장은 의회파 내 소수에 불과했고 지도자들은 의문의 죽음을 맞았으나, 영국 근대 민주주의의 사상적 원류로 주목받고 있다.

❷
프랑스
대혁명

1789년 루이 16세는 재정 위기를 극복하기 위해 '삼부회'를 소집했다. 삼부회에서 부르주아 및 하위계층이었던 제3신분은 성직자인 제1신분, 특권 귀족인 제2신분이 주도하는 삼부회를 비판하고 '국민의회'를 구성했다. 루이 16세가 회의장을 폐쇄하자 국민의회는 스스로 '제헌 의회'임을 선포했다. 왕이 무력으로 국민의회를 해산하려 하자 파리 시민들은 바스티유 감옥을 습격하고 파리를 장악했다.

국민의회는 프랑스 인권 선언을 발표하고 신분제에 따른 봉건제의 폐지를 공식화했다. 오스트리아와 프로이센 등 왕정폐지를 두려워한 반혁명 연합군과의 전투에서 승리한 프랑스 민중은 루이 16세를 처형하고 공화정을 수립했다. 이후 약 150년에 걸쳐 공포정치, 왕정복고 등 우여곡절을 겪었지만, 프랑스 혁명의 정신은 지금 프랑스의 국기(삼색기)와 국가(라 마르세예즈)에서 보듯이 근대 민주주의와 인권의 상징으로 남아있다.

삼부회(États généraux)

삼부회는 프랑스의 세 신분인 성직자, 귀족, 평민으로 이루어진 신분제 의회다. 1302년 필리프 4세가 교황권과 대립하면서 국민의 지지를 얻기 위해 소집한 것이 시초다. 주요 기능은 국왕의 세금징수에 대한 동의, 왕의 즉위에 대한 승인(실제로는 즉위 선물 증정)이었지만, 소집 여부가 국왕에게 달려있었기 때문에 전쟁 등 반드시 필요하다고 생각될 때만 소집되었다.

실제로 1789년 이전에는 175년 동안 소집되지 않기도 했다. 삼부회에서는 귀족과 성직자들이 실질적으로 다수를 차지했다. 이들 특권신분은 전체 인구의 2%를 차지하는 1, 2신분은 전체 농지의 40% 이상을

1789년 열린 삼부회
자료: https://bienvenueauxviiie.wordpress.com/tag/etats-generaux

차지하면서도 세금을 전혀 내지 않았고, 이들은 삼부회를 통해 자신들의 특권을 유지하고자 했다. 그러나 루이 16세가 소집한 삼부회에서 제3신분이 봉건적 특권의 폐지를 주장하면서 프랑스혁명의 도화선이 되었다.

시에예스(Emmanuel Joseph Sieyès, 1748-1836년)

시에예스는 1748년 남프랑스 지중해 연안의 프레쥐스에서 태어나 부모님의 뜻에 따라 성직자가 되었다. 그러나 지속적으로 프랑스 농촌의 비참한 상황과 다양한 사회문제에 관심을 가졌으며, 프랑스혁명 직전 『제3신분이란 무엇인가』라는 짧은 저작을 익명으로 출간했다. 이 책은 1789년 1월 단 몇 주 만에 3만 부 이상 팔렸는데, 파리 사람들은 거리에서 서로 그 책을 읽어보았는지를 인사말로 할 정도였다.

그는 제3신분을 '사회의 전체이면서도 구속되고 억압된 존재이며, 특권 신분(1, 2신분)이 존재하지 않으면 그 자체만으로 자유롭고 번성하는 전체'라고 정의했다. 그는 실제로는 세상의 전부이지만 현재로서는 아무런 권력도 갖지 못한 제3신분이 주권을 가져야 하며, 봉건적 신분제를 폐지해야 한다고 역설했다.

시에예스
자료: https://sites.google.com/site/weitungleochen

『제3신분이란 무엇인가』로 유명해진 시에예스는 1789년 5월 19일 삼부회의 제3신분 대표로 선출되었고, 그는 저작의 내용을 그대로 실천에 옮겨 제3신분만으로 국민의회의 성립을 선언하고 봉건제의 폐지를 선언했다. 프랑스 인권선언의 초안 작성과 헌법 제정에서도 중요한 역할을 했다.

프랑스 인권선언(Declaration of the Rights of Man and of the Citizen, 1789년)

프랑스 인권선언은 제3신분으로 이루어진 국민의회가 1789년 8월 26일 선포한 선언이다. 공식 명칭은 '인간과 시민의 권리 선언'이지만 일반적으로 프랑스 인권선언으로 불린다. 제1조에서 '인간은 자유롭고 평등한 권리를 지니고 태어나서 살아간다. 사회적 차별은 오로지 공공 이익에 근거할 경우에만 허용될 수 있다'는 천부인권과 자유와 평등의 정신을, 제3조에서 '모든 주권의 원리는 본질적으로 국민에게 있다. 어떤 단체나 개인도 국민으로부터 직접 나오지 않는 어떤 권력도 행사할 수 없다'는 인민주권의 원리를 천명했다. 제7조에서는 '법에 의해 규정된 경우가 아니거나 법에 의해 규정된 형식에 따르지 않고서 누구도 기소되거나 체포되거나 구금되어서는 안된다'는 법치주의를 구현하고 있다. 1791년 프랑스 헌법의 전문(前文)으로 채택된 인권선언은 이후 세계 각국의 헌법에 큰 영향을 주었다.

❸
미국 혁명

미국 혁명이란 북아메리카의 13개 영국 식민지가 전쟁을 통해 독립한 사건을 말한다. 영국은 7년 전쟁의 비용을 충당하기 위해 북아메리카의 영국 식민지에 새로운 세금을 부과하려 했다. 그러나 식민지들은 "대표없이 과세없다"는 주장으로 저항하며 '대륙회의'를 구성했고, 1773년에는 '보스턴 차(tea) 사건'이 발생했다. 영국은 군대를 파견해 이러한 저항을 제압하려고 했고, 식민지인들이 민병대를 조직하여 대항하면서 1775년부터 실질적인 전쟁상태에 돌입했다. 1776년 13개 식민지 대표들은 조세저항을 넘어 독립을 선언하기로 하고 7월 4일 독립선언서를 작성하여 이를 선포했다.

1781년 식민지들이 전쟁에서 승리하고 단일연방국가로서의 헌법을 마련하면서 아메리카합중국이 탄생했다. 미국의 독립이 미국 혁명으로 불리는 이유는, 미국이 영국으로부터 단순히 독립했을 뿐만 아니라 중세 이후 처음으로 왕이 없는 정부 체제, 곧 공화정을 수립했기 때문이다. 또한 프랑스혁명에 앞서 '독립선언서'에서 자연법에 근거한 인권과 사회계약에 따른 인민의 저항권 등을 천명했고, 근대 최초의 성문헌법도 제정했다.

참고자료

┌───

| 미국 독립선언서(Declaration of Independence, 1776년 7월 4일)

미국의 3대 대통령이 된 토머스 제퍼슨(Thomas Jefferson)이 초안을 작성했다. 전문(前文)의 주요한 내용은 다음과 같다.

"우리들은 다음과 같은 사실을 자명한 진리로 받아들인다. 모든 사람은 평등하게 태어났고, 창조주는 몇 가지 양도할 수 없는 권리를 부여했으며, 그 권리 중에는 생명과 자유와 행복의 추구가 있다. 이 권리를 확보하기 위해 인류는 정부를 조직했으며, 이 정부의 정당한 권력은 인민의 동의로부터 유래한다. 어떤 형태의 정부이든 이러한 목적을 파괴할 때에는 언제든지 정부를 개혁하거나 폐지하여 인민의 안전과 행복을 가장 효과적으로 가져올 수 있는 새로운 정부를 조직하는 것은 인민의 권리다. 오랜 동안에 걸친 학대와 착취가 인민을 절대 전제 정치 밑에 예속시키려는 계획을 분명히 했을 때에는, 이와 같은 정부를 타도하고 미래의 안전을 위해서 새로운 보호자를 마련하는 것은 그들의 권리이며 의무다."

독립선언서 원본
자료: http://www.revolutionary-war-and-beyond.com/declaration-of-independence.html

독립선언서에서 나타나는 이러한 저항권은 존 로크의 『통치론』에서 영향을 받은 것으로 사실상 자연권과 사회계약론의 핵심 주장을 요약한 것이다.

▍'미국혁명의 아버지', 토머스 페인의 「상식」(Common Sense, 1776년)

페인은 1737년 영국 노포크에서 출생했다. 가난으로 13세 이후 정규교육을 받은 적이 없는 그는 코르셋 상점의 도제, 공무원, 목사, 교사, 담배가게 직원 등으로 일했다. 1774년 런던에서 만나 그의 재능을 알아 본 벤저민 프랭클린의 소개로 미국으로 건너가 '펜실베니아 매거진'에서 일했다.

독립전쟁이 막 시작되었던 1776년 1월 48장의 팜플렛으로 인쇄된 「상식」을 출간했는데, 3개월 만에 10만 부, 1년 만에 50만 부가 팔려나갔다. 당시 북아메리카 식민지의 인구가 250만 명이라는 점을 감안하면 전 인구의 1/50이 상식을 구매한 셈이다.

「상식」은 일정한 권리를 획득하고 영국의 통치하에 남을 것인지, 아니면 완전한 독립을 쟁취할 것인지에 대한 당시의 논쟁에서 후자가 승리하는데 결정적인 기여를 하게 된다. 「상식」이 출간된 지 6개월 만에 대륙의회가 소집되고, 그로부터 2개월 뒤 독립선언서가 작성된다.

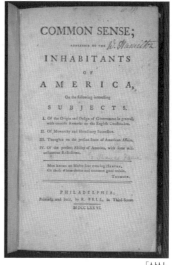

「상식」
자료: https://en.wikipedia.org/wiki/Thomas_Paine#/media/File:Commonsense.jpg

페인은 세습제도에 의한 단 한 사람의 국왕이 다스리는 것보다 인민이 스스로 통치하는 편이 더 지혜롭고 안전하다는 것이 '상식'이며, 식민지가 군주제의 영국에서 독립하는 것 역시 상식적인 것이라고 주장했다. 페인은 1792년에는 프랑스 혁명을 비판하는 버크에 대항해 『인간의 권리(The Right of Man)』를 출간했다. 그 결과 영국에서는 반역죄로 기소되었지만, 프랑스에서는 국민공회 의원으로 선출되었다.

▍연방주의 교서(Federalist Papers)

18세기 미국 건국 당시 연방주의자와 개별주 자치주의자간의 수많은 논쟁에서의 합의를 이끌기 위해 연방주의자인 제임스 매디슨이 작성한 교서이다. 해밀턴(Alexander Hamilton, 미국 초대 재무장관이자 10달러에 그려진 인물), 매디슨(James Madison, 미국 4대 대통령)과 제이(John Jay, 미국 초대 대법원 장관)가 신문 등에 기고한 85개의 글로 구성되어 있다. 미국의 국가 성격을 민주제가 아니라 공화제로 규정하고, 대표제의 원칙을 제시한 중요한 문건이다.

"진정한 국익을 가장 잘 인식할 지혜를 지닌 소수의 시민에게 통치를 위임함으로써 … 국민의 대표들이 내는 공적인 목소리는 국민들 자신이 공적인 목소리를 낼 때마다 공약에 더 부합하게 될 것이다"(Federalist Paper)는 매디슨의 공화제에 대한 신념을 잘 표현하는 말이다. 물론 매디슨은 선거는 대표자들이 사람들의 목소리에 귀를 기울이도록 강제한다는 선거의 중요성을 강조한 말도 남겼다.

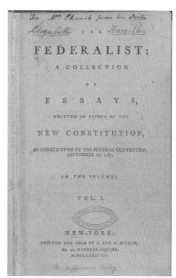

연방주의 교서
자료: https://en.wikipedia.org/wiki/The_Federalist_Papers

❹
러시아 혁명

러시아 혁명은 1905년과 1917년의 두 혁명을 말한다. 1905년 러일 전쟁에서 패한 후 경제적 어려움에 처한 러시아에서는 전국적인 파업과 시위가 일어났다. 시민들의 청원서를 무력 진압한 1월 9일의 '피의 일요일' 사건 이후 전국 200개 도시에서 광범위한 총파업이 일어나고 전함 포템킨에서의 수병 반란 등 차르 체제에 대한 전면적인 투쟁이 벌어졌다. 차르는 10월 헌법의 제정과 입법권을 가진 의회, 언론, 집회, 결사의 자유, 투표권의 확대를 약속했다.

입헌 군주제하에서 1914년 1차 세계대전이 발발했고, 승려 라스푸틴에게 장악된 황실은 무능함의 극치를 보여주었다. 1917년 2월, 전국적으로 파업과 시위가 일어났고 시위대를 진압하기 위해 동원한 병사들이 혁명군에 가담하면서 수도가 함락되었다. 2월 혁명의 결과, 지주와 부르주아가 선출한 두마 임시위원회와 노동자, 병사들이 조직한 소비에트의 협상으로 임시정부가 수립되었다. 4월 3일 귀국한 레닌은 임시정부에 대한 반대를 표명하고, 러시아 혁명이 사회주의 혁명이며, 모든 권력을 소비에트로 이전시킬 것을 주장했다. 같은 해 10월, 레닌이 조직한 볼세비키는 겨울궁전을 장악하고 임시정부를 수립했다.

이로부터 약 5년 간의 내전에서 승리한 후 볼세비키와 소비에트는 최초로 마르크스주의에 입각한 공산주의 국가인 소련을 수립한다. 러시아 혁명은 봉건체제를 종식시켰다는 점에서는 공통점이 있지만, 영국, 미국, 프랑스 등 자유민주주의를 구축한 서구의 시민혁명과는 다른 길을 통해 현대사에서 냉전의 한 축이었던 공산주의 진영이 구축되는 시발점이 되었다.

참고자료

| 피의 일요일(1905년 1월 22일)

당시 러시아 수도 상트페테르부르크에서 니콜라이 2세에게 청원을 하기 위해 겨울 궁전으로 평화적인 행진을 벌이던 노동자와 가족들에게 근위군이 발포하여 다수의 사상자를 낸 사건이다. 극심한 빈곤 상태에 있던 러시아 민중들은 황제권에 대한 종교적 숭배심을 갖고 있었고, 러시아 정교회의 가폰 신부가 이 청원 행진을 주도했다. 이들은 차르 니콜라이 2세의 초상화와 기독교 성화상, 그리고 청원서를 들고 행진을 벌였는데, 발포로 인한 사상자는 수백 명에서 수천 명으로 추산된다.

청원 내용은 노동자의 법적 보호, 러일 전쟁의 중지, 헌법의 제정, 기본적 인권의 확립 등 당시 러시아 민중의 소박한 요구를 대변한 것이었다. '피의 일요일' 사건은 차르 체제에 치명적인 도덕적 정당성의 실추를 가져왔으며, 1917년 10월 혁명으로 이어지는 시발점으로 간주된다. 러시아의 작곡가 쇼스타코비치는 '피의 일요일'을 주제로 교향곡 11번을 작곡해 헌정했다.

자료: https://en.wikipedia.org/wiki/Bloody_Sun day_(1905)#/media/File:Gapon_u_Nar vskoy_zastavy1.jpg

┃ 블라디미르 일리치 레닌(Vladimir Ilyich Lenin, 1870-1924년)

레닌의 본명은 블라디미르 일리치 울리아노프(Ulyanov)였다. 대학생이었던 4살 위의 형 알렉산더 울리아노프가 차르 알렉산더 2세의 암살 기도에 참여했다가 처형당한 뒤, 이름을 레닌을 바꾸고 혁명가로 변모했다. 그는 자본주의 선진국에서 공산주의 혁명이 발생하지 않는 이유가 제국주의의 선진국들에서는 노동자들이 식민지로부터 초과이윤을 얻기 때문이라고 설명하고, 오히려 혁명은 자본주의의 약한 고리인 러시아와 같은 나라에서 먼저 일어나야 함을 주장했다. 그는 이것을 가능하게 하는 원동력은 혁명적 지식인에 의해 선도되는 전위당이며, 노동계급이 전위당에 의해 지도됨으로써 혁명을 실천하는 주역이 될 수 있다고 역설했다. 그의 주장은 러시아 혁명의 성공으로 사실이 되었다. 레닌은 소비에트 정부 수립 후 급진적 사회주의 경제정책의 문제점을 인정하고 농민에게 사유 토지를 돌려주는 등의 수정주의적 노선을 취했지만 곧 사망했다. 이후 정권을 장악한 스탈린(Joseph Stalin)은 소련을 전체주의적 1인 독재로 몰고 갔다.

레닌

자료: https://en.wikipedia.org/wiki/Vladimir_Lenin

1. 국가는 계약에 의해서 만들어진 것일까? 만약 국가가 계약에 의해서 만들어진 것이 아니라면, 사회계약론은 오늘날 어떤 의미를 가질 수 있을까?

2. 우리는 근대에 시민혁명이 일어나고 민주주의가 싹트게 된 것을 자연스럽게 받아들이지만, 이것은 인류 역사에서 실로 예외적인 일이기도 하다. 어떠한 사회적 변화가 이러한 정치적 변동을 가져왔을까?

3. 근대 시민혁명이 일어난 나라들은 오늘날 모두 민주주의의 선진국들이기도 하다. 그러나 그 민주주의의 형식과 내용은 상당히 다양하다. 원인은 무엇일까?

3. 현대 민주주의

1) 대표제와 민주주의

현대는 민주주의의 시대다. 모든 정치체제는 스스로를 민주주의로 지칭하거나 적어도 그것을 지향한다. 그러나 아테네식 직접민주주의를 실현하고 있는 나라는 극소수에 불과하고, 대부분 국가에서는 유권자가 선출하는 대표자를 통해 정부를 구성하고 운영하는 대의민주주의를 채택하고 있다. 이것은 사회계약론 이후 근대 시민혁명과 현대의 정당민주주의에 이르는 과정에서 민주주의에 대한 이해가 고대 민주주의와 달라졌음을 의미한다. 민주주의에 대한 고전적인 정의가 "인민에 의한 통치"였다면, 현대의 민주주의는 토머스 제퍼슨이 제안한 바에 따라 "인민의 동의에 의한 통치"로 바뀌었다.

정당을 "현대의 군주"로 부른 샤츠슈나이더는 민주주의를 "우리가 하는 다른 모든 일과 마찬가지로 무지한 사람들과 전문가들이 함께 하는 협력의 한 형식"으로, 베르나르 마넹은 "민주주의는 선거를 통해 시민들이 정부를 해고할 수 있는 제도"라고 이해했다. 이러한 대의민주주의는 1) 시민이 평등한 시민권에 기초해 대표를 선거로 선출하며, 2) 대표는 일정한 임기동안 시민주권을 위임받아 경직된 임기를 가지며, 3) 대신 시민은 비판의 자유를 가지고 부적격자에 대해 다음 선거에서 주권을 행사해 책임을 묻는 원리로 이루어진다.

참고자료

> **에드먼드 버크(Edmund Burke)와 조셉 슘페터(Joseph Schumpeter)**
> 대의민주주의에서 가장 첨예한 논쟁거리 중의 하나는 대표자 역할에 대한 것이다. 한편에서는 대표자 역할은 민의를 충실하게 전달(delivery)하는 것에 있다고 보는 반면, 다른 편에서는 대표자가 최대한 자율성을 발휘하고 유권자가 아니라 그 자신의 양심과 판단에 따라야 한다고 본다.
> 대의민주주의가 처음 시작될 때에는 후자의 입장이 보편적이었는데, 그 중에서도 버크는 '유권자는 대표들이 지닌 뛰어난 지혜의 통치를 받는 데 만족해야 한다'는 입장의 가장 강력한 대변자였다. 그의 입장은 사실상의 대표(actual representation)가 아니라 가상 대표(virtual representation)를 옹호하는 것이었다.
> 그는 하원의원 당선 연설에서 "선거구민의 의견이 지시하는 바가 아니라 자신이 최선이라고 생각하는 바에 따라 국가적 문제를 결정하는 것이 선출된 대표의 직무다. 여러분의 대표는 여러분에게 근면뿐 아니라 판단력으로

갚아야 할 빚이 있다. 따라서 여러분의 의견을 존중한다는 이유로 자신의 판단을 포기한다면, 그는 여러분에게 봉사하는 게 아니라 여러분을 배신하는 것"이라고 주장했다.

이러한 입장은 현대에 들어서도 조셉 슘페터에게 계승되었는데, 그는 '유권자들은 일단 한 개인을 선출하고 나면 정치적 행동은 그의 소관이지 자신의 몫이 아님을 이해해야 하며, 민주주의는 정치엘리트들이 선거를 통해 경쟁하는 것에 다름 아니다'라고 주장했다.

❶
미국의
공화주의

미국의 역사학자 고든 우드(Gordon Wood)는 토마스 페인(Thomas Paine)과 제임스 매디슨(James Madison), 알렉산더 해밀턴(Alexander Hamilton)을 인용하며, 미국이 영국의 통치로부터 독립했다는 사실보다 더 중요한 것은 실현 불가능한 '순수 민주주의'(pure democracy)와 근본적으로 다른 '대표제 민주주의'(representative democracy)라는 통치시스템을 만들어 낸 것이라고 주장한다.

여기서 중요한 것은 대표제라는 시스템이 민주주의에 부여하는 공화주의적 속성이다. 이 체제에서 인민은 직접 다스리는 것이 아니라 그들이 선출한 소수에게 권력을 위임함으로써 정치에 개입한다. 우드는 이러한 관점에서 볼 때, 인류사에서 순전히 인민이 직접 선출한 사람들로만 정부가 구성되는 체제, 곧 공화주의적 대의민주주의가 미국에서 태어났으며, 이 체제가 이후의 인류역사에서 가장 일반적인 정치체제로 확립되었다는 점을 강조한다.

참고자료

| 자유주의와 민주주의의 결합, 토크빌(Alexis de Tocqueville)과 밀(J. S. Mill)

토크빌과 밀은 민주주의가 자유를 위협한다는 보수주의자들에 반대해, 민주주의를 되돌릴 수 없는 역사의 물결이며 적절히 운영될 경우 자유를 확대할 수 있다고 보았다. 토크빌과 밀은 민주주의에 본질적으로 존재하는 '다수의 폭정'을 경계하면서도, 시민들이 공적인 활동에 참여할 때 자유의 정신이 발휘되면서 이러한 문제점이 해결될 수 있다고 믿었다.

토크빌은 『미국 민주주의』에서 특히 타운홀 미팅, 배심 재판제도 등이 시민적 덕성을 고양시키고 있으며 이를 통해 공공선을 달성할 수 있다고 보았다. 밀은 『대의정부론』에서 선거를 통한 대의민주주의가 인민의 공적 참여를 보장함으로써 시민들의 지적, 도덕적 능력을 발전시키고, 정치체제로서는 가장 효율적인 통치를 가져올 수 있다고 주장했다.

토크빌과 밀에 의해 대의민주주의를 통한 자유주의와 민주주의의 결합, 자유와 평등의 결합이 가능해졌으며, 이들은 20세기 이후 서구사회에서 보편화 된 자유민주주의의 이론적 기반을 제공했다.

토크빌
자료: https://en.wikipedia.org/wiki/Alexis_de_Tocqueville

밀
자료: https://en.wikipedia.org/wiki/John_Stuart_Mill

❷
유럽의
대의민주의

영국에서는 명예혁명 이후 토리와 휘그를 중심으로 하는 정당정치가 확립되었고, 왕은 군림하지만 통치하지 않는다는 입헌 군주제의 원칙이 확고해졌다. 19세기에는 약 100년간 3번에 걸쳐 성인 남성의 보통선거권이, 20세기 초에는 여성 보통선거권이 확립되었다. 영국은 웨스트민스터 시스템(Westminster system)으로 불리는 양당제와 단순다수대표제에 따른 의회제 정치형태의 대표적인 나라가 되었다.

프랑스에서는 1789년 혁명 이후 약 160년간 왕정복고와 공화국의 재수립 등 혁명과 반동을 반복하다가 1958년 현재의 제5공화국이 성립하였다. 대통령제와 의회제가 결합한 이원집정부제라는 다소 복잡한 정부형태를 갖고 있으며, 과반 이상의 득표를 강제하는 결선투표제(two-round system) 선거제도를 갖고 있다. 현재 유럽의 대부분 국가는 비례대표제를 기반으로 다당제와 연립정부를 중심으로 하는 정부형태를 유지하고 있다.

이러한 권력구조와 선거제도는 대화와 타협을 바탕으로 한 합의제 정치문화와 깊게 연관되어 있다. 특히 지방자치가 폭넓게 확립되어 있으며, 스위스 등 일부 국가에서는 다양한 형태의 직접 민주주의가 대의민주주의를 보완하는 역할을 하고 있다.

▎ 19세기 선거권의 확대: 영국

영국에서 1688년 명예혁명 당시 영국에서 선거권을 가진 인구는 전체의 10%에 불과했고, 실제로 참정권을 행사한 사람은 1% 안팎이었다. 이에 대해 영국 시민들은 1769년의 성 조지 광장의 학살, 1812년 러다이트 폭동, 1819년 피털루 광장의 학살 등 지속적으로 참정권 확대를 요구하는 운동을 벌였다. 1830년대 초반 영국은 산업혁명으로 맨체스터, 리버풀 등 새로운 공업도시에 노동자 인구가 대폭 집중되었으나, 선거구는 100년 이상 고정되어 실제로 주민이 거의 없는 부패 선거구(rotten boroughs)나 소수의 귀족들이 결과를 좌우하는 호주머니 선거구(pocket boroughs) 등이 생겨났다.

노동자들의 지속적인 참정권 요구에 직면한 영국 의회는 1832년 선거법을 대폭 개정해 50개 이상의 불합리한 선거구를 없애고 그 의석을 새로 성장한 공업도시에 부여했으며, 유권자도 40만 명에서 65만 명으로 증가했다. 1867년의 2차 개혁은 성인 남성의 45%, 1884년의 3차 개혁을 통해서는 성인 남성의 70% 정도에게 투표권이 부여되었다. 영국에서의 이러한 점진적 선거권의 확대는 대의민주주의의 초기 확산과정에서 성인 남성의 '보통선거권'이 보편적 원칙으로 자리 잡는 데 크게 기여했다.

▎ '서프러제트'(Suffragette)와 여성참정권

영어 단어 '서프러제트'는 여성참정권 운동을 벌인 여성을 뜻하는 고유명사다. 1865년 존 스튜어트 밀이 처음으로 여성의 참정권을 주장했으나 동조하는 사람은 거의 없었다. 19세기 말, 여성의 참정권 획득을 위한 단체가 생겨나 입법청원을 벌였으나 별 소득이 없었다.

1903년, 보다 강경한 방식으로 여성참정권을 주장하는 운동가들이 조직을 결성했는데, 가장 대표적인 인물은 애멀린 팽크허스트로 영국 신문 '데일리 메일'은 이들을 서프러제트라고 지칭했다. 이들은 투옥된 후 단식투쟁을 벌이고 강제급식에 저항했다.

1913년, 왕이 참석한 더비 경마에서 서프러제트인 에밀리 데이비슨이 여성참정권 깃발을 들고 왕의 말에 뛰어들어 사망하는 사건이 발생했다. 이후 여성참정권 운동은 크게 주목받게 되었고, 5년 뒤 1918년 선거법 개혁에서 30세 이상 여성 8백만 명에게 선거권과 피선거권이 부여되었다. 또한 1928년에는 남성과 같은 21세 이상 여성에게 선거권이 부여되었다. 영화 '서프러제트'는 이러한 실화를 바탕으로 제작된 영화이다.

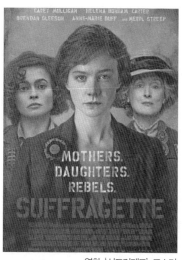

영화 '서프러제트' 포스터

❸
후발국의
대의민주주의

서유럽 일부와 북미 대륙을 제외하면 우리나라를 포함한 현재 지구 상의 대부분 국가들은 1, 2차 세계대전 이후 탄생한 신생 독립국이다. 이 들 국가들은 부르주아나 프롤레타리아, 혹은 농민이 주도한 민주주의 혁 명을 거치지 않았고, 대부분 제국주의 시대를 거치면서 식민지화되었다가 세계대전 후 독립하면서 대의민주주의 정치체제와 헌법을 서구에서 이식받았다. 민주주의 혁명을 통해 민주적 제도가 수립된 것이 아니라, 민주적 제도와 헌법이 먼저 수립되고 민주주의가 뒤따르는 형태로 대의 민주주의가 발전하기 시작한 것이다.

따라서 이들 나라에서는 민주화를 통한 제도화가 아니라 제도를 실 질적으로 민주적으로 운용하는 것이 중요했다. 민주적인 헌법과 선거법 이 존재하기는 하지만, 현실적으로는 그러한 룰이 지켜지지 않는 독재상 태가 지속되는 경우가 많았다. 또한 건국 당시의 민주적 헌정질서가 독 재정권에 의해 폐지, 왜곡되는 상황도 발생했다. 이러한 경우에는 다시 아래로부터의 민주주의 혁명을 통해 대의민주주의를 원상복구하는 절차 가 '민주화'(democratization)의 이름으로 나타난다.

이러한 민주화 과정에서는 서구의 시민혁명과 같은 전통적인 계급보 다는, 학생, 지식인, 종교인 등 각 국가의 문화와 전통, 상황에 따라 다양 한 주체가 등장하게 된다. 또한 민주화 이후 대의민주주의가 재수립되는 과정에서도 다양한 진통을 겪을 수밖에 없다. 이 과정에서는 제도만 먼 저 이식되었던 과거와 달리, 대의민주주의의 다양한 제도와 운영방식의 토착화와 주체적인 제도의 발전이라는 새로운 과제가 등장하게 된다.

2) 자본주의와 민주주의

❶
상업과 산업,
금융의 발전

민주주의와 자본주의는 역사적으로 불화를 겪어 왔다. 이제 자본주 의와 민주주의는 서로 떼려야 뗄 수 없는 관계로, 사회적 안정과 진보를 위해 당연히 필요한 공통의 전제조건으로 바라보게 되었다. 자본주의란 개인의 사적 소유에 바탕을 둔 자유주의 경제로 시장을 가장 우월한 자 원배분의 도구로 간주한다. 18세기 중엽부터 영국과 프랑스 등을 중심으 로 발달하여 산업혁명에 의해서 확립되었으며, 19세기에 들어와 독일과 미국 등으로 파급되었다. 이 체제 안에서 각각의 개인은 자신의 경제적 이해관계에 따라 자유롭게 경쟁하며 최적의 경제적 생활을 실현할 수 있 다고 보았다.

그러나 19세기에 만들어진 글로벌 자본주의는 20세기 들어 1차 세계 대전과 대공황을 거치면서 추락했다. 현실에서 시장이란 매우 불완전한 제도로 단기적 불황이 장기적 공황으로 발전하고 자본의 집중과 집적이 일어나며 빈부의 격차와 경제적 불평등이 심화되기도 한다. 상업자본주의에서 산업혁명을 거치면서 산업자본주의로 발전하게 된 자본주의는 20세기에 들어와 은행자본과 산업자본이 밀접하게 융합된 금융자본의 산업 지배라는 현대 자본주의의 가장 큰 특징을 드러내게 된다.

❷
민주주의와
경제발전

　　민주주의와 산업화, 경제발전의 관계는 어떨까? 민주주의는 경제발전을 가져올까? 반대로 산업화와 경제발전은 민주주의를 지속하는 데 유리할까? 이와 관련해 대표적인 이론이 근대화론이다. 립셋(Seymour Martin Lipset)으로 대표되는 '근대화론'은 산업화와 경제성장이 민주주의를 가져온다는 것이다. 경제발전은 중산층을 성장시키며 교육과 문화적 태도의 확산을 통해 민주주의 가치가 널리 수용되고 정치 참여 증대를 가져오며 사회적 갈등을 제도화해 갈등과 통합의 변증법을 가능하게 하기 때문이다. 그러나 근대화론은 역사 발전에 대한 단선론적 시각 및 기능주의적 이론으로 인해 많은 비판을 받았다.

　　이후, 쉐보르스키와 리몽기(Przevorski & Limongi)는 '신근대화론'을 통해 양자 사이에 직접적인 인과관계를 발견하기는 어렵지만 1인당 국민소득이 약 6천 달러를 넘어설 때 민주주의는 역전되기 어렵다고 보았다. 한편 사회학자 베링턴 무어(Barrington Moore)는 체제 유형이 민주주의로 나타나느냐, 혹은 파시즘과 같은 독재 또는 공산주의 혁명으로 귀결되느냐 하는 문제를 초기 근대화 과정의 패턴을 통해 설명한다. 그는 농업이 어떻게 상업화 되느냐 하는 패턴을 중심으로 토지 귀족들이 실제 생산자인 농민에 대해, 도시 부르주아지에 대해 그리고 기존의 국가권력을 대변하는 왕권에 대해 어떤 관계를 갖느냐 하는 문제를 통해 특정의 정치체제 유형이 만들어지게 되는 사회적 기원을 탐구한다.

| 베링턴 무어의 『독재와 민주주의의 사회적 기원』

베링턴 무어는 농업사회에서 상업화 정도, 산업화 과정에 나타난 상층자주계급과 농민, 국가의 역할을 중심으로 사회주의, 파시즘, 민주주의라는 정치체제의 결과를 설명하였다. 즉 사회 외적인 변인보다는 △ 농업의 상업화 정도 △ 농업사회의 국가구조 △ 농민들의 혁명적 잠재력 △ 사회계급들 간의 동학과 이해관계 등 사회구조 내적인 요인으로 변동을 설명했다.

베링턴 무어(Barrington Moore Jr.)
자료: https://en.wikipedia.org/wiki/Barrington_
Moore_Jr.

첫 번째는 영국, 프랑스, 미국의 민주주의 체제의 길이다. 이들 나라에서 중앙집권적 관료국가의 존재가 미약하였다. 혁명(청교도, 프랑스, 남북전쟁)으로 지주계급이 몰락하면서 농업의 상업화 정도가 높았고 부르주아의 힘이 강했다. 독자적 경제 기반에 근거한 사회집단(부르주아)이 사회변동을 주도하면서 민주주의의 방해 요소를 차단하게 되고 민주주의 체제로 나가게 되었다. 그는 "부르주아 없이 민주주의 없다"고 보았다.

두 번째는 일본, 독일의 파시즘과 같은 독재 체제의 길이다. 지주계급이 부르주아보다 강하고 중앙집권적, 관료적 국가에 의해 농업 분야가 억압되면서 농민들의 혁명적 잠재력이 취약할 수밖에 없었다. 사회변동을 주도한 토지소유귀족과 산업화를 주도한 국가 사이에 동맹을 구성하면서 반동적, 제국주의적 군국주의로 귀결되었다.

세 번째는 러시아, 중국의 사회주의의 길이다. 농민수탈에 기반한 농업 중심의 중앙집권 관료국가로 산업 부르주아 세력의 부상이 억제되었고 농민들의 잠재력은 증가하였다. 지주계급과 농민세력 간의 긴장이 고조되고 근대화의 압력이 거세지면서 농민간의 강력한 유대를 바탕으로 농민혁명이 일어나게 되었다.

| 부르주아

부르주아는 원래 성(城)에 둘러싸인 중세 도시 국가의 주민을 의미했으나, 근대에 와서 절대 왕정의 중상주의 경제 정책으로 부를 축적한 유산 계급으로 시민 혁명의 주체가 된 사람을 지칭한다. 시민혁명 이전에는 상당한 부를 소유하였음에도 왕과 귀족의 지배를 받는 피지배 계급이었지만 구제도의 모순을 깨뜨리려 했던 시민혁명을 주도한 이후 사회의 주체 세력으로 등장했다. 부르주아지와 프롤레타리아 간의 착취/피착취 구조는 마르크스에 의해 과학적 규명 작업이 시도되었다. 마르크스는 사적 유물론의 전개를 통해 자본주의를 역사 발전의 한 단계로 정립시켰다. 부르주아가 주도하는 자본주의 경제는 자본 자체가 상품화되는 독특한 구조로 발전되었다는 점이다. 그 때문에 부르주아 경제 체제가 자기모순으로 인해 결국 전복될 것으로 보았다. 그러나 근대 이후 부르주아 계급은 여러 형태의 프롤레타리아 혁명에도 불구하고 붕괴되지 않았다.

| 프롤레타리아

생산수단을 소유한 유산계급에 비해 정치, 사회, 문화적 권력을 소유하지 못한 무산계급을 뜻한다. 프롤레타리아는 역사적으로 자본주의가 지배적인 사회관계로 정립되던 시기에, 인클로저 운동(enclosure movement) 등으로 토지를 상실한 농민, 길드(Guild)에서 탈락한 직인, 상업자본의 융성으로 파괴된 생산자 등이 생산수단으로부터 분리됨으로써 자신의 노동력을 상품으로 팔 수밖에 없는 근대 노동자계급으로 등장하게 되었음을 의미한다.

산업혁명으로 임금노동자에 대한 수요가 확대됨으로써 이러한 프롤레타리아의 창출은 더욱 가속화되었다. 자본주의의 고도화로 프롤레타리아는 자본가에 비해 점점 열세에 놓이게 되어 노동조합 등을 조직함으로써 개별 노동자로서가 아니라 노동자계급의 주체로서 자각하고 자기들의 경제·사회적 지위의 향상시키고자 하였다.

┃ 대공황

대공황은 1929년 10월 24일 뉴욕 월스트리트 '뉴욕주식거래소'에서 주가가 폭락한 데서 발단된 전형적인 세계공황으로 1933년 말까지 거의 모든 자본주의 국가들로 파급되었다. 제1차 세계대전 후 미국은 표면적으로는 경제적 번영을 누리고 있었지만, 그 뒤에는 만성적 과잉생산과 실업 문제가 도사리고 있었다.

이런 배경으로 주가 대폭락은 경제적 연쇄를 통해 각 부문에 급속도로 파급되어, 물가 폭락, 생산 축소 등 경제활동의 마비를 가져왔다. 1933년 기업도산이 속출하여 전체 노동자의 약 30%에 달하는 1,500만 명 이상이 실업에 달하였다.

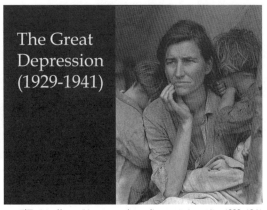

자료: http://www.slideserve.com/amory/the-great-depression-1929-1941

공황은 미국으로부터 독일·영국·프랑스 등 유럽 제국으로 파급되어 공업부문에 심각한 타격을 주었을 뿐만 아니라, 농업부문에도 영향을 미쳤다. 금융부문에서도 1931년 오스트리아의 은행이 도산하자 영국이 1931년 9월 금본위제를 정지하고 각국이 금본위제로부터의 잇달아 이탈하였으며, 미국도 1933년 금본위제를 정지하였다. 미국은 뉴딜정책 등 불황극복정책에 의존해야 했으며, 제2차 세계대전으로 경기를 회복할 수 있었다.

❸
미국 정치와
돈, 로비

오늘날 각국에서 민주주의를 운영하는 과정에서 돈이 중요한 역할을 하게 되었다. 특히 미국 대통령 선거 비용은 수십억 달러에 달해 지지하던 후보가 당선되었을 때, 거액 기부자들은 막강한 영향력을 행사함으로써 돈이 민주주의를 타락하게 만들고 있다. 민주주의 국가들은 정치경쟁이 공정할 수 있도록 선거자금을 제한하는 여러 가지 제도를 도입하게 되었다. 선거 자금 규제는 북미에서 상대적으로 약한 반면 유럽과 기타 지역에서는 강하게 나타나고 있다. 모금된 막대한 선거자금은 대부분 '이미지'를 사는 데 사용된다. 상상을 초월하는 화려한 TV광고 비용, 여론조사, 포커스 그룹의 전문가 고용, 요란한 정치 집회들이 그것들이다. 특히 미국에서 정치가들은 막대한 선거자금을 특수 이익을 위한 이익단체들의 선거운동 조직으로부터 조달받는다.

▎ 슈퍼팩(super PAC)과 금권정치

미국의 정치활동위원회(Political Action Committee, PAC)는 이익집단들이 만든 선거운동 조직이다. 자신의 이익에 부합하는 후보와 정책을 지지하기 위해 정치자금을 모금하고 후보자에게 기탁한다. PAC이 정치인과 정당의 합법적 정치자금 조달 창구가 된 것은 1974년 미국 연방선거운동법이 개정되면서부터다.

개정된 법에 따르면, 개인은 특정 후보에게 한 번에 1,000달러씩 총 2만 5,000달러까지 기부할 수 있지만 PAC을 통하면 한 번에 5,000달러씩 기부할 수 있고 기부 총액에 제한이 없다. 미국에서 합법적인 정치헌금에는 하드 머니와 소프트 머니가 있다. 하드 머니는 개인이 정치인 개인에게 주는 정치헌금으로, 액수에 제한이 있다. 소프트 머니는 기업이나 단체가 정치인 개인이 아니라 정당에 제공하는 후원금으로, 2002년까지는 액수에 제한이 없

미 정치자금 모금 비중 추이(단위: %)
*( )안은 모금액(달러)

2011년 1~6월
- 4.2 (2638만)
- 32.7 (2억722만)
- 63.1 (4억33만)

2015년 1~6월
- 32.9 (3억1368만)
- 44.3 (4억2159만)
- 22.8 (2억1712만)

- 후보
- 정당
- 슈퍼팩

소속	후보	주요 기부자
민주당	힐러리 클린턴	조지 소로스(소로스펀드 회장), 제프리 카첸버그(드림웍스 CEO), 스티븐 스필버그(영화감독), 허버트 샌들러(골든웨스트파이낸셜 설립자), 하임 사반(미디어 투자자), 도널드 수스만(팔로마 설립자)
공화당	젭 부시	미구엘 페르난데스(사모펀드 MBF 헬스 설립자), 로버트 맥네어(미 프로풋볼 구단주), 프란시스 루니(전 교황청 주재 미국 대사), 버나드 마커스(홈디포 설립자), 윌리엄 오번도프(투자사 SPO공동설립자)
	마르코 루비오	노르만 브라만(자동차 딜러), 래리 엘리슨(오라클 CEO), 로라 펄머터(마블 엔터테인먼트 CEO의 부인)
	테드 크루즈	윌크스(석유재벌), 로버트 머서(뉴욕 헤지펀드), 토비 네구바우어(텍사스 부동산 투자자)

(자료: 뉴욕타임스)
자료: http://blog.naver.com/wonderbox13/220570970979

었다. 2002년 '초당적 선거자금 개혁법'이 통과되면서 기업, 단체, 개인의 무제한적 정치헌금이 금지되었다. 그러나 이와 같은 선거자금법은 2010년 대법원의 판결이 나오면서 급격하게 변화했다.

'스피치나우 대 연방선거관리위원회' 재판에서 대법원은 특정 후보의 선거운동 측과 '조율하지 않은' '독자적인 지출'은 의회가 제한할 수 없다는 판결을 내렸다. 이 원칙은 이후 비영리조직뿐 아니라 영리 조직, 노동조합, 그 밖의 다른 협회들에도 확대 적용되었다. 이로 인해 기업이 액수 제한 없이 돈을 쓸 수 있는 길이 열리게 되었다. 물론 시민운동단체, 노조 등도 슈퍼팩을 구성할 수 있지만 이들이 모으는 자금은 거대 기업과 부자들과는 비교할 수 없다. 그 결과 1980년대 최상위 0.01% 계층이 전체 정치자금의 15%를 차지했으나 이제는 40%를 점유하여 금권선거의 시대가 되었다.

▎ 로비스트

로비스트는 '로비를 하는 사람'을 뜻한다. 로비는 '특수한 이익단체의 이익을 위해서 의사결정과정에 영향을 미치는 다양한 기술과 자원을 포함한 일체의 행위'를 의미하는 것으로 로비스트는 1830년경 미국의 '연방의회나 주의회 로비에서 서성대는 사람'을 일컫는 데서 유래했다. 미국에서 최초의 로비는 1800년대 초 미국 '필라델피아 전국산업진흥회'가 언론인들을 고용해 미합중국은행 설립 인가를 받기 위해 활동한 것으로 기록되어 있다. 미

자료: http://rationallyspeaking.blogspot.kr/2013/05/against-lobbying.html

국에서는 이 같은 로비활동에 대한 부정적 인식이 없는 것은 아니지만 헌법에 보장된 기본권의 하나(청원권)로 존중받는다.

| 월스트리트 점령운동(Occupy WallStreet)

월스트리트 점령운동은 2011년 빈부격차 심화와 금융기관의 부도덕성에 반발하면서 미국 월가에서 일어난 시위다. 시위는 미국 전역으로 확산됐으나, 뚜렷한 시위목표를 제시하지 못한 한계를 남기며 73일 만에 막을 내리게 되었다. 하지만 빈부격차가 심화되고 있는 신자본주의의 문제점과 금융기관들의 부도덕성에 대해 경종을 울렸다는 점에서 그 의의를 남겼다.

자료: http://www.magicalrealism.us/wp-content/uploads/2014/12/16bFrontline1305.jpg

| NRA: 미국 총기규제강화를 가로막는 장애물(월스트리트 저널, 2012/12/19)

19일(수요일) 버락 오바마 미국대통령이 지난주 발생한 초등학교 총기난사 사건에 대한 대응으로 오는 1월 말까지 총기규제안을 내놓는 한편 "행정부의 모든 권력을 동원해 규제안을 법제화하겠다"고 발표했다. 그러나 의회에서 총기규제안을 통과시키기 위해서는 공화당과 일부 민주당의원, 전미총기협회(NRA)의 반대를 극복해야 한다. 총기규제에 못지않게 의견분열이 심한 세법 및 이민법 개정도 목표로 하고 있는 오바마 대통령은 조 바이든 부통령에게 현 총기법에서 수정해야 할 내용을 목록으로 작성하라고 지시했다. 이중 일부는 행정명령을 통해 발효될 것으로 보인다. "법을 준수하는 총기소유자 대다수가 무책임한 소수의 총기남용을 막기 위해 특정 제재에 동의할 것이라 믿는다"고 오바마 대통령은 발언했다.

일부 민주당의원들이 20명의 아동을 포함해 27명이 살해당한 지난주 사건을 계기로 총기규제를 강화해야 한다고 촉구하고 있으나 의회 내 반발이 만만치 않을 것으로 예상된다. 하원에서 총기규제법은 법사위원회를 통과해야 하나, 법사위원회의 밥 굿래트 위원장(공화당, 버지니아)은 총기소지권리를 강력 지지하는 인물이다. 총기규제법안이 의회에서 이토록 난항을 겪는 이유 중 하나로는 NRA의 막강한 로비력을 들 수 있다. 오래 전부터 NRA는 민주당과 공화당 양당에 로비를 펼치며 강력한 총기규제법이 제정될 틈을 주지 않았다. … 2012년 총선에서 양당 후보 지원에 1,800만 달러를 쓴 NRA는 선거에 돈을 가장 많이 지출한 이익단체 20위 안에 든다. 정치인에게 A부터 F까지 등급을 매기는 NRA는 리처드 루가 상원의원(공화당, 인디애나)를 낙선시키는 데도 성공했다. 올해 초 루가 의원이 경선에 나섰을 때 NRA는 상대후보를 지지하며 "인디애나주에서 최초로 F등급을 받은 리처드 루가 대신 우리의 권리를 수호할 의원을 새로 뽑을 때"라는 TV광고를 내보냈다. … NRA가 공화당에 의존하고 있다는 통념과는 달리, NRA는 공화당뿐 아니라 총기소유자가 많은 시골지역의 민주당의원들의 지지도 받고 있다. 공화당의원 대다수와 민주당의원 상당수를 확보한 덕에 NRA는 여당이 어느 당이든 상관없이 의회에서 과반수를 확보해 왔다.

자료: http://watchingamerica.com/WA/tag/nra
http://www.nationalreview.com/article/435682/donald-trump-nra-endorsement-trump-thanks-gun-owners-louisville-convention

❹
사민주의와
민주주의

　　20세기 초반을 거치면서 실제 현실 속에서 민주주의와 자본주의의 결합은 기존의 시장과 국가, 사회의 관계를 극적으로 바꾸어 놓았다. 그것은 정치적 권력에 의해 조절되고 제한되며 사회적 필요에 종속되는 자본주의가 창조되었음을 의미했다. 이는 자유주의자들이 오랫동안 옹호해오던 것(시장과 개인의 최대한의 자유)과도, 마르크스주의자들과 공산주의자들이 실현되길 바랐던 것(자본주의의 철폐)과도 거리가 먼 것이었다.

　　20세기 승자는 자유주의가 아니라 사회민주주의였다. 사회민주주의는 생산수단의 사회적(공적) 소유와 사회적(공적) 관리에 의한 사회의 개조를 민주주의적인 방법을 통해서 실현하려고 하는 주장 또는 운동의 총칭을 의미한다. 자유·평등의 민주주의 사회를 실현하려면 자본주의의 '개인주의'를 그 반대의 원리, 즉 '사회주의'로 바꾸어야만 된다고 믿었던 마르크스주의자들의 폭력혁명과 달리, 사회민주주의자들은 민주주의 방법을 통해 그 목적을 실현하려 하였다. 사회민주주의는 정치의 우선성을 받아들이며 정치권력을 사용해 사회와 경제를 재구성하고자 하는 열망을 드러냈다. 이들은 자본주의와 관련해 중도적 입장을 택했다. 국가가 시장을 파괴하지 않으면서 그것을 통제할 수 있으며 또 그래야만 한다는 믿음을 바탕으로 '제3의 길'을 추구했다.

3) 법치주의와 민주주의

❶
법의 정치화

국가의 주요한 정책 결정과 이를 둘러싼 갈등이 정치과정이 아닌 사법 과정으로 이전되어 해소되는 것을 뜻한다. '정치의 사법화' 현상이라고도 한다. 가장 극적인 사례는 2004년 대통령 탄핵소추 기각 판결과 신행정수도 건설을 위한 특별조치법의 위헌 결정이다. 그동안 미미한 역할을 맡던 사법부, 특히 헌법재판소가 정치의 전면으로 급속히 부상하면서 정치의 중심적 행위자로 등장하게 되었다. 9명의 헌법재판관들이 현직 대통령의 직위 박탈, 입법부의 다수가 내린 합법적 결정의 무효화 권한을 갖게 된 것이다.

입법, 행정, 사법이라고 하는 정부의 3부 가운데 가장 덜 정치적인 기구로 인식되었고 따라서 가장 덜 주목받았던 사법부가 갑자기 중심적 행위자로 등장하게 되었다. 행정부의 수장이나 입법부의 대표가 국민의 의사에 따라 선출되는 것과 달리 사법부는 국민의 선출 기관이 아니기 때문에 그 정당성 또한 매우 약하며 사법부에 대한 민주적 통제가 중요한 과제가 되고 있다. 무엇보다 민주주의는 기본적으로 자율, 즉 자기 결정의 원리에 기초한다. 결정의 과정에 평등하게 참여할 수 있는 권리가 보장됨과 동시에 의사 결정의 결과와 내용이 열려 있어야 한다. 정치의 문제를 민주적으로 토론하고 그 결과로서 결정하는 과정을 우회해 사법적 판결로 대치하는 정치의 사법화는 결국 민주주의의 약화를 가져올 수 있다.

참고자료

▎ 입헌주의(Constitutionalism)

입헌주의란 오늘날 민주주의 정치권력을 헌법 범위 안에 둠으로써 그 자의적 행사를 막고 국가에 대해 국민의 기본적 인권과 자유, 권리를 옹호하는 것을 의미한다. 국가의 기본구조를 의미하는 constitution에서 유래하며 19세기 유럽에서 등장한 용어이다. 19세기 독일 입헌 군주제와 같이 군주 측이 의회주의(Parliamentarismus)에 대항하여 입헌주의(Konstitutionalismus)라는 말을 사용하는 경우도 있었지만 오늘날에는 국민주권에 기초한 의회정치 외에 기본적 인권의 보장, 권력분립, 법의 지배(법치주의) 등이 입헌주의의 내용을 구성한다.

근대 입헌주의는 그 성립 당시의 주역인 유산자 시민계급의 이익에 치중한 극단적인 개인주의와 자유주의를 바탕으로 하는 시민적 민주주의를 그 내용으로 하는 것이었지만, 현대의 입헌주의는 자본주의의 고도화와 무산자 대중의 세력증대에 따른 보통선거제의 실시로 대중민주주의를 그 내용으로 하고 있다. 오늘날 헌법으로 제도화된 민주주의를 가리키는 헌정적 민주주의(constitutional democracy)는 자유주의의 이념과 실천을 고려하지 않고는 이해할 수 없다. 이 유형의 민주주의는 1788~1789년 제임스 매디슨의 중심적 역할과 더불어 미국 헌법으로 제도화되었고, 이후 모든 헌정적 민주주의의 원형이 되었다.

❷
헌법에 보장된 국민의 권리와 의무

헌법에는 국민의 정치적 권리와 의무를 규정하고 있다. 여기서 권리란 어떤 일을 하거나 누릴 수 있는 힘이나 자격을 말하는 것으로, 모든 사람에게는 인간으로서 당연히 누려야 할 기본적인 권리가 있는데 이를 기본권이라고 한다. 우리나라 헌법은 제10조에서부터 국민의 기본권을 보장하고 있다.

기본권 중에서 평등권은 누구든지 성별이나, 종교, 직업, 장애 등에 의해 차별받지 않을 권리이며, 자유권은 국가로부터 간섭을 받지 않고 행동하고 생각할 수 있는 권리로 종교의 자유, 주거권, 언론의 자유, 직업을 가질 권리 등이다. 사회권은 인간답게 살 수 있도록 국가에 요구할 수 있는 권리로, 일할 기회를 요구할 권리, 교육을 받을 수 있는 권리, 깨끗한 환경에서 살 권리, 생계를 유지할 수 있도록 보호를 받을 권리 등을 말한다. 또 청구권은 국민이 국가에게 어떤 행위를 해 달라고 요구할 수 있는 권리를, 참정권은 국민의 한 사람으로서 정치에 참여할 수 있는 권리로 선거에 참여할 권리, 공무원이 될 수 있는 권리 등을 의미한다.

❸
시민불복종 운동

시민 불복종은 국가의 법이나 정부 내지 지배 권력의 명령 등이 부당하다고 판단했을 때, 이를 공개적으로 거부하는 행위를 말한다. 대개 비폭력 수단을 사용한 저항이지만 꼭 그렇지 않을 수도 있다. 이 용어는 원래 헨리 데이비드 소로(Henry David Thoreau, 1817년~1862년)의 논문인 '시민불복종의 의무'(1849)에서 처음 사용되었는데, 그는 노예제를 지원하는 정부에 대항한 납세거부를 지지하였다. 인도의 비폭력 저항 운동(간디의 사회복지 운동, 영국으로부터의 독립 운동)과 남아프리카 공화국의 인종차별 반대 투쟁, 미국의 흑인 시민권운동 등이 대표적인 예이다.

소크라테스의 유명한 재판이 시민 불복종의 철학적 토대를 마련한 사건으로 간주된다. 아렌트는 로비스트들이 정부에 영향력을 미치는 만큼 시민불복종하는 단체들이 압력단체를 만들어 정부를 압박할 수 있도록 보장해야 한다고 강조한다. 미국 헌법 제1조가 보장하는 결사의 권리가 현실에서 제대로 보장되지 않기 때문에 미국이 위기에 빠졌다는 것이다. 다만 시민불복종은 공개적으로 법에 도전하기 때문에 일종의 딜레마를 가진다. 사회가 유지되고 정치가 이루어지려면 그 경계를 짓는 법이 필요한데, 시민불복종은 그 법의 경계를 넘어서려 하기 때문이다.

참고자료

┃ 몬스 사케르(김종철, 경향신문, 2016/09/01)

… 이 상황을 어떻게 깰 수 있을까? 역사가 우리에게 가르쳐주는 것은, 극히 예외적인 경우를 제외하고, 지배층의 자발적인 선의나 양보에 의해서 민주적인 사회, 보다 평등하고 인간적인 사회가 열리는 일은 없다는 점이다. 이와 관련해서, 역사적으로 매우 오래된 흥미로운 선례가 있다. 그것은 옛날 로마공화국 초기에 발생한 '총파업' 사태이다. 원래 고대 로마는 왕정에서 공화정으로 바뀌면서 '원로원과 로마 인민'의 나라로 정의했다. 원로원은 로마라는 도시국가를 건설한 귀족들의 후예로 구성되었지만, 여기서 '인민'이라는 것은 로마 전체 주민이 아니라 건국 이후 여러 형태로 공적을 쌓거나 큰 재산을 축적한 부르주아계층을 뜻했다. 대다수 민중, 즉 농민, 장인, 소상인, 사무원, 해방노예 등은 '인민'에서 제외됐고, 따라서 참정권도 없었다.

이 무렵의 로마 평민들은 계속되는 전쟁에 끌려 나가는 고통은 말할 것도 없고, 전쟁이 끝난 상태에서도 삶은 절망적이었다. 그들은 항용 빚으로 살았고, 빚을 갚지 못하면 자동적으로 채무노예가 되어 가혹한 처우를 당하거나 노예시장에서 팔려도, 죽임을 당해도 불평을 할 수 없었다.

이 상태를 개선하고자 그들은 떼를 지어 광장에 나가 부채의 탕감, 토지의 재분배, 참정권을 요구하며 소동을 벌였다. 그러나 로마 지배층은 들은 척도 하지 않았고, 이에 기원전 494년 어느 날 평민들은 일제히 자신들이 하던 일을 중지하고 로마로부터 5km 떨어져 있는 산('몬스 사케르' = '거룩한 산')으로 올라가 자기들의 요구가 받아들여질 때까지 내려가지 않겠다고 선언했다. 이에 다급해진 원로원이 여러 차례 사자(使者)를 보내 로마가 외적의 침입 때문에 위험한 상태라고 설명하고, 제발 내려오라고 요청했다. … 하지만 평민들은 완강히 하산을 거부했다. 그래서 결국 원로원이 양보할 수밖에 없었다. 채무노예의 해방, 부채 탕감 이외에 평민의 이익을 대변하는 2명의 호민관을 두는 제도를 신설할 것을 결정하였다. 로마의 유명한 호민관제도는 이렇게 해서 탄생했다.

… 주목할 것은 로마의 평민들이 죽창이나 쇠스랑을 들고 귀족들에게 대항한 것이 아니라 철저히 비폭력적인 비협력·불복종을 통해서 승리를 거두었다는 사실이다. 따져보면 민중이 민주적 권리를 쟁취하는 데에 이것보다 더 강력한 무기는 없다고 할 수 있다. 그러나 우리는 지금 온갖 합법적·불법적 장치와 탄압 밑에서 노동자와 시민들의 단결된 행동이 조직적으로 차단된 사회에 살고 있다. 이 상황이 계속되면 민중은 물론 궁극적으로 지배층도 공멸할 수밖에 없다. 그러므로 어떤 식으로든 우리가 현대식 '몬스 사케르' 투쟁 방법을 찾아내는 일이야말로 가장 시급하다고 할 수 있다. 그것은 단순히 계급투쟁이 아니라 우리 모두를 살리는 길이다.

토론 주제 자본주의 대 민주주의: 민주주의는 경제적 불평등을 완화할 수 있나?

자료 1: 민주주의에서 자원배분의 두 가지 원리: 국가와 시장

 "자본주의는 희소자원의 사적 소유를 근간으로 하는 체제이다. 그러나 자본주의하에서 소유는 권위와 제도적으로 분리되어 있다. 그 결과 자본주의에는 자원들을 각각의 용도에 할당하고 가계에 분배하는 두 가지 메커니즘, 즉 시장과 국가가 존재한다. 시장에서 자본, 토지, 노동능력과 같은 생산자원들은 그것의 소유자들에 의해서 할당되고 … 그러나 국가 역시 사유재산에 해당하는 그 같은 자원을 할당하고 분배할 수 있으며 그러한 자원들에 입각해서 행위한다. … 그러므로 자본주의에는 본래 시장과 국가 사이의 끊임없는 긴장이 존재하기 마련이다. 민주주의는 정치영역에서 이러한 긴장을 격화시킨다. 시장이란 개별 행위자들이 자신들의 소유자원을 투표권 삼아 자원할당방식을 선택하는 메커니즘으로 그 속에서 이러한 자원들은 언제나 불평등하게 분배되어 있기 마련이다. 반면에 민주주의는 시민으로서의 인민들이 보다 평등하게 분배된 권리를 가지고 자신들이 소유하지 못한 자원들을 어떻게 할당할 것인가에 대한 선호를 표현할 수 있게 해주는 체계이다. 따라서 이 두 가지 메커니즘은 우연에 의해서만 동일한 결과에 도달할 수 있다. … 왜냐하면 민주주의란 생산자원이 사적 소유 때문에 빈궁에 처하거나 억압을 받거나 여타 비참한 상태에 처하게 된 사람들에게 국가를 통한 보상의 기회를 제공하는 것이기 때문이다." (아담 쉐보르스키. 1999. 『자본주의사회의 국가와 경제』. pp. 15-16.)

자료 2: 정치적 평등은 경제적 불평등을 완화

 "사회적 약자들은 경제적으로 불평등한 상황을 시정해 달라고 진정한다. 때문에 정치적 평등은 경제적 불평등을 완화시키는 지속적인 힘으로 작용한다. 평등주의 요구는 누진소득세 같은 평등주의에 입각한 입법으로 이어진다. 그러나 경제적 강자들이 자신들의 풍부한 자원을 정치 영역에 사용하면 경제 영역에 계속 존재하는 격차는 이런 법들의 효과를 제한하는 방향으로 작동한다. 이런 집단들은 세금제도에 허점이 생기도록 로비한다. 그리고 변호사와 회계사를 고용하여 세금제도에서 누릴 수 있는 이점을 극대화한다. 또 비용을 공제하여 납세액을 줄인다." (시드니 버바·개리 오렌. 1985. 『미국에서의 평등』. 래리 M. 바텔스. 2012. 『불평등 민주주의』. p. 23에서 재인용.)

자료 3: 경제적 불평등에서 정치적 불평등으로

 "정치 지도자들은 수많은 중산층 또는 고소득층 시민들의 정책 선호에만 반응하는 것으로 보인다. … 이런 대표성 격차가 특히 문제가 되는 이유는 이것이 경제와 정치 영역을 연결하는 피드백 사이클을 악화시킬 가능성이 있기 때문이다. 경제적 불평등이 증가하면 정치적 대응성에서도 불평등이 증가하고 이것은 다시 가난한 시민들에게 불리한 공공정책을 만들게 된다. 그렇게 되면 다시 경제적 불평등이 더욱 심해지는 등 악순환이 계속된다. 만약 실제로 이렇다면 기술과 인구구조 변화 또는 글로벌 경제발전으로 인한 소득분포 변화는 시간이 흐를수록 강화되고 고착화되어 돌이킬 수 없게 될 것이다. … 아리스토텔레스의 용어로 표현하자면 미국의 정치체제는 '민주주의'가 아니라 '과두 정치'인 것으로 보인다. 만약 우리가 계속 미국의 정치체제를 민주주의라고 부르며 우쭐거리고 싶다면 완전히 '불평등한' 민주주의라는 사실을 반드시 알아야 한다." (래리 M. 바텔스. 2012. 『불평등 민주주의』. pp. 401-402.)

〈토론 소주제〉

1. 사적 소유는 평등보다 위에 있는 것인가?

2. 정치적 평등(민주주의)은 경제적 불평등을 완화하나?

3. 경제적 불평등은 정치적 불평등으로 이어지나?

4. 국가는 시장에 어느 정도 개입할 수 있나?

4. 한국의 민주주의

1) 헌법의 기본정신과 민주주의

❶
헌법의
기본 정신

1948년 제정되어 1987년에 마지막으로 개정된 우리나라 헌법은 3·1 운동으로 건립된 대한민국 임시정부의 법통과 불의에 항거한 4·19 민주이념을 기본정신으로 표방하고 있다. 기능적으로 헌법은 권력구조, 대표자 선출방식, 임기 등을 결정한 국가 구조의 기본틀을 제시하고 있으며 국가의 원천으로 평가된다. 헌법은 대부분의 사람들이 잘 알고 있는 '대한민국은 민주공화국이며, 대한민국의 주권은 국민에게 있고, 모든 권력은 국민으로부터 나온다'는 내용의 제1조부터 총 130조의 조문으로 구성되어 있다.

❷
헌법의 변화

1948년 제정된 제헌헌법에는 내각제 요소를 포함한 대통령제가 명시되어 있었다. 이후 9차의 개정을 거쳐 변화되었는데, 역사적으로 중요한 개헌으로는 야당이 우세한 상황에서 이승만 대통령 당선 가능성이 없자 직선제를 추진한 발췌개헌(제1차 개정), 1960년 4·19 혁명 이후 이루어진 의원내각제 개헌(제3차 개정), 대통령의 권한을 강화하기 위해 간접선거방식을 도입한 1972년의 유신헌법(제7차 개정), 1987년의 6월 항쟁 이후 대통령 직선제를 수용한 직선제 개헌(제9차 개정)을 들 수 있다.

❸
헌법의 역할

대부분의 국가에 헌법이 있지만, 헌법이 있다고 모두 민주국가는 아니다. 중국과 같은 사회주의 국가에서도 헌법을 통해 국민의 기본권을 보장하고 있지만, 실제로는 많은 부분에서 국민의 권리를 제한하고 있기 때문이다. 또한 민주주의 국가에서도 많은 하위법들의 제한에 의해 국민의 기본권이 침해받는 경우도 매우 많이 발생하고 있다. 1987년에는 헌법재판소 제도를 도입하여 헌법에 대한 분쟁을 다루고 있는데, 이후의 헌법재판소의 많은 판결이 과연 절대적인가에 대한 논란이 진행되고 있는 상황이다.

헌법재판소의 대표적 판결

년도	쟁점	판결
1996년	5·18 주모자 처벌 법률	합헌
1997년	국회법률안 날치기 통과	위헌
2002년	표현의 자유를 제한한 통신금지조항	위헌
2004년	국회의 노무현 대통령 탄핵	기각
2005년	호주제	헌법불합치
2008년	공무원 시험 나이 제한	헌법불합치
2011년	친일 재산 몰수 규정	합헌
2011년	정부의 위안부 피해 외교적 방치	위헌
2012년	본인 확인 인터넷 실명제	위헌
2013년	유신헌법시절 대통령 긴급조치	위헌
2014년	선거구 획정	헌법불합치
2014년	통합진보당	해산
2015년	간통죄	위헌

자료: 헌법재판소(http://history.ccourt.go.kr/cckhome/history/main/index.do)

2) 우리나라의 민주화

❶
민주화 과정

우리나라의 민주화 과정은 1987년 민주화항쟁 이후 시작하였다. 이에 비해 1945년 해방 이후부터 1986년까지의 40여 년 동안은 권위주의 시대로 평가한다. 일반적으로 민주주의는 안정적인 제도화 과정과 자유로운 시민참여를 통해 이루어지는데, 1987년 이후 시민의 자유로운 참여와 규칙적인 선거에 의해 평화적인 정권 교체를 이루면서 민주화과정이 진행되고 있으며, 이를 '87년 체제'라고 평가한다.

❷
1948년
제헌헌법

1948년 7월 17일 제헌국회는 제헌헌법을 제정하였다. 총 10장 130조로 구성되어 있는 제헌헌법은 이후로 우리나라 헌법의 초안이자 국가 통치의 기본으로 작동하고 있다.

제헌헌법은 3·1 운동을 통해 국가를 건립한 독립정신을 계승한다고 밝히고 있으며, 대통령제에서 대통령의 임기 및 입법과 사법에 관한 제도적 사항도 밝히고 있다.

| 대한민국헌법 전문

유구한 역사와 전통에 빛나는 우리들 대한국민은 기미 삼일운동으로 대한민국을 건립하여 세계에 선포한 위대한 독립정신을 계승하여 이제 민주독립국가를 재건함에 있어서 정의인도와 동포애로써 민족의 단결을 공고히 하며 모든 사회적 폐습을 타파하고 민주주의 제제도를 수립하여 정치, 경제, 사회, 문화의 모든 영역에 있어서 각인의 기회를 균등히 하고 능력을 최고도로 발휘케 하며 각인의 책임과 의무를 완수케하여 안으로는 국민생활의 균등한 향상을 기하고 밖으로는 항구적인 국제평화의 유지에 노력하여 우리들과 우리들의 자손의 안전과 자유와 행복을 영원히 확보할 것을 결의하고 우리들의 정당 또 자유로히 선거된 대표로써 구성된 국회에서 단기 4281년 7월 12일 이 헌법을 제정한다.

❸
1954년
사사오입
개헌
(四捨五入
改憲)

1948년 제헌헌법에 의하면 국회에서 간접선거로 대통령을 선출하는 것이었지만 1952년에는 직선제로 개헌하여 이승만 대통령이 중임되었다. 그러나, 이후 대통령의 임기 4년과 1차만 중임할 수 있다는 제한조항을 개정하고자 국민투표제의 필요성이 제기되어 국민투표실시 여부에 대한 국회 비밀투표가 진행되었다.

1954년 시행된 이 투표에서 참석의원 202명 중, 찬성이 135표, 반대가 60표, 기권이 7표로 나타났다. 당시의 개헌 가능 의결정족수는 재적의원의 2/3 이상이었기 때문에 135.33…명이므로, 그 충족수는 136명이어야 했다. 따라서 당시 사회자였던 국회 부의장은 부결을 선포하였다.

그러나 자유당은 4사5입론을 적용하여 135.33명은 논리적으로 성립되지 않으며 0.33이란 자연인으로 존재할 수 없다고 주장하였다. 그 의견에 반대한 야당 의원들은 모두 의사당에서 퇴장하였고, 이후 자유당 의원들만 남은 투표를 통해 125명 중 123명이 찬성하여, 개헌안을 공표·발효하였다. 이를 토대로 이승만은 1956년 3선 대통령으로 당선되었으며, 자유당의 장기 집권이 이루어졌다.

❹
1960년
4·19혁명

1948년 제헌헌법, 1953년 한국전쟁 종전 후, 1960년에는 반독재민주주의 운동으로 4·19 혁명이 진행되어 자유당정권이 끝나고, 제2공화국이 시작되었다. 1960년 3·15 부정선거 후, 4월 11일 부정선거 규탄 집회에 참여했다가 마산 앞바다에서 발견된 마산상고 1학년 김주열의 시신은 4·19혁명의 도화선으로 작용하였다. 이 사건으로 시민들의 분노가 폭발하여 서울에서만 10만 명이 참여한 집회가 진행되었고, 4·19 이후 1주일 만에 이승만 대통령 하야와 자유당 정권 붕괴가 이루어졌다.

┃ 4·19 혁명 당시, 초등학생의 시 '오빠와 언니는 왜 총에 맞았나요'

강명희(대구 수송국민학교)

애 슬퍼요 / 아침 하늘이 밝아오며는 / 달음박질 소리가 들려옵니다
저녁 노을이 사라질 때면 / 탕탕탕탕 총소리가 들려옵니다
아침 하늘과 저녁 노을을 / 오빠와 언니들은 피로 물들였어요

오빠 언니들은 / 책가방을 안고서 / 왜 총에 맞았나요
도둑질을 했나요 / 강도질을 했나요
무슨 나쁜 짓을 했기에 / 점심도 안먹고 / 저녁도 안먹고 / 말없이 쓰러졌나요

잊을 수 없는 4월 19일 / 그리고 25일과 26일
학교에서 파하는 길에 / 총알은 날라오고 / 피는 길을 덮는데
외로이 남은 책가방 / 무겁기도 하더군요

나는 알아요 우리는 알아요 / 엄마 아빠 아무말 안해도
오빠와 언니들이 왜 피를 흘렸는지를....

오빠와 언니들이 / 배우다 남은 학교에서 / 배우다 남은 책상에서
우리는 오빠와 언니들의 / 뒤를 따르렵니다

❺
1980년
5·18
광주민주화
운동

제5공화국 정부의 군사독재와 통치에 반대하여 1980년 5월 18일부터 27일까지 광주에서 민주화 운동이 전개되었다. 1979년 12·12 사태에 의해 권력을 장악한 신군부 세력은 광주에서 폭력 진압을 실시하였는데, 이에 시민들이 저항하는 과정에서 많은 피해자가 발생하였다. 광주 민주화 운동으로도 불리는 5·18 광주민주화 운동은 계엄령 철폐, 민주정치 지도자 석방 등을 요구하였지만 대규모 진압군에 의해 시 전체가 진압당하고, 한국전쟁 이후 최대의 희생자가 발생한 비극적인 사건이 되었다. 처음에는 '5·18 광주사태'로 불리다가 1997년에 '5·18 광주민주화 운동'으로 명칭이 확정되면서 기념일로 지정되었다.

1961년 군사정변으로 1963년에는 제3공화국이 수립되고 권위주의 시대가 본격화되었다. 권위주의 시대의 상징으로서 1972년 유신헌법이 수립되었지만, 1979년 박정희 대통령의 사망과 함께 유신시대는 사라졌고, 이어 수립된 제5공화국에서는 5·18 민주화운동이 전개되어 여전히 민주주의 체제는 확립되지 못하고 있었다. 1987년 6월 항쟁과 6·29 선언 이후에는 국민이 직접 대통령을 선출하는 대통령 직선제가 확립되었다. 당시 6월 민주화항쟁 때에는 20여 일 동안 전국적으로 500만 명이 참여하여 '4·13 호헌 철폐', '직선제 개헌 쟁취', '독재 정권 타도'를 외쳤다. '민주주의 국가에서 국민 스스로 대표를 선출하는 직선제는 매우 중요한 과정이다. 1987년 6·29선언으로 여야 합의로 개헌안이 의결되고, 10월 27일 국민투표 93.1%의 찬성으로 통과된 제9차 개헌은 우리나라 역사상 가장 중요한 직선제 실시를 포함하고 있는 개헌이다. 이후 국민의 손에 의해 정착된 안정된 제도하에서 평화로운 민주적 정권 교체가 이루어졌다.

3) 한국민주주의의 수준

전세계적으로 다양한 기준으로 민주주의 수준을 평가하는 지표들이 있다. 이들 지표에 의해 민주주의 국가의 구체적인 모습과, 우리나라는 세계 국가 가운데 어느 정도의 수준을 유지하고 있는가를 이해할 수 있다. 한편, 현대 사회가 다양화되고 사람들의 참여요구가 높아짐에 따라 단지 양적인 순위 매김이 아닌 삶의 질을 포함한 측정이 필요하다는 지적이 많이 제기되고 있다.

영국 주간지 이코노미스트(The Economist) 산하 Economist Intelligence Unit의 '민주주의 지표'(Democracy Index)는 2006년부터 2년 간격으로 '선거과정의 공정성', '정부 기능', '정치 참여', '시민 자유', '정치문화'의 5개 분야에서 60개 지표로 167개 국의 민주주의 수준을 평가한다.

| 민주주의 지수(Democracy Index)

영국 주간지 '이코노미스트' 산하 연구기관인 '이코노미스트 인텔리전스 유닛'(The Economist Intelligence Unit: EIU)에서 매년 발표하는 '민주주의 지수'는 세계 167개국의 민주주의 상태에 대한 계량적 조사 보고서를 토대로 한다. 2015년 보고서의 부제는 「민주주의 우려의 시대: Democracy in an age of anxiety」다. 세계적으로 확산되고 있는 전쟁, 테러, 대규모 이민자 등과 같은 대외적 위험 속에서 민주주의가 후퇴하고 있다는 것이다.

EIU는 '선거절차 및 다원주의'(Electoral process and pluralism), '정부의 기능'(Functioning of goverment), '정치 참여'(Political participation), '정치 문화'(Political culture), '시민적 자유'(Civil liberties)의 총 다섯 가지 척도를 계량화하고 10점 만점으로 평가한 뒤 평균을 내 국가별 민주주의 수준을 가늠하는 지표이다. '민주주의 지수'에 따라서 각 국가들은 '완전한 민주주의 국가군'(full democracies; 평균 8점 이상) '미흡한 민주주의 국가군'(flawed democracies; 평균 6점 이상~8점 미만), '혼합형 체제'(hybrid regimes), '권위주의 체제'(authoritarian regimes) 중 하나로 분류된다.

2015년 '민주주의 지수' 랭킹 1위는 총점 9.93의 노르웨이다. 한국은 총점 7.97로 22위이며, 2014년의 21위(평균 8.06점)에서 한 계단 떨어졌을 뿐 아니라 완전한 민주주의 국가군에서 미흡한 민주주의 국가군으로 밀려났다. 한국의 부문별 점수는 시민자유 8.53, 정부기능 7.86, 정치문화 7.50, 정치참여 7.22, 선거과정 8.75로 각각 집계됐다. 앞의 4개 부문은 예년과 같거나 비슷했으나 선거과정 평가에서 점수가 깎였다. 정권 형태 분류에서는 완전한 민주주의가 20개국, 미흡한 민주주의 59개국, 혼합형 체제 37개국, 권위주의 체제 51개국 등으로 나타났다. 북한의 '민주주의 지수' 랭킹은 2006년 조사 이래 일관되게 꼴찌 순위인 167위다. (연합뉴스, 2016/01/21)

| 주요국 민주주의 지수 순위(2015년 기준)

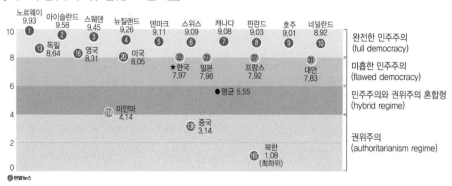

박영석 기자/20160121
트위터 @yonhap_graphics, 페이스북 tuney.kr/LeYN1

자료: 이코노미스트 인텔리전스 유닛(EIU)

자료: "한국 민주주의 세계 22위"(연합뉴스 2016년 1월 21일자)

민주주의 지수에 따라 완전한 민주주의(full democracy), 미흡한 민주주의(flawed democracy), 민주주의와 권위주의 혼합형(hybrid regime), 권위주의(authoritarian regime)의 네 가지 범주로 구분하는데, 여기에서 완전한 민주주의는 '기본적인 정치 자유와 시민 권리 보장이 이루어지고, 민주주의를 선호하는 정치문화가 있으며, 정부 기능이 안정적이고, 언론이 독립적이고 다양하며, 견제와 균형이 작동하는 제도가 있고, 사법부는 독립적이며, 판결이 집행되는 상태'를 의미한다. 한국은 2010년에는 완전한 민주주의 국가였지만, 2015년에는 22위 미흡한 민주주의(flawed democracy)로 평가되었다.

❸
언론자유지표
(프리덤
하우스)

1941년 창립한 프리덤 하우스(Freedom House, http://www.freedomhouse.org)는 매해 '언론자유(Freedom of The Press)순위'를 발표하고 있는데 언론자유에 대한 법·정치·경제적 환경을 100점 기준으로 환산하여 100점에 가까울수록 언론 탄압이 심한 나라로 평가한다. 1~61위는 언론 자유국, 62~133위는 부분자유국, 133위 이하는 언론 자유가 없는 국가로 평가하는데, 2016년 조사에 의하면 전 세계 인구 중 13%만 언론 자유를 누리고, 41%는 일부 자유를, 46%는 전혀 자유를 누리지 못하고 있는 것으로 나타났다. 한국은 2016년 조사대상 199개국 가운데 66위 '부분적 언론 자유국'으로 평가받았다.

4) 한국 지방자치와 민주주의

❶
지방자치
제도의 형성

1949년 「지방자치법」 제정 당시에는 자치단체 의회는 직접 선거로 선출하고 자치단체장은 대통령이 임명하며, 시읍면장은 시읍면 의회에서 선출하는 반쪽짜리 지방자치제도였다. 게다가 지방자치선거 자체가 미루어지다가 대통령의 정치적 의도에 의해 1952년에 졸속으로 실시되는 등 문제가 많았다. 그러다 1991년 지방의회가 도입되었고, 1995년에는 제1회 전국동시지방선거가 실시되어 본격적인 지방자치제도가 시작했으며, 2015년까지 20여 년간 총 6회의 전국동시지방선거를 실시하여 지역의 대표를 선출하고 있다.

❷ 지방자치의 특징

이상적인 의미에서 지방자치제도는 지방자치단체의 행정 자율성을 기반으로 하여 주민의 자율적인 참여에 의한 생활정치 구현과 지역정치 활성화를 기대할 수 있다. 즉, 지역이나 주민과 멀리 있는 중앙정부와 정치인이 아니라 내가 사는 지역, 우리가 함께 사는 지역사회의 문제를 신속하게 해결할 수 있는 우리의 정부를 만날 수 있는 기회가 대폭 확대될 수 있다. 지방자치를 통해 행정적인 측면에서 자치단체장은 지역 내 행정권을 행사할 수 있으며, 사법적 측면에서는 지방의회가 만들고 그 지역 내에서만 영향력을 발휘하는 '조례'를 제정할 수 있다.

참고자료

| 우리나라 지방자치 단체의 조례 사례

지방자치단체의 조례는 지역생활과 직결되는 매우 중요한 제도이며, 지역별 조건에 따라 매우 다양한 분야에서 제정되고 있다. 한편으로는 일단 한 곳에서 조례로 제정되면 전국으로 확산되는 파급력을 지니는 조례도 있고, 제정을 시도하였으나 현재까지도 논란이 지속되는 조례도 있다.

지방자치단체의 조례 사례

시기	지역	조례
2002년	김해시	러브호텔 운영 조례를 통해 화려한 외부 시설 설치 등을 단속
2003년	성북구	금연 조례를 통해 금연운동 제도화
	나주시	학교급식 조례를 통해 급식운영 합리화, 이후 전국적으로 급식 조례 운동 확산
2004년	광주시	공직자 소환 조례 제정
	행자부	전국 지자체 주민투표 조례 제정
2005년	마산시	'대마도의 날' 조례 제정
	창원시	경차 우대 조례 제정
	충북도	집 앞의 눈 3시간 안에 치우는 조례 제정
2007년	인천시	자전거 이용 활성화 조례 제정
2008년	성북구	건전한 음주문화 환경조성 및 지원에 관한 조례를 통해 공원내 음주 제한
2010년	서울시	학생인권조례에 대한 갈등
	강북구	사회적 기업 지원 조례 제정
2011년	보성군	기업형 슈퍼마켓 등록제한 조례 제정
	성북구	청년 일자리 창출을 위한 1인 기업 지원 조례 제정
2012년	안양시	성평등 조례 제정
2014년	노원구	생활임금 조례 제정
	화성시	소셜미디어 운영 조례 제정
2015년	경기도	사회적 일자리 조례
	청주시	여론조사 조례 제정
2016년	서울시	아동학대 예방 조례 제정
	대구 중구	젠트리피케이션 방지 조례 제정

❸
지방자치와 참여제도

지방자치를 통해 2007년 읍면동 사무소는 '주민센터'로 명칭을 변경하였다. 그만큼 주민 중심의 제도가 활발해졌는데, 2000년부터 주민이 직접 정치에 참여할 수 있도록 주민발의제도를 도입하여 필요한 조례를 주민이 직접 만들 수 있게 되었다. 이 외에도 주민감사청구제도, 주민참여예산제, 주민투표제, 주민소송제, 주민소환제 등은 지역에서의 주민 자치권을 향상시킬 수 있는 좋은 제도로 평가된다.

❹
지방자치의 과제

약 20여 년 동안 지방자치제도가 실시되었지만 그 성과에 대한 논란은 끊이지 않고 있다. 예를 들어, 지나친 중앙정부 편중 현상, 행정통제 강화, 미진한 주민참여 활성화, 지방자치단체별 다양성 부족 등으로 인해 '주민자치의 본질은 구현되지 않은, 선거만을 위한 지방자치제도', '중앙정부 중심의 민주화'라는 비판이 제기되고 있다. 여기에 제도적으로는 중앙정부에 대한 지방자치단체의 재정 의존도가 높기 때문에 자립이 어렵다는 문제도 해결해야 할 큰 문제로 지적되고 있다.

참고자료

| 야간시위는 몇 시까지 가능한가, 집회 결사의 자유는 제한할 수 있는 것인가

헌법 제21조에서는 "모든 국민은 언론·출판의 자유와 집회·결사의 자유를 가진다"고 규정되어 있다.

반면, 세종로 일대에서 광우병 쇠고기 수입 반대 시위에 참가했다는 이유로 기소된 A씨의 재판과 관련, 법원은 「집회 및 시위에 관한 법률」 야간시위금지조항에 대해 위헌법률심판을 제청했는데, 이에 대해 헌법재판소는 2014년 3월, 야간시위금지조항을 '해

헌법재판소 판결 과정에서 제기된 반대의견
자료: 헌법재판소(https://www.ccourt.go.kr/cckhome/kor/event/cartoonDec/selectCartoonDec.do)

가 진 후부터 자정까지의 시위'에 적용하는 한 위헌이라고 결정했다(6인 한정위헌). 이에 따라 2014년 7월 오후 7-9시 용산참사 규탄집회에 참가 혐의로 기소된 시민단체 활동가에 대한 첫 무죄 판결이 이루어졌다. 과연, 집회 결사의 자유를 제한할 수 있는 것일까?

5. 민주주의의 미래

1) 미디어와 민주주의

①
매스미디어와
여론

　　TV나 라디오와 같은 미디어는 다수에게 메시지를 전달하는 강력한 힘을 갖고 있다는 점에서 '매스(mass) 미디어'라고 부르고, 인터넷과 소셜 미디어(social media)와 같은 소통적 뉴미디어보다는 일방적인 정보전달성이 강하기 때문에 '올드(old) 미디어'라고도 부른다. 민주주의에서 미디어가 중요한 이유는 미디어를 통해 여론 수렴과 재생산이 이루어지기 때문이다. 대표적으로 TV를 통한 정치정보 습득 등 TV를 통한 매스미디어 정치는 일반적인 현상으로 평가되고 있다. 한편에서는 미디어 정치로 인해 정치의 연예화, 포퓰리즘적 정치현상 난무, TV광고 등 지나친 고비용 정치의 폐해 등이 비판받기도 한다.

┃ 루즈벨트의 노변정담(Fireside Chats)

　1930년대 미국은 전체 가구의 62%가 라디오를 보유하고 있는 '라디오 국가'였다. 당시 대통령 루즈벨트는 라디오를 통해 대국민 메시지인 노변정담을 정기적으로 방송하면서 국민의 귀에 속삭이듯이 친근하게 정치적 메시지를 전파하였다. 루즈벨트는 노병정담을 통해 대공황 위기를 효과적으로 극복하고 국민통합 효과를 거둘 수 있었다.

　노변정담에 이어 1935-1956년까지는 NBC 방송이 제작한 최초의 매스미디어 타운홀 미팅(Townhall meeting)인 '라디오 타운 미팅'(America's Town Meeting of the Air)을 통해 공공문제에 대한 청취자

자료: http://www.answers.com/topic/fireside-chats-large-image

와 패널간의 토론도 이루어졌고, 1948년에는 공화당 오레건주 대선 예비선거에서 토머스 듀이(Thomas Edmund Dewey)와 해럴드 스태슨(Harold Stassen)이 최초로 라디오 토론회를 열기도 하였다.

▎TV토론과 선거

가장 대표적인 TV토론은 1960년 제35대 미국 대선 당시 케네디와 닉슨의 정치토론이다. 정치 신인이었던 케네디가 TV토론을 통해 노련한 정치인인 닉슨에 대항하여 진취적이고 미국의 이상을 실현할 수 있는 유력한 정치인으로서 지명도가 상승하였으며, 4회에 걸친 대토론회를 통해 1억 명의 시·청취자를 모은 이 TV토론은 이후로도 가장 성공적인 TV선거운동 사례로 평가받았다.

닉슨과 케네디의 TV토론 장면
자료: www.museum.tv/debateweb/html/history/1960/photo2.htm

▎워싱턴포스트(Washington Post) 선정 역대 TV토론의 결정적인 순간(「매일경제신문」(2012년 10월 3일자)

1) 화장을 전혀 하지 않은 닉슨(1960년)

역사적인 첫 TV토론을 앞두고 닉슨은 화장을 거부했으며, 그의 나이들어 보이는 모습은, 젊고 화장까지 한 케네디 후보와 대조를 이뤄 후보자 TV 친화성의 중요함을 일깨우게 했다.

2) 포드의 '소련, 동유럽 점령 없을 것'이라는 발언(1978년)

공화당 후보인 포드 대통령은 소련이 동유럽을 지배하지 않는다고 밝혀 당시 공산주의에 대한 미국인의 시각과 동떨어진 입장을 보였다. 이 발언은 며칠간 언론 1면을 장식하며 논쟁이 이어졌고, 포드 대통령은 연임에 실패했다.

3) 레이건의 '또 시작이군' 발언(1980년)

민주당 지미 카터 후보가 공화당 레이건 후보를 복지 정책 반대자라며 공격하자 레이건은 '또 시작이군'이라는 말로 대응하였다. 이 발언과 '살림살이 나아지셨습니까'라는 마지막 질문으로 레이건은 토론회에서 큰 주목을 받았다.

4) 나이 논란을 유머로 넘긴 레이건(1984년)

73세 나이로 재선에 도전한 레이건 대통령은 상대 후보인 월터 먼데일이 나이를 물고 늘어지자 '나는 자네의 젊음과 미숙함을 공격하지 않겠다'고 말했는데, 이 발언은 곤란한 이슈에 유머로 대처한 사례로 종종 인용된다.

5) 듀카키스(Michael Stanley Dukakis)의 사형제에 대한 기계적인 답변(1988년)

듀카키스 민주당 대통령 후보는 '당신의 아내를 성폭행하고 살해한 범인에게 사형을 집행하는 것을 어떻게 생각하느냐'는 패널 질문에 재빨리 '사형제를 반대한다'고 답했다. 좀 더 성실한 답변을 기대했던 유권자들은 그의 기계적이고 무성의한 답변에 크게 실망했다.

6) 청중 질문에 시계를 쳐다본 부시(1992년)

재선에 도전한 조지 H. W. 부시 대통령은 방청석에서 질문을 시작하려는 순간 눈에 띄게 손목시계를 쳐다보았으며, 이 모습은 방청객 질문에 집중하는 모습을 보여준 빌 클린턴 민주당 후보와 대조를 이루었다.

7) 앨 고어의 한숨(2000년)

고어 민주당 후보는 부시 공화당 후보 발언 때 크게 한숨을 쉬었다. 이 장면으로 고어 후보는 인격이 거만하다는 평을 받았으며 TV쇼프로그램들은 이를 패러디해 비꼬기도 했다.

8) 오바마를 '저 사람'이라고 표현한 맥케인(2008년)

2차 TV토론회에서 맥케인은 당시 논란이 되었던 에너지 관련 법안을 설명하면서 청중에게 '누가 그 법안에 찬성했는지 아느냐'고 질문한 뒤 오바마 쪽을 손가락질하며 '저 사람'(That one)이라고 말했다. 토론회 이후 언론에서는 이 표현이 경멸적인지, 단순한 말실수인지 큰 논란이 벌어졌고 결과적으로 이는 맥케인에게 불리하게 작용했다.

❷
인터넷과
민주주의

2000년대 초반부터 인터넷을 통한 시민들의 정치참여가 활성화되었다. 정치후보자는 소셜미디어나 홈페이지, 블로그(blog)를 통해 자신을 알릴 수 있게 되었고, 이를 본 시민들은 후보자와 토론하거나 인터넷 게시판에 자신의 의견을 표현함으로써 다양한 참여사례가 나타났다. 이 모든 활동을 종합하여 전자민주주의, 인터넷 민주주의라고 표현한다.

인터넷은 협의 민주주의와 토론 활성화에 기여하고, 시공간의 제약 없이 신속한 결정을 가능하게 하여 직접 민주주의나 풀뿌리 민주주의를 발전시킬 수 있다는 장점도 있지만 전통적인 의미에서 정당이나 정부의 역할을 시민이 대체할 수 있는 가능성을 열었기 때문에 대의민주주의를 위협한다는 평가가 있기도 하다. 또한 끼리끼리 현상의 심화로 인해 파편화나 극단화가 나타날 수 있고, 한편에서는 인터넷을 통한 감시가 전방위적으로 확산됨으로써 개인의 프라이버시를 위협하고 개인정보를 독점하는 정보 독재가 일어날 수 있다는 우려도 있다.

❸
참여
민주주의와
시민사회운동

사회가 부유해지고 시민들의 교육수준이 올라가면서 이제는 먹고 사는 문제만이 아니라 시민들의 다양한 요구를 정치적으로 수렴하는 문제가 중요해졌다. 정당과 정부와 같은 거대한 문제가 아니라 지역과 생활의 문제와 같은 작은 문제에 대한 실질적인 해결에 대한 요구가 높아지는 시대인 것이다. 이론적인 차원에서 참여민주주의 논의는 시민사회론과 함께 논의되어 왔는데, 실천적인 차원에서 참여민주주의는 물건을 사기만 하는 단순 소비자가 아니라 물건의 생산과정에 적극적으로 개입하는 '프로슈머' 수준의 시민을 통해 더욱 활성화되고 있다.

참고자료

2) 민주주의의 새로운 과제

❶
사회자본

　　　　　　　일반적 의미의 자본(capital)은 도구, 기계, 설비와 같은 물리적 자본
(physical capital)과 인력, 개인의 기술이나 지식과 같은 인적 자본(human
capital)을 의미하지만, 사회자본(social capital)은 무형의 자본으로서 신뢰,
네트워크, 규범을 의미한다. 20세기의 많은 연구자들이 다양한 사회자본
의 구성요소를 제시하였지만 이 세 가지 요소를 포함하는 사회자본은 물
리적 자본만큼 사회에 기여도가 높다는 것에 대해서는 모두 동의하고 있
다. 특히, 로버트 퍼트남(Putnam)과 제임스 콜먼(Coleman)은 대표적인 사
회자본 이론가이며, 이들의 연구에 의해 사회자본 개념 및 내용이 풍부
해졌다. 물질적인 부의 축적뿐만 아니라 인간의 상호관계, 신뢰, 규범과
같은 연결도 중요하다는 점을 강조함으로써 자본주의 사회의 일방적인
물질적 중요성 외에 정서적·인간적 중요성을 부여했다는 점에서 사회자

참고자료

본을 민주주의 발전의 중요 요소로 평가할 수 있게 되었다.

❷
관용

　　'참다' '견디다'라는 의미에서 유래한 '똘레랑스'(tolerance)는 사회의 다양성을 인정한다는 관용을 의미한다. 주로 현대 사회에서 '관용'은 자신과 다른 종파나 믿음을 가진 소수자들의 권리와 입장을 인정한다는 의미로서 개인적인 인정뿐만 아니라 사회가 국가 차원에서의 관용을 모두 의미한다. 현대 사회에서는 '강한 자만 살아 남는다'는 힘의 논리가 '함께 같이 살자'는 공생의 논리를 압도하고 있고, 여전히 강한 배타성과 편파성이 작동하고 있다. 그러나 민주주의는 다양한 권리와 주장을 용인할 수 있는 원리로 구성되어 있기 때문에 차이와 다양성에 대한 관용은 가장 기본적인 필수적 사회 덕목이다.

❸
불평등과
양극화

　　민주주의가 발전하고 부유한 국가가 많아지고 있음에도 불구하고 우리사회의 사회경제적 불평등은 증가하거나 심화되고 있다. 특히 1997년 IMF와 2008년 글로벌 경제위기를 겪으면서 불평등의 문제는 양극화의 문제로 심화되어 사회 불안을 더욱 가중시키고 있다. 2014년 아시아개발은행(ADB)의『아시아의 불균형 상승과 정책 함의』보고서에 의하면 우리나라의 소득 불균형 수준은 아시아 28개 국 가운데 5번째이다. 불평등과 양극화의 심화는 민주주의 발전을 매우 저해하는 요소이다.

❹
감시와
기본권 침해

　　민주주의 사회에서 개인의 인권은 가장 중요한 문제이다. IT가 발전하면 시민의 참여방법이 다양해지고 사회의 부가가치가 전면적으로 높아질 수 있지만, 한편으로는 고도의 기술을 활용하여 개인의 정보를 감시하는 방법 또한 고도화될 수 있다. 철학자 푸코는 벤담의 원형감옥 개념을 적용하여 근대 사회에서의 개인 감시 가능성이 일상적으로 이루어지는 상황을 경고한 바 있는데, 오늘날에도 여전히 이러한 개인 감시는 전방위적으로 이루어지고 있는 상황이다.

▍판옵티콘(panopticon)

판옵티콘은 사방을 감시할 수 있는 원형 감옥으로 공리주의자 제레미 벤담(Jeremy Bentham)이 영국 정부의 재정 절약을 위해 제안한 새로운 형태의 감옥시설을 의미한다.

감옥의 구조는 전체가 원형이고 원형의 중앙에 한 명의 간수가 있으며, 간수가 있는 위치는 어둡기 때문에 간수가 있는지 없는지를 알 수 없다. 반면, 원형의 형태로 둘러진 죄수가 있는 각각의 감옥은 매우 밝게 되어 있어 단 한 명의 간수로도 수백 명의 죄수를 감독할 수 있는 경제적인 시설이라고 벤담은 주장했다.

판옵티콘이 적용된 쿠바의 프레시디오 모델로 감옥
자료: 위키피디아 '판옵티콘'

그러나 푸코의 평가에 의하면 현대사회는 '밝은' 세상에 노출되어 있는 개인을 감시하는 '어두운', 보이지 않는 세력이 존재하는 '판옵티콘 사회'로서, 제도가 개인 수준의 모든 일상생활을 감시할 수 있는 능력이 급증하고 있는 사회이다.

▍위키릭스와 정보공개

위키릭스(Wikileaks)는 2006년 줄리안 어산지(Julian Paul Assange)가 만든 각국 정부의 기밀을 폭로한 사이트이다. 그동안 위키릭스를 통해 미국의 각국 지도자 도청, 아프리카 연안의 유독물질 투기 관련 메모, 영국 극우 정당(BNP) 당원 명부, 쿠바 관타나모 미국 해군기지 수용소 운영 세칙, 스위스은행 관련 문건, 사이언톨로지의 실태, 케냐 정부의 부패, 이라크에서 미군 아파치 헬기가 기자를 포함한 민간인 12명을 사살하는 동영상, 아프가니스탄 전쟁과 이라크 전쟁 관련 기밀 문건 등이 공개되었다.

2015년 다큐멘터리 「시티즌포(Citizen Four)」는 미국 국가안보국의 전방위적인 정보수집 활동을 폭로한 에드워드 스노든(Edward Joseph Snowden)의 활동과정을 자세히 묘사하였다. 영화 제목인 '시티즌포'는 에드워드 스노든의 ID이다.

시티즌포의 포스터
자료: 네이버 영화정보

3) 왜 또다시 민주주의인가

❶
완전하지
않은
민주주의

민주주의 발전은 시민의 참여를 기반으로 한다. 그러나 대부분의 국가에서 투표율 하락이나 정당원 감소, 노동조합의 위력 상실 등과 같은 참여 하락 현상이 심화되고 있다. 한편, 입법부, 사법부, 행정부에 대한 시민의 실질적인 참여는 이루어지지 못하고 있다. 시민은 매스미디어에

보도되는 자료나 정치인을 바라보기만 하는 '정치 소비자'(Douglas Lummis
의 표현)에만 머물러 소외되고 있다는 비판도 있다. 정치 외의 영역에서는
정치보다 돈의 위력이 더 강력하다보니 정치의 원리가 제대로 안착할 수
있는 기회도 점차 줄어들고 있다.

❷
민주주의
발전의 조건

국내외 역사를 막론하고, 민주주의가 안정적으로 완벽했던 적은 한
번도 없다. 민주주의는 언제나 현재 진행형이기 때문이다. 투표나 대표
선출 그리고 다수결만으로 민주주의가 완성되는 것도 아니다. 그렇다면,
이렇게 불완전한 민주주의가 무엇이 좋은가. 우리는 왜 민주주의를 소중
하게 생각해야 하는가. 일단 성취된 민주주의는 어떻게 유지될 수 있는
가. 무기력해진 민주주의 앞에서 이와 같은 문제에 대해 생각해볼 필요
가 있다.

정부의 정보 공개, 지속적인 시민교육, 사회시스템에 대한 신뢰 회복
등 민주주의를 이루기 위한 과제는 무수히 많고 실천하기도 어렵다. 현
재의 상황에서 이념적으로 고려할만한 민주주의 유형은 대의민주주의,
직접민주주의, 협의민주주의(deliberative democracy)를 들 수 있는데, 대의
민주주의는 선거과정을 개혁하여 참여와 투표율을 높이는 데 초점을 맞
추고, 직접민주주의는 참여와 투표율을 높이기 위해 대의민주주의를 보
완하는 장치이며, 협의민주주의는 정책심의와 형성과정에서 충분한 참여
와 토론이 이루어지는 것을 의미한다.

분야	긍정적 평가	부정적 평가
제도	언제나 법이 정해진 대로 규칙적인 선거가 실시되었다	선거만 규칙적이었을 뿐 대표자는 국민을 대표하지 않았다
정당	정당의 '경쟁'이라는 역사적 전통이 안정적으로 이어지고 있다	헌법재판소에 의해 정당이 없어지기도 했다
이념	반공주의와 권위주의가 압도적인 시대에서 이제는 시민의 목소리가 커지는 시대가 되었다	커진 시민의 목소리가 실질적으로 반영된 것이 없다
사회	다양한 시민의 목소리를 반영하는 포용적인 사회가 되었다	여전히, 성적 소수자, 이주자에 대한 사회적인 편견이 높다
가치	경제성장만 중요한 것이 아니라 탈물질적인 가치도 중요하다는 것을 자각하는 사회가 되었다	물질만능주의는 영원히 사라지지 않는 절대불변의 가치이다
경제	사회가 풍요로워지고 선택할 수 있는 직장의 수도 많아졌다	풍요 속의 빈곤감은 없이 살던 시대보다 더 큰 것 같다
지역	지방자치의 중요성에 대해 공감하는 사람들이 많아졌다	지방자치로 인해 지역주민의 삶이 나아졌는지 잘 모르겠다
문화	국가가 통제하는 TV가 아니라 많은 수의 TV 채널이 생겼다	그렇다고 볼만한 프로그램들이 늘어나서 나의 삶에 도움이 되는 것은 아니다

1. 2017년까지 민주화 30년 동안 경험한 긍정적 변화와 부정적 변화에 대한 의견은 위의 〈표〉와 같다. 이와 같은 평가를 하게 된 이유는 무엇인지 토론해보자.

2. 이 외에도 민주화로 인해 나타난 긍정적인 효과와 부정적인 효과에 대해 생각해보자.

62 시민이 만드는 민주주의

참고문헌

- 강원택. 2015. 『대한민국 민주화 이야기』. 서울: 대한민국 역사박물관.
- 데이비드 비담. 2007. 변경옥 역. 『민주주의: 끝나지 않는 프로젝트』. 서울: 유토피아.
- 로버트 달. 2010. 김순영 역. 『정치적 평등에 관하여』. 서울: 후마니타스.
- 박상훈. 2013. 『민주주의의 재발견』. 서울: 후마니타스.
- 샤츠슈나이더. 2008. 박수형·현재호 역. 『절반의 인민주권』. 서울: 후마니타스.
- 이승원. 2014. 『민주주의』. 서울: 책세상.
- 최장집. 2002. 『민주화 이후의 민주주의』. 서울: 후마니타스.

국 가

1. 서론

국가는 정치학뿐만 아니라 시민교육에서 중요한 개념이다. 대한민국 시민은 태어나면서 자연스럽게 대한민국의 국적을 지니게 되었고, 개인 의지와는 상관없이 대한민국이라는 국가의 통치를 받으면서 생활하고 있다. 우리는 인간다운 생활을 할 수 있는 권리를 국가에게 요구할 수 있다. 또한 대한민국의 국민이면 신분, 성별, 종교, 지역에 따라 차별을 받지 않고 생활할 수 있는 권리가 있다. 우리는 우리의 국가인 대한민국과 불가분의 관계에 있는 것이다.

국가의 역사는 인류의 역사만큼 오래되었다. 갈등과 타협의 형태로 나타나는 정치 현상은 사회에서 끊임없이 발생하며, 이 정치현상의 중심에는 국가가 위치하고 있다. 우리나라 헌법은 총강 제1조부터 제3조까지 주권, 국민, 영토 등 국가에 대하여 규정하고 있다. 국가라는 정치제도는 우리의 생존에 직접적으로 영향을 미치기 때문에, 헌법은 총칙에서 국가를 먼저 규정한 것으로 볼 수 있다.

국가란 무엇인가? 국가는 어떻게 만들어진 것일까? 국가는 무엇을 하여야 하는가? 미래 국가의 모습은 현재의 모습과 차이가 있을까? 우리가 이런 질문들을 받는다고 가정해 보자. 우리가 이 질문들에 대하여 대답하기 쉬울 것 같아 보이지만, 사실은 그렇지 않다. 그렇다면 우리가 거주하고 있는 국가의 이름은 무엇인가? 이 질문에 대하여 우리는 바로 대한민국이라고 대답을 할 것이다. 다른 국가와 운동 경기가 있을 때 우리는 국가의 이름인 대한민국을 끊임없이 외친다.

대한민국 국민 가운데 대다수는 국가에 대하여 자랑스럽게 생각하는 것으로 알려져 있다. 실제로 2012년 서울대학교 한국정치연구소가 실시한 여론조사 결과에 의하면, 대한민국 유권자 가운데 85.6%는 국가에 대하여 자랑스럽다고 응답하였다("매우 자랑스럽다" 28.2%, "다소 자랑스럽다" 57.4%). 우리가 국가의 3요소는 무엇인가라는 질문을 받는다면, 이 질문에 대하여서도 국민, 영토, 주권이라고 어려움 없이 대답할 것이다. 국가를 구성하는 이들 3요소에 대하여서는 학교 정규과정에서 교육을 받았기 때문이다.

우리가 거주하는 국가의 이름이나 국가의 3요소에 대하여 대답하는 것은 어렵지 않은데, 국가란 무엇인가란 국가의 본질과 관련된 질문을 받으면 쉽게 대답을 하지 못하는 이유는 무엇일까? 국가의 존재는 우리에게 매우 중요하다. 그러나 우리가 태어나면서부터 국가는 우리의 선택과 무관하게 주어진 '원래부터 존재하였던 것'이라고 생각했기 때문에 이 질문에 대하여 심각한 고민이 없었고, 이런 이유 때문에 '국가란 무엇인가?'란 질문이 어렵다고 느낄 수 있다.

하지만 보다 근본적인 이유는 국가의 개념이 지니고 있는 모호성 때문일 것이다. 국가에 대하여 설명하고 있는 책과 논문은 수없이 많다. 그러나 이들 책과 논문들을 자세히 읽어보면 국가란 무엇인가란 질문에 대하여 모호하게 설명하는 경우가 많다는 것을 발견할 수 있다. 사회과학에서 역사가 오래된 개념일수록 그 개념은 다의적으로 정의되는 경우가 많다. 국가는 그 대표적인 개념 가운데 하나이다. 본 장은 국가에 대하여 소개한다. 국가란 무엇인가라는 기본적인 물음으로부터 시작하여 국가의 정의, 국가의 특징, 정부 형태, 입법부, 행정부 등에 대하여 설명한다. 마지막에서는 정부의 신뢰에 대하여 소개한다.

참고자료

| '국가' 3요소에 대한 대한민국 헌법
제1조①: 대한민국은 민주공화국이다.
제1조②: 대한민국의 주권은 국민에게 있고, 모든 권력은 국민으로부터 나온다.
제2조①: 대한민국의 국민이 되는 요건은 법률로 정한다.
제2조②: 국가는 법률이 정하는 바에 의하여 재외국민을 보호할 의무를 진다.
제3조: 대한민국의 영토는 한반도와 그 부속도서로 한다.

| 국가에 대한 자부심 연령별 비교
설문조사 자료를 분석하면 국가에 대한 자부심에 대하여 60대 이상의 비율이 92.58%로 가장 높았다. 반면 20대의 비율은 80.05%로 가장 낮았다.

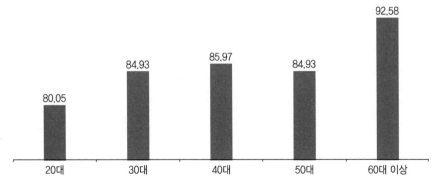

자료: 2012년 서울대학교 한국정치연구소 설문자료

| 대한민국 국호의 기원 및 의미

　"지금까지 대한민국 국호의 탄생에 관한 학계의 통설은 1912년 중화민국 선포에 영향을 받아 그 이름에서 '민국'을 빌려와 대한제국의 '대한'과 합쳐 지었다는 것이었다. 미국식 민주주의 세례를 받은 이승만 대통령 등이 민주주의의 의미를 담아 1948년 대한민국을 국호로 삼았다는 학설도 있다. 두 학설 모두 1919년 이전에는 대한민국이라는 국호가 없었다는 입장이다." (중략) 그러나, 1919년 이전 대한민국이라는 국호가 사용되었다는 사실이 주장되었다. "그중 가장 오래된 것은 독립신문 1899년 4월 4일자에 실린 논설 '대한전정(大韓錢政)'이다. 당장 눈앞의 이익만 생각해 동전을 과도하게 찍어낸 결과 대한제국 재정에 부담을 주게 됐음을 안타까워하는 내용이다. '이럿케 된 것은 대한민국 대계를 위하야 대단 애셕히 녁이노라'라는 구절이 있다. 대한민국 국호는 심지어 1903년 주한 일본공사관이 본국 외무성에 보낸 '한국조정(朝廷)의 태환권 발행 계획'에 관한 보고문에도 등장한다. 일본 외교관들이 공식 보고서에 사용할 만큼 대한민국이라는 국호가 일정하게 사용됐다는 얘기다." … (중략) … "핵심은 대한민국의 '대한' 부분은 특별한 논쟁거리가 없지만 '민국'은 단순히 나라 이름에 불과한 게 아니라는 것이다. 백성을 군주보다 중히 여겨야 한다는 공자·맹자의 정치철학을 실제로 나라를 이끄는 통치철학으로 받아들인 조선 왕조가 17～18세기 백성들의 공무 담임·정치 참여가 확대되는 과정을 겪은 후 고종 대에 이르러 신분차별 철폐를 선언한 일종의 '국민국가'에 이르게 됐는데, '민국'이라는 이름은 그런 정치적 변동과정을 함축하고 있다는 주장이다." (「중앙일보」 2015.12.11, '대한민국' 네 글자, 1899년 독립신문 논설에 있다)

2. 국가의 개념

1) 국가의 어원

❶
國家

국가(國家)는 한자어로 이뤄져 있다. 국가는 나라 국(國)자와 집 가(家)자의 합성어라는 것은 쉽게 알 수 있다. 대한민국을 비롯해 미국, 중국, 영국 등은 국가 이름에 나라 국(國)자를 포함하고 있다. 국(國)자는 세 가지의 의미를 지니고 있다. 먼저 인간이 영토(一)에서 생존하기 위하여 반드시 필요한 입(口)의 의미를 갖고 있다. 다음으로 인간이 음식을 구할 때 그리고 짐승이나 전쟁으로부터 자신을 보호할 때 필요한 도구를 나타내는 창(槍)의 의미도 있다. 마지막으로 인간이 생활하는 데 있어 영역을 의미하는 테두리(囗)가 포함되어 있다.

가(家)자는 지붕 면(宀)과 돼지 시(豕) 등으로 구성되어 있고 두 가지 의미를 갖고 있다. 면(宀)은 인간이 거주하는 집을 의미한다. 이때 지붕은 자연 상태의 거주지를 의미하는 것이 아니다. 자연 상태에서 지붕의 존재는 없었기 때문이다. 그렇기 때문에 지붕은 인류의 문명이 발달하면서 인간이 스스로를 보호하기 위하여 인공적으로 건축한 거주 형태를 의미한다. 시(豕)는 집에 거주하는 가족의 구성원들을 상형한 것으로 이해할 수 있다. 돼지는 동물 가운데 새끼를 가장 많이 번식한다. 그렇기 때문에 돼지는 다산(多散)과 번성(繁盛)의 의미를 지니고 있다. 즉 나라 국(國)자와 집 가(家)자의 합성어로 이뤄진 국가(國家)란 개념은 어원에서 알 수 있듯이 가족이 점점 확대되어 만들어진 공동체의 한 형태로 이해할 수 있다.

국가는 가족 공동체의 규칙과 의식 그리고 규범이 외연적으로 확대되어 구현되는 공동체라는 의미를 지니고 있기도 하다. 원래 국(國)과 가(家)는 구분되는 개념이었다. 예를 들어 『맹자』의 이루(離婁) 상 5편에는 다음과 같이 국(國)과 가(家)를 구분하고 있다. "보통 사람이 말하기를 천하(天下), 국(國), 가(家)라고 한다. 천하의 근본은 국에 있고, 국의 근본은

가에 있고, 가의 근본은 몸에 있다." 천하(天下), 국(國), 가(家)의 표현들이 시대에 따라서 달리 사용되었지만 춘추전국(春秋戰國) 시대에 와서 국(國) 과 가(家)의 영역 구분이 사라지면서 국가(國家)의 개념이 자연스럽게 나타났다고 본다.

조금 다른 시각에서 국가의 개념이 나타났다는 견해도 있다. 우선 가(家)를 사가(私家), 공가(公家), 국가(國家)로 구분한다. 시대의 흐름에 따라 가(家)의 유형은 사가(私家)에서 공가(公家)로 그리고 공가(公家)에서 국가(國家)로 발전했다는 보는 시각이다. 역사적으로 씨족, 부족의 필요성이 감소되면서 가(家)로 구성된 사회가 나타났는데, 이 형태를 사가(私家)로 봤다. 사회의 변화는 사가(私家)의 조직화를 요구했고, 이 가운데 중추적인 역할은 하는 집단이 공가(公家)라는 것이다. 즉 국가는 가(家)가 보다 확장된 형태로 공가(公家)를 중심으로 한 사가(私家)들의 배열이라는 것이다.

❷
state

국가에 해당되는 영어 표현은 'state'이다. 영어 표현 'state'의 어원은 '서다'의 뜻을 지닌 라틴어 'stare'로 알려져 있다. 'stare'는 원래 통치자의 신분을 나타내는 표현이었다. 즉 14세기에 로마법이 부활하면서 라틴어인 'stare'는 개인이나 특정한 정치 집단의 지위 혹은 상태를 나타내는 용어로 사용되었다. 라틴어 'stare'는 영어 표현 'status'에 해당되기 때문에 국가를 나타내는 'state'의 어원은 'status'으로 이해할 수 있다. 'status'는 개인이나 어떤 대상이 지니고 있는 신분이나 상태를 의미한다. 이밖에 'status'는 관계라는 의미도 있다. 재산, 지위, 직업 등은 개인의 신분과 관계가 있다. 이후 'status'는 왕과 같은 특별한 사람의 지위를 나타내던 의미가 사라지고, 전체 사회의 지배를 의미하는 표현으로 사용되었다고 한다. 이런 어원에서 시작한 'state'는 영토내의 상태를 잘 관리하고 유지하는 것이 권력의 지위를 의미하게 되었고, 그것이 국가의 일이 되었던 것이다. 이런 배경에서 'state'는 현재 국가의 의미로 사용되고 있다.

2) 국가 개념에 대한 접근 방식

국가는 역사적 산물이기 때문에 개념에 대하여 정의하는 방식이 다양하다. 그렇다면 국가란 개념에 대하여 정의하는 방식이 다양한 이유는 무엇일까? 그 이유는 학자들 혹은 학파들 간에 국가의 개념에 대하여 접근하는 방식이 다르기 때문이다. 국가의 개념에 대하여 접근하는 방식은 일반적으로 이상주의적 접근법(idealist approach), 기능주의적 접근법(institutional approach), 제도주의적 접근법(functional approach)으로 구분할 수 있다.

❶ 이상주의적 접근법

국가의 개념에 대하여 소개하는 첫 번째 방식은 이상주의적 접근법이다. 이상주의적 접근법은 사회가 세 개의 요소로 구성되어 있다고 본다. 독일 철학자 헤겔(Georg Hegel)은 사회를 구성하는 요소로 가족, 시민사회와 국가를 언급한다. 그의 주장에 의하면 가족의 경우 서로가 서로를 배려하는 마음이 있다. 예를 들어 부모가 자식에 대하여 무한정한 사랑을 베푼다든지, 자식이 부모님을 공경하는 것은 사회 구성원들 사이에서 발견할 수 없다. 이것은 '특수한 이타주의'(special altruism)이다. 둘째, 시민사회의 구성원들 사이에서는 '보편적인 이기주의'를 발견할 수 있다. '보편적인 이기주의'(universal egoism)란 사회에서 인간들은 남의 이익보다는 자신의 이익을 먼저 생각하는 것이다. 셋째, 국가는 '보편적인 이타주의'에 의해 유지되는 '윤리적 공동체'(ethical sympathy)로 이해할 수 있다. 국가의 구성원인 개인들은 윤리적 공동체인 국가를 통하여 각자의 특수성을 초월하고 자유를 얻을 수 있다. 즉 사회를 구성하는 3요소 가운데 국가는 가족, 시민사회와 다르다는 것을 알 수 있다.

❷ 기능주의적 접근법

기능주의적 접근법은 국가를 정의하는 데 있어 국가의 특수한 목적이나 의도에 대하여 관심을 갖고 국가를 이해하는 방식이다. 개인의 사유재산을 보호하거나 개인의 안전을 보장하는 것은 국가의 가장 중요한 기능 가운데 하나이다. 기능주의적 접근법에 의하여 국가를 이해하는 경우 일반적으로 국가의 제도에 대하여 논의한다. 그러나 국가를 이해하는 데 있어 제도주의적 접근법과는 분명히 차이가 있다.

기능주의적 접근법은 제도의 필요성이나 속성보다는 국가가 달성해야 하는 목적과 관련하여 제도의 의미를 논의한다. 그렇기 때문에 기능주의적 접근법에서는 공적 영역의 제도이건 사적 영역의 제도이건 구분 없이 제도가 국가의 목적과 관련이 있으면 국가의 일부분으로 간주하는 경향이 있다. 예를 들어 가족, 대중매체, 종교단체와 같은 국가의 공공영역에 해당되지 않는 사적인 제도도 국가의 목표를 달성하는 데 관련이 있다고 판단하면 국가의 일부분으로 이해한다. 그렇기 때문에 기능주의적 접근법은 국가를 구성하는 요소의 범위를 확대시키는 경향이 나타나기도 한다.

❸ 제도주의적 접근법

제도주의적 접근법은 국가를 공공의 이익을 위해 존재하는 제도들의 집합체로 이해하는 방식이다. 제도주의적 접근법은 국가를 정부제도 및 기구들의 집합체로 해석한 것이다. 그렇기 때문에 기능주의적 접근법에서 필요에 따라 국가의 단위로 포함시킬 수 있었던 사적인 제도는 국가에서 제외된다. 즉 국가는 사회 구성원들에 대하여 '공적인 것'으로 인정되는 결정을 내리고, 그 결정을 집행하는 제도 혹은 조직들의 집합체란 것이다. 여기서 국가란 행정부, 사법부, 군대, 경찰, 정책 등 사회 구성원의 공적인 것과 관련이 있는 제도들만을 포함한다. 이와 같이 국가를 정의하는 경우에 국가의 범위는 사회의 범위보다 작게 되며, 국가의 목적도 사적인 공동체와는 다를 수밖에 없다.

제도주의적 접근법으로 국가를 이해하는 경우, 국가는 다음과 같은 속성을 지니는 독특한 유형의 정부로 이해할 수 있다. 첫째, 국가는 공적 영역을 형성하는 제도들의 집합체이다. 둘째, 국가는 주권, 법률 등에 의하여 유지되는 권위를 지니고 있다. 셋째, 국가의 주권은 국가의 영토 내에 거주하는 모든 구성원들에게 동등하게 확대 된다. 넷째, 국가를 운영하는 관리자는 관료주의적 방식에 의하여 충원된다. 마지막으로, 국가를 운영하기 위한 예산을 확보하는 것은 국가가 지니고 있는 자율성이다.

3) 국가의 정의

❶ 개념 정의

앞서 살펴보았듯이 국가의 개념을 정의하는 접근방식이나 국가의 기원을 설명하는 이론은 다양하다. 또한 국가의 개념은 사회과학의 어떤 개념보다도 역사가 오래되었다. 그렇기 때문에 국가의 개념이 비교적 단순하게 정의되지 않는다. 그럼에도 불구하고 많은 정치학자와 철학자들은 국가에 대하여 정의하고 있다. 우선 해외 학자의 개념 정의부터 살펴보면 다음과 같다.

빈센트(Andrew Vincent)는 "국가란 16세기로부터 비롯되는 비교적 최근의 현상"으로 이해하면서 국가란 "지배자와 피지배자 모두에게 지속적으로 적용되는 공권력"으로 정의한다. 헤이우드(Andrew Heywood)는 국가를 "제한된 영토적 한계 내에서 독립적 사법권을 확립하고, 일련의 영속적인 제도를 통해 권위를 행사하는 정치적 결사체"로 이해하였다.

바디와 비른봄(Bertrand Badie and Pierre Birnbaum)은 국가를 "기본적인 내적 분화가 이뤄지기 어려웠던 다수의 유럽사회가 직면하였던 문제들을 해결하려는 극단적인 한 방법, 즉 이상적인 한 유형" 혹은 "일반적인 개념이 아니라 오히려 전근대적 사회들이 그 위기에 대하여 정도가 다르게 취약성을 드러내 보였던 특정의 역사적 위기의 산물"로 이해한다. 안개르만(Erich Angermann)에 의하면 국가는 "적어도 경향적으로 그 개념이 모든 종류의 자연법적·절대주의적 국가학의 근저에 놓인, 관료제적으로 훈련되고, 내부의 질서와 외부로의 안보를 책임지며 최고의 권위가 부여된 신시대의 조직"이다.

다음으로 국내 학자들의 정의는 다음과 같다. 손문호는 국가란 "사회의 유지와 공공선을 위한 목적으로 지속적이고 막강한 힘을 지닌 자족적·자율적 인간 결합"이라고 정의하였고, 우명동은 국가에 대하여 "형식적으로는 의회가 담당하는 입법부, 정부 각 부처들로 이루어진 행정부, 그리고 재판 기구들로 구성된 사법부 등으로 이루어진 제기구의 집합체"로 이해하였다. 유낙근·이준은 국가란 "일정한 나라 안에서 영토 내의 '합법적·물리적 강제력'으로써 국가 이념을 구현하기 위하여 국민에 대하여 지배 기능을 담당하는 고도의 추상적인 통치 기구"라고 정의하였다. 위에서 소개한 학자들의 개념 정의를 살펴보면 알 수 있듯이 국가에 대하여 서로 견해가 조금씩 다르다는 것을 알 수 있다.

❷
정의의 특징

위에서 소개한 국가에 대한 개념 정의는 학자마다 차이가 있다. 그럼에도 불구하고 다음과 같은 내용을 포함하고 있는 것을 발견할 수 있다. 첫째, 국가는 국가의 의사를 최종적으로 결정하는 최고의 권한 즉 주권을 갖고 있다. 대한민국 헌법은 "주권은 국민에게 있고, 모든 권력은 국민으로부터 나온다"라고 규정하고 있다. 물론 주권은 대외적으로 독립성을 지니고 있고, 외적인 제약으로부터 자율적이어야 한다. 국가의 권력을 능가하는 단체가 있다면, 그것은 무정부 상태(anarchy)를 의미할 수 있다. 주권이 없다면 국가가 없다는 것이다. 둘째, 국가는 공적 영역을 담당하는 제도라는 것을 알 수 있다. 국가는 가족이나 시민사회, 종교단체, 친목단체와는 다르다. 국가는 국가와 나머지 사회를 구분함으로써 뚜렷하게 공과 사의 영역을 형성하고 있다. 셋째, 국가의 권력은 정당한 것이다. 국가는 독점적으로 강제력을 행사할 수 있는 권한이 있다. 이 권한은 국민으로부터 부여 받았다. 그렇기 때문에, 국가의 결정이 사회 구성원인 우리들을 구속하더라도 우리는 그것을 받아들여야 한다. 국가의 결정은 공공선을 위한 공적인 것으로 이해하고 있기 때문이다. 넷째, 국가 권력은 독립된 집행 기구를 지니고 있다. 국가의 다양한 개념 정의에서 언급되었듯이, 국가는 입법부, 행정부, 사법부 등으로 이뤄진 집합체라는 것을 의미한다.

| 국가성(stateness)
   국가성이란 제도의 중앙 집권성(institutional centrality)과 같은 국가의 특성을 말한다. 국가성의 본질은 집행이며, 이는 국가가 정당한 강제력을 이용하여 국가의 구성원인 국민들로 하여금 법을 준수하게 만드는 능력을 의미한다. 국가성의 구성 요소에는 (1) 전문화된 인력과 기구의 존재, (2) 기구 간 집권화된 응집성, (3) 행정의 효과가 전 국토에 미치는 영향력의 정도, (4) 국민이 정치권력을 사용할 수 있도록 국가에게 정당성을 부여했다는 일체감, (5) 목표를 설정하고 집행할 수 있는 능력의 독점, (6) 합법적인 폭력 수단의 독점 등이 포함된다.

❸
국가와 정부

국가의 개념이 정부 등의 개념들과 같이 사용되는 경우 혼동을 일으키는 경우가 있다. 즉 정부를 국가와 다른 차원에서 이해하여야 할지 아니면 같은 개념으로 이해하여도 좋은 것인가의 문제이다. 국가와 정부는 같은 개념이 아니라는 주장이 있다. 반면 국가와 정부는 다른 개념이 아니라는 주장도 있다.

국가와 정부의 의미가 다르다고 주장하는 견해는 다음과 같다. 첫째, 국가는 정부보다 광범위하다고 본다. 국가를 이루는 요소는 주권 이외에 인적 요소인 국민, 물리적 요소인 영토, 그리고 정당성을 지닌 제도, 즉 정부가 있다는 것이다. 정부는 국가를 구성하는 하나의 요소라고 보는 것이다. 둘째, 국가는 지속적이고 영속적으로 유지되는 존재라고 본다. 반면 정부는 교체될 수 있고 개혁 혹은 변화할 수 있는 존재라는 것이다.

정부는 정권이 교체됨에 따라 변경될 수 있지만, 국가의 형태는 변경될 수 없다고 보는 것이다. 셋째, 정부는 국가의 권위가 유지될 수 있는 수단으로 본다. 그렇기 때문에 정부가 없다면 국가의 권위가 유지되기 어렵다. 넷째, 이론적으로 국가는 최소한 공공선을 추구한다. 반면 정부는 특정한 시기에 정치적 권력을 획득한 특정한 집단의 당파적 공감(partisan sympathy)이 우선시 될 수 있다.

반면 국가와 정부는 다르지 않다는 견해도 있다. 국가와 정부는 같은 의미라는 것이다. 국가와 정부를 구별하는 것은 이론적인 문제이지 실질적인 문제는 아니라는 것이다. 이 견해에 의하면 실질적으로 국가가 행하는 행위는 정부의 행위로 이해할 수 있다는 것이다. 국가의 의지에 효력을 부여하는 것은 정부이기 때문이다. 실질적으로 국가 자신은 행동하지 않는다. 물론 더 엄밀하게 말하면 정부를 구성하는 사람들이 행동한다는 것이다. 이때 정부의 의미도 다양하게 해석된다. 정부는 넓은 의미로 입법부, 사법부, 행정부를 포함하는 통치기구를 말하며, 좁은 의미로는 입법부와 사법부에 대비되는 행정부만을 가리킨다. 그러나 정부에 대한 많은 연구는 정부를 넓은 의미 즉 행정부, 입법부 및 사법부 등의 정치제도로 이해한다.

참고자료

| 국가의 수
  국가의 수는 조사하는 기관에 따라 조금씩 차이가 있다. 2016년 현재 UN(국제연합) 회원국은 193개국이다. 우리나라는 1991년 제46차 UN 총회에서 가입안이 통과되어 UN 회원국이 되었다.

| 국가 자율성(state autonomy)과 국가 능력(state capacity)
  국가 자율성이란 국가가 그 의지에 따라서 자율적으로 어떤 정책을 결정하고 수행할 수 있는 가능성을 말한다. 국가 능력이란 국가부문의 자체적 요인에 의하여 결정되는 정책 수행 능력을 의미한다. 즉 국가가 어떤 정책을 추진하는 데 필요한 국가의 능력이다. 그렇기 때문에 국가 능력은 국가 자율성의 필요조건으로 이해할 수 있다.

토론 주제

다음 신문에 게재된 글을 읽고 좋은 국가는 어떻게 만들어지고, 좋은 국가로 가기 위해서 국가와 국민은 어떻게 해야 하는지 토론해 보시오.

"영국민들이 EU 탈퇴, 브렉시트를 선택한 일이 광범위하고 다층적으로 파장을 일으키고 있다. 글로벌 경제에 긴 그림자를 드리울 뿐만 아니라 고립주의, 국가주의에 불을 댕길 것이란 예상도 나오고 있다. 이는 느슨했던 국가에 대한 인식이 바뀌고 있음을 보여준다는 점에서 시사적이다. 이민자의 유입과 빈번한 테러에 국민의 생명을 보호하고 재산을 안전하게 지켜주는 국가의 가치, 중요성이 대두된 것이다. 이전까지 국가에 대한 기대는 물가를 잡고 소비생활을 영위하는데 지장이 없도록 국민의 생활에 도움을 주는 정책을 잘 펴는 것으로 만족했다. … (중략) … 1989년 베를린방벽 붕괴가 이데올로기의 패러다임을 변화시켰다면, 2001년 9·11테러, 2015년 파리테러는 종교·문화적 세계질서의 틀을 회교와 반회교 구도로 바꿔놓았다. 종교와 문화, 전통이 정치에 개입하면서 벌어지는 폭력, 살인, 자살폭탄테러 등은 국가 존재의 최소 요건인 질서, 안전, 생명, 재산 보호 등의 가치를 요구하고 있다. 반면 더 이상 정부가 나를 보호해주지 못한다는 불신과 좌절감은 아랍권과 아프리카에서 국민 탈출로 이어지고 있다. 좋은 국가는 대내외적 갈등과 위기를 슬기롭게 해결할 수 있지만 나쁜 국가의 경우 여지없이 국민은 등을 지는 것이다." 《헤럴드경제》 2016.6.30)

3. 국가의 기원

국가의 기원에 대해서는 여러 가지 학설이 있으나 역사적 기원설과 철학적 기원설로 구분할 수 있다. 역사적 기원설은 국가가 어떻게 탄생했는지에 대하여 관심을 갖고 있다. 반면 철학적 기원설은 인간이 왜 국가를 필요로 했는지에 대하여 관심을 갖고 있다.

1) 역사적 기원설

국가의 탄생을 설명하는 역사적 기원설은 실력설(theory of force, theory of conquest), 계급설(theory of class, theory of exploitation), 가부장권설(patriarchal theory) 등이 있다.

❶ 실력설

실력설은 정복설 혹은 무력설로도 알려져 있다. 실력설은 오펜하이머(Oppenheimer), 라젠호퍼(Ratzenhofer) 등이 주장하였다. 실력설은 집단과 집단 간 투쟁의 결과로 인하여 국가가 탄생했다고 본다. 집단 간 투쟁에서 세력이 우세한 집단이 세력이 열세한 집단을 실력으로 정복하고 국가를 건설하였다는 주장이다. 농경 사회에서 투쟁에서 승리한 지배 집단은 대토지를 소유한다. 그 결과 대토지를 소유한 귀족 계급이 나타났고, 이들의 이익을 보장하기 위하여 국가라는 제도로 발달해 갔다고 보는 견해이다. 그러므로 국가는 다른 집단을 정복하여 영토를 확장하는 것을 목적으로 한다. 실력설은 지배 민족의 우월성을 정당화할 수 있는 이념에 이용될 가능성이 있다는 비판을 받기도 하였다.

❷ 계급설

계급설은 착취설로 불리기도 한다. 마르크스(Marx)와 엥겔스(Engels)가 주장한 계급설은 계급 간 경제적 관계로 국가의 탄생을 설명한다. 우선 원시 공동사회가 진화하여 국가가 발생한 것이 아니라고 본다. 원시 공동사회에서 생활하던 구성원들 사이에 분업이 있었는데, 이런 분업의 결과, 일부 구성원들은 부유하게 되고 나머지 구성원은 빈곤하게 되었다고 본다. 또한 분업의 결과 발생한 빈부의 차이로 인하여, 구성원들 사이에 지배와 피지배 관계가 만들어졌고, 이런 관계는 세습되었다고 본다. 그 결과 피지배계급인 하층계급은 노동을 강요당하였고, 지배 계급은 생산물 가운데 잉여가치를 착취하는 과정에서 국가가 만들어졌다고 보는 견해이다. 그러므로 노동자의 이용가치가 알려지고 경제적 착취에 의한 효용이 발생한 이후 국가가 탄생한 것이지, 그 이전에 국가가 존재한 것은 아니라고 주장한다.

> ┃ 잉여가치
> 자본가 A가 노동자 B의 노동력을 구매하는 데 투자한 가치의 양보다 더 많은 가치의 양을 말한다. 즉 자본가가 투자한 가치보다 더 늘어난 가치를 의미한다.

❸ 가부장권설

가부장권설은 족부권설이라고도 불린다. 가부장권설은 메인(Maine) 등이 주장하였다. 가부장권설은 국가의 기원을 가족에서 찾는다. 인류 최초의 사회 형식은 가족이었고, 국가는 가족과 가족이 확대되면서 형성된 것으로 본다. 즉 가족 집단이 씨족 집단으로 확대되고, 씨족 집단은 부족 집단을 형성하였으며, 부족과 부족이 결합하여 국가가 만들어졌다고 보는 견해이다. 그렇기 때문에 가장의 권위는 씨족장의 권위로 확대되고, 그것이 다시 국가권력으로 발전하였다고 주장한다.

2) 철학적 기원설

국가의 탄생을 설명하는 철학적 기원설에는 신의설(divine theory), 자연 발생설(natural theory), 사회 계약설(social contract theory) 등이 있다. 신의설은 국가의 기원을 종교적인 관점에서 설명한다. 예를 들어 기독교에서는 국가의 기원을 아담과 그 직계 후계자로 본다. 동양의 천명사상(天命思想)도 신의설 가운데 하나이다.

자연 발생설은 국가와 인간은 불가분의 관계로 보고 있다. 국가는 인간에게 없어서는 안 될 존재라는 것이다. 자연 발생설은 고대 그리스에서 기원을 찾을 수 있다. 예를 들어 아리스토텔레스에 의하면 인간은 사회적(혹은 정치적) 동물이라는 본성을 지니고 있기 때문에, 이들의 역할은 국가를 통해서만 가능하다고 본다. 국가는 인위적인 존재가 아니라 인간의 필요에 의하여 자연적으로 발생했다고 보는 시각이다.

그러나 철학적 기원설 가운데 주목을 받는 것은 사회 계약설이다. 사회 계약설은 17~18세기 사회를 주도한 사상으로 이를 주장한 학자로는 홉스, 로크, 루소 등이 있다. 이들 모두는 인간이 자연 상태에 있었다고 전제한다. 그러나 다음에서 소개하는 내용을 살펴보면 알 수 있듯이, 홉스, 로크, 루소의 사회 계약설은 조금씩 차이가 있다. 홉스는 계약의 당사자는 개인과 국가이다. 반면 로크는 개인과 개인 간의 계약을 주장하였고, 루소는 정부와 개인 간의 계약을 주장하였다. 또한 통치자가 계약을 위반한 경우 홉스는 개인의 혁명권을 인정하지 않았으나 로크와 루소는 저항권을 인정하였다.

참고자료

| 자연상태
사회 계약설을 주장하는 학자들이 그들의 이론을 설명하기 위하여 만든 사회라고 생각하면 된다. 자연 상태란 개인의 정치적 권위와 합법적인 권리가 존재하지 않는 사회를 의미한다.

❶
홉스의
사회 계약설

홉스(Thomas Hobbes)는 그의 유명한 저서 『리바이어던(Leviathan)』에서 국가가 '사회계약'에 의하여 탄생하였다는 이론을 소개한다. 홉스에 의하면 인간은 자연 상태에서 평등하게 태어났고 스스로의 목적을 추구하기 위해 서로 경쟁할 수밖에 없었다고 본다. 여기서 자연 상태에는 국가가 존재하지 않으며, 질서 및 선악을 판단할 수 있는 규칙이 없는 상태를 의미한다.

그렇지만 인간들은 스스로의 목적을 위해 그리고 자신을 보호하기 위해 서로 경쟁할 수밖에 없었다고 본다. 경쟁은 인간이 자기를 보호하는 수단이었고 이를 위해 폭력도 허용되었다. 심지어 자연권에는 타인의 목숨도 해칠 수 있는 권리도 부여 받았다고 본다. 이런 자연권을 부여 받은 인간은 결국 자신의 생명을 보호하기 위하여 타인의 생명까지 위험하게 만들 수 있는 동물과 같은 존재이다. 즉 인간은 국가가 성립되기 이전 '만인에 대한 만인의 투쟁' 상태에서 생활하였기 때문에 평화와 안전을 보장받기 힘들었다. 이런 환경에서 인간은 불행할 수밖에 없다. 결론적으로 자연 상태는 인간에게 행복을 가져다주는 것이 아니다. 오히려 자연 상태는 매우 가혹한 것이다. 그러나 인간은 평화를 추구하는 본성을 지니고 있다. 그렇기 때문에 인간은 공동의 권력과 계약을 통해 자신의 생명을 지키고, 평화와 안전을 보장받으려 했다.

인간의 공동 이익에 맞게 행동하도록 지도하는 강력한 공동의 권력이 국가이다. 이것이 '만인에 대한 만인의 투쟁' 상태에서 벗어날 수 있는 방법이기 때문이다. 홉스는 이 계약을 신약(信約)이라고 불렀다. 이때 인간은 자연 상태에서의 모든 권리인 자연권을 포기하고 이를 강력한 영향력을 가진 권력인 국가에 위임했다고 본다. 인간이 국가의 주권자에 위임한 통치권은 절대적이며 무제한적이다. 이에 반해 국가는 만인의 안전, 자유, 재산권, 질서를 보장하고 이를 지켜줄 수 있는 법률을 만든다. 또한 국가는 이를 위해 모든 개인의 힘을 합법적으로 사용할 수 있으며, 개인은 이에 자발적으로 복종할 의무가 있다고 주장한다. 국가가 인간들을 하나의 인격으로 만들었기 때문에, 주권자의 행위는 곧 인간들 자신의 행위와 같기 때문이다.

국가의 목적은 개인의 안전을 도모하는 데 있다. 홉스에 의하면 이런 과정을 통하여 국가가 탄생하는 것이다. 홉스의 『리바이어던』이 오랜 세월 국가가 탄생한 이론으로써 주목을 받았던 이유는 국가의 가장 중요한 임무가 인간의 안전과 자유를 지키고 질서를 보장하는 것이었기 때문이다.

참고자료

| 토마스 홉스(1588년~1679년)
홉스의 『리바이어던』은 1651년에 출판되었다. 홉스는 사회계약론을 처음으로 소개한 철학자이다. 홉스는 영국의 웨스트포트(Westport)에서 태어났다. 가난한 집안에서 태어난 홉스는 부유한 삼촌의 도움을 받아 학업을 마칠 수 있었다. 그는 옥스퍼드 대학교 모들린 대학에서 공부하였고, 재산이 없던 당시의 수재들과 마찬가지로 가정교사를 하였다. 가정교사를 하였던 집안의 도움으로 폭넓은 학문 활동을 할 수 있었고, 유럽 각국을 여행하면서 많은 학자들과 교류할 기회를 갖게 되었다. 홉스는 원래 인간의 보편적인 운동법칙에 대한 책을 저술하려고 했으나, 영국을 비롯한 유럽의 곳곳에서 발생한 분쟁을 보면서 국가와 시민권에 대한 연구를 시작하였다. 이때 출판된 책이 『리바이어던』이다.

❷
로크의
사회 계약설

사회계약에 대한 로크(John Locke)의 사상은 그의 저서인 『시민정부론(Second Treatise of Government)』에서 찾을 수 있다. 로크의 사회 계약설도 홉스와 마찬가지로 자연 상태에 대한 설명으로부터 시작한다. 홉스의 사상이 로크의 사회계약론에 영향을 주었기 때문이다. 그러나 로크가 자연 상태에 대하여 갖고 있던 생각은 홉스의 생각과는 달랐다. 위에서 설명했듯이 홉스는 자연 상태를 '만인에 대한 만인의 투쟁' 상태로 이해하였다. 서로 경쟁하기 때문에 평화가 없는 상태이다. 그러나 로크는 자연 상태를 '만인에 대한 만인의 투쟁' 상태로 이해하지 않았다. 인간은 자연 상태에서 자연권을 지닌 존재로 평화롭게 자유롭게 생활하였다고 본다.

우선 로크에 의하면 자연 상태에서 인간은 두 가지 종류의 자연권을 갖고 있다. 하나는 개인적 차원에서 이해할 수 있는 자연권이고, 다른 하나는 대인 관계의 차원에서 설명할 수 있는 자연권이다. 개인적 차원에서 자연권은 스스로를 보호하는 자연권이다. 이 자연권은 자연법이 허용하는 범위 내에서 자신의 생존을 위하여 무엇이든 할 수 있지만, 공공의 안전을 위하여 일정 부분을 양도하여야 한다. 대인 관계의 차원에서 자연권은 타인을 침범하지 않는 자연권이다.

그러나 로크가 이해하고 있는 자연 상태도 분쟁이 발생할 가능성이 있다. 자연권을 갖고 생활하고 있는 자연 상태에서 분쟁이 발생하면 이를 공평하게 해결할 수 있는 '권위를 갖고 있는 공동의 재판관'이 없기 때문이다. 로크는 이 상태를 '평화와 선의, 상호 도움과 보존'(state of peace, beneficence, mutual assistance and preservation)의 상태로 표현하고 있다. 이 상태에서 분쟁이 발생하고 분쟁이 확대되어 전쟁이 일어나면 무질서한 상태로 될 수 있다. 이 때문에 인간은 자연 상태를 벗어나기 위해 공동의 권력인 국가가 필요했던 것이다.

로크의 경우 홉스와는 다르게 사회계약을 특정한 개인이나 추상적인 공동체에게 양도한 것이 아니다. 로크의 사회계약은 사회의 다수파에게 권력을 양도한 것으로 이해하고 있다. 인간이 사회계약을 맺고 국가를 형성하여 통치자에게 권리를 위탁한 것은 자연권을 보다 확실하게 누리기 위해서다. 즉 국가 권력의 원천은 인간에게 있는 것이다. 국가는 인간을 보호하여야 의무가 있는 것이다.

그러므로 로크는 통치자가 계약을 위반하고 개인들의 자유를 침해한다면 시민들은 이에 저항할 권리를 지니고 있다고 주장한다. 저항할 권리를 지닌 인간은 입법부를 교체할 수 있다고 본다. 그에 의하면 국가가 안정적으로 유지되기 위하여 가장 중요한 제도는 법을 만드는 입법부의 존재이다. 이런 그의 저항권 사상은 근대 시민 혁명의 사상적 배경이 되었다.

참고자료

┃ 존 로크(1632년~1704년)
　　로크가 저술한 『시민정부론』은 홉스의 『리바이어던』보다 약 40년 늦은 1690년에 출판되었다. 이외에도 중요한 저서로 『인간 오성론(An Essay Concerning Human Understanding)』과 『관용에 대한 편지(A Letter Concerning Toleration)』 등이 있다. 로크는 인식론의 창시자이며 계몽주의 철학의 개척자로 알려져 있다. 그의 저서들은 볼테르와 루소 등 유명한 철학자의 사상에 영향을 주었다. 로크는 영국의 작은 도시 링턴(Wrington)에서 법조인으로 태어났기 때문에 비교적 유년시절이 부유했다. 1652년 옥스퍼드 대학교에 입학해 언어학, 논리학, 윤리학 등을 공부하였고, 이때 데카르트의 철학에 대하여 알게되었다. 로크는 뜻하지 않게 정변에 휘말려 영국정부로부터 지명수배를 받고 망명 생활을 하였다. 『시민정부론』은 로크가 망명 생활을 마친 이후 영국에 귀국하여 저술한 논문이다.

❸
루소의
사회 계약설

루소(Jean-Jacques Rousseau)의 사회 계약설 내용은 그의 책 『사회 계약론(Du Contrat Social ou Principes du droit politique)』에 나타나 있다. 루소의 사회 계약설도 홉스나 로크와 마찬가지로 자연 상태에 대한 설명으로부터 시작한다. 루소에 의하면 인간은 자연 상태도 자유롭고 평등한 존재이다. 홉스나 로크의 주장과 마찬가지로 자연 상태에서 인간은 자신의 이익에 따라 행동하고 서로 다투기도 한다. 그러나 이런 다툼이 파괴적이며 치명적인 결과를 초래한다고 보지 않았다. 자연 상태에서 인간은 '자기애'와 동료들에 대한 '자연적 동정심'이라는 좋은 성품을 지니고 있었기 때문이다. 이는 홉스의 견해와 다르다.

자유롭고 평화로운 자연 상태에서의 자유와 평등을 제도적으로 보장받기 위해 인간들이 자발적으로 계약을 맺어 국가를 건설했다고 본다. 이때 국가는 자연과 자유를 지키고자 하는 인간의 의지가 모여서 만들어진 것이기 때문에 인간이 국가에 복종하는 것은 자신의 의지에 복종하는 것이다. 따라서 인간은 여전히 자유로운 존재라고 보았다.

　　루소의 국가 탄생을 이해하기 위해서는 우선 '일반의지'의 의미를 알아야 한다. 그에 따르면 일반의지란 자연인간이 전체의 선을 생각할 때 모아지는 의지를 의미한다. 그리고 인간은 일반의지에 입각하여 공공선을 실현하기 위한 자유로운 계약을 맺게 되는데, 그 결과로 국가가 탄생했다고 주장한다. 즉 국가는 단순히 개인의 일반의지를 집행하는 것이다. 홉스와 마찬가지로 루소의 계약설은 주권의 절대성을 인정한다. 그러나 주권의 소재는 국가가 아닌 개인에게 있는 것이다. 그렇기 때문에 국가가 계약을 위반한 경우 개인은 국가에 대하여 저항할 수 있는 권리가 있다고 본다.

| 장자크 루소(1712년~1778년)

　　루소의 『사회계약론』은 1762년에 출판되었다. 이외에도 중요한 저서로 『에밀(Émile ou de l'éducation)』, 『인간 불평등의 기원론(Discours sur l'origine et les fondements de l'inégalité parmi les hommes)』 등이 있다. 루소는 스위스 제네바에서 태어났다. 열 살에 집을 떠나, 열두 살에 법원 서기가 되는 교육을 받았다. 신학교에 입학했으나 사제의 뜻이 없어 신학 공부를 포기하고 음악 공부를 하였다. 그러나 음악인으로 성공하지는 못하였다. 루소는 1749년 디드로(Denis Diderot, 1713년~1784년)와 알게 된 이후, 그의 권유로 마흔이 다 된 나이에 프랑스 아카데미의 학술 공모전에 참가하는데 그가 공모한 「학문 및 예술론」이 1등으로 당선되면서 이름을 떨치게 된다. 이후 루소는 불평등의 원인을 파헤친 『인간 불평등의 기원』을 저술했다. 임마누엘 칸트가 "번개를 맞은 듯한 깨달음을 얻었다"고 칭찬한 책이 바로 이 책이다. 루소는 모든 사회악의 근원과 사회 갈등의 원인은 경제적 불평등에 있다고 주장하면서, 이를 해결하기 위해서는 사회구조가 근본적으로 변화하여야 한다고 주장한다. 『사회계약론』에서 그가 주장한 급진적 정치 이론은 이런 근본주의적인 인식을 배경으로 한다.

　　"사악하거나 무능한 지배자들이 너무 심한 해악을 끼치지 않도록 어떻게 정치제도를 조직할 수 있는가? 이것이 정치철학이 다루어야 할 올바른 질문이다." 포퍼의 『열린사회와 그 적들』에 나오는 구절이다. 그렇다면, 국가의 지도자가 갖추어야 할 바람직한 덕목과 가치관은 무엇이라고 생각하는지 토론해 보시오.

4. 정부 형태

정부형태는 권력의 기능과 권력의 지역배분에 따라 구분할 수 있다. 권력의 기능에 따른 분류에는 대통령제(presidential system), 의원내각제(parliamentary system), 분권형 대통령제(semi-presidential system) 등이 있다. 권력의 지역배분에 따른 분류에는 단방제(unitary system)와 연방제(federal system)가 있다.

1) 권력의 기능에 따른 분류

❶
대통령제

대통령제는 의회로부터 독립되고, 독자적인 선거에 의해 선출되는 대통령을 중심으로 행정권을 행사하는 정부형태를 의미한다. 따라서 기본적으로 이원적인 민주적 정당성의 구조를 가진다고 할 수 있다. 그 유래는 18세기 독립한 미국이고, 19세기에 남미의 일부 국가에서 이 제도를 채택하면서 전 세계적으로 확산되어 갔다. 이 제도의 장단점은 동전의 양면과도 같은데, 장점은 대통령이 국가수반 겸 행정부의 수장으로써 정해진 임기를 보장받고, 의회가 아닌 국민의 신임 여부에 따라 국정을 신속하고 강력하게 추진할 수 있다는 것이다.

반면 단점으로는 막대한 권한을 악용하여 독재의 수단이 될 가능성이 존재하고, 의회와의 대립이 발생할 시 사실상 중재 기제가 없음으로 말미암아 정국이 마비상태에 빠질 수 있다는 것이다. 이 밖에도 대부분의 대통령제에서 임기제를 실시하고 있기 때문에 정책 및 개혁의 단절과 급변 가능성도 항상 존재한다. 대표적인 대통령의 권한은 공무원의 임명권, 외교권, 국방 및 군사상의 권한, 2차적인 입법권과 거부권 그리고 행정 명령 및 조치 제정권 등이 있다.

이렇게 봤을 때, 대통령제는 삼권분립제도하에서 상시적으로 발생할 수 있는 입법부, 사법부, 행정부 간의 대립과 충돌을 일정하게 피해가려는 의도에서 설계되었다고 할 수 있다. 그러나 역으로 특히 대통령 교체기에는 그동안 잠복되었던 이 삼부 간의 대립과 갈등이 극대화될 수 있는 가능성은 오히려 커졌다고 할 수 있다.

| 미국 독립(1783년)

7년 전쟁의 일환으로 북아메리카의 식민지 지역에서 벌어진 프랑스-인디언 전쟁이 끝난 1763년, 그레이트브리튼 왕국이 제국 유지비용의 상당수를 아메리카 식민지에서 충당하려 한 것이 미국 독립 운동의 발단이 되었다. 애국자라 불리던 독립파 인사들이 서신 교환을 통하여 영국 제국에 대항하기 위한 독자적인 의회의 구성에 합의하였고 이들은 대륙회의를 결성하였다.

1773년 보스턴 '차 사건' 이후 영국이 군대를 파견하자 미국인들은 민병대를 조직하여 대항하였다. 1776년 13개 식민지의 대표들은 미국 독립 선언에 서명하고 새로운 국가인 아메리카 합중국(미국)을 수립하였다. 미국의 대륙군은 1777년 새러토가 전투와 1781년 요크타운 전투에서 영국 제국의 군대에 승리하였다. 미국과 영국 제국은 1783년 파리 조약으로 평화 협정을 맺었고 영국은 미국의 독립을 인정하였다.

미국의 첫 번째 헌법은 1781년에 제정된 '연합규약'이었다. 이는 중앙정부가 없이 13개 주정부가 연합한 형태였다. 중앙집권제를 전제왕권과 동일시하여 이것이 독재와 인권침해의 근본원인이라고 여겨서, 강력한 중앙정부를 원하지 않았다. 13개의 주는 각자 완전한 주권을 가지며, 연합규약에 의해 연합회의가 설립되어 외교, 국방, 화폐, 인디언대책 등의 공통사항을 처리했다. 중요사항은 13개 주 중 9개 주의 찬성이 필요했으나, 회의는 권고까지만 할 수 있었다. 또한 징세, 통상규제 권한이 없고 상비군도 없어서 오늘날의 UN과 비슷하였다.

그러나 이후 재정곤란, 지폐 가치의 하락, 물가 앙등 등으로 사회가 불안해지자 강력한 중앙정부의 수립이 요청되었다. 그리하여 1787년에 필라델피아에서 '헌법제정회의'가 열렸으며 1788년에 연방헌법이 발효되었다. 연방헌법은 몽테스키외의 삼권분립의 원리에 입각한 공화제 헌법으로, 각 주에 광범위한 자치권과 권한을 인정한 것이었으나 중앙에 연합의회보다 훨씬 강력한 연방정부를 두기로 하였다. 입법권을 가진 연방의회는 상원, 하원으로 구성되어 과세나 군대 모집 등을 관장하였다. 행정권은 간접선거에 의해 선출되어 4년의 임기를 가지는 대통령에 관장하였고, 사법부는 주와 연방의 이중구조로 이루어져 있어 최고법원으로 '대법원'을 설치하였다. 이리하여 1789년에는 초대대통령으로 조지 워싱턴이 선출되었고, 이로써 아메리카합중국(USA)이 탄생되었다.

미국 독립에 선언하는 13개 식민지의 대표들

자료: https://upload.wikimedia.org/wikipedia/commons/1/15/Declaration_independence.jpg

❷
의원내각제

의원내각제는 행정과 입법의 분리라는 원칙에 의거하고 있으나, 내각, 즉 행정부가 전적으로 의회의 세력 배치 혹은 신임 여부에 달려있는 정부 형태이다. 즉 정당 중심주의적 정부 구성 방식이라고 할 수 있다. 의원내각제는 17세기 영국에서 입헌군주제의 도입과 동시에 실시되었다. 그 유형에는 영국과 같이 내각과 의회의 다수파가 형식적으로 일치하지만, 실제적으로 내각이 상대적으로 더 많은 권한을 가진 이른바 내각책임제와 통일 이전 서독의 경우와 같이 내각 수상의 권한이 상대적으로 강력한 이른바 통제된 의원내각제를 들 수 있다.

장점은 내각의 존속과 진퇴가 의회에 의존하기 때문에 체제의 민주적 정당성이 매우 높고, 이른바 내각의 책임정치가 실현될 수 있다는 점이다. 일반적으로 평시에 그 효율성이 매우 높다고 평가된다. 그러나 단점은 일반적으로 위기 상황 시에 극명하게 나타나는데, 내각을 전문가나 행정 관료가 맡는 것이 아니라 집권당 혹은 연립정부를 구성하는 정당의 소속 인사들이 구성하므로, 신속한 결정과 판단이 불가능할 수 있는 것이다.

의원내각제는 그 시초가 영국이라는 점에서, 이 국가의 역사적 변화과정과 함께 발전했다. 행정부보다 입법부가 제도적 차원에서 우위에 있다는 점에서 고전적 의미에서의 삼권분립의 원칙에 상대적으로 더욱 부합한다고 할 수 있다. 그러나 항상적으로 존재하는 행정부의 불안정성이 이 제도의 가장 큰 약점으로 꼽힌다.

참고자료

┃ 입헌군주제

입헌군주제(立憲君主制)란 헌법 체계 아래서 세습되거나 선임된 군주를 인정하는 정부 형태이다. 즉 군주의 권력이 헌법에 의하여 제한을 받는 정치 체제가 입헌군주제이다. 현대의 입헌군주제는 보통 권력 분립의 개념을 충족하며, 군주는 국가 원수의 역할을 한다. 군주가 절대적인 권력을 가지는 전제군주제에서의 법률과 입헌군주제에서의 법률은 보통 상당히 다른 양상을 보인다.

오늘날의 입헌군주제는 거의 대부분 간접 민주제와 혼합되어 있고, 나라의 주권은 국민에게 있다는 주권 이론을 내세우기도 한다. 국왕은 나라의 수장이다. 비록 현재의 입헌군주제가 대개 민주주의를 표방하고 있지만, 역사적으로 항상 그러했던 것은 아니다. 이탈리아, 스페인과 같이 군주제와 헌법이 공존하던 나라에서 권력자의 독재가 이루어지기도 했으며, 타이와 같이 정부가 군부 독재 치하에 있었던 경우도 있다.

일부 입헌군주제가 세습되는 반면에, 말레이시아 같은 곳은 선임군주제를 채택하고 있다. 아시아에서는 말레이시아와 일본, 유럽에서는 영국과 네덜란드, 아프리카에서는 모로코와 스와질란드 등 전 세계적으로 모두 38개의 국가가 이 제도를 채택하고 있다.

| 대통령제와 의원내각제의 차이점

① 두 정부형태의 차이점은 의회와 내각의 관계에 있다. 의원내각제의 경우 내각은 의회의 신임에 의존한다. 그렇기 때문에 의회가 내각에 대하여 불신임을 결정하는 경우 내각은 해산될 수 있다. 반면 대통령제에서 내각은 의회의 신임을 필요로 하지 않는다.

② 대통령제에서 입법부의 의원은 내각에 참여할 수 없다. 그러나 의원내각제에서 입법부의 의원은 내각에 참여할 수 있다.

③ 대통령은 의회를 해산시킬 수 없다. 그러나 의원내각제에서 수상은 의회를 해산시킬 수 있는 권한을 지니고 있기도 하다. 그러나 수상의 이런 권한은 국가마다 다양하다.

④ 대통령과 수상이 선출되는 방식이 다르다. 대통령제에서 대통령은 유권자들이 선거를 통하여 직접 선출한다. 반면 의원내각제에서 수상은 의회의 의원들이 결정한다.

⑤ 정책결정 과정에서 차이점이 나타난다. 대통령은 내각의 협조 혹은 조언이 없어도 정책을 결정할 수 있다. 반면 의원내각제에서 수상은 정책을 결정하기 이전에 내각의 협조를 구한다.

⑥ 대통령제에서 대통령은 정부의 수반이며 동시에 국가의 원수이다. 반면 의원내각제에서는 국가의 원수와 정부의 수반은 분리되어 있다.

❸
분권형
대통령제
(혹은
이원집정부제)

분권형 대통령제는 이원집정부제라고 불리기도 한다. 평상시에는 내각이 의회에 대해 책임을 지면서 행정권을 행사하나, 위기 상황시에는 대통령이 긴급명령권, 계엄선포권 등 기타 행정권을 배타적으로 행사하는 형태의 정부를 말한다. 즉 의원내각제와 대통령제의 요소가 혼합된 형태라고 할 수 있다.

역사적으로 독일 바이마르 공화국, 오스트리아, 핀란드 등에서 실시 및 발전해왔으며 현대적 유형으로는 프랑스의 제5공화국 시기의 그것이 가장 대표적이다. 이 제도의 특징은 첫째, 내각은 의회에 대하여 책임을 진다. 둘째, 대통령은 의회로부터 독립하여 존재한다. 셋째, 평상시와 위기시 등 상황에 따라 전자에서는 내각의 수반 즉 총리 혹은 수상이, 후자에서는 대통령이 행정권을 행사한다. 이 제도는 대통령과 다수당의 소속 정당이 같을 경우 대통령제의 장단점이, 다를 경우 의원내각제의 장단점이 각각 나타날 가능성이 높으며, 운용의 묘가 상대적으로 더욱 중요한 제도라고 할 수 있다. 현재 프랑스, 포르투갈, 러시아, 이집트 등 약 30여 개 국가에서 이 제도를 채택하고 있다.

참고자료

| 독일 바이마르 공화국(1919년~1933년)

바이마르 공화국은 1919년부터 1933년까지의 독일을 가리키던 비공식적 명칭이다. 바이마르라는 이름은 이 공화국의 헌법 제정단이 처음으로 회의를 개최한 바이마르란 도시 이름에서 따왔다. 정식 명칭은 1918년까지 존속했던 독일 제국의 이름을 따온 독일국이다.

바이마르 공화국은 이원집정부적 간접 민주제를 채택하였으며, 11월 혁명 속에서 탄생하게 되었다. 1919년 8월 11일에 '독일국'의 명칭으로 쓰인 헌법이 바이마르에서 소집된 의회에서 채택되면서 바이마르 공화국은 정식 출범하게 되었다. 이후 공화국은 초인플레이션과 극좌·극우 세력의 저항과 제1차 세계대전 이후 외교 관계의 논란 등 많은 문제에 직면하게 되었다. 이에 대해 공화국은 화폐, 세제, 철도 개혁을 단행해 성공을 거두게 된다. 또한 공화국은 베르사유 조약에서 공화국에게 주어진 요구를 없앴으며, 조약에서 요구된 군비 축소를 거의 단행하지 않았으며, 도스 플랜과 영 플랜을 통해 배상금의 일부만을 지급하였다. 로카르노 조약에서 공화국은 서부 국경을 인정하였지만 동부 국경에서는 논란의 여지를 남기기도 하였다.

1930년대에 대통령이었던 파울 폰 힌덴부르크는 계엄령을 통해 하인리히 브뤼닝, 프란츠 폰 파펜, 쿠르트 폰 슐라이허를 총리로 임명시켰다. 대공황은 브뤼닝 내각의 경제 정책을 붕괴시켰으며 실업률은 폭등하였다. 1933년에 아돌프 히틀러는 연정을 통해 총리에 취임했으며, 나치는 각료 10명 중 2명을 나치하게 되었다. 폰 파펜은 부총리로 위촉되어 힌덴부르크와의 연결을 통해 히틀러 뒤에서 흑막 정치를 할 계획을 세우게 되었다. 그러나 히틀러는 폰 파펜의 계획과 달리 실질적인 권력을 잡아 독재 정치를 펼치게 되고, 이로써 바이마르 공화국은 사라지게 된다.

2) 권력의 지역배분에 따른 분류

❶ 단방제

단방제는 단일제라 불리기도 한다. 단방제는 중앙정부만이 모든 정책에 대하여 독점적으로 권한을 지니고 있는 정부 형태를 말한다. 이 정부형태에서 중앙정부는 지방정부에게 자치권을 부여하여, 중앙정부와 지방정부의 사이에 권력의 분산이 존재할 수 있다. 그러나 이 경우에도 지방정부가 행사할 수 있는 권한은 중앙정부의 권한으로부터 벗어날 수 없다. 그렇기 때문에 지방정부의 결정들이 중앙정부의 정책과 갈등이 있는 경우 이들은 중앙정부의 권한에 의하여 취소되거나 변경될 수 있다. 즉 지방정부의 권한은 지방정부 자체가 아닌 중앙정부의 재량에 의해 부여받은 것이다.

단방제는 국가의 정치, 경제, 사회, 문화의 발전을 위하여 권한이 중앙정부에 집중되어 있는 것을 법으로 보장하고 있다. 그렇기 때문에 국가 단위의 정책을 계획하고 추진하는 데 적합한 제도이다. 또한 단방제는 중앙정부가 모든 정책을 통제하고 감독하기 때문에 정책을 계획하고 추진하는 데 있어서 효율적이다. 그러나 지방자치의 기회가 박탈된다는 점, 지역적 특수성을 고려하지 않고 정책이 결정된다는 점 등은 단방제의 단점으로 생각할 수 있다. 현재 다수의 국가들이 단방제 정부형태를 채택하고 있다. 대한민국도 단방제의 정부형태를 채택하고 있다. 이외에 영국, 프랑스, 일본, 이스라엘, 칠레, 스웨덴 등이 단방제의 정부형태를 채택하고 있다.

❷ 연방제

연방제는 중앙정부와 지방정부의 정치권력이 헌법에 의하여 분할되는 정부 형태를 말한다. 즉 연방제에서 중앙정부와 지방정부는 관할 영역에 대하여 독자적으로 결정을 내릴 수 있는 권한이 헌법에 보장되어 있다. 연방제에서 중앙정부와 지방정부 사이의 권력관계를 규정하는 방식은 두 가지가 있다. 첫째, 연방헌법이 중앙정부가 보유할 수 있는 권한을 먼저 규정한다. 그리고 나머지 권한을 지방정부의 권한으로 규정하는 것이다. 이런 방식은 미국, 독일, 스위스 등이 채택하였다. 두 번째 방식은 첫 번째 방식과 반대로 이뤄진다. 연방헌법은 우선 지방정부가 보유할 수 있는 권한을 규정한다. 그리고 나머지 권한을 중앙정부가 보유하도록 한다. 캐나다, 인도 등이 두 번째 방식으로 중앙정부와 지방정부의 권한을 규정했다.

일반적으로 중앙정부는 국방, 외교, 경제 등에 대하여 권한을 지닌다. 반면 지방정부는 복지, 교육, 보건 등에 대하여 책임을 진다. 연방제에서 지방정부는 중앙정부와 함께 모두 권한을 행사할 수 있다. 그렇기 때문에 중앙정부가 시민들에게 직접적으로 권한을 행사할 수 있고 동시에 지방정부도 시민들에게 권한을 행사할 수 있다. 예를 들어 독일의 중앙정부는 국방, 외교, 우편, 철도, 항공, 저작권 등에 대하여 권한을 갖고 있으며, 지방정부라 불리는 랜더(Länder)는 교육과 방송에 대하여 전적인 통제권을 갖고 있다. 그리고 이외의 다른 영역에 대하여서는 중앙정부와 지방정부인 랜더가 공동으로 권한을 행사한다.

여러 지역이 하나로 통일되는 것이 어려운 경우 연방제를 채택하는 경우가 많이 있다. 미국의 탄생 배경이 이런 사례이다. 일반적으로 연방제 국가는 의회에서 양원제를 채택하고 있다. 전체의 국민을 대표하는 의회 이외에도 지방을 대표하는 또 하나의 의회가 필요하기 때문이다. 연방제를 채택하고 있는 국가는 단방제를 채택한 국가보다 많지 않다. 그러나 대체로 대규모 국가이어서 인구나 영토가 차지하는 비중이 높은 편이다. 연방제의 장점은 소수의 다양한 이익과 견해를 고려한다는 것이다. 또한 중앙정부의 권력 남용을 견제할 수 있다. 그러나 단점도 있다. 정치권력이 중앙정부와 지방정부로 이원화되어 있기 때문에 국가가 위기에 처한 경우 신속하게 대응하지 못할 수 있다는 점이다.

참고자료

| 단방제/연방제 국가

2011년을 기준으로 하여, 연방제 정부형태를 채택한 국가는 21개이다. 반면 174개 국가는 단방제 정부형태를 채택하였다. 세계에서 연방제를 채택한 국가의 비율은 11% 정도밖에 되지 않는다. 그러나 인구는 세계 인구의 39%, 영토는 세계 영토의 50% 정도를 차지하고 있다(쉬블리 2013).

---

3) 한국의 정부

일반적으로 국가의 최고 법률인 헌법에 따라 전반적인 제도와 통치 원칙 등이 변화된다. 따라서 헌법 개정과 함께 다른 성격의 공화국이 될 수도 있다. 특히 행정부와 입법부와의 관계를 본질적으로 변경하는 내용을 포함하는 헌법 개정은 공화국의 성격을 바꾼다. 이런 의미에서 봤을 때, 현재 한국은 제6공화국에 해당된다. 이는 동시에 이제껏 행정부와 입법부의 관계를 포함하여 국가의 성격을 본질적으로 바꾼 6차례의 헌법 개정이 있었다는 의미이다.

제6공화국 헌법에 따르면, 한국은 대통령제를 원칙으로 하면서도 대통령의 권한은 다소 약화시키고, 국정조사권 부활 등 국회의 권한을 강화시키며, 헌법재판소 제도의 도입을 통해 사법부의 독립성을 제고하고 있다. 따라서 역대 제3공화국의 대통령제와 미국의 대통령제와 유사한 측면이 많이 존재한다. 그 특징으로는 먼저 대통령은 국가의 원수인 동시에 행정권의 수반이며 5년 단임제로써 국민이 직접 선출한다. 그는 법률안거부권, 중요정책에 대한 국민 투표회부권, 대법원장과 대법관 및 헌법재판소 소장 임명권, 긴급 명령권, 긴급 재정 및 경제 명령권과 처분권, 계엄선포권을 가지고, 국무회의의 수장이 되는 등 권한 행사에서 다른 권력에 비해 우월한 측면이 있다. 반면 국무총리와 국무위원은 대통령이 국회의 동의를 얻어 임명하며, 대통령의 명을 받아 행정각부를 총괄한다.

국회는 행정부에 대한 견제를 위해 국무총리에 대한 임명동의권을 가지며, 국무위원에 대한 출석요구권과 질의권 그리고 해임건의권을 가진다. 또한 탄핵소추권과 긴급재정경제처분·명령 및 긴급명령에 대한 승인권 그리고 계엄해제 요구권 등을 가지며, 국정감사권을 활용하여 행정부의 국정을 감사하거나 특정 국정사안에 대하여 조사할 수 있는 권한을 보유한다. 한편 대통령은 대법관의 임명에 국회의 동의를 얻어야 한다. 대법원은 사법을 담당하는 주무기관으로써 국회와 행정부를 견제하기 위해 독자적인 자치입법권을 보유하며, 위헌법률심사를 헌법재판소에 제소할 수 있다. 헌법재판소는 이 밖에도 탄핵, 정당의 해산, 국가기관 간의 권한 쟁의, 헌법 소원 등에 관하여 심판한다.

한국은 중앙정부와 달리 지방자치의 단체, 즉 지방 정부가 일정한 지역에 대하여 국가로부터 자치권을 부여받아 지방의 사무를 처리할 수 있다는 지방 자치의 원칙을 헌법에서 인정하고 있다. 지방자치단체의 조직 및 운영 등에 관한 사항은 법률로 정하고 있다. 또한, 자치행정권, 조례에 대한 제정 및 개폐 등을 골자로 하는 자치입법권, 지방세과징과 사무처리 경비의 수입 및 지출 등을 골자로 하는 자치재정권을 인정하고 있다. 지방자치 단체는 광역(서울 특별시, 부산·대구·인천·광주·대전·울산 광역시, 세종 특별자치시, 경기·강원·충남·충북·경북·경남·전남·전북도, 제주 특별자치도)과 기초(인구 50만 이상의 도 소속의 시에 설치된 구와 특별자치도 소속의 시를 제외한 각 시와 군 및 자치구)로 나눠진다. 지방자치단체는 자치사무(지방자치단체가 책임 하에 자치단체의 존립유지 또는 주민의 복지 증진을 위해 처리하는 사무), 단체위임사무(지방자치단체 본래의 사무가 아닌 각 개별 법령에 의하여 국가 또는 타 지방단체로부터 위임받아 처리하는 사무), 기관 위임사무(법령의 규정에 의해 국가 또는 상급자치단체로부터 지방자치단체의 장에게 처리를 위임하는 사무) 등을 처리한다.

한국은 중앙과 지방 간 기능분담의 원칙과 기준이 법적으로 정립되어 있지 않을뿐더러, 현실적으로 과거의 중앙집권적 행정 및 재정체계가 대부분 그대로 남아있는 상태로 평가된다. 따라서 중앙정부의 권한이 절대적으로 강력한 단일제적 성격이 강하다고 할 수 있다.

참고자료

| 한국 행정부 기관의 종류
  원(院): 대통령 직속 기관으로 국가 안보·안위와 관련된 업무를 수행하는 기관
  실(室): 대통령 또는 국무총리를 보좌하는 기관
  부(部): 대통령이 결정한 정책과 그 밖에 행정부의 권한에 속하는 사항을 수행하는 국무총리 산하의 기관

처(處): 국무총리 소속으로 여러 부에 관련되는 기능을 통합적으로 관할하는 참모적 업무를 맡으며 정책 수립을 주로 하는 기관

청(廳): 부가 수행하는 기능 중에서 독자성이 높으면서도 업무의 범위가 전국에 미치는 일을 수행하며 정책 수립보다는 정책 집행을 하는 기관

위원회(委員會): 행정기관이 담당하는 사무에 관하여 자문을 하거나 조정, 협의, 심의 또는 의결 등을 하기 위해 만들어진 조직으로 복수의 구성원으로 이루어진 합의제 기관

토론 주제

1. 근대적 의미의 권력분립과 현대적 의미의 권력분립은 차이가 있다. 그 차이를 발견할 수 있는 사례에 대하여 토론해 보시오.

2. 국가에서 권력의 분립과, 분립된 권력 사이에 견제와 균형은 왜 중요하다고 생각하는지 토론해 보시오.

5. 행정부

1) 행정부의 개념 및 시각

❶
행정부에
대한 개념

행정부에 대한 개념적 정의는 쉽지 않다. 특히 정부를 국가와 동일한 것으로 봐야 할지 아니면 정부와 국가를 별개의 다른 차원에서 이해하여야 할지 쉽지 않다. 이 부분에서 행정부를 정의하는 다양한 견해에 대하여 소개한다.

앞에서 언급했듯이 국가와 정부에 대한 견해는 크게 두 가지로 나누어 볼 수 있다. 국가 일원론의 입장에서는 정부를 국가의 기관으로 본다. 즉 국가를 하나의 윤리적, 법률적 그리고 생물학적 의미에서 포괄적이고 통일적인 유기체로 보기 때문에, 그 의지를 실현할 기관이 필요하고 이것이 바로 정부라는 것이다.

반면 국가 다원론의 입장에서는 국가와 정부를 거의 동일시하고 있다. 즉 국가 역시 단순한 일정한 여러 체계 중의 하나로써 간주하기 때문에, 정부는 사실상 국가가 보유하고 있는 권력을 현실적으로 행사하는 권위체로 보고 있다. 그러나 우리는 국가와 정부라는 두 개념을 구분하는 것을 통해 이른바 17~18세기에 형성된 현대적 의미의 '제한적이고 입헌적인' 조건하에서의 논의가 가능하다. 이는 곧 두 개념 모두 역사성을 가지고 있다는 것을 의미하고, 동시에 변화한다는 것을 뜻한다. 보다 구체적으로 상기 조건하에서 다음의 두 가지 측면에서 국가와 정부는 다른 의미를 가진다.

첫째, 국가는 정부보다 그 외연이 더 넓다. 국가가 공적 영역의 모든 제도들을 포함하고 공동체의 모든 구성원들을 포함하는 것에 비해, 정부는 국가의 일부분이다. 둘째, 정부는 그것을 통해 국가의 권위가 작동되는 일종의 수단이다. 정부는 국가의 의지를 집행하고, 그 존재를 영속시키는 기능을 한다.

이렇게 봤을 때, 근현대적 국가, 즉 공화국이라는 체제가 성립하면서 점차 국가와 정부를 구분하는 것이 하나의 흐름으로 자리 잡았다고 할 수 있다. 물론 이후에도 자본주의 공화국에서는 분리가, 사회주의 공화국에서는 통합의 성향이 강했다고 할 수 있다.

한편 정부 역시 두 가지의 개념으로 통용되고 있어서 그 구분이 필요하다. 첫째는 광의의 개념으로 입법부, 사법부 그리고 행정부를 모두 포함한 총체적인 정부기관을 지칭하는, 즉 국가의 통치 기구로 보는 견해이다. 둘째는 협의의 개념으로써 입법부와 사법부를 제외한 행정부만을 의미한다. 이 견해는 기존 전제군주가 전적으로 장악하고 있었던 국가 권력의 남용을 방지하고, 시민의 자유를 보장하기 위해 대부분의 현대 국가 체제가 권력 분립의 원칙을 채택하고 있다는 것에서 그 현실적 근거를 찾을 수 있다. 정부 개념도 마찬가지로 근현대적 의미의 국가 수립 이전에는 전자가, 이후에는 후자의 견해에 지배적인 것으로 이해되었다. 더 세분화하여 사회주의 공화국에서는 전자의 견해가, 자본주의 공화국에서는 후자의 견해가 더욱 보편적으로 통용되었다.

❷
행정부에
대한 시각

행정부를 어떻게 이해할 것인지에 대하여서도 다양한 시각이 존재하므로 행정부에 대한 다양한 시각을 소개한다. 행정부에 대한 시각은 여러 가지인데, 먼저 행정의 범위를 어떻게 설정하느냐에 따라 여러 시각들을 분류할 수 있다. 공공재의 원활한 관리나 운영과 관련된 것에만 행정의 범위를 국한시키는 최소주의와 국가 운영 전반에 관련된 모든 영역의 문제를 행정의 범위에 포함시키는 최대주의가 양극단에 위치한다. 전통적인 베버주의적 관점이 전자에 속하고, 마르크스주의적 관점이 후자에 속한다. 중간에 다원주의적 관점이 위치한다.

다음으로, 행정의 주체에 대한 측면에서, 공무원 즉 관료에만 국한시키는 견해와 관료를 포함한 공공 행위에 참여하는 모든 주체를 포함시키는 견해로 나눌 수 있다. 전자에는 엘리트적 관점이, 후자에는 거버넌스적 관점이 위치한다. 한편 전반적인 발전 추세로 본다면, 행정이 담당해야 할 역할과 기능의 증대와 이에 참여하고자 하는 시민사회의 요구의 증대로 인해 다원주의와 거버넌스적 관점이 우세해지고 있다. 전자에서 후자로 변화하는 과정에 있다고 할 수 있다.

2) 행정부의 기능

❶ 의전적 리더십

국가의 수장, 최고 행정관 그리고 더 작은 범위에서 원로급 장관 혹은 차관들은 국가를 대표한다는 의미를 갖고 있다. 의전(儀典)은 정해진 격식에 따라 치르는 행사를 의미한다. 따라서 의전적 리더십은 행정부는 위계를 갖춘 질서와 구조를 가지고 있고, 이에 따른 명령과 지휘라는 특성이 강한 리더십을 발휘한다는 것을 뜻한다.

이 기능의 발휘를 위해 행정부는 관료제 혹은 공무원이라는 제도를 갖추고 있다. 입법부와 사법부에도 이런 제도는 존재하지만, 국가의 작동을 위한 집행기구로써 행정부의 성격이 강하게 규정되는 탓에, 행정부의 의전적 리더십은 이들에 비해 더욱 강조된다.

❷ 정책입안 리더십

행정부의 핵심적인 기능으로 정책과정을 지시하고 통제하는 것을 말한다. 정책은 복잡하고 동태적인 과정을 통하여 주로 정부기관에 의해 만들어지는 미래지향적인 행동지침을 의미한다. 정책은 일반적으로 투입, 결정, 산출 그리고 집행이라는 과정을 통해 현실화된다.

정책의 입안 리더십은 여기에서 투입의 단계에 해당되며, 행정부는 바로 이러한 정책을 투입, 즉 입안하는 과정에서 매우 중요한 역할을 한다. 이 과정은 정책 의제의 채택을 주된 목적으로 하며, 보다 구체적으로 정책 의제의 제기, 구체화, 확산 그리고 진입의 단계로 나눌 수 있다.

❸ 대중 리더십

정책적인 관점에서 정부가 대중의 양보와 협동을 보장하는 지지를 이끌어 내는 능력을 의미한다. 대중 리더십은 정책의 입안 과정을 효율적으로 진행하고 정책 결과의 효과를 극대화하기 위해 매우 필수적인 행정부의 기능 중 하나이다. 특히 이 기능은 행정이 이론적으로 주권자인 시민의 사회적 요구를 충족시킴을 목적으로 한다는 측면에서 매우 중요하다.

1980년 이후 대두된, 정책 결정에 있어 정부 주도의 통제와 관리에서 벗어나 다양한 이해 당사자가 주체적인 행위자로 협의와 합의 과정을 통하여 정책을 결정하고 집행해 나가는 사회적 통치 시스템 및 방식인 거버넌스로서의 행정을 정의하는 경우, 시민사회와 연계하여 공공의 문제를 해결하는 과정을 담당하는 정부 기구인 행정부는 대중과의 소통의 진행과 연계의 강화가 매우 필수적인 기능으로 인식된다.

❹ 관료적 리더십

행정부가 주요한 관료적, 행정적 책임을 갖고 있다는 것을 말한다. 또한, 관료적 리더십은 행정부의 정책 집행이라는 의미로 해석될 수 있다. 이는 앞서 설명한 정책 과정의 마지막 단계에 해당된다. 한편 일반적으로 정책 집행은 산출에서 해당 정책의 결과의 단계에 이르는 과정에서의 집행을 의미한다. 그러나 넓은 의미에서는 정책의 산출 단계로 진행되는 과정에서의 집행까지도 포함된다. 정책 집행과 관련되어 매우 중요한 요소는 인적 및 물적 자원의 동원 및 조직화, 동기 부여 과정의 구체화와 이를 통해 해당 정책이 얼마나 대상 집단과 대상상황에 적용 및 실천되느냐의 여부라고 할 수 있다.

❺ 위기 리더십

국내정치나 국제정치에서 위기가 발생할 경우, 행정부가 위기에 대응할 수 있는 능력을 지니고 있어야 한다는 것을 의미한다. 행정부가 공공의 문제를 해결하기 위한 정부 기구라고 정의했을 때, 가장 중요한 기능 중 하나가 바로 국내 및 국제적 차원에서의 위기를 예방하고, 대처하는 것이다. 국내적 차원에서는 지진, 해일, 태풍 등 자연 재해와 대형사고, 전염병 등 인적 재해 등이 주요한 대상이다. 한편 국제적 차원에서는 전쟁, 분쟁 등 전통적인 위기뿐만 아니라 국제화의 진전과 더불어 인터넷, 테러, 통상, 환경 등 비 전통적인 측면에서의 전 세계 혹은 지역적 차원에서의 위협이 주요 대상이라고 할 수 있다.

3) 행정부의 정책과정

❶ 행정부의 정책

정책이란 공공문제를 해결하거나 목표 달성을 위해 정부에 의해 결정된 행동 방침이다. 따라서 정책 결정과 집행의 주체는 정부이고, 이때의 정부란 국민들로부터 어떠한 형태로든 권위를 부여받은 행정부를 넘어서는 모든 국가기관을 의미한다. 행정부의 정책이란 바로 행정부와 환경과의 상호작용에 의해 나타나는 산출물로서 파악된다. 즉 정책이란, 그 주체가 행정부임을 전제로 한 공공문제 해결을 위한 일련의 행동지침이라고 할 수 있다.

❷
**정책과정과
유형**

특정 정책의 의제가 채택되고, 결정되고, 집행된 후 평가되는 과정을 가리키는 정책과정과 유형은 상관성을 지닌다. 고전적 견해는 정책을 정책 결정자나 결정기관 혹은 환경에 대한 종속변수로만 인식하는 것이었다. 그러나 반대로 정책의 유형이 정책 결정 및 집행의 상황에 영향을 주는 독립변수로도 기능할 수 있다는 견해가 최근에 대두되어 보편적으로 받아들여지고 있다.

정책의 유형과 관련되어 여러 가지 분류가 존재한다. 전통적 분류 방식은 실질적으로 담당하는 역할과 기능에 따른 실질적 정책, 담당 기구에 따른 기구적 정책 그리고 시기에 따른 시기적 정책 등이 있다. 한편, 대표적인 각 학자들의 견해를 종합하면 다음과 같은 정책의 유형이 존재한다. 첫째, 추출정책: 조세, 병역, 노역 등의 물적·인적 자원을 동원하는 것과 관련된 정책을 가리킨다. 둘째, 분배정책: 대학이나 연구기관에 대한 연구비 지원, 국유지 양여와 공적 부조 등 수혜 집단을 위한 서비스 등과 관련된 정책이다. 셋째, 규제정책: 특정 개인이나 집단의 행동에 대하여 통제나 제한을 가하는 것과 관련된 정책이다. 부동산 투기 억제, 공해 방지, 독점 금지 등의 정책을 예로 들 수 있다. 넷째, 상징정책: 국경일 제정, 구내 의식, 참전 용사증 발급 등과 같이 사회나 국내적 환경에 유축 시키는 상징과 관련된 정책이다. 다섯째, 구성정책: 정부 기관의 신설, 선거구 조정 등과 같이 기구 및 제도의 구성과 관련된 정책이다.

❸
**정책의제
설정**

정책 의제의 설정이 중요한 이유는 정책 결정 기관이 해결을 요구하며 다가오는 모든 문제를 다 처리할 수 없는 현실 때문이다. 따라서 정책 의제 설정은 일반적으로 어떤 문제를 정책이 다루어야 하는가, 즉 선택의 문제와 어떤 문제를 버릴 것인가, 즉 포기의 문제를 동시에 포함하고 있다. 그 과정에서 특정 사적·공적 문제가 이슈가 되고, 이 이슈가 더 전개되어 체제·기관 의제가 되는 것이다. 반면 이슈가 되었음에도 불구하고, 의제가 되지 않게 하기 위해 강제력, 권력, 편견의 동원과 강화 및 수정 등의 수단이 동원된다.

❹
**정책결정
모형**

행정부의 정책 결정 모형은 대부분 기존 합리적 정책 결정 모델을 보완하기 위해 제출되었다. 합리적 정책 결정은 그 당위성에도 불구하고 그 현실성과 실효성에 대해 다양한 비판이 쏟아지고 있다. 이에 기존 정책을 토대로 하여 그보다 약간씩 향상된 정책을 추구하는 방식으로의 결정을 의미하는 점증주의, 정책 결정은 최선의 합리성에 의해 진행된다기보다 여러 요인들을 고려해서 만족할만한 수준에서 이뤄진다는 만족 모형, 정책의 오류 최소화를 위해 근본적 결정은 합리적 모형으로, 세부적 결정은 점증주의로 진행해야 한다는 혼합탐사모형, 국지적 합리성 개념을 중심으로 분절화된 각 단위 부서들 간의 정책 결정의 효율성의 극대화를 제안하는 회사모형, 기존 합리적 결정 모형이 수리적 완벽성을 지나치게 추구해 현실성을 잃거나 그 반대로 너무 현실 지향적이 되는 것을 막기 위해 고안된 최적 모형 등이 있다. 결국 크게 정책 결정 모형은 합리적 모형과 이를 보완하고자 하는 모형들로 구분된다고 할 수 있다.

이 밖에도 특정 상황 및 상태에 결부된 모형들이 존재한다. 조직화된 혼란 상태에서의 정책 결정 과정을 설명한 쓰레기통 모형, 현실적인 정책 결정은 참여 관료들의 흥정과 타협 그리고 연합과 대결에 의해 이뤄진다고 주장하는 관료정치모형, 정책 결정 역시 정치적 표결과 같은 방식으로 이뤄진다고 보는 공공선택이론, 마지막으로 정책 결정 과정에서 발생하는 딜레마의 원인과 발생 조건 그리고 구성요소 등을 인과적 관계로 설명하고자 하는 딜레마 모형 등이 있다.

4) 한국 행정부의 역사

❶
대한민국
정부 출범
(1945년)
이전의
행정부

1919년 수립된 대한민국 임시정부는 초기에 대통령제를 채택했다가 이후 1925년 사실상 집단지도체제인 국무령과 국무원으로 조직된 국무회의가 정무를 총괄하도록 하는 국무위원제를 운영하였으며 이후 의원내각제로 변화했다. 구체적으로 1925년까지는 이승만이 대통령을, 집단지도체제 시기에는 이동녕, 박은식, 이상룡, 양기탁 등이 국무령을, 1940년부터는 김구와 이승만이 주석을 맡았다.

❷
국가 건설기
(1945년~
1960년대 초반)
의 행정부

1945년 광복 이후, 모스크바 3상회의와 미소공동위원회의 5년간의 신탁통치안을 반대하는 등 한반도 분단을 극복하려던 시도가 결국 실패하고 남한만의 제헌국회가 1948년 구성되었다. 당시 헌법기초위원회의 초기안은 의원내각제와 양원제 국회를 기본으로 하는 것이었으나, 제헌

┃ 대한민국 임시정부(1919년~1948년)

대한민국 임시정부(大韓民國 臨時政府, 영어: Provisional Government of the Republic of Korea, 1919년~1948년)는 1919년 3월 1일 경성(京城)에서 선포된 3·1 독립선언에 기초하여 일본 제국의 대한제국 침탈과 식민 통치를 부인하고 한반도 내외의 항일 독립운동을 주도하기 위한 목적으로 1919년 4월 13일 중화민국 상하이에서 설립된 임시정부이다.

같은 해 9월 11일에는 각지에 난립된 임시정부들과 통합하여 발전을 모색하였다. 1919년 임시 헌법을 제정하여 대한제국의 영토를 계승하고 구 황실을 우대한다고 명시하였다. 대한민국 임시정부의 초대 대통령이었던 이승만은 광복 후 수립된 대한민국의 초대 대통령이 되었고, 1948년 제정된 대한민국 제헌 헌법 전문과 1987년 개정된 대한민국 헌법 전문에 대한민국 임시정부에 대한 계승 의지가 수록되었다.

중국 상하이의 대한민국 임시정부 자취

자료: https://upload.wikimedia.org/wikipedia/commons/2/25/Entrance_of_Provisional_Government_of_ROK_in_Shanghai.JPG

국회 의장이던 이승만의 반대로 인해 단원제 국회와 대통령제를 골자로 하는 정부형태가 채택되었다.

이후, 행정부의 형태를 둘러싼 대통령제와 의원내각제 간의 논쟁과 다툼이 줄곧 진행되었다. 결국 대통령제의 강화를 의미하는 1954년 제2차 헌법 개정 등의 상황으로 폭력적, 불법적 상태가 지속되었다. 이 시기는 이승만이라는 대통령의 민간 권위주의 리더십이 작동하였고, 이를 견제할 의회 권력은 정당내부 민주주의와 정당 간 이념적 거리가 전무한 관계로 거의 이 역할을 못했다고 할 수 있다.

결국 1960년 제4대 정·부통령 선거에서 투표 및 개표조작 등의 부정에 대해 규탄하여 전국적으로 발생한 4.19 혁명으로 동년 의원내각제를 기본 정부 형태로 하는 제3차 개헌이 진행되었다. 이에 따르면 대통령의 지위는 원칙적으로 의례적·형식적 지위에 한정했고, 실질적 행정권은 민의원에서 선출하고 대통령이 임명하는 내각 수반, 즉 국무총리를 중심으로 한 내각에 속하게 했다. 그러나 의원내각제의 이 시도는 곧이어 발생한 군사 쿠데타로 인해 그 경험이 축적되기에는 너무 많은 한계가 있었다.

┃ 4.19 혁명(1960년)

4·19 혁명(四—九 革命) 또는 4월 혁명(四月 革命)은 1960년 4월 대한민국에서 제1공화국 자유당 정권이 이기붕을 부통령으로 당선시키기 위한 개표 조작을 하자, 이에 반발하여 부정선거 무효와 재선거를 주장하는 학생들의 시위에서 비롯된 혁명이다.

3·15 부정 선거의 무효와 재선거를 주장하던 마산 3·15 의거에 참여한 마산상업고등학교 입학생 김주열이 실종된 지 27일 후인 4월 11일 아침 마산 중앙부두 앞바다에서 왼쪽 눈에 경찰이 쏜 최루탄이 박힌 채 시신으로 떠오른 것이 부산일보를 통해 보도되면서 시위는 전국적으로 격화되었다.

4.19 혁명에 참여한 시위대의 모습

자료: https://upload.wikimedia.org/wikipedia/commons/8/8a/4.19_%ED%98%81%EB%AA%85.jpg

4월 19일 경찰이 대통령 관저인 경무대로 몰려드는 시위대를 향해 발포하였고, 발포 이후 시위대는 무장하여 경찰과 총격전을 벌이며 맞섰다. 전국민적 저항과 군지휘부의 무력동원 거부에 봉착한 대통령 이승만이 4월 26일 하야를 발표함으로써 이승만의 자유당 정권은 몰락하였고, 이 혁명의 결과로 과도 정부를 거쳐 6월 15일(6·15 개헌)에 제2공화국이 출범하였다.

❸
경제 발전기
(1960년대
중반~
1980년대
후반)의
행정부

의원내각제의 시도는 1961년 5.16 군사 쿠데타를 통해 좌절되었다. 이에 헌정은 중단되었고 국가재건최고회의가 입법·사법·행정권을 가지게 되었다. 이 기구가 관장한 1962년 제5차 헌법 개정에서 강력한 대통령제와 단원제를 골자로 하는 정부조직 안이 확정되었다. '강력한'의 의미는 대통령을 행정부의 수반이자 국가 원수로 규정하고, 국민의 직접선거에 의해 선출하며, 4년 임기로 하되 1차에 한해 중임이 가능한 것으로 명시했다는 점이다. 또 긴급명령과 긴급재정 및 경제 명령권, 그리고 계엄 선포권을 갖는다고 규정했다. 동시에 국무총리 임명 시 국회의 동의를 필요로 하지 않고, 국회의 해임건의권은 법적 구속력이 없는 것으로 만들었다. 동시에 헌법재판소를 폐지하여 사법권을 크게 훼손시켜 사실상 행정부 중심주의 제도를 도입했다. 이런 강력한 대통령제는 사실상 독재형태로 운영되었다. 1969년 제6차 개헌을 통해 대통령의 연임을 3선까지 허용하며, 대통령에 대한 탄핵소추의 발의와 의결 요건을 강화하며, 국회의원이 각료를 겸임할 수 있게 되었다.

1971년 3선에 성공한 당시 박정희 대통령은 1972년 이른바 유신헌법, 즉 제7차 개헌을 통해 대통령의 중임이나 연임 규정을 없애고, 헌법 개정을 국민투표를 통해 진행하게 했으며, 긴급조치권, 국회해산권, 국민투표부의권, 법관 임명권 등을 가지게 되었다. 이후 시민들의 저항이 격렬하게 일어났으며, 결국 10.26 사건이 일어나면서 박정희 체제는 붕괴했다. 이 시기는 점차 일반적인 대통령제, 즉 제3공화국과 대통령의 권한이 절대적인 초월적 대통령제인 제4공화국 두 시기로 나눌 수 있으며, 박정희라는 군인을 중심으로 한 군부 권위주의의 리더십이 작동했다고 평가된다.

이른바 1980년 찾아온 민주화의 시기는 1980년 전두환을 중심으로 하는 신군부에 의해 막을 내렸다. 이들에 의해 주도된 제8차 개헌을 통해 대통령의 간접선출, 7년 단임제 등을 명문화했다. 그러나 국회해산권의 존속 등을 근거로 봤을 때 여전히 행정부 중심의 대통령제였다고 평가된다. 이 시기는 제5공화국 시기이며, 제4공화국 시기보다는 다소 대통령의 권한이 약화된 일반적인 의미에서의 대통령제라고 할 수 있으며, 전두환을 중심으로 하는 군부 권위주의 리더십이 작동했다고 평가된다.

참고자료

I 광주 민주화 운동(1980년)

5·18 광주 민주화 운동(五一八 光州 民主化 運動) 혹은 광주민중항쟁(光州民衆抗爭)은 1980년 5월 18일부터 5월 27일까지 광주시민과 전라남도민이 중심이 되어, 조속한 민주 정부 수립, 전두환 보안사령관을 비롯한 신군부 세력의 퇴진 및 계엄령 철폐 등을 요구하며 전개한 대한민국의 민주화 운동이다. 대한민국 내 언론 통제로 독일 제1공영방송 ARD의 위르겐 힌츠페터 기자가 5·18 광주 민주화 운동과 그 참상을 세계에 처음으로 알렸다.

당시 광주시민은 신군부 세력이 집권 시나리오에 따라 실행한 5·17 비상계엄 전국확대 조치로 인해 발생한 헌정 파괴·민주화 역행에 항거했으며, 신군부는 사전에 시위 진압 훈련을 받은 공수부대를 투입해 이를 폭력적으로 진압하여 수많은 시민이 희생되었다. 1995년 '5·18 민주화 운동 등에 관한 특별법' 제정으로 희생자에 대한 보상 및 희생자 묘역 성역화가 이뤄졌고 1997년 '5.18 민주화운동'을 국가기념일로 제정해 1997년부터 정부 주관 기념행사가 열렸다. 2011년 5월에는 5·18 광주 민주화 운동 관련 기록물이 유네스코 세계기록유산에 정식으로 등재되었다.

5.18 민중항쟁 추모탑
자료: https://upload.wikimedia.org/wikipedia/commons/3/3a/May_18th_Memorial_Monument.jpg

❹
민주화 시기
(1988년~
2007년)의
행정부

제8차 개헌을 통해 형식적 정당성을 획득한 제5공화국은 1987년 6월 항쟁을 기점으로 폭발한 시민들의 저항으로 막을 내린다. 여야합의를 통해 대통령 직선제로의 개헌을 골자로 하는 안이 공포되었고, 1987년 국민투표에 의해 확정되었다. 이를 통해 대통령 직선제, 대통령 5년 단임, 대통령의 국회해산권 박탈, 헌법재판소의 부활, 국회의 국정감사권 부활 등으로 인해 상대적으로 행정부 권력이 약화된 형태의 정부 조직의 틀을 갖추게 되었다.

이후 김영삼 정부 시기에는 작은 정부의 구현을 기치로 권력 기구의 개편과 경제 관련 부처의 통폐합을 진행했고, 정부의 규제 완화를 추진하기 위해 기구 설립 등을 추진했다. 김대중 행정부 시기에도 두 차례 정부 개혁을 통해 주로 책임운영기관제, 개방형 직위제, 목표관리제 등 행정관리적 측면에서의 개혁을 진행했다. 곧이어 등장한 노무현 행정부 역시 이러한 기조를 이어받았다. 권위적 정치문화 극복을 기치로 내걸기도 했으며, 특히 지방 분권의 측면에서 신행정수도 건설과 공공기관 지방 이전 등의 조치를 통해 중앙 행정부의 권한 감소를 추진했다. 이 시기는 기본적으로 대통령제를 유지하면서도 노태우를 중심으로 하는 군부 절충

참고자료

| 6월 항쟁(1987년 6월)

6월 항쟁은 1987년 6월 10일부터 6월 29일까지 대한민국에서 전국적으로 벌어진 반독재, 민주화 운동이다. 6월 민주항쟁, 6.10 민주항쟁, 6월 민주화운동, 6월 민중항쟁 등으로 불린다. 전두환 대통령의 호헌(護憲) 조치(후임 대통령 역시 선거인단에 의한 간접선거를 골자로 한 기존의 헌법으로 선출하겠다는 것으로, 개헌 요구를 전면 부정한 특별선언)와, 경찰에 의한 박종철 고문 치사 사건, 이한열이 시위 도중 최루탄에 맞아 사망한 사건 등이 도화선이 되어 6월 10일 이후 전국적인 시위가 발생하였고, 이에 6월 29일 노태우의 수습안 발표로 대통령 직선제로의 개헌이 이루어졌다. 이후 1987년 12월 16일 새 헌법에 따른 대통령 선거가 치러졌다. 6월 항쟁은 대한민국의 민주화에 큰 영향을 주었으며, 사회 운동이 비약적으로 상승하는 효과를 가져왔다.

이한열 추모행진 집회

자료: http://photoarchives.seoul.go.kr/photo/view/97216?ca

주의, 김영삼과 김대중을 중심으로 하는 사적 권위주의 그리고 노무현 대통령의 탈권위주의 시기로 세분화할 수 있다.

❺
민주화 이후
시기(2008년
~현재)의
행정부

2008년부터 시작된 이명박과 박근혜 행정부는 그 이념적 성향이 보수여서 민주화시기 형성된 탈권위주의적 대통령제의 시도가 어떻게 변화할 것인가에 대해 세간의 주목을 받았다. 그러나 개인적 특성과 선호보다는 기존의 변화된 환경, 즉 탈권위주의와 이에 대응되는 제도화의 진척이라는 상황에 더 큰 제약을 받아온 것으로 평가된다. 즉 대통령 개인이 아닌 제도로써의 대통령으로 기능하게 된 측면이 강하다는 것이다. 따라서 이념적 성향에 영향을 받지 않을 정도로 민주화 시기의 행정부의 제도화가 이미 공고해졌다고 평가할 수 있다.

참고자료

┃ 헌법 개정과 공화국 구분

헌법 개정 횟수와 공화국의 구분은 반드시 같지 않다. 국가의 기본법인 헌법의 개정은 공화국의 특성에 매우 중요한 영향을 미친다. 그러나 공화국의 구분은 특정 헌법의 개정이 국가의 통치 체계 즉 주로 입법부와 행정부의 관계 등에 중대한 변화를 초래했을 경우 이루어진다. 실제로 2016년 기준으로 한국의 헌법은 모두 9차례 개정되었으나, 동년 기준 제6공화국이다.

보다 자세히 살펴보면, 제1공화국은 대통령제를 중심으로 모두 3차례의 개헌이 진행되었으며, 제2공화국은 제4차 개헌으로 내각책임제를 채택했고, 제3공화국은 대통령제를 채택하고 모두 2차례의 개헌을 진행했고, 제4공화국은 6년 임기, 연임 제한 철폐, 간선제 등 '제왕적' 대통령제를 채택했으며, 제5공화국은 7년 단임제의 대통령제를, 제 6공화국은 5년 단임제의 대통령제를 채택했다.

❻
한국
행정부의
미래

한국 행정부는 본질적으로 국내외 환경의 변화에 조응할 수밖에 없는 위치에 있다. 이렇게 봤을 때 다음의 측면을 주목하여 그 미래의 방향을 설정했을 때 보다 경쟁력 있는 정부 기구가 될 것으로 사료된다. 먼저, 행정부의 발전 방향과 관련하여 첫째, 국내외적으로 '작은 정부'는 이미 거스를 수 없는 추세이다. 둘째, 이 같은 작은 정부 건설 추세에도 불구하고, 국내적으로 공공서비스의 필요성은 더욱 커지고 있다. 특히 20세기 추진된 불균형 성장 정책으로 인해 상대적으로 낙후된 국민들의 삶의 질과 공정성을 증진시키기 위해, 그리고 사회안전망 구축, 저출산과 고령사회에 대비하기 위한 공공서비스의 수요는 매우 높다. 셋째, 이런 측면에서 작은 정부 조건하에서 필요한 공공서비스를 제공하기 위해서는 국민의 자발성을 끌어내고 정부 기관뿐만이 아니라 비정부 기관과의 협력과 연대를 통한 협치의 경험과 토대로 협력적 거버넌스를 이뤄나가야 할 것이다. 한국 행정부의 미래는 바로 이런 측면의 요구를 얼마나 효율적이고 능동적으로 받아들이느냐 여부에 따라 그 결과가 판가름 날 것이다.

다음으로, 행정부와 입법부의 관계와 관련하여 한국의 과거 현실에서 국회의 정치적 기능은 매우 미흡했던 적이 있었다. 이제 그 존속을 걱정해야 할 단계, 즉 국회의 폐쇄나 헌정의 중단을 걱정해야 할 단계는 벗어났을 정도로 국회가 제도화되었다고 평가된다. 그러나 여전히 사회 문제 해결 능력과 관련해서는 행정부, 즉 정부에 압도된 현상은 매우 심각한 상태이다. 이는 물론 국회 내부의 불합리한 제도와 운영의 문제에서도 그 원인을 찾을 수 있지만, 국민들의 직접적인 정치 참여에 보다 개방적이고 기민하게 반응할 수 있는 제도적 보완이 시급하다. 이를 통해 삼권 분립이라는 기본 원칙하에서 대의제 민주주의를 실시하고 있는 한국 정치 체제의 활력의 제고를 모색해야 할 것이다. 이와 연동되어 보다 구체적으로, 현행 대통령제의 지속을 전제로 정책 과정에서의 의회의 역할 강화, 전문 관료의 전문성과 책임성 그리고 자율성 제고, 시민 단체의 다양한 정책 기능 강화 등과 관련된 실질적 조치들이 취해져야 할 것이다.

1. 행정부의 각 형태(의원내각제, 대통령제, 분권형 대통령제)의 장점과 단점에 대하여 토론해 보시오.

2. 중앙정부와 지방정부의 관계는 집권화와 분권화의 유형으로 구분할 수 있는데, 한국 실정에 바람직한 유형은 어떤 것이라고 생각하는지 토론해 보시오.

3. 현재는 제3차 산업 혁명 즉 정보 통신(IT) 사회이다. 이런 특성을 지닌 사회에 맞는 행정부의 역할은 무엇이고, 어떤 방향으로 변화해야 하는지에 대한 토론해 보시오.

6. 입법부

1) 입법부의 의의과 기원

❶
입법부의
의의

입법부(立法府, Legislature)는 오늘날 민주주의 국가에서 법률 제정을 담당하는 국가 권력기관이다. 일반적으로 권력분립(權力分立, separation of powers)의 원칙에 기반을 둔 국가들에서 입법부는 행정부, 사법부와 함께 삼권분립(三權分立, trias politica)을 통해서 국가 권력의 견제와 균형을 이루게 된다. 그러나 입법부의 의의는 국가에서 법률 제정을 담당하는 기능에만 국한되지 않는다. 입법부의 또 다른 중요한 의의는 국민들이 선출한 대표들이 의회를 구성하고 있다는 위상에도 있다. 대의민주주의에서 입법부는 국가주권의 최고기관으로서 직업정치인들을 통해서 국민들의 의사를 국정에 반영하고 다양한 이해관계를 대변하는 역할을 하고 있다.

참고자료

▎ 권력분립(權力分立, separation of powers)
　권력분립은 국가의 권력이 소수의 사람이나 세력에 의해 독점되지 않도록 견제와 균형(checks and balances)의 긴장 관계를 제도화시킨 것이다. 이러한 권력분립은 크게 두 가지 차원으로 이루어진다. 첫째는 삼권분립(三權分立, trias politica)을 통해서 입법, 행정, 사법의 세 가지 기능을 입법부, 행정부, 사법부라는 각각 독립된 정부기관에 위임하는 형태로 이루어진다. 둘째는 지방분권(地方分權, decentralization of powers)을 통해서 중앙정부와 지방정부 사이에서 이루어진다.

입법부는 일반적으로 의회와 사실상 동일한 의미로 사용된다. 서양에서 의회는 다양한 용어들로 지칭되는데, 대표적으로 영국에서는 'Parliament', 프랑스에서는 'Assembly'(프랑스어: Assemblée), 미국에서는 'Congress'를 사용한다. 또한 일본의 의회는 영어권에서 'Diet'로 지칭된다. 의회를 지칭하기 위해 가장 폭넓게 쓰이는 'Parliament'는 '말하다'라는 의미를 가

진 프랑스어의 'parler'라는 동사에 그 어원을 두고 있는데, 이는 대화와 토론 그리고 협상이라는 과정을 통해서 숙의하는 공간이라는 의미를 내포하고 있다. 즉, 국민의 의사를 대변한 논의에 기반을 둔 입법의 장이라는 의회의 본질적 기능이 단어의 어원 속에도 담겨 있다.

입법부만이 현대 민주주의 국가에서 일반적으로 법을 제정하는 권한을 배타적 혹은 독점적으로 갖는 것은 아니다. 입법부는 물론 행정부 또한 법을 제정하는 제한된 권한을 갖고 있는 경우가 있기 때문이다. 그럼에도 불구하고, 입법부는 법을 제정하는 데 있어 다음과 같이 두 가지 측면에서 가장 중요한 역할을 담당한다. 첫째, '법률안 제출권'은 입법부는 물론 행정부에도 있을 수 있으나, '법률안 결정권'은 입법부만이 가지고 있다는 점이다. 국민으로부터 위임받은 입법 권한의 최종적 단계는 결국 입법부에 배타적 혹은 독점적으로 귀속되어 있다. 둘째, 법을 제정하는 과정에서 민주적인 토의와 심의(deliberation) 과정이 입법부인 의회에서 이루어진다는 점이다. 민주주의 국가에서 입법은 실질적으로 정치가 이루어지는 과정이다.

❷
입법부의 기원

입법부의 역사적 기원은 삼권분립이라는 개념이 태동하기 전부터 고전적인 그리고 현대적인 의미에서의 의회의 역사로부터 시작된다. 고전적인 의미에서의 의회의 역사적 기원은 고대 메소포타미아 문명으로 거슬러 올라간다. 메소포타미아 문명에서는 중요한 의사 결정을 할 경우에는 왕이 모든 전권을 갖지 않고 의회의 논의 과정을 거쳐 동의를 얻어야만 했다. 하지만 이러한 의회는 주로 유력 가문들의 대표들로 구성되는 경우가 많았다.

참고자료

| 마그나 카르타(大憲章, Magna Carta)

마그나 카르타(라틴어: Magna Carta, Magna Carta Libertatum, 영어: the Great Charter of Freedoms)는 1215년 6월 15일에 영국의 존 왕이 귀족들의 강력한 요구에 의해 국왕의 권리 제한을 문서화한 것이다. 당시 영국의 귀족들은 기존에 국왕이 지니고 있던 권리들의 일부를 포기할 것과, 국왕의 권리가 법에 의해 제한될 수 있도록 요구한 것이다. 신분제에 기반을 두어서 귀족의 이해관계만 반영된 것이었기 때문에 이 자체가 민주주의적 의의를 지니고 있는 것은 아니지만, 국왕이 가진 절대 권력의 제한이었다는 점에서 역사적 의의가 있다.

자료: wikimedia.org

현대적인 의미에서의 의회의 역사는 13세기 영국으로부터 시작된다. 영국에는 전통적으로 국왕에게 자문을 하는 신분제에 기반을 둔 귀족들의 회의체가 있었다. 귀족원이라고도 불리던 이 회의체는 왕권에 대한 귀족들의 권리를 보장받는 것을 골자로 한 마그나 카르타(大憲章, Magna Carta)가 1215년에 공포된 이후 의회(Parliament)라는 이름으로 명칭을 바꾸게 된다. 이후 애드워드 1세가 재정적 위기 타개를 위해서 1295년 소집한 의회에는 귀족과 성직자뿐만 아니라 기사와 시민대표들도 참여하게 되는데, 당시 이 의회는 영국사회의 각 신분계층을 모두 망라하여 대표하게 되면서 나중에 전형의회(Model Parliament)라는 명칭으로 불리게 된다. 이후 14세기 전반에 영국의 의회는 귀족 및 성직자로 구성된 귀족원(House of Lords)과 기사 및 시민대표들로 구성된 평의원(House of Commons)으로 분화되는데, 이것이 오늘날 양원제에서 각각 상원과 하원에 해당하는 형태로 발전하게 된다.

2) 입법부의 기능

❶
입법 기능

입법부의 가장 핵심적 기능인 '입법'은 행정, 사법과 함께 근대적 통치구조의 특징인 삼권분립의 한 축을 이루고 있다. 우리나라 헌법은 제40조에서 "입법권은 국회에 속한다"라고 규정하고 있으며, 대부분 국가들에서 헌법의 명문규정을 통해 의회가 입법기관임을 명시하고 있다. 법치국가에 있어서 법률은 모든 국가 권력 작동의 근거로 작동하기 때문에, 법률의 제정 및 개정은 입법부의 가장 본질적이고 중요한 권한이 된다. 또한 입법부는 일반적으로 헌법 개정안의 제안 및 의결권을 갖고 있으며, 국민의 권리와 국가의 재정에 상당한 영향을 미칠 수 있는 조약 체결 및 비준에 대한 동의권도 행사한다.

❷
대표 기능

입법부는 국민이 선거를 통해서 선출한 의원들로 구성되며, 국민의 주권적 의사를 대변하는 국민주권의 최고기관이다. 국민들을 대표하는 의원들은 입법부 내에서 심의적 정치 과정들과 법률의 재개정을 통해서 국민들의 이해관계를 반영한다. 즉, 대표 기능은 국민의 다양한 이해관계와 신념을 집약하여 법안 제정 및 정책에 궁극적으로 반영하는 입법부의 가장 포괄적인 기능이다. 입법부는 국민을 대변하는 기관으로서 이러한 정치적 과정을 통해서 국민과 국정 사이의 실질적인 연결고리를 제공하고, 이를 통해 대의민주주의의 실질적인 근간을 구성한다.

❸ 재정 기능

입법부는 국가 예산안 심의 및 결산심사 기능과 재정입법권을 갖는데, 이를 통틀어 재정 기능이라고 한다. 입법부가 이러한 재정 기능을 갖고 있다는 것은 국회가 최고의결기관임을 나타내는 또 다른 표현이기도 하다. 입법부의 예산안 심의는 예산결정과정에서 국민들의 의사를 대변하는 것이며, 이를 통해서 국가 재정의 효율성 및 건전성을 제고하게 된다. 그리고 입법부는 결산심사를 통하여 행정부의 예산집행이 적절히 이루어졌는지를 평가하고, 심사결과 위법하거나 부당한 사항이 있을 경우 정부와 해당기관에 시정요구를 하게 된다. 또한 입법부는 조세법률주의에 따라서 조세의 종목과 세율 등을 법률로 규정한다.

❹ 일반국정 기능

입법부는 국정감사 혹은 조사를 통해서 행정부의 국정운영을 면밀히 감시 및 견제한다. 입법부는 국민들로부터 위임받은 권한을 바탕으로 행정부의 국정운영에 잘못이 있을 경우 이를 적발하고 시정하게 함으로써 책임 있는 정부 운영을 가능하게 해준다. 일반적으로 의회 내에 구성된 상임위원회들은 이러한 국정 감사 혹은 조사에서 핵심적인 역할을 담당한다. 상임위원회들은 해당 분야에 대한 전문성을 바탕으로 관련 법안의 심사뿐만 아니라 행정부의 소관 부처 및 기관들의 활동을 감시하는 기능을 수행한다. 이러한 행정부의 국정운영에 대한 감시를 위해서 입법부에는 국무총리와 국무위원들에 대한 의회 본회의나 상임위 출석요구권 및 질문권이 부여된다.

참고자료

| 국정감사와 국정조사
우리나라 입법부에서 행정부의 일반국정에 대한 감시와 견제는 국정감사와 국정조사를 통해서 이루어진다. 국정감사는 국정 전반을 대상으로 정기적으로 행하는 조사이며, 국정조사는 특정한 사안을 대상으로 부정기적으로 실시하는 조사이다. 국정감사는 매년 정기회 집회일 이전에 감사시작일로부터 30일 이내의 기간을 정하여 소관

상임위원회별로 감사를 실시하는데, 만약 필요할 경우 본회의 의결로 정기회 기간 중에도 실시가 가능하다. 반면, 국정조사는 재적의원 1/4 이상의 요구가 있는 경우에 특별위원회 혹은 상임위원회로 하여금 국정의 특별한 사안에 한정하여 조사를 시행하게 하는 것이다. 그런데 이러한 정기 국정감사는 전 세계에서 우리나라가 유일하게 가지고 있는 제도로서, 정기 국정감사 폐지와 상시 국정감시 강화가 필요하다는 지적이 학계와 정계에서 꾸준히 제기되고 있다.

❺
외교 기능

입법부는 의회 차원에서의 외교(Parliamentary diplomacy) 기능을 수행한다. 현대 외교는 행정부 내의 외교담당부처를 통해서만 수행되지 않고, 행정부 내 다양한 부처들은 물론 입법부에 의해서도 수행된다. 일반적으로 의회 외교는 세 가지 형태로 이루어진다. 첫째는 초청외교로서 외국 의회의 주요 인사들을 공식 초청하여 상호간의 이해를 증진하고 협력을 강화하며 현안들에 대한 의견을 교환한다. 둘째는 방문외교로서 외국 의회를 공식 방문하여 그 국가의 의회와 정부 주요인사와의 면담을 통해서 상호 협력을 강화하고 현안들을 논의한다. 셋째는 국제회의 참석으로서 다자기구, 지역기구, 양자기구 등 다양한 국제적 공론의 장에 참여한다.

참고자료

┃ 우리나라 제20대 국회의 의회외교 강화 노력
   제20대 국회의 전반기를 책임지고 있는 정세균 국회의장은 2016년 9월 28일 서울 프레스센터에서 열린 외신 기자클럽 간담회에서 "대통령 중심제인 대한민국의 특성상 지금까지 우리 국회가 펼쳐온 의회 외교는 정부를 보조하는 역할에 머물러왔던 것이 사실"이라며, "국회가 정부외교를 보완하고 선도하는 적극적인 의회 외교의 주체로 나서야 하고 또 그렇게 되도록 의장으로서의 역할을 다하려고 한다"고 밝혔다. 그러면서 "북한의 군사적 위협과 한반도 평화체제 구축과 관련해서 국회가 손을 놓고 있어선 안된다"면서 "안보와 국익에 관한 문제는 초당적 대응이 필요하다"고 주장했다. 그리고 이러한 맥락에서 "이번 국정감사가 끝나는 대로 미·일·중·러 4개국 의회를 상대로 한 의회외교에 착수할 예정"이라고 밝혔다.

3) 입법부의 형태

❶
단원제

단원제(單院制, Unicameralism)는 입법부가 단 하나의 의회로만 구성된 형태이다. 단원제는 오늘날 세계의 국가들 중 절반 이상이 선택하고 있는 입법부의 형태이다. 국제의회연맹(Inter-Parliamentary Union, IPU)의 데이터베이스에 따르면, 2015년 말 기준으로 전 세계 국가들의 58.9%는 단원제를 채택하고 있으며, 반면 양원제를 채택하고 있는 국가들은 41.2%로 나타난다. 현재 단원제를 채택한 국가들 중에는 뉴질랜드(1950년), 덴마크(1953년), 스웨덴(1970년), 아이슬란드(1991년)와 같이 기존에 양원제였다가 상원 의회의 폐지를 통해서 단원제 국가로 전환한 경우들도 있다.

단원제를 채택한 나라들은 양원제를 채택한 나라들에 비해서 상대적으로 국가 내 민족적 이질성이 적고, 인구나 국토면적이 비교적 작고, 지방분권이 덜 이루어져 중앙집권화된 경향을 지니고 있는 경우가 많다. 또한, 중국이나 쿠바처럼 과거 냉전시기 공산권 국가들의 경우에도 다수가 단원제를 채택해왔고 현재도 이를 유지하고 있는 경우도 많다. 그리고 앙골라나 보츠와나처럼 아프리카 대륙에 위치한 국가들의 다수도 양원제보다는 단원제 형태의 입법부를 선호해왔다.

단원제의 장점은 무엇보다도 양원제에 비해서 입법과정에서 능률적이고 효과적인 의사결정이 가능하다는 데 있다. 양원제에서는 법 제정을 둘러싸고 종종 발생할 수 있는 상원과 하원 사이에서의 갈등이 단원제에서는 존재하지 않기 때문이다. 그러나 단원제의 대표적인 단점은 한 국가 내에 존재하는 다양한 계층이나 지역들의 이해관계들을 제대로 입법 과정에 반영시키지 못하거나 이들의 목소리가 과소 대표될 수 있다는 데 있다.

❷
양원제

양원제(兩院制, Bicameralism)는 입법의 권한이 상원과 하원으로 불리는 두 개의 의회로 분할된 입법부 형태이다. 양원제는 오늘날 세계의 국가들 중 절반에 조금 못 미치는 약 41%의 국가들이 선택하고 있는 입법부의 형태이다. 그러나 미국, 러시아, 영국, 프랑스, 독일, 일본 등 세계에서 정치·경제적으로 커다란 영향력이 있는 국가들 중 다수가 양원제를 채택하고 있기 때문에, 전 세계 국가들 중 다수가 양원제를 채택하고 있는 것 같은 착시효과를 불러오기도 한다. 특히, 냉전 종식 이후 체제전환 과정에서 구 공산권 국가들 중 폴란드(1989년), 루마니아(1991년)처럼 단원제 국가에서 양원제 국가로 전환된 사례들도 있어 더욱 그러하다.

일반적으로 양원제는 연방제와의 제도적 조응성이 높은 편이다. 실제로, 미국, 독일, 스위스, 벨기에 등 사실상 거의 모든 연방국가들은 양원제 형태의 입법부를 가지고 있다. 또한 구 공산권 국가들에서도 연방국가였던 구소련이나 러시아 모두 양원제 형태의 입법부를 채택했었다. 또한, 양원제를 채택한 나라들은 단원제를 채택한 나라들에 비해서 상대적으로 국가 내 민족적 이질성이 높고, 인구나 국토면적이 비교적 크고, 지방분권이 잘 이루어져 탈중앙집권화된 경향을 지니고 있는 경우가 많다.

양원제에서 상원과 하원 사이의 권한 배분은 국가별로 상이하게 나타난다. 첫째, 하원이 상원에 비해 더 큰 권한을 갖는 경우이다. 영국, 프랑스, 독일 등 양원제 국가들 다수에서 나타나는 경우로, 입법 과정에서 직접선거로 선출된 하원이 간접선거로 선출된 상원보다 상대적 우위를 점한다. 둘째, 상원과 하원이 동등한 권한을 갖는 경우이다. 이탈리아의 경우가 대표적인 예로, 상원과 하원은 모두 직접선거로 선출되며 동등한 권한과 기능을 갖는다. 셋째, 상원이 하원에 비해 더 큰 권한을 갖는 경우이다. 미국은 상원과 하원이 서로 역할 분담을 하고 있지만, 상원이 사실상 더 큰 권한을 갖고 있는 것으로 분석하는 학자들도 많다.

양원제의 장점은 무엇보다도 단원제에 비해서 한 국가 내에 존재하는 다양한 계층과 지역의 이해관계들이 입법 과정에서 반영되기 용이하다는 점에 있다. 즉, 입법부 내에서 활발히 이루어지는 정치화 과정을 통해서 궁극적으로 대의민주주의의 원칙에 충실한 입법 활동이 가능하다는 점이다. 또한, 입법부 내에서 상원과 하원 간의 견제와 균형의 동학이 작동하여 권력남용을 방지할 수 있다는 점도 장점으로 언급된다. 반면, 양원제의 가장 대표적인 단점은 상원과 하원 사이의 심각한 의견 불일치나 갈등이 있을 경우에 국정이 마비된다는 점이다.

참고자료

| 삼원제(Tricameralism)와 사원제(Tetracameralism)

일반적으로 의회의 형태를 단원제와 양원제로 구분하지만, 삼원제(Tricameralism)와 사원제(Tetracameralism)도 역사적으로 존재해왔다. 남아프리카공화국은 1983년부터 1994년까지 인종별로 의회를 분리해서 백인, 유색인, 인디언 대표들로 각각 구성된 세 개의 의회를 운영하는 삼원제를 채택한 적이 있었다. 그리고 중세 스칸디나비아 국가들은 귀족, 성직자, 부르주아, 농민 대표들로 각각 구성된 네 개의 의회를 운영하는 사원제를 채택하는 경우가 많았다. 프랑스의 통령정부(1799~1804년)도 법안 제정, 법안 논의, 법안 투표, 헌법 일치 검토에 따른 기능을 분리하는 사원제를 채택했었다. 한편, 튀니지의 경우에 2005년부터 형식적으로는 양원제를 도입했지만, 이를 실질적으로는 사원제 도입으로 바라보는 학자들의 견해도 많다.

유럽연합(EU)은 국가는 아니지만 회원국들의 국내의회와는 별도로 공동체 차원의 유럽의회(European Parliament)를 가지고 있다. 다수의 유럽학(European studies) 연구자들은 유럽연합이 형식적으로는 단원제 형태를 띠고 있지만, 실질적으로는 양원제 형태를 지니고 있다고 보고 있다. 즉, 1979년부터 회원국 시민들의 보통선거에 의해 직접 선출되는 유럽의회는 사실상 하원의 역할을 하고 있고, 회원국들 정부의 고위 관료들로 구성된 EU 각료이사회(Council of the EU)가 사실상 상원 역할을 하고 있다는 것이다. 실제로, 유럽연합의 입법 권한은 유럽의회와 각료이사회가 함께 공유하고 있는데, 이를 통해서 유럽의회는 초국가주의(supranationalism)에 기반을 둔 공동체의 이익을 대변하고, 각료이사회는 정부간주의(inter-governmentalism)에 기반을 둔 회원국의 이익을 대변하면서, 다층적인 이해관계를 유럽연합 입법과정에 반영시키고 있다.

자료: http://www.wikimedia.org

4) 한국의 입법부

❶ 입법부 형태

한국의 입법부는 현재 단원제를 채택하고 있다. 그러나 제2공화국에서는 일시적으로 양원제를 채택한 적도 있었다. 일반적으로 양원제는 한국과 같은 대통령제 권력구조에는 잘 맞지 않고 의원내각제에 어울리는 제도라는 시각이 많다. 그 이유는 대통령제의 권력구조에서 양원제가 상원과 하원의 의사 불일치로 인하여 입법이 지연되거나 여야의 정쟁이 심화되는 경향이 있어 대통령 중심의 일사불란한 국정 운영이 어렵고 특히 행정부 견제 기능이 약화될 수 있기 때문이다. 그럼에도 불구하고 향후 통일 이후를 대비하는 차원에서 연방 혹은 연합 형태의 통일한국에서 양원제로의 개헌의 필요성에 대한 주장도 지속적으로 제기된다.

❷
의원 정수

헌법은 국회의원 정수를 명확하게 명시하지는 않고 있다. 대한민국 헌법 제41조에 따르면 "국회의원의 수는 법률로 정하되, 200인 이상으로 한다"라고 되어 있다. 국회의원의 정수는 제6대 및 제7대 국회에서 175명으로 최소였고, 제19대 국회부터 300명이 되었다. 의회의 규모가 클수록, 즉 국회의원의 숫자가 많은 수록 국민의 다양한 선호를 국가 정책에 반영할 수 있다고 알려져 있다. 반면에 의회의 규모가 크다면, 원만한 의사진행을 통한 정치적 합의가 어렵다는 지적도 있다.

❸
입법부의
구성

한국의 입법부는 의장단(의장, 부의장), 위원회(상임위원회, 특별위원회), 교섭단체 등으로 구성된다.

① 의장단(의장, 부의장)

국회의 의장단은 의장과 부의장으로 구성된다. 의장단 대내외적으로 국회를 대표하는 권위를 가지고, 원활한 회의운영을 위한 의사정리권과 회의장 질서유지를 위한 질서유지권을 행사할 수 있으며, 국회의 조직과 운영에 대한 전반적인 사무감독을 맡는다. 임기는 2년으로 한 국회에서 전반부, 후반부 총 2명의 국회의장을 배출하게 되는데, 국회의장은 임기 중 당적을 보유할 수 없다.

국회의장 선출은 무기명투표로 이어지는데, 재적의원 과반수의 득표로 당선이 된다. 만약 1차 투표에서 과반수 득표자가 없을 경우 2차 투표를 실시하고, 2차 투표에서도 과반수 득표자가 없을 경우, 1위와 2위 득표자들을 대상으로 결선투표를 실시한다. 관례적으로, 국회의장은 제1당의 다선 의원들 중에서 당내 후보가 결정되고 본회의에서 투표가 이루어지며, 부의장은 여당과 야당에서 1인씩 당내 선출 후 본회의 투표를 거치게 된다.

참고자료

| 국회의장의 당적 보유 금지

2002년 이전의 국회법은 국회의장의 당적보유문제에 관하여 언급하지 않았기 때문에, 제헌 이래 국회의장들은 소속 정당의 당적을 보유한 상태에서 의장 직무를 수행했다. 그러나 2002년 개정된 국회법부터 국회의장으로 선출된 다음날부터 당적을 가질 수 없도록 하였다. 다만, 국회의장의 국회의원 선거 출마를 보장하기 위하여 소속

정당의 공천을 받기 위해서 국회의원 임기만료일전 90일부터는 당적을 가질 수 있도록 하였고, 의장 임기 만료 시점에는 의장 선출 당시 소속정당으로 자동 복귀되도록 하였다.

그런데, 국회의장이 비례대표 국회의원인 경우에는 공직선거법 제192조 제4항(비례대표 국회의원이 소속정당의 합당·해산 또는 제명 외의 사유로 당적을 이탈·변경하거나 2 이상의 당적을 가지고 있는 때에는 퇴직한다)의 규정에 따라 의원직을 상실하게 되는 모순이 발생하므로, 동법 제192조 제4항에 단서를 신설하여 비례대표 국회의원이 국회의장으로 당선되어 국회법 규정에 의하여 당적을 이탈한 경우에는 예외로 하도록 하고 있다.

자료: 국회관계법 지식데이터베이스

② 위원회(상임위원회, 특별위원회)

국회의 위원회는 상임위원회와 특별위원회로 구성된다. 제20대 국회의 경우 상임위원회는 16개로 구성되어 있는데, 소관에 속하는 의안과 청원 등의 심사를 맡는다. 위원회에는 위원장 1인과 각 교섭단체별로 간사 1인씩을 둔다. 임기는 2년이며 상임위원들은 소관 상임위원회의 직무와 관련한 영리행위를 할 수 없다. 상임위원회의 위원정수는 국회규칙으로 정하지만, 정보위원회의 위원정수는 12인으로 제한된다.

또한, 국회는 수개의 상임위원회 소관과 관련되거나 특히 필요하다고 인정한 안건을 효율적으로 심사하기 위하여 본회의의 의결로 특별위원회를 둘 수 있다. 특별위원회는 상설특별위원회와 비상설특별위원회로 나뉜다. 특별위원회를 구성할 때에는 그 활동기한을 정하여야 하는데, 필요시 본회의의 의결로 그 기간을 연장할 수도 있다.

참고자료

제20대 국회의 상임위원회와 특별위원회(2016년 9월 1일 현재)

1. **상임위원회**

국회운영위원회, 법제사법위원회, 정무위원회, 기획재정위원회, 미래창조과학방송통신위원회, 교육문화체육관광위원회, 외교통일위원회, 국방위원회, 안전행정위원회, 농림축산식품해양수산위원회, 산업통상자원위원회, 보건복지위원회, 환경노동위원회, 국토교통위원회, 정보위원회, 여성가족위원회

2. **특별위원회**

예산결산특별위원회, 윤리특별위원회, 인사청문특별위원회

③ 교섭단체

　　국회에서 20인 이상의 소속의원을 가진 정당이 하나의 교섭단체를 구성하게 된다. 그러나 다른 교섭단체에 속하지 아니하는 20인 이상의 의원으로 따로 교섭단체를 구성할 수도 있다. 본회의 및 위원회에서 발언자수, 상임위원회 및 특별위원회 위원선임 등은 교섭단체 소속의원수의 비율을 기준으로 시행된다. 교섭단체는 소속 의원들의 의사를 사전에 통합하고 조정하여 정당 간 교섭의 창구역할을 하도록 함으로써 국회의 의사를 원활하게 운영하려는 데 그 목적이 있다. 교섭단체 대표의원은 통상 정당의 원내대표가 맡게 되는데, 정당의 상시적 대표자 내지 당 대표와는 다르다. 또한, 각 교섭단체 대표의원은 국회운영위원회와 정보위원회 위원이 된다.

참고자료

제20대 국회 교섭단체 현황(2016년 9월말 기준)					
정당명		지역구	비례대표	총의석수	비율(%)
교섭단체	새누리당	112	17	129	43.00
	더불어민주당	109	13	122	40.67
	국민의당	25	13	38	12.67
비교섭단체	정의당	2	4	6	2.00
	무소속	5	0	5	1.67
총합		253	47	300	100

④ 입법지원조직

　　그 외에도 입법지원조직으로 국회사무처, 국회도서관, 국회예산정책처, 국회입법조사처가 있다. 국회사무처는 국회의원의 의정활동을 지원하고 국회의 행정사무를 처리하는 역할을 담당한다. 국회도서관은 각종 자료를 수집 및 정리하여 국회의원에게는 입법정보를 제공하고, 국민들에게 정보와 지식을 제공하는 역할을 한다. 국회예산정책처는 국회의 예결산 심의를 지원하고, 국회의 재정통제권 강화를 위해서 연구 분석을 수행하는 기관이다. 그리고 국회입법조사처는 입법 및 정책에 대한 조사 분석, 국회의원과 위원회의 조사분석 요구에 대한 회답, 외국의 입법동향 분석 및 정보제공 등을 통하여 의원입법 활동을 지원하고 있다.

❹
선출 방식

우리나라에서 국회의원 선거는 4년에 한 번씩 이루어진다. 공직선거법에 따르면 대한민국 국민은 만 25세가 지나면 국회의원 선거에 출마할수 있다. 국회의원 선거의 선거제도는 하나의 지역구에서 가장 많이 득표한(득표수와 상관없이) 한 명의 당선자를 선출하는 소선거구 단순다수제이다. 또한 우리나라의 국회의원선거는 후보자에게 투표하는 지역구 선거와 정당에게 투표하는 비례대표 선거가 혼합된 형태로 이루어져 있다. 2016년에 치러진 제20대 국회의원 총선거의 경우, 지역구 선거를 통해선출된 당선자는 253명, 비례대표제를 통한 당선자는 47명이었다.

❺
운영 방식

모든 의원들이 모이는 본회의와 소수의 의원들이 자신이 맡은 분야의 법안을 처리하는 상임위원회로 나뉜다. 본회의 위주로 국회를 운영할경우에는 국민이 뽑은 대표자인 국회의원 전원이 참석하는 가운데, 표결로 법안을 심사하기 때문에 높은 대표성을 가질 수 있다. 그러나 다수의의원들이 모든 법안들을 일일이 확인하기에는 무리가 있기 때문에 우리나라에서는 상임위원회를 중심으로 법안을 처리한다. 상임위원회에 배치된 국회의원들은 해당 분야와 관련된 법안들만을 심사함으로써 효율적으로 법안을 처리함과 동시에 전문성을 키울 수 있다.

❻
입법 과정

법률안을 만드는 것은 보통 입법부의 소관이다. 그러나 우리나라에서는 행정부도 법률안을 만들 수 있다. 입법부인 국회에서 심사받을 법률안을 제출하기 위해서는 국회의원 10명의 동의가 필요하다. 행정부에서 법률안을 제출하기 위해서는 다소 번거로운 과정을 거쳐야 한다. 행정부에서는 국무회의를 거쳐서 대통령의 서명이 있어야 법률안을 제출할수 있다. 제출된 법률안은 관련된 상임위원회의 심사와 법제사법위원회의심사를 거친다. 의결된 법안은 정부로 이송되고, 대통령은 이송 후 15일이내에 해당 법안을 공포하거나 거부권을 행사하여야 한다.

❼
예산안 심의 과정

예산심의과정은 국회의 핵심적인 역할 중 하나다. 국회는 예산안을심사하고 의결함으로써 정부의 예산 편성에 대해 직접적인 압력을 행사할 수 있다. 예산안의 심사과정을 간단히 살펴보면, 정부는 예산안을 편성하고 국회에서는 예산결산특별위원회에서 이를 심사한다. 심사된 예산안은 본회의에서 심사 및 의결되어 확정된다.

❽
**입법부와
행정부의
관계**

　　행정부 감시 기능은 입법부인 국회의 기본적 기능들 중에 하나다. 오늘날 국회의 협력을 얻지 않고서는 행정부는 제 역할을 수행할 수 없다. 헌법 제61조에 따라 우리나라의 국회는 국정을 감사하거나 특정한 국정 사안에 대해서 조사할 수 있다. 또한 국회는 대통령이 거부권을 행사한 법안을 재의결할 수 있을 뿐 아니라 대통령 탄핵 소추할 수 있는 권한도 갖고 있다.

1. 현재 한국의 입법부는 단원제를 채택하고 있다. 한국의 입법부는 단원제와 양원제 가운데 어떤 형태가 더 적합하다고 생각하는가?

2. 현재 한국의 선거제도는 소선거구제를 채택하고 있다. 이를 중·대선거구제로 개편하자는 주장이 있는데 어떤 제도가 더 적합하다고 생각하는가?

3. 한국 입법부에 대한 시민의 신뢰는 매우 낮은 편이다. 시민들이 한국 입법부를 신뢰하지 않는 이유는 무엇이며, 낮은 신뢰를 극복할 수 있는 방안은 무엇이라고 생각하는지 토론해 보시오.

7. 국가의 미래

　앞으로의 국가에서 중요한 것은 무엇일까? 국가의 미래에서 중요한 것들로 많은 내용들이 언급될 수 있다. 그러나 무엇보다도 일반 시민들이 정부를 믿는 것이 중요하다. 보다 정확하게 표현하면 정부는 시민으로부터 신뢰를 얻어야 한다.

　기존 연구들은 한국이 민주주의로의 이행을 경험한지 거의 30년이란 오랜 시간이 지났지만, 정부에 대한 신뢰가 급격히 감소하는 현상을 경험했다고 밝혔다. 한국 시민들이 민주주의 제도를 회의적으로 평가한 결과는 다양한 분석 자료에 잘 나타나 있다. 한국 정부에 대한 신뢰의 추이를 살펴보면 계속하여 하락하는 모습을 나타낸다. 정부 신뢰의 하락은 한국 이외의 많은 국가에서 발견되는 일반적인 현상이다. 그러나 한국에서 정부 신뢰 수준은 지난 10여 년 동안 빠른 속도로 하락하였고 다른 국가들과 비교하여 낮은 것으로 알려져 있다. 그렇기 때문에 미래의 한국에서 정부에 대한 신뢰는 무엇보다 중요하다.

　정부 신뢰는 정부라는 제도에 대해 개인이 느끼는 신념과 감정 또는 지지와 평가 같은 정치적 태도를 의미한다. 또한 정부에 대한 신뢰는 일반적으로 정치체제에 대한 지지로 이해하기도 한다. 정부 신뢰에서 신뢰자는 일반시민이며, 신뢰의 대상은 정부이다. 그렇다면 정부의 신뢰에 영향을 미치는 요인은 무엇일까?

　우선 정부 신뢰는 정부의 성과 및 수행능력에 의해 결정된다고 본다. 시민들은 정부의 정책성과나 정책결과와 같은 정부의 능력을 보고 이에 대한 합리적인 판단을 한다. 즉 시민들은 정부가 제도를 잘 운영하고 그 결과가 만족스러우면 높은 신뢰를 표현한다. 그러나 정부가 기능을 제대로 수행하지 못하고 실망스러운 결과물을 제공하는 경우 시민들은 정부에 대해 낮은 신뢰를 표현한다. 제도의 성과를 배경으로 정부 신뢰를 분석한 연구는 경제적 성과와 정치적 성과 등 두 종류의 성과가 정부 신뢰에 영향을 미치는 요소라고 주장한다.

　또한 인간의 가치체계는 정부 신뢰와 같은 정치적 태도에 영향을 미친다. 예를 들어 물질주의·탈물질주의적 가치가 정부의 신뢰에 영향을 미친다고 본다. 후기 산업사회에서 개인은 생존의 문제를 벗어났기 때문에 그들이 중요하다고 판단하는 가치는 물질적인 것에서 탈물질적인 것으로 변화한다고 본다. 이때 탈물질주의적인 가치관은 환경, 평화, 복지, 여성, 인권과 같은 사회문제와 새로운 유형의 참여확대 등 추상적이면서 삶의 질적인 분야에 관심을 갖는다. 이런 이유로 탈물질주의적 가치관을 지닌 시민들은 전통적인 권위 기관인 정부에 거부감을 나타내며 동시에 더 높은 수준의 정치를 요구한다. 이런 사회의 변화는 정부와 같은 정치제도에 대한 신뢰의 하락으로 이어진다.

정치에 대한 관심이 정부 신뢰에 영향을 미친다는 주장도 있다. 사회경제적 발전에 따라 매스 커뮤니케이션이 발달하고 시민들의 지적 능력이 향상되면서 정치에 대한 관심은 높아진다. 이런 과정에서 정부에 대한 시민들의 다양한 요구가 증가하지만 정부는 시민들의 수요를 충족시키지 못할 수도 있다. 이런 환경은 정부에 대한 비판적인 시민들을 탄생시키고 정부에 대한 신뢰는 낮아진다는 것이다.

일반 시민들이 정부를 신뢰하는 것은 정부 혹은 국가가 안정적으로 유지되고 효율적으로 운영되기 위해 필요하다. 또한 정부에 대한 신뢰는 체제가 지지를 받고 정통성을 유지하기 위해 중요하다. 정부에 대한 신뢰는 정부의 투명성 및 관료의 경쟁력과 관련이 있다. 정부에 대한 신뢰는 정부의 정책을 안정적으로 집행하고 공무원의 도덕적 자원을 제공하기 위해 필요하다. 정부에 대한 불신이 오랜 기간 지속되는 경우 정치체제에 대한 불신으로 확산될 수도 있다. 그렇기 때문에 앞으로의 정부는 신뢰를 회복하는 것이 무엇보다 중요하다.

참고자료

| 정부 신뢰도 비교

경제협력기구(OECD)에서 발표한 '한눈에 보는 정부 2015'(Government at a Glance 2015) 보고서에 의하면, 2014년을 기준으로 하여 정부에 대한 한국 국민의 신뢰도는 조사에 포함된 41개국 중 26위에 머물렀다. 2014년 한국 국민 가운데 정부를 신뢰한다고 응답한 비율은 34%로 조사에 포함된 국가의 평균 42%보다 낮았다.

| 한국 정부의 신뢰도

"경제협력개발기구(OECD)의 '한눈에 보는 정부 2015' (Government at a Glance 2015) 보고서에 따르면 2014년 기준 한국 정부에 대한 국민의 신뢰도는 34%로 조사 대상 41개국 가운데 중하위권인 26위에 머물렀다. 이는 OECD 평균 정부 신뢰도 41.8%보다 낮다. … (중략) … 개발도상국의 경우 인도네시아 5위(65%) 터키 10위(53%),

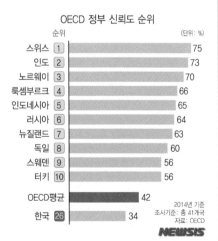

OECD 정부 신뢰도 순위
순위 (단위: %)
스위스 1 — 75
인도 2 — 73
노르웨이 3 — 70
룩셈부르크 4 — 66
인도네시아 5 — 65
러시아 6 — 64
뉴질랜드 7 — 63
독일 8 — 60
스웨덴 9 — 56
터키 10 — 56
OECD평균 — 42
한국 26 — 34

2014년 기준
조사기준: 총 41개국
자료: OECD

NEWSIS

자료: http://www.newsis.com/pict_detail/view.html?pict_id=NISI 20150809_0005762804

에스토니아 22위(41%), 브라질 24위(36%) 등으로 조사됐다. 이들 국가는 한국보다 국민의 정부 신뢰도가 높았다. 한국과 함께 공동 26위를 기록한 국가는 남아프리카공화국과 체코다."

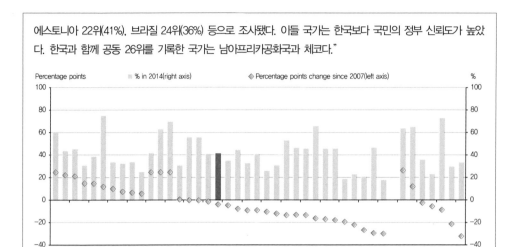

OECD 회원국의 정부 신뢰도

자료: http://www.oecd-ilibrary.org/governance/government-at-a-glance-2015/trust-in-government_gov_glance-2015-50-en

▶ 용어설명

✓ 물질주의(materialism)·탈물질주의(post-materialism)

물질주의는 경제 성작, 의식주와 같은 가치를 중요시 한다. 반면 탈물질주의는 경제적 성장보다는 삶의 질, 환경, 평화, 인권 등을 중요시 한다.

참고문헌

- 구영록 외. 1990.『정치학개론』. 서울: 박영사.
- 김영재 외. 2015.『정치학』. 서울: 박영사.
- 쉬블리, 필립스. 김계동 외 역. 2013.『정치학개론: 권력과 선택』. 서울: 명인문화사.
- 유낙근·이준, 2006.『국가의 이해』. 서울: 대영 문화사.
- 이재철. 2013. "남한주민과 북한이탈주민의 정부신뢰 및 정부신뢰 결정요소 분석: 젊은 세대의 비교" 『정치·정보연구』, 제16권 2호.
- 이정식 외. 1993.『정치학』. 서울: 대왕사.
- 정용덕 외. 2014.『현대 국가의 행정학』. 제2판. 서울: 법문사.
- 진영재. 2010.『정치학총론』. 서울: 연세대학교출판부.
- 최학유. 2001.『국가론』. 서울: 세종 출판사.
- 카야노, 도시히토. 김은주 옮김. 2010.『국가란 무엇인가: 국가의 본질에 대한 역사적 고찰』. 고양시: 산눈출판사.
- 헤이우드, 앤드류. 조현수 옮김. 2003.『정치학: 현대정치의 이론과 실천』. 서울: 성균관대학교 출판부.
- 홍익표·진시원. 2009.『세계화 시대의 정치학』. 서울: 오름.
- Cohen, Antoine. 2015. Nouveau manuel de science politique. Paris: Découverte.

정 당

1. 정당이란 무엇인가?

1) 정당의 기원

❶
정당이란?

정당에 대한 정의는 다양하다. 먼저 고전적 정의를 보자. 버크(Edmund Burke)는 "구성원들이 동의하는 원칙에 기초해 공동으로 노력함으로써 국익을 증진하고자 하는 사람들의 연합체"라고 정의했다. 반면 슘페터(J. Schumpeter)는 "정당은 당원들 모두가 동의하는 어떤 원칙에 입각하여 공공의 복리를 증진하고자 하는 사람들의 집단이 아니다. … 정당은 구성원들이 결속하여 정치권력을 향해 경쟁적인 투쟁을 전개하고자 하는 집단"이라고 하면서 정당 간 경쟁을 강조했다. 사르토리(G. Sartori)는 정당을 "선거에 후보자를 내세우고 선거를 통해서 후보자를 공직에 앉힐 수 있는 모든 정치집단"이라고 정의하였다.

이와 같은 고전적 정의에 기초해 웨어(A. Ware)는 현대 정당을 다음과 같이 정의한다. "사회의 특정 이익이 아닌 전체의 이익을 추구하며, 정부의 공직을 획득함으로써 국가 내 영향력을 추구하는 집단"이다. 즉, 정당의 기본적 특징은 전체 이익 추구, 선거참여를 통한 공직획득, 그리고 국가 내 영향력 행사 등을 포함한다고 할 수 있다.

참고자료

ㅣ '정당'(Party)의 어원

정당이라는 단어는 '분할하다'라는 의미를 가진 라틴어 동사 'partire'에서 유래하였다. 이 단어는 17세기에 이르러 정치적인 의미를 갖게 되었고 18~19세기 이후부터 특정한 정치적 조직을 지칭하는 개념이 되었다. 18세기까지 정당은 당시 파렴치한 이권집단을 지칭했던 파벌(Faction)이라는 단어와 혼용되었다. 그러나 19세기부터 점차 파벌과는 다른, 보다 긍정적이고 유용한 조직을 지칭하는 단어로 사용되기 시작하였다. Part는 특히 한편으로는 협력(Partnership), 참여(Participation) 등의 단어들로 파생되었고 다른 한편으로는 부분, 분할이라는 어원을 유지하였다. 현대 정당이 한편으로는 부분적 이익을 대변하지만 다른 한편으로는 국가적 차원에서의 통합을 주장한다는 면에서 이 단어는 정당의 양면성을 반영한다.

---

❷
**정당은 왜
등장했을까?**

정당은 18~19세기 근대 민주주의 발전과 함께 등장했다. 근대 민주주의는 시민계급의 등장과 더불어 시작되었다. 산업 혁명으로 경제적 부와 정치적 영향력을 축적한 시민계급(부르주아지)은 당시 강력한 절대왕정과 전통적 신분사회에 저항하며 시민적 권리와 자유를 주장하기 시작하였다. 시민적 권리에 대한 요구는 초기에는 사적 소유의 보장이라는 경제적 자유 확보에 제한되었으나 이후 선거권, 언론의 자유, 집회·결사의 자유를 비롯한 정치적 권리에 대한 요구로 확대되었다. 그 결과 선거권을 가진 유권자 수가 증대되었다.

이러한 정치적 상황에 대한 대응으로 나타난 정당은 두 가지 기원으로부터 출발하게 되었다. 먼저 의회 내적 기원이다. 선거법 개정으로 유권자 수가 증가하자 기존의 소수 엘리트 중심의 의회 내 정치 집단들은 선거 운동을 위해 조직을 확대·강화하게 되며, 이는 정당이라는 조직을 발전시키는 계기가 된다. 다른 한편으로 의회 밖에서는 소외되어 있던 시민계급이나 기타 노동자, 농민 단체들이 보다 효율적으로 경제적 권리와 자유를 쟁취하고자 정치적 조직을 결성하였고 이 과정에서 정당이라는 조직을 만들게 된 것이다.

이와 같이 정당은 첫째, 기존의 의회 내 엘리트 정치 집단이 선거권 확대로 인한 조직적인 선거 운동의 필요성에 따라 탄생하게 된 것이며, 둘째, 의회 내에서 소외되었던 집단들이 그들의 권리를 획득하기 위해서는 의회로의 진입이 필요했고, 정당은 그 도구로 등장했다.

참고자료

> **ㅣ 정치적 결사의 자유**
>
> '정치적 결사'란 자신의 이익을 표출하고 목적을 달성하기 위하여 집단적 조직을 만들거나 가입하고 집단적 행동을 할 수 있는 권리를 의미한다. 정치적 결사의 자유는 이미 13세기(영국의 마그나카르타: 1215), 17세기(영국의 권리대장전: 1689), 18세기(미국의 권리장전: 1791) 등에 각인된 바 있다.
>
> 그러나 정당이나 노조 등 정치적 결사의 조직은 실질적으로는 19세기 중반까지 다양한 저항과 억압에 부딪쳤다. 영국의 1825년 조합법(Combination Act), 독일의 1878년 사회주의자법(Sozialistengesetz) 등이 대표적인 금지법들이다. 현대 민주주의 국가들은 대부분 법적으로 결사의 자유를 보장하고 있지만 여전히 사안에 따라 제한되기도 한다.

▎ 영국의 선거법 개정과 선거권 확대의 역사

1689년 명예혁명 이후 영국 의회는 귀족, 지주와 대상인 등 소수의 지배계층으로 구성되었다. 그리고 선거권자 수도 매우 적었다. 그러나 산업혁명으로 자본가와 노동자의 수가 증가하였고, 이들은 자신들의 이익을 반영하고자 선거권 보장을 요구했다. 영국의 선거법 개정과 선거권자 확대는 19세기 전반에 걸쳐 진행되었다. 1832년 제1차 개정에서는 중산층, 1867년 제2차 개정에서 도시 노동자계급, 1884~5년의 제3차 개정에서는 농민들의 선거권을 인정하였다. 그러나 모든 성인의 선거권이 법적으로 보장된 것은 20세기 초반이었다. 1918년 21세 이상의 모든 남자들과 일부 여성들이 선거권을 획득하였고, 1928년에 와서야 비로소 모든 여성들이 선거권을 획득함으로써 "보통 선거" 제도가 완성되었다.

구분	확대된 유권자	전 국민에 대한 유권자 비율
개정 전	귀족, 젠트리	3%
제1차(1832년)	도시의 신흥 상공업자	4.5%
제2차(1867년)	도시 소시민과 노동자	9%
제3차(1884년)	농촌, 광산의 노동자	19%
제4차(1918년)	만 21세 이상의 남성 만 30세 이상의 여성	46%
제5차(1928년)	21세 이상의 남녀	62%

자료: http://blog.aladin.co.kr/753199155/8208306

▎ '개인과 국가 사이에 또 하나의 극히 새로운 요소', 정당

"인간을 규정하는 유구한 양대 요소인 '개인'과 '국가' 사이에 또 하나의 극히 새로운 요소가 지난 세기의 사회와 정치와 문화에 등장하였다. 조직화된 국가의 폭력에 대하여 영원한 투쟁을 벌이는 개인이 오늘날처럼 고립되어 있지 않은 때는 없었다. 왜냐하면 새로운 제3의 요소가 정치적, 사회적, 문화적 투쟁의 장에 나타났기 때문이다. 그 요소는 개인의 이해관계와 감성에서 탄생하였지만 구조와 목적에서는 국가와 유사하다. 그 요소를 개인화된 국가 혹은 국가 안의 국가라고 부를 수도 있는 것도 바로 그 때문이다. 최근의 역사를 통틀어 가장 중요한 계수로 등장한 그 제3의 요소가 바로 '정당'이다." (로베르트 미헬스, 『정당사회학: 근대 민주주의의 과두적 경향에 관한 연구』, 초판 서문, 1911)

❸
누가 정당을
만들었을까?

근대적인 정당은 영국, 독일, 미국 등에서 시작되었으며 짧게는 150년에서 길게는 350여 년 이상의 역사를 갖고 있다. 이들 정당들은 두 가지 기원을 갖는다. 한편으로는 민주주의 발전과 선거권자의 확대에 대응하기 위해 '의회 내'에 기반을 가지고 조직화되었다. 또 다른 한편으로는 산업 혁명으로 인한 중산층과 노동자 계층 등의 증가 및 그들의 이익을 대변하기 위해 '의회 밖'에서 만들어진 경우이다.

가장 역사가 오래된 정당은 17세기에 등장한 영국의 토리당(Tory Party)과 휘그당(Whig Party)으로서 이들은 주로 귀족, 상공업자, 지주 등 의회의 엘리트집단을 기반으로 성장하였다. 1688년의 명예혁명 이후 '토리'는 점차

약화되었으나 1783년 '휘그'의 온건보수세력이 새로운 '토리당'을 창당하고 현대 보수당(Conservative Party)으로 이어짐으로써 그 명맥을 이어가게 되었다. 급진적 개혁을 요구하였던 휘그당은 영국 명예혁명을 주도하였으며 19세기 중반 자유당(Liberal Party)으로 이어지면서 현재까지 존재하고 있다.

　이와 같이 현재의 보수당과 자유당은 의회 내부로부터 만들어진 기원을 갖는 반면, 노동당(Labour Party)은 의회 밖에서 출발하여 의회로 진입한 경우다. 노동자 및 여성 등 사회의 소외 계층을 대변하기 위해 1900년 독립노동당 및 노동조합 등이 주축이 되어 노동자 대표위원회(Labor Representative Committee)를 결성하였고, 1906년 의회 선거 이후 이 위원회를 중심으로 노동당을 창당하게 된다.

참고자료

｜ 명예혁명, 휘그(Whig)와 토리(Tory)

　1688년 영국에서 발발한 명예혁명은 영국 의회민주주의의 시발점이자 근대 정당의 탄생 배경이다. 영국에서는 당시 구 왕정체제를 옹호하는 구교도(카톨릭)세력과 온건한 개혁을 주장하는 영국국교회세력, 그리고 급진적 개혁과 의회권력 강화를 주장하였던 신교도(프로테스탄트)세력 간의 3파전이 전개되고 있었다. 토리와 휘그는 온건개혁세력과 급진개혁세력을 대표하는 두 세력이었으며 그 중 급진개혁세력인 휘그는 네덜란드 오렌지공 윌리엄과 연합하여 명예혁명을 주도하였다.

자료: https://en.wikipedia.org/wiki/Whigs_(British_political_party)#/media/File:A-Block-for-the-Wigs-Gillray.jpeg

　미국 정당은 18세기 후반에 등장하였으며 국가건설노선이 정당경쟁의 주요 이슈였다. 강력한 미국 연방정부 건설을 지지하였던 연방주의자 정당(Federalist Party)과 주정부 권력 유지를 지지하였던 민주공화당(Republican Party)은 서로 대립하였다. 알렉산더 해밀턴은 '연방정당'(Federalist Party)을, 토마스 제퍼슨과 제임스 매디슨은 '민주공화당'(Democratic-Republican Party)을 주도하였다.

　1800년까지는 연방정당이 우세하였지만 1800년 이후에는 민주공화당이 주도권을 장악하였다. 민주공화당은 19세기 중반 노예제도와 경제정책 등을 둘러싼 갈등 속에서 다시금 민주당과 공화당으로 분화됨으로써 현대 미국의 공화당(Republican Party)과 민주당(Democratic Party)의 기원이 되었다.

초창기 북부의 이익을 대변하였던 공화당은 산업자본주의 성장을 지지하며 보수주의 정당으로 자리 잡은 반면 초기 남부의 이익을 대변하며 노예제를 찬성하기도 하였던 민주당은 1930년대 대공황과 뉴딜정책, 1960년대 흑인인권운동을 거치면서 노동자와 이민자 이익을 대변하는 정당으로 변화하였다. 두 정당은 19세기 중반부터 미국 양당제의 두 거대 정당으로 정착하여 21세기 현재까지 미국의 양당 체제를 형성하고 있다.

| 미국 건국과 정당

이 그림은 1800년에 인쇄되었던 공화당의 포스터이다. 이 그림은 미국에서 1792년부터 1824년 시기에 등장하였던 첫 번째 양당체제를 보여준다. 죽은 워싱턴이 하늘에서 정치가들에게 연방주의, 공화주의, 민주주의의 삼각기둥을 지킬 것을 지시하고 있다.

자료: https://en.wikipedia.org/wiki/First_Party_System

영국과 미국의 보수정당이 주로 귀족과 대지주 및 시민세력 등 의회 내부나 엘리트집단에 의하여 만들어진 간부정당인 것과는 달리 유럽의 좌파 정당은 19세기 후반 광범위한 노동자세력의 운동에 기반한 대중정당의 성격을 띠었다. 보통선거권이 확대되면서 광범위한 대중조직에 기반한 정당이 탄생하게 된 것이다. 대표적으로 독일의 사민당(SPD)은 노동운동을 배경으로 탄생하였으며 이후 전 유럽으로 확산되었다. 소수 엘리트집단에 기반하여 성장한 간부정당들도 이후 민주주의가 점차 발전함에 따라 사민당의 대중정당 모델을 점차 수용하게 되었다. 주요 보수정당 중 하나인 기독교민주연합(CDU)은 제2차 세계대전 후인 1945년 가톨릭과 개신교, 양 교회가 그리스도교 정신을 기초로 창당한 정당으로 자본가 및 중산층의 보수적 유권자들을 지지기반으로 하고 있다.

| 독일 사회민주당(SPD)과 계급정당

자본주의가 급격하게 성장하였던 19세기 유럽에서는 노동자계급과 자본가계급 간의 계급갈등이 폭발하였다. 유럽의 대다수 좌파정당은 노동자계급의 이익을 대변하는 것을 핵심적인 정당의 이념적 목표로 삼으며 등장하였으며 이들은 흔히 계급정당으로 불린다. 대표적으로 독일의 사회민주의정당은 1863년 라이프치히에서의 전독일노동자연맹(Der Allgemeine Deutsche Arbeiterverein: ADAV) 결성 또는 1875년 고타(Gotha)에서의 독일사회주의노동자정당(Sozialistische Arbeiterpartei Deutschalnds) 창당을 기원으로 한다. 이 그림은 독일 사민당 창당의 실질적, 이론적 주역들을 보여준다. 위로부터 아우구스트 베벨(August Bebel), 빌헬름 리프크네히트(Wilhelm Liebknecht,) 칼 맑스(Karl Marx), 칼 빌헬름 퇼크(Carl Wilhelm Tölcke), 페르디난드 라살레(Ferdinand Lassalle).

자료: https://en.wikipedia.org/wiki/History_of_the_Social_Democratic_Party_of_Germany

❹
정당과 이익집단, 그리고 시민단체는 어떤 점에서 다른가?

정당과 이익집단, 그리고 시민단체는 특정한 이익과 목표를 달성하기 위하여 조직을 결성하고 정치적 영향력을 행사하고자 한다는 점에서 유사하다. 그렇다면 이익집단과 시민단체, 그리고 정당의 차이는 무엇일까? 첫째, 정당의 경우 이익집단이나 시민단체와는 달리 직접적인 정치권력의 장악을 통하여 정치적 이익과 목표를 달성하고자 한다는 점에서 두 집단과는 다르다. 정당은 '정치를 하고자'(make policy) 하지만 이익집단은 '정치에 영향을 미치고자'(influence policy) 한다는 것이다. 물론 정치적 목표를 추구하는 이익집단이 때로 정당으로 변모하는 경우도 있다. 둘째, 이익집단은 일반적으로 사회전체의 이익보다는 특정 집단이나 계층의 이익을 추구하는 반면 정당은 일반적으로 사회 전체의 이익 추구를 표방한다. 셋째, 정당은 일반적으로 엘리트 중심이지만 이익집단에는 다양한 일반 시민들이 참여한다.

2) 한국정당의 기원

❶
한국정당은 어떻게 등장하였는가?

1945년 해방 직후, 한국에는 다양한 이념적 노선과 지향성을 가진 정치적 집단들이 존재하였다. 미군정은 해방 직후 다원주의적 서구 정당 제도를 한국에 이식하고 이들 집단들을 '정당'으로 신고하게 함에 따라 이들은 정당조직으로 활동을 시작하게 되었다. 그러나 한국 정당은 1961년 5.16 군부쿠데타와 유신체제로 인하여 1986년 민주화에 이르기까지 약 25년간 상당한 제약 속에서 활동하였다. 서구 정당이 수백여 년의 역사를 배경으로 하고 있는 반면 한국 정당은 불과 70여 년이 채 못 되는 짧은 역사를 갖고 있다는 점, 그 중 약 3분의 1은 권위주의체제하에서 활동했다는 점 등을 고려할 때 한국 정당의 역사는 아직 극히 짧다. 한국 정당이 실질적으로 민주주의적인 제도로 정착하기까지는 일정 시간이 걸릴 수 있을 것이다.

❷
한국정당의 역사

① 1945-1960년대: 민주주의 실험과 정당정치의 태동

1945년 해방 후부터 1960년 4.19 혁명까지의 기간은 혼란과 무질서, 좌파와 우파 간의 극심한 갈등, 이승만 대통령의 독재적 통치방식과 민주주의에 대한 열망이 상호 충돌했던 혼란의 시기였다. 미군정은 1946년 군령법정 제55호 '정당에 관한 규칙'을 공포하고 3인 이상으로 구성된 정치집단들을 등록하게 하였다. 1946년부터 1947년 사이에는 4백여 개 이상의 정당 및 사회단체가 등장하였다. 초창기에는 조선공산당 및 남로당(남조선노동당)과 한국민주당 간에 치열한 이념 갈등이 존재하였으나 미군정이 1946년부터 좌파 정당 활동을 금지한 이후 반공주의와 우파보수주의 정당만이 살아남을 수 있었다.

남한 단독 선거 후 등장한 이승만 정부 시기에는 자유당과 민주당 간의 경쟁이 전개되었다. 집권여당인 자유당은 1954년 4사5입 개헌을 주도하는 등 이승만 정부의 독재적 통치방식을 지지한 반면 자유주의적인 도시 중산층을 기반으로 한 민주당은 이승만 정부의 독재적 통치를 비판하였다. 결국 3.15 부정선거 이후 발발한 4.19 혁명으로 인하여 이승만 정부는 붕괴하였지만 이후 등장한 장면 내각 하에서도 역시 극심한 정치·경제적 혼란은 지속되었다. 결국 15년이라는 이 짧은 민주주의 실험기는 5.16 군사쿠데타의 발발로 인하여 끝나게 된다.

참고자료

| 미 군정 법령 55호

　한국에서 근대적 의미의 정당 설립이 최초로 인정된 것은 1946년 이후이다. 1946년 2월 미군정은 미소공동위원회 개최에 대비해 법령 55호 '정당에 관한 규칙'을 발표하고 '정당 등록제'를 시행한다. 법령 55호에 의하면 "어떤 형식으로나 정치적 활동에 종사하는 자로서 된 3인 이상의 단체"를 정당으로 규정하고 있다. 이 규정에 따라 1946년 당시의 등록된 정당의 수는 107개나 되었고, 1947년에는 남한에서 344개에 이르렀다.

| 이승만체제와 자유당의 탄생

　"정당을 초월한 지도자이고 싶었기에 한민당을 배제한 것인지, 한민당을 장악할 수 없기에 이승만이 정당을 초월한 척하고 싶어했는지는 단언할 수 없지만, 초대 대통령 임기가 다가오자, 이승만은 더 이상 정당에 초연한 척할 수 없었다. 특히 당시에는 대통령이 국민들의 직접 선거에 의해 선출되는 것이 아니라, 국회에서 의원들의 선거에 의해 선출되는 간선제였기 때문에 국회의 장악은 재선을 위해서는 필수적인 일이었다. 그러나 2대 국회에서 의원들의 성향은 이승만에게는 매우 불리했다. 이승만의 직계라 할 대한국민당은 24석에 불과한 반면, 남한 단독 정부 수립에 반대해 제헌국회의원 선거를 거부했다가 2대 국회의원 선거에는 개별적으로 참가해 대거 당선된 사람들이 주축을 이룬 무소속은 무려 126명에 달했다. … (중략) … 이승만으로서는 정당을 만들 이유가 충분히 있었다. 2대 대통령 선거를 당시 헌법대로 국회에서 치르게 된다면 이승만의 재선을 기대할 수 없는 일이었다. 그러기 위해서는 개헌이 필요했고, 국회에서 개헌을 추진하기 위해서는 강력한 정당조직이 필요했던 것이다. 1951년 8·15 경축사를 통해 이승만은 한편으로는 대통령을 국민들이 직접 선거해야 한다는 것을 역설하면서, 다른 한편으로는 "전국에 큰 정당을 조직해서 농민과 노동자들을 토대로 삼"을 때가 되었다고 강조했다. 이승만은 여기서 "정당한 정당"이란 표현을 쓰면서 다른 정당을 정권을 잡기 위한 사당(私黨)으로 몰면서 자신이 만들려고 하는 정당만이 "정당한 정당"이라 규정했다." (한홍구/ 성공회대 교양학부 교수. "자유당의 저주는 풀리지 않는가.「한겨레 21」, 2005년 11월 15일 제585호)

국회의원선거 자유당 국회의원 당선자 현황

실시년도	선거	국회의원 당선자 현황	
		당선자 수(국회의원총수)	당선비율
1954년	3대	114(203)	56.16%
1958년	4대	126(233)	54.08%
1963년	5대	2(233)	0.86%
1967년	6대	0(175)	0%

자료: https://ko.wikipedia.org/wiki/%EC%9E%90%EC%9C%A0%EB%8B%B9_(%EB%8C%80%ED%95%9C%EB%AF%BC%EA%B5%AD)

② 1961년-1987년: 권위주의 정치체제와 패권정당

　　　　1961년 5.16 쿠데타로 집권한 박정희 체제와 1980년 12.12 사태를 통하여 집권한 전두환 체제는 권위주의 정치체제로 특징지을 수 있다. 이러한 상황에서 한국 정당의 민주주의적 기능은 상당히 제약될 수밖에 없었다. 그럼에도 불구하고 민주-반민주라는 정치적 대립구도가 형성되었고,

나름대로의 정당경쟁이 이루어졌다. 1961년 5.16 군사쿠데타 이후 박정희 정권은 2천여 명 이상 정치가들의 공민권을 박탈하고 관제여당인 민주공화당을 창당하여 의회를 장악하였다. 관제 집권여당이 의회를 장악하고 정당경쟁이 제한되었다는 점에서 한국의 공화당은 '패권정당'으로 분류되기도 하였다. 그러나 당시 반정부 비판세력은 직·간접적인 정치적 탄압에도 불구하고 신민당을 중심으로 권위주의적 정권에 저항하였다. 1978년 선거에서는 야당 신민당이 집권여당 공화당보다 더 많이 득표하기도 하였다.

1979년 박정희가 암살된 후 12.12 사태로 집권한 전두환 정부 역시 1980년 광주민주화항쟁을 유혈 진압하고 권위주의적 체제를 유지하였다. 그러나 이미 한국 사회에는 민주주의적 열망이 성장하고 있었고 신한민주당, 민주한국당 등 야당 세력도 활발하게 활동하였다. 이 시기에 김대중, 김영삼 등 야권의 양대 명망가들이 등장하였으며 야당세력은 노동운동세력, 재야 운동권세력, 학생운동세력과 연대하여 1987년 민주화항쟁을 주도하였다.

참고자료

┃ 한국의 정당법과 민주공화당 창당

1961년 군사쿠데타를 통해 집권한 군부는 합법적인 정치활동의 자유를 보장하고 지원하겠다는 선언과 함께 1962년 12월 31일 정당법을 제정하였다. 정당법은 서울과 부산, 도 등 5곳에 법정지구당이 있어야 하며 지구당 수는 국회의원 지역선거구의 3분의 1 이상이 되어야 한다고 규정하는 등 비교적 까다로운 정당설립 요건을 명시하였다. 또한 정당등록이나 해산에 관한 규정을 둠으로써 정당에 대한 국가의 규제를 법제화하였다. 한편 정당법을 통하여 정당의 법적 지위는 대폭 강화되었다. 헌법에 정당조항이 삽입되었으며 대통령과 국회의원 출마 요건에 정당공천이 규정되었다. 이러한 법적 틀에 기반하여 1963년 2월 박정희정부의 집권여당, 민주공화당이 창당되었고 동년 10월 제5대 대통령선거에서 민주공화당의 박정희후보가 대통령으로 당선되었다.

민주공화당의 역대 대통령선거 참여 결과

실시년도	대수	후보	득표	득표율	결과	당선
1963	제5대	박정희	4,702,640표	46.6%	1위	당선
1967	제6대	박정희	5,688,666표	51.4%	1위	당선
1971	제7대	박정희	6,342,828표	53.2%	1위	당선
1972*	제8대	박정희	2,357표	99.9%	1위	당선
1978**	제9대	박정희	2,577표	99.9%	1위	당선

*통일주체국민회의 간선
**통일주체국민회의 간선

자료: https://ko.wikipedia.org/wiki/%EB%AF%BC%EC%A3%BC%EA%B3%B5%ED%99%94%EB%8B%B9_(%EB%8C%80%ED%95%9C%EB%AF%BC%EA%B5%AD)

③ 1987년-현재: 민주화와 정당체제의 복원

1987년 민주화항쟁과 대통령직선제 개헌 이후 한국 정당은 본격적으로 중요한 민주주의적 제도로 자리 잡기 시작하였다. 민주-반민주라는 대립구도가 사라진 이후 진보-보수라는 경쟁구도가 형성되면서 경제사회정책과 통일안보정책 등을 둘러싼 이념적 차별성도 서서히 형성되기 시작하였다.

잦은 당명 변화와 이합집산에도 불구하고 1990년 3당 합당이후 민주자유당(민자당), 한나라당, 새누리당, 자유한국당으로 이어지는 보수정당계열과 민주당계열의 양대 정당계열이 경쟁하는 양당체제가 안정적으로 자리 잡기 시작하였다. 또한 두 정당계열 간에 선거를 통한 평화로운 정권교체가 여러 차례에 걸쳐 반복되었다. 1998년 김영삼 정부(보수계열 민주자유당)에서 김대중 정부(민주계열 새정치국민회의)로 정권교체가 이루어졌으며 2008년에는 노무현 정부(민주계열 열린우리당)에서 이명박 정부(보수계열 한나라당)로 정권 교체가 이루어졌다. 그러나 한편 영남과 호남 간의 지역주의적 정당 경쟁구도가 형성되고 지역주의가 다른 계급·계층적 이익 대표를 압도할 정도로 강해지면서 정당체제의 파행이라는 비판에 당면하기도 하였다.

| 한국 정당사 계보 |

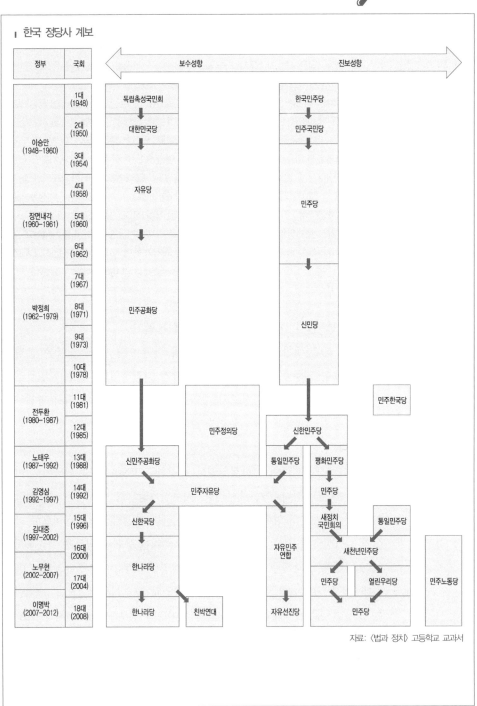

▎ 정당의 이합집산과 3당 합당

이합집산이란 기존의 정당이 분열되어 여러 개의 정당이 되거나, 반대로 여러 정당이 하나의 정당으로 합당되는 현상을 말한다. 이념적 정체성이 아직 명확하지 않은 한국 정당사에는 정당들 간의 이합집산, 당명 개정, 정치가들의 당적 변경 등이 자주 일어나고 있다. 정당의 이합집산은 특히 주로 선거를 앞두고 정치권력을 획득하기 위해 이루어진다. 대표적으로 1992년 대통령 선거를 앞두고 보수당인 민정당, 공화당과 야당세력인 민주당 3당이 합당하여 민주자유당을 만들기도 하였다. 1995년에 김종필은 다시 탈당하여 자유민주연합(자민련)을 창당하였으며 남은 세력은 1996년에 신한국당으로 당명을 변경하기도 했다. 민주자유당은 1997년 대통령 선거를 앞두고 소멸하였다.

"야 3당의 공조체제로 인해 여당은 국회 운영을 비롯한 정국의 운용과 각종 특위에서 수동적으로 끌려 다니는 신세가 되었기 때문에 민정당은 위기 의식을 크게 느꼈다. 민정당은 4당 구도가 지속되는 한 소수라는 한계로 인해 국정장악 능력이 떨어질 수밖에 없었다. 당시 노태우 대통령은 민정당의 한계를 극복하고 정국 안정을 위해 야당의 협조가 절실히 필요했다. 한편 김영삼은 제1야당인 평민당이 정국을 주도할 경우, 민주당의 입지가 없어질지도 모른다는 위기의식을 느끼고 있었다. 사회혼란이 지속되면 민주화라는 시대적 과제가 실종될지 모른다는 우려에서 노태우의 협조요청에 응했다고 밝혔으나 민주당 역시 자신의 한계에서 벗어날 필요가 있었던 것이다. 여기서 민정당과 민주당이 협력할 수 있는 정치적 공간이 형성되었고, 이것이 합당으로 이어져 정당구도 개편이 일어난 것이다. 공화당의 경우, 군소정당으로의 전락을 모면하기 위해 합당을 받아들인 것이다. 합당 후 민자당 대표로 선출된 김영삼은 1992년 대선에서 대통령으로 당선되었다." (심지연, 『한국 정당 정치사』 2013, 379-390).

▎ 현재 한국의 「정당법」과 정당 설립 관련 조항

제3조(구성) 정당은 수도에 소재하는 중앙당과 특별시·광역시·도에 각각 소재하는 시·도당(이하 "시·도당"이라 한다)으로 구성한다.

제4조(성립) ① 정당은 중앙당이 중앙선거관리위원회에 등록함으로써 성립한다.

② 제1항의 등록에는 제17조(법정시·도당수) 및 제18조(시·도당의 법정당원수)의 요건을 구비하여야 한다.

제17조(법정시·도당수) 정당은 5 이상의 시·도당을 가져야 한다.

제18조(시·도당의 법정당원수) ① 시·도당은 1천인 이상의 당원을 가져야 한다.

② 제1항의 규정에 의한 법정당원수에 해당하는 수의 당원은 당해 시·도당의 관할구역 안에 주소를 두어야 한다.

정당은 꼭 필요한가?

자료 1: 의사전달기관?

"사회가 대규모로 정치화되었을 경우 사회와 국가를 서로 이어주는 교통법칙들은 정당제도가 구조화되는 방식에 의해 성립하게 된다. 바로 이 점에서 정당들은 의사전달기관이 되고 정당제도는 사회의 정치적 수로체계가 된다."(사르토리)

자료 2: 전체의 목적에 봉사?

"정당과 파벌의 차이는 정당은 집단이익을 위한 도구이지 경쟁자간의 사적 이익을 위한 도구가 아니라는 점에 있다. 정당은 국민을 정부와 연결시켜 주지만 파벌은 그러한 기능을 수행하지 못한다. 정당은 체계의 능력을 진작시키지만 파벌은 그렇지 못하다. … 이는 근본적으로 파벌들이 단순한 일부 그 자체에 불과하지만 정당들은 전체의 목적에 봉사하는 전체 속의 부분이기 때문이다."(사르토리)

자료 3: 공공의 이익을 희생시키는 파벌?

"오직 개인적 이익에 의해서만 복수의 정당들이 생겨난다. 그리고 야망, 음모, 교활함, 그리고 마키아벨리즘이 발견되는 곳에는 항상 파벌이 존재한다. 공공의 이익을 희생시키는 것이야말로 바로 파벌의 본성인 것이다."(로베스 피에르)

자료 4: 감정적 충동이나 이익?

"내가 이해하는 파벌은 어떤 공통의 감정적 충동이나 이익에 의해 결합하고 행동하는 일단의 시민들이다. 이 때 그들은 전 공동체의 다수일 수도 있고 소수일 수도 있다. 중요한 것은 그들의 이익이나 정열이, 다른 시민들의 권리 또는 공동체의 영속적이고도 집합적인 이익들과 상반된다는 것이다."(메디슨)

〈토론 소주제〉

1. 현대 민주주의 정치체제에서 정당은 필수불가결한 조직인가?

2. 미래의 민주주의 정치체제에서 지금의 정당을 대체할 제도가 있다면 어떤 모습일까?

2. 정당은 어떤 기능을 하는가?

1) 정당의 기능

정당은 현대 민주주의 국가에서 국가와 시민을 연결하는 가장 중요한 연결고리(linkage)이다. 아래로부터의 시민의 요구와 이익을 집약하여 국가 정책에 반영하는 것이 정당의 가장 중요한 기능인 것이다. 이러한 정당의 기능은 다양하게 세분화하여 정의내릴 수 있으나 무엇보다도 크게 세 가지 요소 또는 과정으로 축약된다. 첫 번째는 '이익표출'(interest articulation)과 '이익집약'(interest aggregation) 하는 과정이며, 두 번째는 선거에 참여하여 후보를 내고 선출직 공직을 차지하는 과정이다. 마지막으로 정당은 정부를 구성하거나 국가정책 결정과정에 참여한다.

❶
왜, 그리고 어떻게 정당은 시민의 이익을 대변하는가?

'이익표출'이란 '정치적 집단에 의해 요구들이 형성되고 표현되며, 정부에게 이러한 요구가 전달되는 과정'이다. 또한 '이익집약'은 '서로 다른 집단들의 요구를 취합해 공공 정책에 반영하는 과정'이라고 정의할 수 있다. 민주주의 정치체제가 유지되기 위해서는 이 두 과정이 원활하게 이루어져야 한다. 그리고 이 과정에서 정당은 핵심적 역할을 수행한다.

그러나 '이익표출'과 '이익집약'은 그리 단순한 문제가 아니다. 무엇보다 사회 집단은 다양하며 따라서 집단적 이익이 충돌하는 경우도 많다. 예를 들어 노동자와 자본가, 도시주민과 농촌주민, 청년세대와 노인세대는 각각 다른 이해관계를 갖는다. 어떤 집단의 이익을 대변할 것인가?에서 정당의 이념적 성격이 달라진다. 어떤 정당은 노동자의 이익을, 어떤 정당은 자본가의 이익을, 어떤 정당은 도시주민의 이익을 가장 중요하게 대변할 것이다. 그러나 한 집단의 이익표출에 너무 집중함으로써 다른 계층이나 집단의 지지를 잃어버릴 수도 있다. 따라서 정당은 동시에 전 사회적 이익을 대변하려고 노력하며 보다 다양한 집단의 정치적 요구가 무엇인지를 파악하고 그 요구들을 정부 정책에 반영하도록 노력한다.

❷
왜, 그리고
어떻게
정당은
선거에
참여하는가?

현대 민주주의 국가에서 거의 모든 정당은 선거에 참여한다. 선거에 후보자를 내세우고 이를 통해 공직을 확보하고자 한다. 이 과정에서 정당은 다양한 기능을 수행한다. 첫째, '정치 충원'(political recruitment)이다. 의회나 행정부에 필요한 인적 자원을 준비시키고 충원하는 역할을 한다. 둘째, 정당 지지자들이나 유권자들에게 일종의 '브랜드'(brand) 역할을 한다. 선거에서 후보를 선택할 기준을 제시하거나 복잡한 쟁점을 해석하는 일종의 렌즈를 제공하기 때문이다. 마지막으로 '정치 교육' 기능이다. 정당은 선거 시기에는 물론이고 선거가 없을 때에도 유권자들에게 자신의 이념적·정책적 방향성에 대하여 알리고 지지를 호소한다. 이는 사회적 쟁점이나 주제에 대한 정치교육이 될 수 있다.

참고자료

| 후보 공천

후보 공천(candidate nomination)이란 정당이 공직선거에 내보낼 후보자를 선정하는 것을 말한다. 공천은 유권자들이 선거에서 선택할 자신들의 대표를 정당이 미리 정하는 과정이라는 점에서도 매우 중요한 의미를 갖는다. 공천은 소수 핵심 당 지도부가 결정하는 방식부터 당원들이 다수의 예비후보를 대상으로 당원협의회에서 결정하는 방식, 일반유권자까지 광범위하게 경선에 참여하는 방식 등 다양한 형태로 이루어진다.

---

❸
왜, 그리고
어떻게
정당은
국가운영에
참여하는가?

정당은 선거에서 승리하게 되면 공직을 차지하고 다양한 방식으로 국가운영에 참여하게 된다. 행정부의 수반인 대통령이나 장관 등의 공직을 맡아 정부에 참여하거나 입법부인 의회의 의원직을 보유함으로써 입법 활동에 참여하는 것이 대표적이다. 다수당과 소수당의 역할도 다르다. 선거에서 승리한 집권당인 여당은 직접 행정부를 구성해 국정을 운영하는 반면, 야당은 정부 정책에 대한 감시와 비판, 그리고 대안 제시를 통해 국정에 간접적으로 참여하게 된다.

정당이 정부구성에 참여하는 방식은 대통령제나 의원내각제 등 국가 형태에 따라서 상이하다. 의원내각제에서는 의회 다수당의 대표가 수상이 되고 다수당 또는 연립정부에 참여하는 정당들이 내각을 구성하기 때문에 정당은 의회선거에 승리하면 동시에 행정부 권력을 장악할 수 있다. 따라서 의원내각제에서 정당은 전적으로 국가운영의 책임을 진다.

반면 대통령제에서는 행정부, 입법부, 사법부 간의 권력분립이 중요하고 대통령은 독자적인 선거를 통해 선출되기 때문에 정당 소속일지라도 정치적인 독립성을 갖는다. 또한 행정 각부의 장관도 대통령에 의해 임명되기 때문에 정치적 책임은 정당보다는 대통령에게 있다. 즉, 정부 구성과 운영에서 정당의 역할은 일반적으로 대통령제에서보다는 의원내 각제하에서 더 강하다. 대통령제에서는 의회에서의 다수당이 대통령 소속 정당인지, 아니면 야당인지에 따라 정당의 역할이 달라지기도 한다. 특히 '분점 정부'(divided government) 상황에서는 여당의 역할이 축소되고 다수당인 야당의 역할이 강해질 수 있다.

참고자료

▎단점 정부와 분점 정부

대통령제에서는 행정부 수반인 대통령과 입법부 구성원인 의원들이 각기 별도의 선거를 통해 선출된다. 따라서 대통령과 다수당이 다를 경우가 있다. 의회 선거에서 대통령 소속 정당이 다수당을 차지할 경우 이를 '단점 정부'(unified government)라고 하는 반면, 의회 선거에서 야당이 다수당 지위를 점할 경우는 '분점 정부'(divided government)라고 한다.

단점 정부에서는 행정부와 입법부를 동일 정당-대통령 소속 정당-이 장악하고 있기 때문에 대통령의 정책 의제 추진이 비교적 수월할 수 있다. 반면 분점 정부에서는 대통령과 입법부의 다수당인 야당과의 사이에 갈등 관계가 형성될 가능성이 높으며, 따라서 '정책 교착'(policy gridlock)이 자주 발생할 수 있다.

❹
정당은
약화되고
있는가?

다수의 정당 연구자들은 20세기 중반 이후 정당의 기능이 약화되고 있다고 본다. 특히 전통적으로 강력한 대중조직을 기반으로 하였던 유럽의 정당조직은 점차 취약해지고 있다. 개인주의와 탈물질주의(post-materialism)가 확산되면서 젊은 세대는 더 이상 적극적으로 정당 조직에 참여하지 않는다. '정당일체감'(party identification)도 약화되고 있으며 뚜렷한 정당을 지지하기보다는 당면한 선거이슈에 따라 정당선호가 바뀌는 무당파층이나 유동층이 증가하고 있다. 한편 전통적인 대중정당의 영향력은 약화되고 특정한 이슈만을 주장하는 소규모 정당이 등장하기도 한다.

또한 몇몇 학자들은 정당의 전통적인 역할인 선거에서의 후보 공천이나 정부 정책 참여도 약화되고 있다고 주장한다. 다른 조직들, 예를 들어 전문가 집단이나, 그리고 이익 집단이나 시민 단체와 같은 결사체들이 정당의 영향력을 대체하고 있다는 것이다. 또한 시민이 직접민주주의적인 방식으로 정치에 참여하게 될 것이라는 주장도 등장하고 있다. 그러나 정당은 여전히 특정 영역에서는 중요한 역할을 하고 있으며 일부 영역에서는 더욱 그 기능이 강화되고 있기도 하다. 특히 정당은 대부분의 민주주의국가에서 정부를 구성하고 정책을 개발·집행하는 가장 중요한 제도라고 할 수 있다.

참고자료

┃ 정당일체감

정당일체감(party identification)은 '유권자가 특정 정당에 대해 갖는 애착심'으로 정의할 수 있다. 정당일체감은 일종의 '인지적 지름길'(cognitive shortcut) 역할을 한다. 유권자가 특정 정당에 대한 정당일체감을 가지고 있다면 선거에서 모든 후보에 대해 일일이 비교·평가하지 않고 그 정당이 공천한 후보를 선택하게 될 가능성이 높다. 또한 정책 쟁점의 경우에도 개별 정책 각각에 대해 비교·평가하지 않고 일체감을 가지고 있는 정당의 주장을 받아들일 가능성이 높다. 이러한 정당일체감은 주로 가정에서 부모로부터 학습된다.

┃ 정당이념은 더 이상 중요하지 않은가? 미국 정당체제의 양극화

미국 정당체제는 일반적으로 포괄정당(Catch-all party), 즉 이념적 지향이 뚜렷하지 않고 포괄적으로 대부분의 유권자집단에 호소하는 정당의 전형적인 사례로 여겨져 왔다. 미국의 공화당과 민주당 양당의 이념적·정책적 차이가 크지 않고 당원규모도 적으며 시민들의 정당 일체감도 유럽 정당에 비하여 취약했기 때문이다. 1990년대 중반에는 유럽 정당들도 점차 포괄정당화되어 간다는 입장이 우세하였다.

그러나 최근 공화당과 민주당 간의 이념적 차이가 커지고 시민사회도 양극화되는 현상이 점차 강화되고 있다. 정당체제의 이념적 양극화현상은 최근 다수의 유럽국가에서도 나타나고 있다. 아래 그림에 따르면 공화당과 민주당의 이념적 간극은 1930년대 들어 점차 좁혀졌으나 1980년대 이후 다시 급격히 커지고 있다.

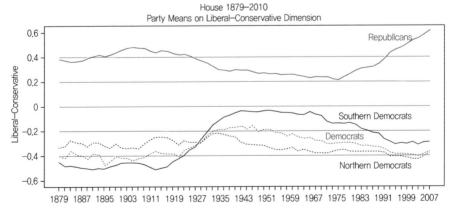

미국 공화당과 민주당의 이념적 간극
자료: https://en.wikipedia.org/wiki/Polarization_(politics)#/media/File:NOMINATE_polarization.jpg

2) 한국 정당의 기능

❶
**한국 정당은
어떻게
시민의
이익을
대변하는가?**

현대의 한국 정당이 가장 강력하게 대변하는 이익 중 하나는 지역 이익이라고 할 수 있다. 계급·계층적 이익이 가장 중시되는 서구의 정당과 다른 점이다. 1987년 민주화 이후 제13대 대통령선거에 출마하였던 노태우, 김대중, 김영삼, 김종필 등 유력 정치가들이 지역주의에 호소하면서 호남의 평민당(김대중)-영남의 민주당(김영삼)-충청의 공화당(김종필)이라는 정당경쟁 구도가 형성되었던 것이다. 한나라당에서 새누리당, 자유한국당으로 이어지는 보수정당은 영남에, 그리고 새천년민주당에서 민주당, 더불어민주당으로 이어지는 민주당계열은 호남에 강력한 지지기반을 유지해 오고 있다.

반면 계급 간·계층 간 갈등 등은 아직 강하게 드러나지 않고 있다. 민주노동당, 진보신당, 노동당, 정의당 등 노동자계급의 이익대변을 표방하는 소규모 정당이 등장했지만 이들의 영향력은 상당히 제한되어 있다.

그러나 2000년대 초반 이후 세대 갈등이나 이념 갈등을 기반으로 한 정당 간 경쟁 구도가 등장하고 있다. 새로운 젊은 세대는 탈물질주의, 탈권위주의, 개인주의적 지향을 갖고 있었으며 반면 지역주의 정서는 약하다. 최근 세대 간 갈등은 이념 갈등으로 발전하고 있다. 젊은 세대일수록 진보적 성향을, 연령이 높을수록 보수적 성향을 보이고 있다. 특히 박근혜 전 대통령 탄핵 이후 치러진 2017년 대통령선거에서는 지역주의적 구도가 약화되고 정책·이념적 경쟁구도가 강화되었다.

참고자료

| 지역주의

지역주의는 지역적 이익이나 지역정서에 호소하면서 유권자의 지지를 호소하거나 또는 정치집단을 지지하는 행태를 의미한다. 예를 들어 김대중 전 대통령은 1997년도 대통령 선거 당시 전북에서 최대 92.3%(1997), 전남에서 최대 94.6%(1997), 광주에서 최대 97.3%(1997)의 지지를 획득하였다. 반면 보수정당 이회창후보는 경남에서 최대 67.5%(2002), 부산에서 최대 66.8%(2002), 대구에서 최대 77.8%(2002)의 지지를 얻었다. 그림은 1997년도 대통령선거결과의 지역편재를 보여준다.

광역시·도별
우세지역
■ 김대중
■ 이회창

자료: https://https://ko.wikipedia.org/wiki/%EB%8C%80%ED%95%9C%EB%AF%BC%EA%B5%AD_%EC
%A0%9C15%EB%8C%80_%EB%8C%80%ED%86%B5%EB%A0%B9_%EC%84%A0%EA%B1%B0

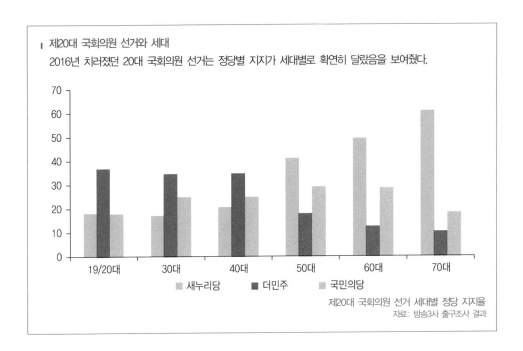

| 제20대 국회의원 선거와 세대 |
2016년 치러졌던 20대 국회의원 선거는 정당별 지지가 세대별로 확연히 달랐음을 보여줬다.

제20대 국회의원 선거 세대별 정당 지지율
자료: 방송3사 출구조사 결과

❷
한국 정당은
어떻게
선거에
참여하는가?

　　한국의 정당들은 해방 직후 상당 기간 선거 과정에서 중요한 역할을 하지 못했다. 1948년 제1차 국회의원 선거 당시 입후보자의 44%, 당선자의 42.5%가 무소속이었다. 그러나 1963년 선거법 개정으로 정당공천이 법제화되고 무소속 출마가 금지되면서 정당은 선거에서 보다 중요한 역할을 하기 시작하였다. 초기에 각 당들은 상향식 공천규정을 만들었지만 실질적으로는 계파 보스 등 권력자가 하향식으로 후보공천을 하는 관행이 오랫동안 유지되었다. 민주당계열 야당도 마찬가지였다. 민주당이나 신민당이 대의원대회에서 대통령후보를 선출한 사례도 있지만 전반적으로 권위주의적 지도자에 의한 폐쇄적인 하향식 공천방식에서 크게 다르지 않았다.

　　정당 지도자에 의한 하향식 공천방식이 약화되기 시작한 것은 '3김'이 정치무대에서 퇴장한 2002년 대통령선거부터였다. 2002년 12월의 제16대 대선에서 새천년민주당이 '국민참여 경선방식'을 도입한 후 대통령선거에서 국민참여경선은 필수적인 절차로 자리잡았고 2004년 제17대 국회의원선거부터는 국회의원 후보 공천에서도 경선규정이 도입되었다.

┃ 3김

'3김'은 60년대부터 90년대까지 한국 정당정치에 막강한 영향력을 행사하였던 3인의 정치가를 지칭한다. 20여 년 동안 민주화운동진영의 지도자로서 신민당과 민주당 대통령선거후보, 국민회의 대통령선거후보, 15대 대통령을 역임하였던 김대중 전 대통령, 역시 민주화운동진영의 지도자이자 민자당대표, 제14대 대통령을 역임하였던 김영삼 전

자료: https://ko.wikipedia.org/wiki/%EA%B9%80%EB%8C%80%EC%A4%91 ; https://ko.wikipedia.org/wiki/%EA%B9%80%EC%98%81%EC%82%BC ; https://ko.wikipedia.org/wiki/%EA%B9%80%EC%A2%85%ED%95%84

대통령, 5.16 군사쿠데타에 참여한 이후 공화당과 자유민주연합 총재를 역임하였던 김종필 전 총재가 이들이다. 이들 '3김'은 한국 정치 발전에 크게 기여하였지만 이들의 압도적인 영향력은 한국 정당이 오랫동안 인물중심, 계파중심, 지역주의적인 성격을 갖는 데 중요한 요인이 되었다.

❸
한국 정당은
어떻게
국가운영에
참여하는가?

한국은 대통령제 정부 구조의 특성상 대통령이 독자적인 선거를 통해 선출되고 독자적으로 행정부 장관들을 임명한다. 따라서 정당의 영향력은 의원내각제에 비하여 약한 편이다. 대통령선거후보자는 정당에서 공천되지만 정치적 독자성을 갖고 선거 운동을 하는 경향이 있다. 즉 대통령 선거가 '정당 중심'(party-centered)이 아닌 '후보 중심'(candidate-centered)으로 치러지는 경우가 일반적이다. 더욱이 한국은 권위주의체제의 역사를 거치면서 '제왕적 대통령제'라고 부를 정도로 대통령의 권한이 강하며, 정당보다 우위에 있다고 할 수 있다.

따라서 한국 정당의 국가운영 참여는 주로 입법부 활동에 집중되어 있다. 첫째로 정당은 선거를 통하여 국회의원을 배출한다. 국회의원은 지역구 또는 비례대표제를 통하여 국회에 진출하며 개별적 입법활동 외에도 정당교섭단체, 위원회 등에 소속되어 정책을 개발하고 입법과정에 참여한다. 또한 '국정감사'나 '국정조사' 등에 참여하여 정부활동을 감시하며, 정부 예산안을 심의, 의결한다. 또한 여당의 경우 특정 사안에 대해서 정부와의 협조관계를 통해 정책 영향력을 행사하기도 한다. '고위당정정책조정회의' 혹은 '부처별 당정협의회' 등이 그 예이다.

ı 제왕적 대통령제

'제왕적 대통령제'라는 개념은 언론과 학계 일부에서 통용되는 단어로서 견제되지 않는 강력한 대통령의 권력을 지칭한다. 대통령제는 원래 행정부-입법부-사법부 간의 견제와 균형을 핵심으로 한다. 그러나 많은 전문가들은 한국의 경우 권위주의적 정치문화의 잔재 속에서 의회나 사법부가 대통령권력을 견제하지 못하고 수동적으로 복종한다고 지적한다.

반면 일부에서는 '제왕적 대통령'이라는 명칭은 부적절하다고 비판한다. 오히려 이들은 민주화 이후 대통령과 의회다수당이 다른 '분점정부(여소야대)'가 자주 등장하면서 국정이 마비되는 등, 의회가 과도하게 대통령을 견제하는 측면도 있다고 지적한다.

ı 국회의 교섭단체

한국의 국회에서 정당은 교섭단체를 구성하여 입법과정에서 보다 효율적으로 정당 내의 의견을 조율할 수 있다. 국회법 33조에 따르면 "국회에 20인 이상의 소속의원을 가진 정당은 하나의 교섭단체가 된다. 그러나 다른 교섭단체에 속하지 아니하는 20인 이상의 의원으로 따로 교섭단체를 구성할 수 있다."

교섭단체는 국고보조금과 입법지원비를 받으며 국회운영의 핵심적인 권한에서 우선권을 보장받는 등 많은 재정적·행정적 특권을 누린다.

2017년 5월 현재 20대 국회에는 더불어민주당(119석), 자유한국당(94석), 국민의당(40석), 바른정당(20석), 정의당(6석), 새누리당(1석)이 진출해 있으며 20석이 넘는 네 개 정당의 교섭단체가 구성되어 있다.

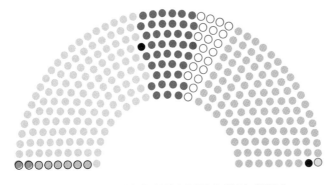

- ● 공석: 1석
- ○ 더불어민주당: 121석
- ○ 자유한국당: 107석
- ● 국민의당: 40석
- ○ 바른정당: 20석
- ◎ 정의당: 6석
- ● 새민중정당: 2석
- ○ 대한애국당: 1석
- ● 무소속: 2석

원내 제1당/제1교섭단체는 본회의장 중앙에 의석이 배치된다.

20대 국회의 정당 구성

자료: https://ko.wikipedia.org/wiki/%EB%8C%80%ED%95%9C%EB%AF%BC%EA%B5
%AD_%EA%B5%AD%ED%9A%8C#/media/File:20th_Assembly_of_the_ROK.svg
(2017.9 기준)

▎ 당정협의회

한국은 「국무총리훈령」 제613호 "당정협의업무 운영규정"에 따라 행정부와 여당 간 정책 협의를 위한 당정협의회를 운영하고 있다. 다음은 제613호의 관련 조항을 발췌한 것이다.

당정협의업무 운영규정

제1조(목적) 이 규정은 행정부가 정당과의 정책협의업무(이하 "당정협의업무"라 한다)를 수행함에 있어서 필요한 사항을 정함으로써 당정협의업무의 책임성과 효율성을 높이는 것을 목적으로 한다.

제4조(당정협의업무) ① 각 부·처·청 및 위원회의 장은 다음 각 호의 사항에 관하여 여당과 협의하여야 한다.

　1. 법률안

　2. 대통령령안

　3. 국민생활 또는 국가경제에 중대한 영향을 미치는 정책안

제7조(고위당정협의회의 운영) ① 행정부와 여당 사이에 제4조제1항 각 호의 사항에 대한 정책협의 및 조정을 위하여 고위당정협의회를 둔다.

② 국무총리는 고위당정협의회의 운영을 총괄하되, 국무총리가 고위당정협의회의 회의를 개최하려면 여당의 대표와 미리 협의하여야 한다.

③ 고위당정협의회의 회의는 국무총리와 여당의 대표가 공동으로 주재하며, 참석자는 다음 각 호와 같다.

1. 국무총리가 지명하는 관계 부·처·청·위원회의 장 및 관계 공무원

2. 여당의 원내대표·정책위원회 의장, 그 밖에 여당의 대표가 지명하는 당직자

　　　　　　　… (중략) …

⑤ 고위당정협의회의 회의는 원칙적으로 매월 1회 개최한다. 다만, 회의를 개최할 사유가 없거나 긴급한 현안이 있는 경우에는 그러하지 아니하다.

　　　　　　　… (중략) …

제8조(부처별 당정협의회의 운영) ① 각 부·처·청 및 위원회와 여당의 정책위원회 사이에 제4조제1항 각 호의 사항에 대한 정책협의 및 조정을 위하여 부처별 당정협의회를 둔다.

④ 부처별 당정협의회의 회의는 원칙적으로 2개월마다 1회 개최한다.

▎ 국회의 상임위원회

국회에는 총 16개 상임위원회와 특별위원회가 분야별로 구성되어 있으며 법률의안과 청원 등을 심사한다. 정당은 국회의장과 상임위원장 배분을 통하여 영향력을 확보하고자 한다. 개별 국회의원들은 위원회에 소속되어 정책을 심사하며 동시에 정당교섭단체를 통하여 정당의 입장에 상응하게 입법활동을 한다.

2016년 총선 이후 구성된 20대 국회에서는 자유한국당(전 새누리당)이 8개, 더불어민주당이 8개, 국민의당이 2개 상임위원회 위원장을 확보하였다.

한국 정당의 지역주의는 어디서 왔고 무엇이 문제인가?

자료 1: 정치엘리트의 전략?

"민주화 정치세력의 분열은 결정적으로 민주·반민주 정치균열의 와해를 초래했고 진보세력의 정치사회 진입이 제도적으로 사실상 봉쇄된 상태에서 계급적·계층적 균열이 이를 대체할 수도 없는 상황이 조성되었다. 그 결과 경북, 경남, 호남, 충청이라는 상이한 지역 거점을 확보하고 있던 정치엘리트들의 전략적 선택에 의한 지역주의 전선이 정치사회내에 급속히 형성되었고, 또 이 전선은 대통령선거와 이듬해의 국회의원 선거를 거치면서 본격적으로 시민사회에 하향 부과되었던 것이다." (김수진, 『한국 민주주의와 정당정치』(2008), p. 119)

자료 2: 지역주의적 편견?

"지역주의 정치구도는 여전히 우리사회에 존속하고 있다. 물론 정치권과 사회 일반에서 지역주의적 차별과 정치동원은 타파 되어야 할 대상으로 인식되고 있지만, 우리사회 곳곳에 지역주의와 관련된 편견들이 존재하고 있음은 부정할 수 없다. 나아가 지역주의적 편견은 최근 인터넷 및 언론을 비롯한 사회적 담론의 장에서 '전라디안', '홍어', '과메기', '종북좌빨', '수구 꼴통' 등과 같이 상징적이고 정치화된 형태로 교묘히 변형되어 새롭게 등장하고 있다.... 지역주의적 고정 관념 및 편견이 일단 사람들의 내면 깊숙이 자리 잡게 되면, 정치·경제·사회적 변화에도 불구하고 쉽게 사라지지 않는다." (김용철·조영호, "지역주의적 정치구도의 사회심리학적 토대,"『한국정당학회보』, 14(1), 2015, p. 123.)

자료 3: 권위주의체제의 잔재?

"지역정당체제가 계속되고 있는 것은 유권자가 지역주의적 투표결정을 하기 때문이 아니라 경쟁의 절차와 제도만 민주화되었을 뿐 오랜 권위주의 체제하에서 주조된 정치적 대표체제의 구성적 특징들이 그대로 유지되고 있기 때문이다. … 매 선거마다 지역구도로 특징지어지는 표의 지리적 분절성이 나타나고 있는 것은 지역주의와 같이 문화적 균열이나 지역 간 대립 때문에 나타나는 현상이 아니라, 지역을 가로지르는 선호와 정책적 요구가 정치적으로 표출되고 집약될 수 있는 투표결정상황을 갖지 못했다는 데 기초를 두고 있는 것이다." (박상훈, "한국의 유권자는 지역주의에 의해 투표하나,"『한국정치학회보』, 35(2), 2001, p. 132.)

자료 4: 지역주의 밑에는 경제?

"지역주의와 세대투표는 눈에 보이는 현상일 뿐이다. 사실 그 밑에는 경제가 깔려 있다. 현재 가난하거나 가난에 빠질 위기에 놓인 젊은 세대가 야당을 지지하고 투표를 하기 시작했다. 가난이란 말이 촌스럽긴 하지만 사실이다. 경제적 이유 때문에 젊은 세대가 투표를 했고 지역구도를 완화했다. 선거를 관통하는 본질은 경제적 문제다. 2017년 대선도 마찬가지다. 과연 어느 정당이 경제 문제의 핵심인 일자리를 만들고 정책대안을 제시할 수 있는지가 시대정신이 될 것이다." (성한용, "지역주의 완화·세대투표 밑엔 경제문제 깔려 있어." 「한겨레신문」, 2016. 05. 22.)

〈토론 소주제〉

1. 한국의 지역주의, 원인은 무엇인가?
2. 한국의 지역주의, 타파되어야 하는 해악인가? 필요한 이익표출인가?
3. 한국의 지역주의, 해결방법은 무엇인가?
4. 지역주의를 대체하는 새로운 정당경쟁구도가 생겨나고 있는가?

3. 정당의 유형

1) 세계 정당사에 나타난 정당 유형

　민주주의가 발전하면서 정당 유형도 변화해갔다. 18~19세기는 소수 엘리트 중심의 정당이 일반적이었다. 그러나 선거권이 확대되면서 20세기 초반 소외되어 있던 계층이나 집단이 정치적 요구를 실현하기 위해 특정 이념이나 신념에 기반한 정당을 조직하게 된다. 이는 대중 정당의 모습을 띠었다. 그러나 제2차 세계대전 이후 경제 부흥으로 인해 중도적 신념을 가진 중산층이 증가하였고, 따라서 이전의 특정 계층이나 이념 중심의 대중 정당들은 선거에서 승리하기 위해 이념을 탈피한 이른바 '포괄 정당'으로 전환하게 된다. 다음에서는 이러한 정당 유형을 차례로 살펴보자.

❶ 간부정당

　유럽과 미국의 19세기 초기 정당들은 '의회 내부'로부터 발전한 정당 엘리트 중심 조직 또는 '코커스'(caucus) 기반의 조직이었다. 정치학자인 뒤베르제(Maurice Duverger)는 이를 '간부정당'(cadre party)이라고 불렀다. 간부정당은 소수의 엘리트로 구성되었는데 이들은 스스로 국회의원 후보자가 되고 선거비용도 부담했다. 이들은 비교적 동등하게 권력을 나눠 가졌기 때문에 정당의 권력구조는 분권적이었다. 간부정당은 주로 선거 때만 활동하고 평상시에는 별 활동을 하지 않는 엘리트 조직이었다. 선거

참고자료

> **| 코커스(caucus)**
> 　간부정당의 기초단위인 코커스는 18세기 초 미국 동부의 인디언들이 사용하던 용어로 '밀담'을 의미하며 위원회 또는 간부회의라는 뜻을 가지고 있다. 일정한 소수 엘리트로 구성된 코커스에 참여하기 위해서는 기존 구성원의 추천이 필요했다. 코커스는 핵심 당 간부들만 참가하는 폐쇄적인 형태로 선거 때 마다 정당 후보자를 선출하고 지원하는 활동을 하는 등 막강한 영향력을 행사했다. 현재는 그 의미가 달라졌는데, 미국에서 코커스는 해당 선거구에 거주하는 유권자들이 큰 제약 없이 정당 후보자의 선출에 참여할 수 있는 예비선거의 하나이다.

운동도 선거권을 가진 유권자가 비교적 소수-사회적 지위와 부를 가진 특정 계층-였기 때문에 개인적, 인간적 관계에 기초한 느슨한 네트워크 형태로 치러졌다. 정당의 재정도 이들 엘리트들이 개인적으로 충당했다.

❷
대중정당

대중정당(mass party)은 19세기 후반부터 20세기에 걸쳐 주로 의회 외부로부터 조직되어 나타난 유형이다. 그 시기 선거법 개정으로 선거권이 확대되면서 유럽에서는 노동자 계층을 기반으로 사회주의를 추구하는 정당들이 창당되었다. 이외에도 종교나 인종 집단에 기반한 다수의 정당이 출현하였다. 정당의 기초 조직은 '지부'(branch)였다. 대중정당에서 '당원'(party member)의 역할은 매우 중요했다. 예를 들어 초기 사회주의 정당들은 수많은 노동자가 자동적으로 구성원이 되었기 때문에 당원 수가 많았으며 이들이 내는 당비로 운영이 가능했다. 특정 신념을 공유하는 당원들 사이에서 정당 규율은 강했고, 당의 정책이나 후보 결정과정에서도 당원의 영향력은 강했다.

엘리트 정당의 성격을 띠고 있었던 기존 정당들도 이와 같은 대중정당의 등장에 영향을 받아 대중정당으로 변모하였다. 선거권자의 확대로 인해 기존의 소수 엘리트 중심의 느슨한 조직으로는 선거 승리가 불가능했기 때문이다. 따라서 이들은 중산층 유권자들이 자발적으로 정당에 가입할 수 있도록 하고 이들의 이익을 대변하는 정강과 정책을 채택했다.

참고자료

┃ 공산당과 파시스트당은 어떻게 조직되어 있을까?

"공산당과 파시스트당은 자발적인 선택에 의해 정당원이 되지만 당원과 정당의 관계는 이익에 국한된 것이 아니라 성직자와 신도들의 관계처럼 서약집단적인 관계이다.

공산당의 기초조직은 세포(cell)이다. 세포 간의 횡적인 연락이 전혀 없고 위로부터 종적으로 조정되는 조직이고, 이 중 일부가 파괴되어도 공산당 자체에는 별 영향을 미치지 않을 뿐 아니라 파괴된 세포조직은 재건될 수 있는 조직이다. 공산당의 지도자들은 원칙상 모두 선거에 의해 선출되고 그들은 선출하는 사람들에게 책임을 지게 되어 있으나 실제로는 위로부터 임명되는 것이나 마찬가지이

그림은 무솔리니와 제복을 입고 총으로 무장한 채 행진하고 있는 이탈리아 파시스트당 당원들의 모습을 보여준다.
자료: https://en.wikipedia.org/wiki/National_Fascist_Party#/media/File:Mussd.jpg

며, 선거는 1인 후보자에 대한 찬반투표에 지나지 않는 요식행위일 뿐이다. 공산당의 최고 지도자 그룹인 정치국의 성원들은 엘리트 그룹 내에서의 호선방식에 의해 충원되고, 당서기의 영향력은 나라에 따라 차이가 있지만 거의 절대적이다.

파시스트 정당의 기초조직은 전투대(militia)였다. 전투대 구성원들은 군대식 기율을 가지고 군대식 훈련을 받았고 군대식 복장과 의식을 지켰다. 하지만 법적 신분은 민간이었다. 그들의 임무는 당과 지도자를 보호하고 때로는 무력으로 정권을 탈취하는 것이었다. 전투대 외에 직장세포와 지부도 있었지만 나치당과 파시스트당이 다른 정당과 차별화되는 것은 전투대의 존재 때문이다. 파시스트 정당들은 지도자의 민주적 성격을 원칙적으로 부정하고 '지도자 원칙'을 신봉한다. 지도자 원칙은 신의 섭리이든 우연한 기회에 의해서든 어떤 특정인이 지도자가 된 것은 운명적으로 그렇게 되었다고 보는 것이다. 최고지도자는 하급 지도자들을 임명하고 이들이 국가를 통치한다."

(서울대교수 공저 『정치학의 이해』, pp. 275-277)

❸ 포괄정당

2차 세계 대전 이후 경제가 성장하고 복지 국가가 등장하게 되었다. 계급 갈등이 약화됨에 따라 대중정당이 쇠퇴하게 되었고, 1960년대 키르히하이머(Otto Kirchheimer)는 이 새로운 정당유형을 '포괄정당'이라고 표현하였다.

포괄정당이란 노동자 계급이나 자본가 계급 등 어느 특정 집단의 지지에 의존하지 않고 거의 모든 계층의 유권자들에게 지지를 호소하며 포괄적인 정책을 제시하는 정당이다. 산업화와 경제성장으로 인해 계급·계층 내 특성이 약화되고 계층 간 이동이 활발해지면서 이념을 토대로 한 계급·계층별 충성도도 약해졌다. 따라서 특정 계층의 지지에만 의존했던 기존의 대중정당은 선거에 이길 수 없게 되었다. 그 결과 특정 신념이나 이념을 공유하는 특정 계급이 아니라 보다 많은 유권자에게 지지를 호소함으로써 선거승리를 추구하는 '선거지상주의'(electoralism)가 일반화되었다. 포괄정당 유형에서는 이념보다는 '인물'의 중요성이 강조되고 당원보다는 일반 유권자가 더 중시된다. 전문가들은 대부분의 현대 정당들이 포괄정당화되고 있다고 주장하고 있다.

❹ 기타 현대 정당 유형을 둘러싼 논쟁

최근에 와서 전문가들은 새로운 두 가지 정당 유형이 등장하고 있다고 주장한다. 파네비앙코(Angelo Panebianco)는 1980년대에 '선거전문가정당'(electoral-professional party)이 등장하고 있다고 주장하였다. 선거가 가장 중요해지는 현대 시대에는 정당기능이 선거중심으로 재편된다는 것이다. 선거전문가정당에서는 당 관료보다는 선거이슈를 만드는 전문가들, 당원보다는 유권자들이 중요하며 당비보다는 국고 보조금 같은 공공 자금이 중요하다.

또한 1990년대에 카츠와 메이어(Katz and Mair)는 카르텔 정당이 출현하고 있다고 주장했다. 국고보조금과 같은 재정적 자원을 둘러싸고 거대 정당들 간에 카르텔이 형성되었다는 주장이다. 사회경제적 변화로 인해 정당과 지지자들 간 연계가 약해지는 한편 조직적 측면에서도 정당의 국가 의존도가 심해지게 되었다는 점, 당비를 내는 당원이 감소할 뿐 아니라 이슈에 따라 지지하는 정당을 바꾸거나, 정당 전반에 대한 관심과 참여가 줄어드는 등의 환경변화 속에서 정당들이 변질되어 가고 있다는 비판적 주장이다.

| 거대 정당의 카르텔(cartel)

카르텔이란 동일 업종의 기업들이 이윤의 증대를 노리고 자유 경쟁을 피하기 위해 협정을 맺는 것으로 시장 독점의 연합 형태를 의미하는 경제용어이다. 정당의 카르텔화란 기업들 간의 시장 독과점을 위한 연합 행위처럼, 기존의 거대 정당들이 자기들끼리만 국고 보조금을 나누기 위해 새로운 정당의 원내 진입을 어렵게 하는 제도를 만드는 등 연대하는 행위를 일컫는다.

| 정당의 몰락? 대중정당 당원의 감소

전통적으로 강력한 정당조직을 운영하였던 대중정당 당원의 감소는 20세기 후반 '정당몰락론'을 야기한 가장 중요한 현상중의 하나였다. 그림은 대표적인 대중정당, 독일 사회민주당(SPD)의 당원규모 감소현상을 보여준다. 사민당의 당원규모는 1950년대 이후 꾸준히 증가하여 1970년대 중반 백만 명에 달하였다. 그러나 1970년대 중반부터 점차 하락하기 시작하여 2000년대 이후에는 49만 명으로 당원규모가 축소되었다.

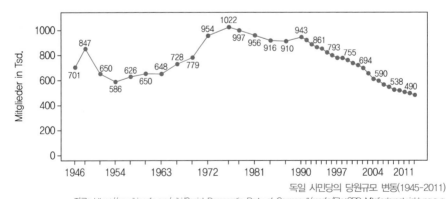

독일 사민당의 당원규모 변동(1945-2011)

자료: https://en.wikipedia.org/wiki/Social_Democratic_Party_of_Germany#/media/File:SPD_Mitgliederentwicklung.svg

2) 한국의 정당유형

❶
한국 정당의
성격

일반적으로 서구 민주주의 국가의 정당들은 간부정당에서 대중정당으로, 대중정당에서 포괄정당으로, 또 이후 선거전문가정당이나 카르텔 정당으로 변화되어 왔다. 이는 정당들이 정치사회적 상황에 적응하면서 변화하거나 새롭게 등장한 과정이었다. 그러나 한국 정당의 경우는 1945년 이후 외부에 의해 이식된 경우로 그와 같은 역사적 변화 과정을 거치지 않았다. 한국의 주요 정당들은 대중정당 과정을 거의 거치지 않았으며 엘리트정당 또는 포괄정당이나 카르텔 정당의 특징을 보여준다. 한국 정당의 성격은 다음 세 가지의 특징을 지닌다.

첫째, 한국의 주요 정당들은 주로 '포괄정당'의 성격을 가진다. 즉, 특정 계층이나 집단에 기반하지 않으며, 정당 간 이념적 또는 정책적 차별성이 적다. 그리고 선거승리를 목표로 하는 조직으로 발전해왔다.

둘째, 한국의 정당들은 '카르텔 정당'의 특징을 보여주고 있다. 한국의 정당들은 이미 1965년 정치자금법이 처음 제정되었을 때부터 중앙선거관리위원회를 통해 간접적으로 정치자금을 제공받았고, 정치자금은 소속 국회의원 수에 따라 배분되었다. 다만, 서구의 정당들처럼 시민사회에 속해 있다가 국가에 의존하는 형태를 띤 것이 아니라 오히려 국가에 의존하다가 민주화 이후 다소 변화가 되었다는 점에서 서구의 카르텔 정당과는 큰 차이가 있다.

셋째, 한국의 정당들은 엘리트정당의 성격 또한 보여준다. 기초 정당 조직은 취약한 상태에서 소수 명망가들 및 그들의 계파가 정당의 노선과 존폐에 과도한 영향력을 행사하는 것은 전형적인 엘리트정당의 특징이다.

❷
미래의
정당 모델을
둘러싼 논쟁

최근 계층의식의 약화, 매스컴의 발달과 인터넷의 등장, 다양한 이익집단과 시민단체의 출현, 정치 정보와 지식을 습득할 수 있는 교육 기회의 확대 등 시대적 상황이 변화되면서 정당의 위상이 약화되었다는 위기론이 나타나고 있다. 일례로 'Foreign Policy'는 2005년 창간 35주년 특집으로 '오늘은 존재하지만 내일은 사라질 것'(Here today gone tomorrow)에서 2040년쯤 사라질 것 중 하나로 정당을 꼽았다.

그러나 한편에서는 이러한 비관적 예측이 너무 과장된 것이라고 지적한다. 메이어(Mair, 1997) 같은 학자는 정당의 생존력은 여전하며 기본적인 틀에 있어서 변화는 없다는 반론을 제기했다. 정치체제에서 정당은 여전히 중요한 행위자로 남아 있다는 것이다. 이런 논쟁 속에서 새로운 정당 유형이 필요하다는 의견이 지속적으로 제기되고 있지만 어떤 유형이 대안이 될 수 있는가는 미지수이다.

전문가들은 특히 한국의 정당들은 서구에서 발전된 정당 유형과는 다른 특성을 보이고 있기 때문에 한국 정치에서 나타나는 독특하고 고유한 현상에 맞는 새로운 정당 모델이 필요하다고 주장한다. 예를 들면 한국은 IT 강국으로 네트워크를 통한 정치 참여가 가능한 기반이 다른 나라보다 튼튼하다고 볼 수 있다. 강력한 네트워크 기반이 정당의 약화를 심화시킨다는 의견도 많지만, 정당과 시민사회의 연계를 강화시키는 방향으로 활용될 수도 있도록 대안적 모델을 개발해야 한다는 주장도 있다.

참고자료

| 한국 정당의 당원과 당비 납부

자유한국당(전 새누리당) 당규에 의하면 일반 책임당원은 월납 기준 2,000원 이상의 당비를 납부하도록 하고 있다(『새누리당 당비규정』 제3조 ②). 더불어민주당의 당규에 의하면 권리당원은 월납 기준 1,000원 이상의 당비를 납부하면 된다(『더불어민주당 당비규정』 제5조 ②).

그런데 2014년 새누리당의 경우 당비를 납부한 당원은 25만 3,552명으로 1인당 평균액은 10만 4,136원이었다. 반면 더불어민주당(새정치연합)에서 당비를 낸 당원은 31만 6,836명이었고, 1명당 평균은 6만 7,176원에 그쳤다. 2014년 기준 새누리당 당원은 270만 8,085명, 더불어민주당(새정치연합)은 243만 1,111명이라는 점을 감안하면, 각각 당원의 9.4%와 13%만이 당비를 납부한 것이다(『동아일보』 2015/8/19).

즉 당헌·당규상 당비 납부 의무 기준이 상당히 낮음에도 불구하고 당비를 납부하는 당원의 비중이 매우 낮은 것이다.

| 미래에 정당은 사라질까? 새로운 모습으로 존재할까?

인터넷을 기반으로 하는 새로운 실험적 정당 사례 - 개혁국민정당

개혁당은 반부패, 국민통합, 참여민주주의, 인터넷을 기반으로 하는 정당이라는 기치를 내걸고 2002년 대통령 선거 직전 창당되었다. 2002년 8월 30일 시사평론가였던 유시민이 당시 지지도 하락 등으로 어려움을 겪던 노무현 후보를 지지하는 정당을 만들자는 제안을 하면서 창당 작업이 시작되었다. 개혁당은 발기인 모집을 시작한 지 3주도 채 안 돼 2만 1천 명을 넘어서면서 당시 민주노동당의 당원 수를 단숨에 뛰어넘었고, 2002년 11월 16일 거행된 창당대회 때는 참여자가 3만2천 명을 넘어설 정도였다. 2003년 4월 보궐선거에 유시민 후보가 개혁당 공

천으로 출마해서 당선되었는데, 이는 인터넷을 통해 생성된 신생 정당이 의회 의석을 차지하는 데 성공했다는 점에서 주목할 만한 일이었다. 그러나 얼마 지나지 않아 개혁당은 열린우리당의 창당에 참여하기로 하면서 해산되어 버렸다. (강원택, 『인터넷과 한국정치』, 2007, pp. 150-151)

┃ 한국 정당모델을 둘러싼 논쟁

한국정당의 바람직한 발전모델을 둘러싸고 한국 정치학계에서는 수년 전부터 논쟁이 계속되어 왔다. 가장 핵심적인 논쟁은 두 개의 모델, 유럽형 대중정당모델과 미국형 원내정당모델 사이에서 전개되고 있다.

- 대중정당모델: 서유럽 민주주의 국가에서 가장 이상적인 정당모델로 여겨지고 있는 대중정당모델을 한국에서도 수용하고 적극적으로 추구해야 한다는 주장이다. 따라서 이념적 정체성을 강화하고 당 조직을 강화하며 당원규모를 확대해야 한다고 주장한다.
- 원내정당모델: 선거 때만 주로 가동되며 소규모 정당조직의 전문적 의정활동을 중시하는 미국정당 모델을 선호한다. 대중정당모델은 비현실적일 뿐만 아니라 이상적이지도 않다는 것이다. 따라서 이들은 대중당원을 확대하고 이념을 강조하기보다는 소수 전문가와 정책중심의 소규모 원내정당을 지향해야 한다고 주장한다.

네트워크 정당, 대안이 될 수 있을까?

자료 1: 네트워크 정당으로 가야

첫째, 대의정치의 상징인 정당은 시민정치의 흐름에 반응하기 위하여 시민참여형 플랫폼을 장착한 네트워크정당의 성격을 강화하는 추세이다. 둘째, 진성당원을 중심으로 강고한 정치적·이념적 결사체로서 정의되던 정당이 이제는 당원, 일반 유권자들, 지지자 등 시민들의 참여가 보장되는 새로운 플랫폼을 활용하는 쪽으로 변화하고 있으며, 이러한 변화를 수용하지 않으면 정당의 작동이 어려워질 전망이다. 셋째, 진성당원을 중심으로 하는 대중정당이 발전했던 유럽 각국의 주요정당들이 전통적 의미의 근대정당에서 벗어나 시민정치의 도전에 적극적으로 반응하기 위해 시민참여형 플랫폼을 장착한 네트워크 정당으로 변모하고 있다. 이러한 대중정당의 변화는 한국 정당개혁의 방향성에 새로운 시사점을 제공하고 있다. (채진원. 2016. "시민정치의 흐름과 네트워크정당모델의 과제"『민주주의와 인권』. p. 5.)

자료 2: 대중 정당의 요소를 강화해야

정당이란 특정의 정치적 견해를 공유하는 사람들의 집단으로 공직 후보자를 지명해 선거 경쟁에 내보냄으로써 민주정치의 일익을 담당한다. 그러기 위해서는 리더십과 당내 의사 결정 구조를 안정화하고, 이념, 가치, 정책을 체계화하고, 재정, 사업, 선전, 교육 기능을 통해 당원의 질을 높이고, 당의 구성원과 지지자 사이의 연계를 잘 조직해야 한다. 이처럼 단단한 공동체, 팀, 조직을 만드는 일이 중요한데, 네트워크 정당론을 말하는 사람들에게는 정당 조직을 잘 만들고 다져야 한다는 소명 의식이 없다. … (중략) … '네트워크 정당'이 생소한 말은 아니다. 원래 이 용어는 18세기 영국의 명사 정당을 가리키는 말이었다. 출신 가문이나 재산, 교육의 기준에서 특출했던 명망가들의 '연줄 정당'이라는 뜻이었다. 그 때나 지금이나 당의 조직화된 대중 기반없이 소수 명사들 위지로 추종자 동원에 전념하는 무정형의 여론 정치만 심화시킨다는 점에서 크게 다르지 않다. (박상훈. 2015.『정당의 발견』. 서울: 후마니타스. pp. 392-393.)

〈토론 소주제〉

1. 한국의 미래 정당은 어떤 모습을 띨 것인가?

2. 한국의 민주주의와 정치 발전을 위해서 미래 정당 유형은 네트워크 모형이 되어야 하는가? 아니면 다른 형태가 되어야 하는가?

4. 정당 이념이란 무엇인가?

1) 정당이념의 기원

정당은 정치적 견해와 신념이 유사한 사람들의 결사체이다. 정치적 견해가 같다는 것은 정책노선이나 방향에 있어서도 유사한 입장을 가지고 있다는 것을 의미한다. 이렇듯 정당이 표방하는 노선이나 색깔을 정당의 이념이라고 한다. 이념이 없는 정당은 확고한 지지기반을 확보할 수 없으며 일관성 있는 정책방향을 유지하기도 어렵다. 현대 정당의 이념은 매우 다양하지만 기본적으로는 우파와 좌파로 구분된다. 우파와 좌파를 구분하기 위한 기준은 크게 두 가지다. 하나는 시장이나 경제정책에서의 국가의 역할, 다른 하나는 사회 영역에서의 개인의 권리와 국가와의 관계이다.

❶ 우파

우파는 현 상황에 만족하면서 점진적인 변화를 추구하는 보수(conservatives)와 현 상황에 불만이지만 변화를 반대할 뿐 아니라 과거의 가치를 보호하려는 반동(reactionaries)의 이념으로 구분된다. 역사적 기원을 보면 보수 이념을 갖는 사람들은 주로 재산이 많은 기득권 계층이다. 때문에 영국의 보수당, 독일의 기민련, 미국의 공화당 등 보수주의 정당들은 사유재산권의 옹호와 시장에서의 개인의 자유가 최대한 보장되는 정책을 지지한다. 또한 정치적, 경제적 이익을 보호하기 위해서 급격한 변화를 반대하는 입장을 취한다. 한편, 독일의 나치당이나 이태리의 파시스트당과 같은 극우정당들은 민주주의 정치체제를 거부하고 사회의 전통적인 가치를 보호하는 권위주의 국가를 지향했다.

두 가지 기준으로 볼 때 현대 민주주의 국가의 보수정당들은 대체로 시장에 대한 국가 간섭의 최소화, 그리고 사회 영역에서 가족과 같은 전통적 가치를 보전하는 데 있어서의 국가 역할 강화를 추구한다.

❷ 좌파

좌파는 현상에 만족감을 느끼면서 개혁을 원하는 자유주의(liberals)와 현상에 불만족하여 개혁을 지지하는 진보(radicals) 이념으로 구분된다. 영국의 자유당은 구체제와 갈등을 빚으며 시민의 법적, 정치적 권리, 국가와 사회의 분리, 반종교적인 입장을 취했다. 유럽의 근대화 과정에서 출현한 노동당이나 사회당 등은 부르주아 체제를 반대하고, 노동자 계급의 이익을 대변하기 위해 결성되었다. 한편 2차 대전이후 동유럽과 구소련에서 대거 등장하여 권력을 장악한 공산당은 사회민주주의를 반대하며 공산주의 이념을 추구했다.

두 가지 기준으로 볼 때, 현대의 진보적 혹은 좌파 정당의 이념은 시장에 대한 국가 개입과 역할의 강화, 그리고 사회 영역에서는 국가 간섭의 최소화와 개인의 권리 강화를 중시하는 특징을 보여주고 있다.

참고자료

현대 정당이념의 도식화		경제영역에서의 국가 역할	
		개입	불개입
사회영역에서의 국가 역할	개입	–	우파
	불개입	좌파	–

❸ 이념의 수렴과 단일 이슈 정당의 출현

1950-1980년대 서구 정당들이 '포괄정당'으로 변화하면서 이념적 차별성이 약화되었다. 보수 정당들은 득표를 위해서 사회주의 정당이 주장하는 사회복지 정책도 부분적으로 채택했고, 사회주의 정당들도 득표를 위해 급진적 노선을 버리고 중산층이 선호하는 정책을 채택했다.

예를 들면, 독일의 사회민주당은 2차 대전이후 사회주의 사상의 수정노선으로 노동조합과 강한 조직적 연계를 갖는 입장을 취했다. 1990년대에 미국의 민주당(클린턴), 영국 노동당(토니 블레어), 독일 사민당(슈뢰더) 등 다수의 서구 유럽 사회민주당들은 사회주의와 자본주의를 넘어서는 '제3의 길'을 표방하며 자본주의 시장경제 원리를 대폭 수용하였다.

또한 프랑스에서 일어난 '68혁명'에서 신좌파로 불리는 신사회주의자들은 전통좌파의 빈부격차 타파라는 평등주의를 계승하면서도 생태주의, 여성주의, 소수자운동 등 다양한 가치를 추구했다. 68혁명의 영향으로 관료주의 복지국가 체제를 반대하는 항의정당이나 성장위주의 사회에 반대하며 환경문제에 대해 국가가 개입해야 한다는 입장을 취하는 녹색당 등 다양한 이념을 표방하는 정당들이 대두되었다.

참고자료

▮ 68혁명과 녹색당

68혁명이란 1968년 5월 프랑스에서 일어난 사회운동으로서 샤를 드골 정부의 실정과 사회 모순에 저항한 운동과 총파업 투쟁을 뜻한다. 파리 낭테르 대학이 학생들과의 대립으로 학교를 일시 폐쇄하자 이에 항의하여 소르본 대학의 학생들이 5월 3일 광장으로 나온 것을 기점으로 시작되었다. 파리에서의 학생, 노동자의 시위와 파업은 6월 들어 베를린과 로마로 퍼져나갔고 영국, 미국, 칠레, 우루과이, 아르헨티나 멕시코 등에서도 발생했다.

이 혁명은 실패했으나, 구시대의 가치와 질서에 대한 저항은 수많은 자본주의 국가에 개혁 의지를 파생시켰다. 프랑스에서는 종교, 애국주의, 권위에 대한 복종 등 보수적인 가치들을 대체하는 평등, 성해방, 인권, 공동체주의, 생태주의 등의 진보적인 가치들이 사회의 주된

자료: https://en.wikipedia.org/wiki/Greens%E2%80%93European_Free_Alliance

가치로 자리매김하였다. 또한 이러한 '탈물질주의적 가치'를 주장하는 녹색당이 유럽 전역에 등장하였다. 아래 그림은 유럽의회의 녹색당-유럽자유연합(Greens/European Free Alliance) 을 보여준다. 녹색당-유럽자유연합에는 총 15개 국가의 녹색당과 유사한 진보정당들이 소속되어 있다.

▮ 미국 민주당과 공화당 이념 차이

"Why I Am a Democrat"

The Democratic National Committee asked to visitors to its web site to explain why they supported the Democratic Party. This response came from Gavina Davis of Hayward, California:

I believe in a clean environment.

I believe in the right of every woman to choose and be heard.

I believe in the right to vote and that my vote will be counted fairly.

I believe in a child's right to a proper education, no matter the social standing of that child.

I believe in a justice for our senior citizens, a right to decent medical care, affordable medication, and healthy food.

I believe in the Democratic way.

"Why I Am a Republican"

The Republican Party of Texas asked visitors to its web site to explain why they supported the Republican Party. This answer came from Derrell DeLoach of Pampa, Texas:

I am a Republican because I believe that people are more capable than the government in creating solutions to the problems faced by them. I also believe in decentralized government, low taxes, efficient government spending, law and order, judicial restraint, family values and a strong national defense. As a devoted American, husband, and father of 3 beautiful children, I feel strongly that the Republican Party is committed to a stable future for the American people.

자료: Geoffrey M. Horn, Political Parties, Interest Groups, and the Media, 2004, 11쪽과 13쪽

2) 한국 정당의 이념

❶
이념적 스펙트럼의 기원과 배경

해방 직후 한국에서도 정당 간에 이념적 좌우대립구조가 등장하였다. 좌익진영은 여운형이 주도했던 '건국준비위원회'에서 뿌리를 찾을 수 있다. 이들은 노동자, 농민 등 대중생활의 급진적 향상을 꾀하는 정책을 택하고 토지개혁을 비롯한 각종 사회주의 정책을 추진하고자 했다. 1945년 9월 11일 박헌영을 중심으로 공산당이 출범했고 일제와 친일파의 잔재를 숙청하기 위한 투쟁을 전개하고자 했다. 우익진영은 좌익진영에 대항하기 위해 한국민주당을 창립했다. 우익진영은 좌익진영이 소련군의 지령을 받고 건국준비위원회를 조직했다고 하며 이를 타도해야 한다고 주장했다.

미군정의 좌파정당 금지 이후 좌파는 급격히 약화되었지만 좌우 이념 경쟁은 지속되었다. 1948년 대한민국 정부가 수립된 이후 이승만 정부에서는 자유당, 민주당, 진보당 등이 결성되었다. 자유당은 이승만 대통령이 1952년 대통령선거를 앞두고 자신의 정치적 위상을 확고히 하고 대통령 재선을 도모하기 위해 창당한 우파 정당이다. 반독재투쟁 세력들은 중도주의적인 자유민주파와 좌파 혁신성향의 민주대통합파로 나뉘어 민주당과 진보당으로 창당되었다. 좌파성향의 진보당은 1958년 창당 4개월 만에 해산되었으며 진보당 사건 이후 좌파 정당의 명맥은 끊겼다. 이후 박정희 정부와 전두환정부에서는 우파보수주의와 중도주의 정당만이 허용되었다. 공화당(박정희정부)과 민정당(전두환 정부)은 우파보수주의를 계승하였고 신민당은 중도적인 민주당의 맥을 이었다.

참고자료

│ 진보당 사건과 좌파 정당의 종식
진보당 사건이란 1958년 좌파 성향의 진보당이 해산당하고 당수 조봉암이 사형당했던 사건을 칭한다.
민의원 선거준비를 앞두고 검찰은 1958년 2월 진보당에 대한 전면적 수사에 나섰고 간첩죄, 국가보안법 위반, 간첩방조혐의 등으로 당수 조봉암, 간사장 윤길중 등 당 간부들을 체포하였다. 검찰은 조봉암이 간첩과 접선한 사실이 있으며 진보당의 평화통일론이 대한민국의 존립을 부인하는 것이라는 기소 이유를 밝혔다. 1959년 2월 최종판결에서 조봉암에 대한 사형이 구형되었으며 7월 31일 조봉암은 사형당하였다. 이 사건 이후 한국 좌파정당의 명맥은 끊겼다.

2007년 진실·화해를 위한 과거사정리위원회는 진보당사건은 이승만이 날조한 것임을 밝혔다. 2010년 1월 대법원은 52년 만에 이루어진 재심에서 조봉암에게 내린 유죄판결을 파기함으로써 무죄판결을 내렸다.

자료: https://ko.wikipedia.org/wiki/%EC%A1%B0%EB%B4%89%EC%95%94#/media/File:1958%EB%85%84_%EC%A7%84%EB%B3%B4%EB%8B%B9_%EC%82%AC%EA%B1%B4.jpg
https://ko.wikipedia.org/wiki/%EC%A1%B0%EB%B4%89%EC%95%94#/media/File:%EC%A1%B0%EB%B4%89%EC%95%94_%EC%82%AC%ED%98%95%EC%A7%91%ED%96%89_%EB%B3%B4%EB%8F%84.jpg

❷ 정당이념의 모색과 분화

민주화 이후, 한국 정당은 권위주의 독재 대 반독재 민주주의라는 대결구도에서 벗어나 다원화되는 가운데 이념보다는 지역이나 인물이 중요해졌다.

1987년 대선 직전 신민당은 통일민주당(김영삼)과 평화민주당(김대중)으로 분열되었다. 우파세력 역시 분화되었는데 구 공화당 출신 인사들이 신민주공화당(김종필)을 창당하였다. 그 이후 오랫동안 한국의 정당들은 영남을 기반으로 하는 자유한국당 계열(신한국당, 한나라당, 새누리당), 호남을 기반으로 하는 민주당 계열, 충청을 기반으로 하는 자민련 계열(자유민주연합, 자유선진당) 등, 특정 지역을 기반으로 하는 정당으로 존재하였다.

그러나 2000년 이후 정치 이념의 중요성이 나타나고 있다. 최근 들어 보수 정당과 진보 정당 간 안보, 교육, 경제, 사회 문화 등 여러 가지 이슈에 있어서 이념 갈등이 심화되고 있다. 시장의 자유와 국가의 규제, 개인의 권리와 국가의 역할, 북한문제와 안보노선 등에서 주요 정당들은 정책적 차별성을 보여주고 있다. 또한 민주화 이후 민주노동당이나 통합진보당 그리고 정의당과 같이 노동자, 농민의 이익을 대변하는 진보 정당이 등장한 것도 이념적 분화를 보여준다. 2017년 박근혜 전 대통령 탄핵 정국에서는 보수당이 자유한국당과 합리적 보수를 주장하는 바른정당으로 분화되기도 했다.

한국 정당의 이념적 차이는 정책적 차이로 이어지는가?

　아래 자료는 20대 총선 직후, 설문조사를 통해 살펴본 유권자의 의견을 나타낸다.

　〈자료 1〉은 각 정당들의 이념 성향을 묻는 질문에 대한 총 응답자의 평균 점수를 보여준다. 자유한국당(전 새누리당)은 7.8점으로 보수성향인 반면 국민의당은 4.2, 민주당은 3.8, 정의당은 3.3으로 진보성향이라고 답했다. 〈자료 2〉는 20대 총선에서 정당의 후보들 간에 정책적인 차이가 있었는지에 대한 질문에 대한 답변이다. '있었다'는 응답자는 58.3%, '없었다'는 응답자는 41.1%였다.

자료 1: 정당의 이념 성향에 대한 유권자의 인식

　Q: 정치에서 사람들은 보통 진보, 보수를 구분합니다. 0(진보)부터 10(보수)까지 눈금 중에서 귀하는 각 정당이 어디에 속한다고 생각하십니까?

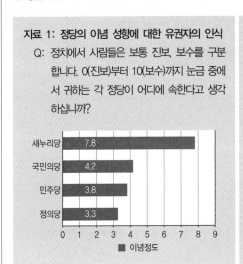

자료 2: 정당 간 정책차이에 대한 인식

　Q: 귀하는 이번 선거에서 정당의 후보들 간에 정책적 차이가 있었다고 생각하십니까?

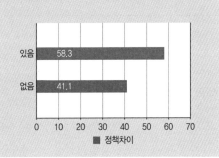

　　자료: 한국정치학회·한국리서치, 20대 국회의원 선거 유권자 조사(2016년 4월 14일-29일 조사, 1215명 대상, 95% 신뢰수준)

토론 주제

한국 정당들의 이념

일반적으로 한 정당의 이념은 그 정당의 강령(party platform)을 통해 알 수 있다. 강령은 정당의 이념적 지향성, 국가관과 세계관, 정치·경제·사회정책의 주요 노선에 대한 입장이 담긴 핵심적 문건이다.

아래는 한국의 주요 정당 강령의 일부분을 발췌한 것이다. 강령의 내용을 분석해보고 아래 질문을 중심으로 토론해보자.

자유한국당(전 새누리당)	더불어민주당
새누리당은 자유민주주의와 시장경제 그리고 법치주의라는 대한민국의 정체성과 보수적 가치를 바탕으로, 끊임없는 자기혁신과 희생 그리고 책임정신을 통해 대한민국의 역동적인 발전을 주도해왔다. 우리는 성장과 복지가 함께 가는 것이 시대적 요구임을 깊이 인식하고, 촘촘한 사회안전망과 실효성 있는 복지제도를 확립한다. 평생맞춤형 복지체제를 구축하여 사회적 약자와 소수자를 비롯한 모든 국민의 자아실현 노력을 적극적으로 지원하고, 무너진 '기회의 사다리'를 복원하여 대한민국의 사회적 역동성을 다시 회복한다.	우리는 대한민국임시정부의 항일정신과 헌법적 법통, 4월혁명·부마민주항쟁·광주민주화운동·6월항쟁을 비롯한 민주화운동을 계승하고, 경제발전을 위한 국민의 헌신과 노력, 노동자와 시민의 권리 향상을 위한 노력을 존중한다. (중략) 우리는 대한민국이 당면한 과제를 해결하고 중산층과 서민을 포함한 모든 국민들이 행복한 대한민국이 되도록 '정의, 통합, 번영, 평화'를 새 정치의 시대적 가치로 삼는다.
국민의당	정의당
우리는 국민 분열과 이념대립의 시대를 마감하고 사회통합의 관점에서 국가의 중심, 사회의 중심, 국민의 중심을 새롭게 세우고자 한다. 모든 권력은 국민으로부터 나온다는 헌법정신에 따라 국민과의 공감과 소통, 참여와 협치를 구현하고자 한다. 개인과 집단의 다양성을 인정하고 약자의 인권존중과 공정한 법집행으로 사회정의를 실현하고자 한다. 공정과 포용, 배려와 연대의 가치를 바탕으로 상생과 협력의 대한민국을 만들고자 한다. 풀뿌리 시민들이 정치의 주체로서 의사결정에 동참하는 참여적 생활정치를 구현하고자 한다.	정의당은 끊임없이 혁신하고 진화하는 진보정당이 될 것이다. 식민과 분단, 억압과 착취에 맞서 온 진보정치의 자랑스러운 전통을 계승하는 한편, 현실에 맞지 않는 오류와 한계는 극복할 것이다. 우리는 일하는 사람들의 정당이다. 일하는 모든 사람의 권리를 보호하고 확대하기 위해 폭넓은 연대를 주도할 것이다. 우리는 비정규직의 정당이다. 비정규직, 영세 자영업자, 청년 구직자와 같이 노동권의 사각지대에 있는 약자를 대표하는 데 우선적인 노력을 기울일 것이다.

* 각 정당의 홈페이지에서 발췌

〈토론 소주제〉

1. 한국의 정당 이념이 가장 큰 차이를 보이는 것은 어떤 부분인가?

2. 한국 정당의 이념이 수렴해가고 있다면, 어떤 정책에서인가?

3. 향후 한국 정당에서 이념의 중요성은 강화될 것인가 혹은 약화될 것인가?

당원, 유권자, 의원들의 이념적 정체성은 형성되고 있는가?

자료 1: 당원들의 이념?

"2002년 이후 한국 정치에서 정당별 이념적 차별성이 보다 분명하게 대두되면서 과거에 비해서 이념의 중요성이 크게 높아진 것은 정당 정치 발전에 긍정적인 현상으로 볼 수 있다. 당내 구성원이나 지지자의 이념적 동질성이 높아질 수 있는 환경이 마련된 것으로 볼 수 있기 때문이다. 과거 우리나라 정당 정치가 인물을 중심으로 결집되는 현상이 나타난 것도 정당이 표방하는 이념적 가치가 분명치 않았다는 사실과도 관련이 있다. 즉 돈이나 후견 등 물질적 유인이 정당 활동에 보다 큰 영향력을 행사했던 중요한 한 원인도 이 때문으로 볼 수 있다. 그런 점에서 이념적 균열의 대두는 한국 정당의 내부 조직 활동의 변화에도 적지 않을 영향을 미칠 것으로 보인다." (강원택. 2008. "한국 정당의 당원 연구." 『정치학회보』 42(2)).

자료 2: 유권자의 이념?

"그동안 정치권과 학계에서 참여정부의 정치적 지지기반으로 '호남-수도권-충청-2030세-진보층'을 꼽아왔고 반대로 최대 야당인 한나라당의 경우 '영남-5060세-보수층'이 그 정치적 기반으로 분석해왔다. 각 유권자가 어떠한 정치적 특성을 갖느냐에 따라 특정정당을 지지하는 패턴이 존재해 왔다. 그러나 이러한 정당지지패턴은 2005년을 거치면서 급격히 와해되기 시작하여 2006년 지방선거에서는 기존 패턴에서 완전히 이탈하는 양상을 보여주었다. … (중략) … 2006년 지방선거에서는 정당지지 패턴이 급격히 변화했다는 것을 쉽게 확인할 수 있다. 지역적으로 영남이나 40대 이상, 이념적으로 보수층일수록 한나라당을 지지하는 경향은 지방선거에서도 그대로 나타나고 있지만, 열린우리당의 지지기반이었던 2030세대와 진보층을 비롯하여 호남, 특히 수도권과 충청권에서 모두 열린우리당은 유권자들의 지지도가 급격히 하락하고 반대로 한나라당의 지지율이 급상승하고 있음을 확인할 수 있다." (이내영·정한울. 2007. "이슈와 한국 정당지지의 변동." 『한국정치학회보』 41(1)).

자료 3: 의원들의 이념?

'한-칠레 자유무역협정(FTA) 비준 동의안' '이라크 추가 파병 동의안' '비위 혐의 의원 석방 결의안' 등의 통과 때 보인 정당과 의원들의 행태는 이념 담론 등 정체성을 알 수 없는 혼란의 극치였다. 이런 정치 상황에서 중요한 몇 가지 사실을 발견한다. 냉전 분단 그리고 군사독재 정치의 산물이기는 하나 우리 정당은 보수 이외의 다른 이념 성향 및 정책 추진 의지가 매우 불투명하다는 것이다. 오직 선거 승리가 이념이고 정책과 갈등 조정은 이념 대신 집단적 여론에 따라 우왕좌왕한다. 경제와 사회는 끝없이 추락한다. 왜 이렇게 되었는가.

첫째, 우리 정당은 40년간 권위주의 독재권력에 대한 저항을 통해 존립하면서 반사적 자유주의 성격을 지니게 됐다. 정당의 역사적 비전과 이념적 정체성 그리고 응집력은 매우 약하다. … 둘째, 정치인 특히 국회의원은 기본적으로 유권자의 이해와 정서의 노예가 되는 반역사성을 지니기 쉽다. … 셋째, 최근 선진국 의회정치에서도 볼 수 있지만, 이념 성향이 약한 국회의원들은 여야를 불문하고 특정 목적을 중심으로 뭉치는 '패거리화' 현상을 보이고 있다. 넷째, 언론은 정당과 의원의 좋은 정책대안 10개보다 의원들의 몸싸움 하나에 더 많은 관심을 둔다. 부정적 비판만이 눈에 띄고 창조적이고 발전적 현상과 태도는 언론과 대중의 관심을 끌지 못한다. 따라서 정당 내지 정치인이 정책 또는 이념을 제시하는 정책선거에 힘쓸 리 없다. (전철환. 2004. 2. 23. "이념정당체제로 전환을" 한국일보 논단).

〈토론 소주제〉

1. 한국 유권자들은 이념에 따라 투표하는가? 아니면 지역이나 세대 등 다른 요인들이 투표에 더 많은 영향을 미치는가?

2. 한국 정당과 정치인들은 이념적 정체성이 명확한가?

3. 한국 정당의 이념적 정체성이 취약하다면 그 요인은 무엇일까?

4. 현재 한국 정당의 이념적 스펙트럼은 어떻게 그려질 수 있을까?

5. 정당 조직

1) 정당조직

❶
당 중앙조직
/ 당원

    듀베르제(Duverger)는 역사상 나타난 정당의 기본 조직을 네 가지로 보았다. 첫째, '코커스'(caucus), 혹은 간부조직이다. 이는 정당 조직 중 가장 오래된 형태이며 '간부정당'과 밀접한 관련이 있다. 민주주의 초기에 나타난 것으로 소수의 정치엘리트들로 이루어진 폐쇄적 조직이라고 할 수 있다.

    둘째, '지역조직'(branch)이다. 이 조직 형태는 '대중정당' 유형과 관련이 있다. 소수의 정치엘리트로 구성된 코커스와 달리 외연 확장을 위해 개방적으로 당원을 확보하고자 한다. 또한 상당한 자율성을 가진 코커스와 달리 중앙조직에 종속되어 있는 특징을 갖는다.

    셋째, '세포조직'(cell)이다. 이는 주로 공산당에서 나타난 형태였다. 소수로 구성되었다는 점에서 코커스와 유사한 특징을 갖고 있으나, 자율성을 가지지 못하고 중앙에 구속되어 있었다는 점에서는 코커스와는 차이가 있다. 넷째, '군사조직'(militia)이다. 이 형태는 주로 파시스트 정당이나 극우 정당에서 발견된다.

    그렇다면 민주주의 현대 정당 조직은 주로 어떤 형태를 띨까? 선거권은 확대되었고 민주주의에서 선거가 중요한 기제로 자리잡고 있다. 정당은 선거 승리를 위한 다수의 유권자 지지를 얻기 위해 경쟁해야 한다. 따라서 과거 폐쇄적인 간부 중심의 코커스는 이제 보다 개방적이고 대중적인 '지역조직' 혹은 '지구당' 형태로 전환하는 것이 불가피해졌다.

❷
중앙 / 지역

    거의 모든 현대 정당은 중앙당 조직과 지역 단위의 지역조직, 혹은 지구당(branch) 조직을 가지고 있다. 그리고 이들 간 권력 배분은 정치 체제의 특징에 따라 달라진다. 예를 들어 지방 정부에 많은 권한이 있는 연방주의 국가의 경우는 지구당의 권한이 강하고 상대적으로 자율적이다.

반면 중앙 정부가 권력을 독점하고 있는 국가의 경우는 지구당의 권한이 약할 수밖에 없다. 미국과 영국, 두 국가의 사례를 보자.

미국 정당은 매우 느슨한 형태의 조직으로 이루어져 있다. 그리고 연방주의 국가이기 때문에 지방 정부 수준에 따라 정당 조직이 있다. 예를 들어 가장 낮은 지방 단위 혹은 선거구 단위인 구(precinct, 혹은 ward)로부

참고자료

I 대중정당의 정당조직(독일 사회민주주의정당 사례)
유럽의 사회주의정당, 사민주의정당은 노동조합과 긴밀히 연계되어 있었기 때문에 대규모의 당원조직을 보유하고 있었다. 독일 사민당의 경우 2016년 현재 50만 명 이상의 일반당원들이 12500여 개의 기초조직(Ortverein)에 소속되어 있으며 이 조직들은 다시금 350여 개의 지역조직(Unterbezirke/Kreisverband)으로 묶여진다.

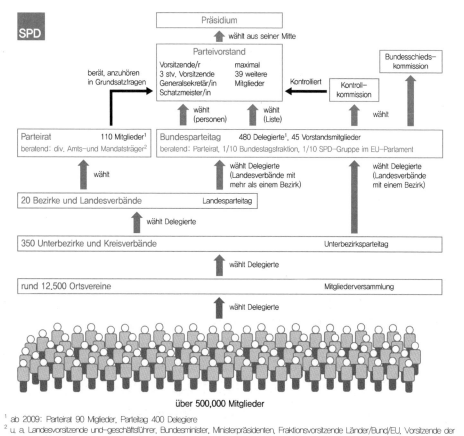

자료: https://de.wikipedia.org/wiki/Sozialdemokratische_Partei_Deutschlands

터 시(city), 군(county), 그리고 주(state)에 정당 조직이 '위원회'(committee)라는 명칭으로 조직되어 있다. 각 단위의 정당 위원회는 각각 자율성을 가지면서 후보 선출, 선거 운동, 그리고 정치자금 모금 등 주로 선거와 관련된 활동을 한다. 즉 미국 정당 조직은 지방과 중앙의 정당 조직이 상당히 분권적이고 느슨한 형태로 결합된 '선거 머신'(electoral machines)의 특징을 가지고 있다.

반면 영국 정당의 경우 전형적인 조직된 구조를 가지고 있다. 영국의 경우 원내 정당과 원외 정당으로 나눌 수 있다. 전자는 선거 후 의회 의원들로 구성된 조직이다. 후자는 주로 각 지역에 조직되어 있는 지구당 연합회와 산하단체들, 그리고 사무 관련 관료조직인 중앙당으로 구성되어 있다. 영국 정당의 경우 선거 기간을 제외하고는 주로 원내 정당 중심으로 운영된다.

❸
정당의 재정

정당 활동은 비용이 들어간다. 앞서 알아보았듯이 정당 활동은 민주주의를 위해 필수불가결한 것이기에, 그러한 비용은 민주주의 유지를 가능하게 하는 자원이다. 정당의 재원은 국가마다 다르며, 또 정당에 따라 수입원은 차이가 있다. 정당의 재원은 주로 사적 기부금, 국가에 지급되는 공적자금, 그리고 당비이다.

첫째, 많은 정당들은 사적 영역의 개인이나, 기업 혹은 노동조합과 같은 단체로부터 기부를 받는다. 예를 들어 영국 보수당의 경우 기업으로부터, 노동당은 노동조합으로부터 자금의 상당 부분을 기부받는다.

둘째, 정당의 공적 기능을 유지시켜주기 위해 많은 국가에서는 국가 재정으로 정당에 보조금을 지원해주고 있다. 현금을 지원하는 방식부터 물품 혹은 시설의 무상 이용-대표적으로 방송시설-등이 그 예이다. 어떤 국가는 선거에서 정당이나 후보가 지출하는 비용의 일부를 국가나 지방자치단체가 부담하는 '선거공영제'를 운용하기도 한다.

마지막으로 당원들이 납부하는 당비이다. 정당에서 당비가 차지하는 비중 역시 국가마다, 정당마다 다르다. 미국과 같이 당원 중심의 정당 조직이 아닌 경우는 당비가 중요한 재원이 아니지만 유럽 국가와 같은 당원 중심의 정당은 당비가 재원의 상당 비중을 차지한다. 그럼에도 불구하고 최근 들어 세계적으로 당원수가 감소하는 추세에 있으며, 그 결과 정당은 당비에 재원을 의존하는 것이 어려워지고 있다.

❹
당내
민주주의

정당 내 권력이 어디에 위치하는지는 정당 조직의 특징을 결정하는 중요한 요소이다. 의사결정은 누구에 의해 이루어지는가? 미헬스(Robert Michels)는 정당에서도 '과두제의 철칙'이 발견된다고 주장한다. 다른 조직과 마찬가지로 지도자들의 손에 권력이 집중되어 있다는 것이다. 많은 정당들의 경우 내부의 권력은 하향적이며, 당을 대표하는 엘리트 및 지도자가 의사결정에 있어 핵심적 역할을 하는 현상을 파악한 것이다.

그렇다면 우리는 정당 내 권력이 어디 있는지를 어떻게 알 수 있을까? 많은 경우 후보나 당 지도부를 누가 결정하는가를 알아낼 수 있다면 우리는 정당 내 권력이 어디에 있는가를 파악할 수 있다.

특히 누가 후보를 선정하는가를 기준으로 할 때 개방적 형태와 폐쇄적 형태가 있다. 개방성 정도가 가장 높은 유형은 당원이나 유권자가 참여하여 후보를 경선에 의해 선정하는 '예비선거'(primary)이다. 당원들에 의해 선출된 대의원들에 의해 선출하는 방식도 있다. 이 밖에도 개방성 정도가 낮은 임시 기구에 의해 선정하는 경우나 아니면 정당 지도부에 의해 선정하는 경우를 들 수 있다.

이와 같이 볼 때 당원 등이 참여하는 경선을 통해 상향식으로 후보를 공천하는 방식이 보다 민주적이라고 볼 수 있다. 정당 형성 초기에는 많은 경우 정당 엘리트들이 후보를 결정했지만 민주화가 진행되고 대중정당화가 이루어지면서 후보 선정 과정에서의 당원들의 역할이 중요해졌다.

참고자료

｜ 예비선거(Primary)

예비선거는 일반적으로 두 가지 종류로 나뉜다. '개방형 예비선거'(open primary)와 '폐쇄형 예비선거'(closed primary)이다. 전자는 미국의 예비선거제도 중 한 유형으로서, 당원이 아니어도 그 정당의 예비선거 후보로 참여할 수 있는 제도를 의미한다. 반면 후자는 당원 자격이나 그에 준하는 자격을 갖춘 사람들만이 참여하여 투표로 후보를 선정하는 제도이다.

개방형 경선 제도는 정당 후보 선출에 일반 유권자의 참여를 허용함으로써 건전한 대중적 합의를 구축하고 정치엘리트의 부패를 방지할 수 있다는 논리로 등장하였다. 반면 개방형 경선제도 비판자들은 이 제도가 유권자들의 적극적인 정치참여를 저해하며 예비경선이 쉽게 조작에 노출될 수 있다는 점에서 반대한다. 예를 들어 상대편 정당 예비경선에 참여하여 보다 쉬운 경쟁상대가 후보로 당선되도록 하는 방법이 대표적이다. 개방형 경선의 중요한 특성은 경선이 일반 유권자들에게 개방되면서 정당의 이념적, 정책적 특성은 모호해지고 중도적인 지향성을 갖게 만든다는 점이다.

| 아래 표는 영국과 독일의 재정 구조를 보여준다. 영국의 경우 개인과 기업, 그리고 노동조합으로부터의 기부가, 독일은 당비와 국고보조금이 더 많은 비중을 차지하고 있음을 알 수 있다.

2015년 영국 정당의 정치자금 기부 현황

구분	액수(단위: £)	비중(%)	원환산(단위: 억원)
개인	32,645,760.58	42.6	551
기업	14,573,182.07	19.0	246
노동조합	15,153,108.16	19.8	255
법인	2,891,683.31	3.8	48.8
공적자금	9,754,241.44	12.7	164.8
타정당	148,960.00	0.2	2.5
신탁	199,773.11	0.3	3.3
공제회	930,388.00	1.2	15.7
유한책임조합(L.L.P)	305,403.18	0.4	5.2
기타	13,234.00	0.01	0.2
합계	76,615,733.85	100	1,307

자료: 영국 선거위원회 홈페이지(www.electoralcommission.org.uk)에 공개된 자료를 토대로 작성

독일 정당의 재정구성

(단위: %)

연대	당비	기부금	국고보조금	기타
1960년대	19.8	26.2	37.8	16.2
1970년대	26.7	27.3	30.4	15.6
1980년대	31.4	22.8	33.5	12.3
1990년대	36.9	20.6	30.5	12.0
2000년대	38.5	19.9	32.2	9.4
전체 평균	30.7	23.4	32.9	13.0

자료: Koβ(2008), p. 118, 유진숙(2012) 〈표 2〉에서 재인용.

2) 한국의 정당조직

❶
주요 정당의
정당조직

한국의 주요 정당 조직은 영국과 유사한 형태를 가지고 있다. 자유한국당(전 새누리당)의 당헌·당규를 중심으로 정리해보자. 먼저 수직적으로는 중앙당과 지역의 정당조직의 3단계로 구성되어 있다. 한국의 지방분권 체제가 중앙정부, 광역자치단체, 그리고 기초자치단체로 이루어져 있기 때문이라고 할 수 있다.

먼저 중앙당은 수도인 서울에, 지역 조직의 경우 16개 광역시·도에 시·도당을 두고 있다. 그리고 시·도당 아래 국회의원 선거구별로 '당원협

의회' 조직을 두고 있다. 원래 가장 기초적인 단위는 '지구당'이었다. 그러나 '지구당'이 고비용의 폐쇄적인 조직이라는 비판에 직면하면서 2004년 폐지되었고, 그 자리를 규모와 기능이 축소된 당원협의회가 대체한 것이다.

다음은 수평적 구조에 대해 살펴보자. 기본적으로 당기구와 원내 기구의 이원적 구조를 가지고 있다. 먼저 기본적인 당기구의 최고 정점에는 '최고위원회'가 있다. 이는 '당대표 1인'과 소수의 '최고위원'으로 구

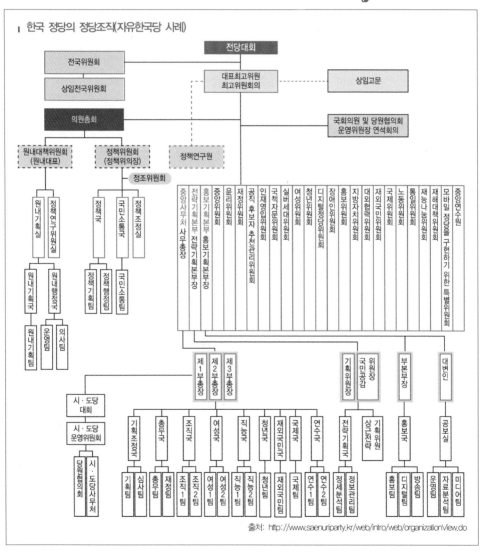

| 한국 정당의 정당조직(자유한국당 사례)

출처: http://www.saenuriparty.kr/web/intro/web/organizationView.do

성되며, 당무 전반에 관한 심의·의결 기관이다. 이들은 일반 당원 등으로 구성된 '선거인단' 선거로 선출된다. 공식적으로는 2년에 1회 소집되는 '전당대회'가 최고의결기관이다. 마지막으로 원내 기구를 보자. 영국과 마찬가지로 당 소속 국회의원으로 구성된 '의원 총회'라는 조직을 두고 있다. 그리고 의원총회의 의장으로 '원내 대표'와 수명의 '원내 부대표'가 있다. 이들은 의원들에 의해 선출된다. '의원 총회'의 권한 국회 임기 중 국회 제출 법안 중 쟁점 사안을 심의하거나 의결하며, 국회 대책에 대해 결정하는 기능을 수행한다.

❷ 정당의 재정과 운영

우리나라 정당의 경우 주로 국가 보조금에 의존하고 있다. 한국에서는 개인이나 단체의 정당 후원이 법적으로 금지되어 있다. 불법 정치자금에 대한 비난이 고조되면서 2006년 정당 후원회를 폐지하고, 법인이나 단체 명의의 후원금 제공을 허용하지 않는 것을 내용으로 하는 제도 변경을 한 것이다. 따라서 우리나라에서는 개인이나, 기업, 노동조합과 같은 이익집단, 그리고 시민단체가 정당에 정치자금을 제공할 수 없다. 그 결과 한국의 정당은 당비와 국고보조금으로 주로 운영되는데, 특히 후자가 가장 중요한 수입원이다.

한국 정당의 1년 수입은 주요 정당의 경우 600억 원 정도이다. 이중 각 수입원의 비중을 살펴 보자. 먼저 '당비'가 정당 재정에서 차지하는 비율은 크지 않다. 전체 수입에서 차지하는 당비 비율은 자유한국당(전 새누리당)과 정의당은 18%, 새정치민주연합은 10%이다(<참고자료> 참조). 반면 정당 수입의 55~61%가 국고 보조금이다. 한국의 경우 국고 보조금은 두 가지 유형이다. 하나는 매년 분기별로 지급되는 '경상 보조금'과 공직 선거가 있는 해에 지급되는 '선거 보조금'이다. 이 밖에도 '공직후보자 여성추천보조금', '공직후보자 장애인추천보조금'이 있다.

마지막으로 한국은 독특하게 '기탁금' 제도를 운용하고 있다. 기탁금은 일반 유권자가 중앙선관위에 기부하면 국고보조금 배분 방식에 따라 각 정당에 지급하는 형태이다. 그러나 당비와 마찬가지로 정당 재원의 10% 이하를 차지하고 있다. 2015년의 경우, 56억 원 정도가 기탁금으로 기부되었다.

▎정치자금과 국고보조금

대한민국 헌법상 정당설립의 자유와 복수정당제는 보장되고 정당의 목적·조직·활동이 민주적인 한 정당은 국가의 보호를 받으며 정당운영에 필요한 자금을 보조받을 수 있다. 보조금제도를 통해 정당은 정치자금을 마련함에 있어 정치자금의 기부자인 각종 이익집단으로부터의 부당한 영향력을 배제하여 정치부패를 방지할 수 있으며 정당간 자금조달의 격차를 줄임으로써 각 정당은 공평한 경쟁을 할 수 있게 된다. 또한 선거비용과 정당의 경비지출의 증가추세에 따른 재정압박을 완화하여 정당의 완만한 기능을 보장하고 유능한 후보자의 당선가능성을 높이는 데에 보조금제도의 목적이 있다. (선거법령정보)

▎한국 정당의 수입구조

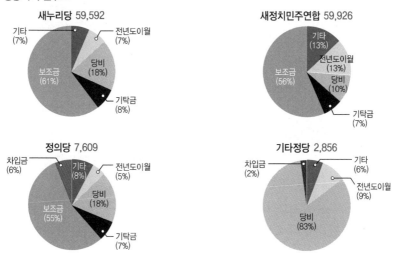

2014년 한국 정당의 중앙당 수입구조 (단위: 백만원)
자료: 중앙선거관리위원회(2015), 『2014년도 정당의 활동개황 및 회계보고』, p. 502.

▎한국 정당국고보조금

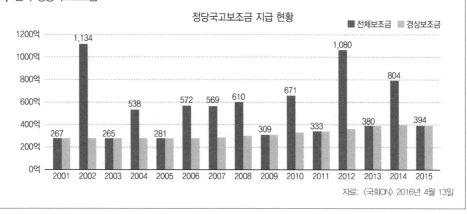

자료: 〈국회ON〉 2016년 4월 13일

❸
당내
민주주의

　　한국 정당들은 2000년대 이후 후보 공천 과정을 상향식으로 변경해
왔다. 그 이전의 3김 시대에는 주로 당내 의사결정뿐만 아니라, 후보 공
천 절차도 지도자 1인, 혹은 소수의 지도부에 의해 '하향식'으로 결정되
는 '비민주적' 특성을 가지고 있었다.

　　더불어민주당의 당헌·당규에 규정된 국회의원 선거 후보 추천 절차
의 주요 내용을 중심으로 알아보자.

　　공직 선거에 임하여 정당은 20명 내외의 '공직선거후보자추천관리위
원회'를 구성한다. 이 구성원은 최고위원회의 심의를 거쳐 당대표가 임명
하도록 하고 있다. 후보자는 '경선'을 통해 공천하는 것을 원칙으로 하고
있다. 이 위원회는 공천을 신청한 후보들을 심사하고 경선에 출마할 후
보를 결정한다. 그리고 경선은 '국민참여경선' 방식으로 진행하며, 권리
당원과 일반유권자를 대상으로 한 투표 혹은 조사로 이루어진다. 그 반
영 비율은 대체로 5 대 5이다. 이러한 국민참여경선이 여의치 않을 경우
'여론조사경선'으로 대체할 수도 있도록 하고 있다. 또한 정당의 전략상
경선을 거치지 않고 1인만을 추천할 수 있도록 하는 제도를 두고 있다.
국회의원 선거의 경우 선거구 수 20% 범위 내에서 최고위원회로 의결로
설치된 '전략공천관리위원회'가 선정할 수 있다.

　　이와 같이 볼 때 한국 정당의 공천 과정은 과거의 비민주적 특성에
서 벗어나, 상향식 방식과 하향식 방식이 혼합된 특성을 가지고 있다고
할 수 있다.

▎제19대 대통령선거 더불어민주당 경선 결과

  2017년 5월 대선을 앞두고 더불어민주당은 대통령선거후보 선출을 위한 경선을 실시했다. 경선은 완전국민경선제(개방형 예비선거: 오픈프라이머리)와 결선투표제로 치러졌다. 경선에는 문재인, 안희정, 이재명, 최성 후보가 참여하였고 문재인후보가 총 57%를 획득하여 더불어민주당 후보로 당선되었다.

(단위: 명)

구분	이재명	최성	문재인	안희정	합계
호남권	45,846	954	142,343	47,215	236,358
충청권	19,402	196	60,645	46,556	126,799
영남권	36,780	403	128,429	32,974	198,586
수도권, 강원, 제주	145,688	2,110	399,934	114,212	661,960
2차 선거인단 ARS	99,020	1,275	203,067	112,544	415,906
재외국민	911	5	2,001	130	3,047
최종합계	347,647	4,943	936,419	353,631	1,642,677
득표율	21.2%	0.3%	57.0%	21.5%	100%

자료: https://ko.wikipedia.org/wiki/%EB%8C%80%ED%95%9C%EB%AF%BC%EA%B5%AD_%EC%A0%C19%EB%8C%80_%EB%8C%80%ED%86%B5%EB%A0%B9_%EC%84%A0%EA%B1%B0_%EB%8D%94%EB%B6%88%EC%96%B4%EB%AF%BC%EC%A3%BC%EB%8B%B9_%ED%9B%84%EB%B3%B4_%EA%B2%BD%EC%84%A0

▎한국 정당의 공천 관련 주요 규정(더불어민주당 사례)

제98조(공직선거후보자추천관리위원회) ① 공직선거 후보자 추천심사를 위하여 중앙당과 시·도당에 공직선거후보자추천관리위원회(이하 본 장에서 "공천관리위원회"라 한다)를 최고위원회의 의결로 설치한다.

제100조(대통령후보자의 추천) ① 대통령후보자의 선출은 국민경선 또는 국민참여경선을 원칙으로 한다.

제101조(시·도지사선거후보자 및 지역구국회의원선거후보자 추천) ① 시·도지사선거후보자 및 지역구국회의원선거후보자(이하 본조에서 "후보자"라 한다)는 중앙당공천관리위원회가 심사하여 2명 이상으로 선정하고 경선방법을 마련하되, 당규로 정하는 사유가 있는 때에는 그 사유를 명시하여 단수로 선정할 수 있다.
  ② 후보자가 단수로 선정된 때에는 최고위원회의 의결 및 당무위원회의 인준으로 추천이 확정된다.

제102조(비례대표국회의원선거후보자 추천) ① 당대표는 최고위원회의 심의를 거쳐 중앙당비례대표국회의원선거후보자추천관리위원회(이하 본조에서 '위원회'라 한다)를 구성한다. 위원회는 비례대표국회의원선거후보자(이하 본조에서 '후보자'라 한다)를 심사하여 그 결과를 당대표에게 보고한다. 다만 그 후보자를 심사함에 있어서 직능, 세대, 성, 지역 등 다양한 사회적 계층을 안분하되, 정치 신인을 우선 추천하도록 노력한다. 〈개정 2015. 9. 16〉

자료: 더불어민주당 당헌 http://theminjoo.kr/constitution.do

국가는 정당을 재정적으로 지원해야 하는가?

자료 1: 국고보조금 찬성 주장

　정당국고보조제도는 대의민주주의 체제에서 국가와 시민의 매개체로서 '국민의 정치적 의사형성에의 참여'에 기여하는 정당을 보호·육성해야 할 국가의 책임에서 나온 제도이다. "정당은 법률이 정하는 바에 의하여 국가의 보호를 받으며 국가는 법률이 정하는 바에 의하여 정당운영에 필요한 자금을 보조할 수 있다"는 헌법 조항(제8조 제3항)에 근거를 두고 있는 것이다. 비슷한 취지에서 대부분의 국가에서 정당에 대한 국고 지원이 시행되고 있다. … (중략) … 정당에 대한 국고보조는 금권의 부정적 영향력을 억제하고 정당활동의 공공성을 확보하기 위한 것으로 헌법에서 보장하는 사항인 만큼 이의 폐지 내지 대규모의 축소에 대한 논의는 보다 신중하게 접근할 필요가 있다고 하겠다. (「국회 ON」, 2016년 4월 13일)

자료 2: 국고보조금 반대 주장

　정당은 정치적인 주의나 주장이 같은 사람들이 모인 단체다. 정치적 이상 실현이라는 목적이 있어야 한다. 정권을 잡으려는 목표가 필요하다. 국민의 이익을 위하여 활동해야 한다. 책임 있는 정치적 주장이나 정책을 추진해야 한다. 공직선거의 후보자를 추천하거나 지지한다. 국민의 자발적 조직이다. …(중략)… 세금이 정당에 지급되는 것은 '자발적 조직'이라는 정당의 개념에 맞지 않다. 자발적 조직이라면 당연히 회원(당원)들이 회비(당비)로 운영을 책임져야 한다. (「매일신문」, 2016년 3월 3일)

〈토론 소주제〉

1. 국가는 정당에 국고보조금을 지원해야 하는가?

2. 국고보조금을 지급해야 한다면 어떤 기준과 원칙에 의거하여 지급하는 것이 좋을까?

3. 정당 발전을 위해 가장 바람직한 재원은 무엇인가?

지구당을 부활해야 하나?

자료 1: 지구당 부활 찬성

A 교수는 "문제가 있다고 해서 지구당 제도를 폐지한 것은 잘못된 것"이라며 "(지구당 폐지로) 하위 단위에서의 정치적 결집이 이뤄지지 않아 정당 활동이 위축되고 있다"고 설명했다. 또 "지구당 폐지로 인해 차기 선거에서 맞붙을 현역 의원과 경쟁 후보 사이의 형평성 문제가 발생하고 있다"고 덧붙였다. 현역 국회의원들의 경우 지역사무소를 운영하면서 상시적 지역구 관리가 가능하지만 경쟁 후보의 경우 지구당 폐지로 사무소 설치 불가, 유급 사무직원 채용 등이 제한돼 불공정 경쟁이 발생한다는 것이다. 현재 새누리당과 새정치연합의 경우 지구당 폐지 이후 각각 당원협의회, 지역위원회 등의 명칭으로 지역 조직을 관리하고 있지만 기초의원의 사무실을 빌려 쓰는 등 지역 기반을 닦는 데에 어려움을 겪어왔다. 이와 관련 윤석근 중앙선관위 선거정책실장은 "검은돈의 대명사였던 지구당이란 이름 대신 구·시·군당을 허용하는 방향으로 가는 것이 옳다"며 "지구당 제도에서 드러났던 정치자금의 투명성 문제를 강화하는 제도가 필요하다"고 보완책 마련을 대안으로 제시했다. (「서울경제」. 2015년 6월 4일)

자료 2: 지구당 부활 반대

왜 지구당이 폐지됐는지, 왜 지금까지 지구당 부활에 부정적 시각이 팽배한지 생각해야 한다. 공천을 받기 위해, 또는 이권을 따내기 위해 유력 정치인에게 줄을 서는 현상이 다시 재현될 수 있기 때문이다. 물론 여기엔 검은돈이 함께 전해지는 경우가 많다. 정치자금의 흐름이 옛날보다 투명해졌다고는 하나 전국 지역구에 지구당 사무실이 생기면 현재보다는 법망의 감시가 어려워질 수밖에 없다. 그리고 지방선거 출마에 뜻이 있는 정치지망생들은 유력자의 눈도장을 받기 위해 아예 지구당에 진을 치고 살 것이 뻔하다.

〈토론 소주제〉

1. 정당 기능의 원활한 수행을 위해 지구당은 반드시 필요한 조직인가?

2. 정당 발전을 위해 지구당을 대체할 대안 조직이 있다면 어떤 모습일까?

6. 정당체제란 무엇인가?

1) 정당체제의 유형

지금까지 개별 정당의 조직에 대해 알아보았다. 그러나 한 국가의 정치 체제에서의 정당의 기능과 특성을 이해하기 위해서는 하나의 정당만을 독립적으로 보아서는 안 된다. 그보다는 다른 정당과의 관계 속에서 더 입체적으로 파악해야 한다. 대부분의 정치 체제에서는 복수의 정당들이 존재하면서 경쟁하기 때문이다.

'정당 체제'(party system)는 한 정치 체제 내에서의 정당 집합을 의미한다. 즉 복수의 정당들이 상호 의존하면서 경쟁하는 관계의 특성을 일컫는 개념이다. 이 같은 정당 체제는 국가마다 다른 모습을 보인다. 이를 이해하기 위해서는 정당 체제를 몇 가지 유형으로 분류해 알아볼 필요가 있다. 그렇다면 정당 체제 유형의 분류 기준은 무엇인가? 대체로 정당 체제를 이루는 정당의 수와 정당의 상대적 규모로 나눈다. 이와 같은 기준으로 분류한 정당 체제의 유형은 크게 일당 체제, 양당 체제, 다당 체제로 나뉜다.

❶ 일당 체제와 지배적 일당 체제

일당 체제는 두 개의 유형으로 다시 분류할 수 있다.

먼저 권위주의 체제에서 나타나는 일당 체제는 법적으로 1개의 정당만 허용되는 유형이다. 단일 정당은 통치자 개인의 권위주의적 지배와 사회 통제 수단으로 활용된다. 정당 조직은 군대와 유사하게 구성되어 있으며, 모든 권력과 관직을 독점하고 정부 기구를 통제한다. 주로 공산주의 국가의 정당이나 나치하의 독일 파시스트 정당, 프랑코 독재 통치하의 스페인 정권 등이 이에 속한다.

반면 '지배적 일당 체제'는 1개 정당이 권력을 상당 기간 장악하고 있지만 다른 정당도 공식적으로 존재하고 지배적 일당과 경쟁한다는 점에서 일당 체제와는 다른 정당 체제이다. 이러한 유형은 신생 민주주의 국가에서 주로 발견되며, 때로는 선진 민주주의 정치 체제에서도 나타난다. 후자의 대표적 사례가 스웨덴과 일본이다. 스웨덴의 경우 다수의 정

당이 경쟁하는 체제임에도 불구하고, 사회민주노동당(SAP)이 몇몇 예외를
제외한 상당 기간 권력을 장악하고 있다. 또 다른 사례는 일본이다. 일본
의 자민당(LDP)는 전후 1990년대까지 권력을 장악해왔다. 예외적인 경우
를 제외하고 자민당이 단독 정부를 구성하거나 자민당 중심의 연립정부
가 수립되었다.

│ 일본의 지배적 1당 체제

　일본 자민당은 지난 2016년 4월 현재 참의원(상원)의 48%(115석), 중의원(하원)의 61%(292석)을 차지하여
1당이 압도적으로 지배적인 체제를 유지하고 있다.

(단위: 석)

정당	참의원(상원)	중의원(하원)	합계
자유민주당(1955)	115	292	406
민진당(2016)	60	97	156
공명당(1964-1994, 1998)	20	35	55
일본 공산당(1922-1924, 1926)	11	21	32
오사카 유신회(2015)	8	14	22
일본 사회민주당(1996)	3	2	5
생활당과 야마모토 타로와 동료들(2012)	3	2	5
차세대당(2014)	3	0	3
일본을 건강하게 하는 모임(2015)	3	0	3
신당개혁(2008)	1	0	1
오키나와 사회대중당(1950)	1	0	1
무소속	14	12	26
합계	242	475	717

자료: https://ko.wikipedia.org/wiki/%EC%9D%BC%EB%B3%B8%EC%9D%98_%EC%A0%95%EB%8B%B9

❷
양당 체제

　　　　양당 체제는 두 개의 주요 정당-주로 거대정당-이 서로 경쟁하는 정
당 체제이다. 보통 한 개의 정당이 선거에서 과반수 의석을 차지하는 다
수 정당(majority party)이 되어 독자적으로 정부를 구성한다. 그러나 한 개
의 정당이 항상 권력을 장악할 가능성은 보장되지 않으며, 두 개의 정당
이 교대로 집권한다.

　　　　양당 체제의 특징은 다섯 가지로 요약할 수 있다. 첫째, 일당 체제에
비해 복수의 정당이 선거 승리를 위해 경쟁하는 체제이기에 유권자들의

선택이 가능하다. 둘째, 한 개의 정당이 독자적으로 다수당 정부를 만들기 때문에 정치적 안정이 이루어질 수 있다. 셋째, 책임 정치가 이루어질 가능성이 높다. 한 개의 정당이 집권하여 행정부를 운영하기 때문에 국정 성공이나 실패에 대한 책임 소재를 유권자가 판단하기 비교적 용이하다. 넷째, 정당들이 특정 이념이나 가치를 지향하는 대중정당보다는 선거 승리를 위한 포괄정당의 성격을 띨 가능성이 높다. 다섯째, 정당 정책의 중도화이다. 정당의 목표를 선거 승리와 집권에 비중을 두기 때문에 극단적인 정책이나 이념에 치중하기보다는 중도적 성격, 혹은 모호한 특징을 띨 가능성이 높다. 양당 체제의 대표적 사례는 미국과 영국이다.

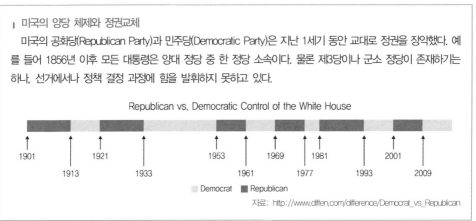

| 미국의 양당 체제와 정권교체

미국의 공화당(Republican Party)과 민주당(Democratic Party)은 지난 1세기 동안 교대로 정권을 장악했다. 예를 들어 1856년 이후 모든 대통령은 양대 정당 중 한 정당 소속이다. 물론 제3당이나 군소 정당이 존재하기는 하나, 선거에서나 정책 결정 과정에 힘을 발휘하지 못하고 있다.

Republican vs. Democratic Control of the White House

1901 1913 1921 1933 1953 1961 1969 1977 1981 1993 2001 2009

Democrat   Republican

자료: http://www.diffen.com/difference/Democrat_vs_Republican

❸
다당 체제

다당 체제는 3개 이상의 정당이 경쟁하는 정당 체제이다. 대부분의 경우 의회 선거에서 과반수 의석을 획득하는 단일 정당이 존재하지 않으며, 다수의 소수 정당(minority party)들이 의회 의석을 점유한다.

다당 체제의 특징은 다음과 같이 정리할 수 있다. 첫째, 여러 이념이나 가치, 혹은 특정 집단의 이익을 추구하는 다수의 정당이 경쟁하기 때문에 사회의 다양한 요구가 반영될 수 있고, 유권자 또한 폭넓은 선택지를 가질 수 있다. 둘째, 다수 정당이 참여한 연립 정부가 구성되어 국정을 운영하기 때문에 정책 실패의 책임소재가 불분명해질 수 있다. 셋째, 연립에 참여한 정당들 간 협조가 어려울 경우 정치적 불안이 초래될 수 있다. 물론 유럽 국가의 다수에서 연립 정부는 양당 체제하에서의 단일 정당 정부만큼 안정적이다. 따라서 정치적 불안은 정당 체제가 다당 체제이기 때문에 발생하는 것이 아니라 특정한 정치 상황에 기인하는 바가 크다고 할 것이다. 다당 체제는 대부분의 유럽 국가 등 많은 민주주의 국가에서 발견할 수 있다.

❹ 선거제도와 정당 체제

그렇다면 국가마다 왜 다른 정당 체제가 형성되어 있는 것일까? 가장 중요한 요인은 선거제도에 있다. 선거제도는 크게 두 가지로 분류한다. 첫째, 한 선거구에서 가장 많은 득표를 한 1명이 당선되는 '소선거구 단순다수제'이다. 둘째, 정당이 획득한 득표율과 비례해 의석을 차지하는 '정당명부식 비례대표제'이다.

정치학자인 듀베르제(Maurice Duverger)에 따르면 소선거구 단순다수제는 양당 체제를 촉진하고 비례대표제는 다당 체제를 촉진한다. 왜 그럴까? 소선거구 단순다수제가 양당 체제를 만들어내는 경향이 있다는 것은 두 가지 요인이 작용한 결과이다. 첫째, 제도 자체의 효과이다. 즉 당선자 결정 방식 자체, 즉 최다 득표자 1명만 당선되기 때문에 대정당 소속 후보에게 유리하다. 반면 군소정당 후보는 선거구에서 1위가 되기 매우 어렵기 때문에 당선 가능성이 낮다. 따라서 의석은 거대정당이 거의 차지하며, 군소 정당의 의회 진출은 쉽지 않다. 둘째, 심리적 효과이다. 소선거구 단순다수제에서 군소 정당 후보는 당선 가능성이 낮다. 따라서 군소 정당 지지자의 경우 차선책으로 당선 가능성이 높은 대정당 후보에게 투표하게 된다. 이 같은 두 가지 효과로 인해 소선거구 단순다수제에서는 거대정당 중심의 양당 체제가 형성되는 경향이 있다.

반면 비례대표제에서는 다당 체제가 형성되는 경향이 있다. 비례대표제의 기본 원칙은 정당 득표율만큼 의석을 차지하도록 하는 것이다. 따라서 군소 정당의 경우도 비교적 적은 득표를 하더라도 그 만큼 의석을 배분받게 된다. 유권자의 경우도 자신의 표가 사표가 되지 않는다는 것을 알기에 당선 가능성과 상관없이 가장 선호하는 정당에 투표한다.

참고자료

▍연립정부(coalition government)

의원내각제하에서 복수의 정당이 연합해 행정부를 구성하는 내각을 의미한다. 통상적으로 의회 선거에서 과반수를 차지한 정당이 없는 경우 구성된다. 주로 비례대표제를 선거제도로 운영하고 있는 국가에서 나타난다. 연립정부가 구성되면 이에 참여한 정당들이 행정부 각 부처의 장관을 나누어 맡는다. 연립정부는 두 가지 형태를 띤다. 첫째, 다수 연립 정부(majority coalition government)이다. 복수의 정당이 연합하여 의회 의석의 과반수를 차지하는 경우이다. 독일, 벨기에, 핀란드 등이 대표적 예이다. 둘째, 소수 연립 정부(minority coalition government)이다. 복수의 정당이 연합하지만 여전히 의회 의석 과반수를 차지하지 못하고 정부를 구성하는 유형이다. 덴마크 등이 대표적 예이다.

▍2014년 미국 하원 선거 결과 – 소선거구 단순다수제

정 당	득표율(%)	의석수(석)	의석률(%)
공화당(Republican Party)	51.2	247	56.8
민주당(Democratic Party)	45.5	188	43.2
자유당(Libertarian Party)	1.2	0	0
무소속	0.8	0	0
기타 정당	3.1	0	0

▍2014년 벨기에 하원 선거 결과 – 정당명부식 비례대표제

정 당	득표율(%)	의석수(석)	의석률(%)
Nieuw-Vlaamse Alliantie	20.3	33	22.0
Parti Socialiste	11.7	23	15.3
Mouvement Réformateur	11.6	18	12.0
Christen-Democratisch en Vlaams	9.8	14	9.3
Open Vlaamse Liberalen en Democraten	9.6	20	13.3
Socialistische Partij Anders	8.8	13	8.7
Centre Démocrate Humaniste	5.3	6	4.0
Ecolo	5.0	9	6.0
Groen	3.7	2	1.3
Vlaams Belang	3.7	3	2.0
Fédéralistes Démocrates Francophones	3.3	6	4.0
Workers' Party	1.8	2	1.3
Parti Populaire	1.5	1	0.7
합계	96.1	150	100

2) 한국의 정당 체제

한국은 해방 이후 다양한 형태의 정당 체제를 경험했다. 패권적 일당 체제, 양당 체제, 그리고 다당 체제가 시기별로 독자적으로 형성되거나 혼재되어 나타났다. 여기서는 대표적으로 제3공화국 권위주의 정치체제하의 정당 체제와 민주화 이후의 정당 체제를 간략히 정리한다.

❶
패권적 일당
체제 시기

1961년 박정희 장군은 군사 쿠데타로 권력을 장악하고 이후 1972년 유신체제를 도입함으로써 권위주의 정치체제와 패권적 일당 체제를 완성한다. 1963년 박정희와 김종필 등 군부 세력은 민주공화당(공화당)을 수립한다. 이는 군부세력이 군정에서 민간 정부로 전환하면서 정부 권력을 지속적으로 장악하기 위한 인적·물질적 자원을 구축하기 위한 것이었다. 공화당은 1967년 대통령 선거와 국회의원 선거를 위해 당원과 자금 확보를 위한 조직 확장의 노력을 기울였으며, 그 결과 대통령 선거에서는 박정희 대통령이 재선에 성공했고, 총선에서는 전체 의석의 3분의 2를 넘는 의석을 확보하게 되었다. 박정희 대통령은 1972년에는 비상계엄을 선포하고 '유신체제'를 도입하였다. 이 헌법으로 대통령 임기는 4년에서 6년으로 늘어나고, 중임제한을 철폐함으로써 종신집권을 가능케 하였다. 또한 대통령은 직접 선거가 아닌 통일주체국민회의에서 간접 선출토록 하였다. 대통령이 국회의원의 3분의 1을 임명할 수 있도록 했을 뿐만 아니라 국회 해산권을 가졌다.

1972년 12월 통일주체국민회의는 단독으로 출마한 박정희 대통령을 새 대통령으로 선출하였다. 1973년 실시된 국회의원 선거에서 집권 여당인 공화당은 지역구 정수 146명 중 73석을 차지한 반면, 야당인 신민당은 53석, 무소속은 19석을 얻었다. 그리고 박정희 대통령은 국회의원 73명-유신정우회 소속-을 추천했으며, 그 결과 국회 의석의 3분의 2를 박정희 대통령의 공화당과 유신정우회 소속으로 채웠다.

이와 같이 볼 때 제3공화국과 유신체제 이후 제4공화국에서의 정당 체제는 일견 공화당과 신민당 양당 체제로 볼 수 있으나 실질적으로는 공화당이라는 패권 정당이 박정희 대통령의 권위주의 정치 체제를 유지하는 수단으로 기능하였던 시기라고 볼 수 있다.

참고자료

| 패권정당체제(Hegemonic Party System)

권위주의 정치 체제에서 나타나는 정당 체제이다. 법적으로는 복수의 정당 활동이 가능하지만, 실질적으로는 패권 정당의 용인이 있어야 선거에서 후보를 낼 수 있어, 기본적으로는 경쟁이 허용되지 않는 특성을 갖는다. 정당연구자 사르토리(G. Sartori)는 자신의 저서 '현대정당론'(Parties and Party Systems, 1976)에서 다수의 정당이 존재하지만 실질적으로는 한 정당이 권력을 독점하고 나머지는 2류 정당으로 존재하는 비경쟁적 정당체계를 '패권정당체제'라고 분류한 바 있다. 이 체제하에서 평등한 정당경쟁은 허용되지 않으며 정당경쟁을 통한 정권교체는 불가능하다. 1929년부터 2000년까지 65년간 권력을 장악하였던 멕시코 제도혁명당(Partido Revolucionario Institucional)이 대표적인 사례이다. 사르토리는 한국의 70년대 정당 체제를 패권정당체제에 속하는 한 사례로 소개하기도 하였다.

| 유신정우회

유신정우회란 1972년 10월 유신헌법에 따라 조직된 준정당조직이자 원내 교섭단체이다. 유신헌법에 따르면 국회의원 3분의 1은 대통령이 추천하고 통일주체국민회의에서 찬반투표를 하는 방식으로 선발되었다. 이들의 임기는 일반 국회의원의 절반인 3년이었다.

1973년에 유신헌법에 따라 최초로 73인의 유신정우회 전국구의원들이 교섭단체를 구성하였다. 이들은 박정희 정권의 친위대로서 공화당 소속 국회의원들과 함께 유신체제의 입법부 장악을 도왔다.

❷
양당 체제와
다당 체제

민주화 이후 우리나라 정당 체제는 양당 체제 혹은 다당 체제로 자리잡기 시작했다. 그렇다면 현재 우리나라는 양당 체제일까 다당 체제일까? 한 국가의 정당 체제가 어떤 유형에 속하는가를 측정하는 '유효 정당수'를 활용해 이 물음에 답할 수 있다. 이를 통해 실질적으로 의회에 진출하는 정당 수를 구함으로써 어떤 체제에 가까운지를 판단할 수 있다. 이 수를 구하는 방식 중 가장 대표적인 것은 '락소와 타게페라 지수'(Laakso and Taagepera Index)이다. 제20대 국회의원 선거 결과, 총 300석 중 더불어민주당 123석, 자유한국당(전 새누리당) 122석, 국민의당 38석, 정의당 6석, 무소속 11석이었다. 이를 근거로 계산하면, 유효정당 지수는 약 2.8이다. 즉 현재 한국 정당 체제는 거의 3당 체제로, 많은 정당으로 분할되지는 않았지만 양당 체제보다는 다당 체제에 가깝다고 할 수 있다.

이는 한국의 선거제도와 지역 정당의 존재에 원인이 있다고 할 수 있다. 먼저 국회의원 선거 제도의 경우 혼합형 선거제도이다. 즉 소선거구 단순다수제와 정당명부식 비례대표제를 동시에 운용하고 있다. 또한 다당 체제 형성 경향이 강하다는 사실은 '지역 정당'의 존재에 기인하기도 한다. 예를 들어 1995년 창당되어 2006년까지 활동하였던 '자유민주 연합'(자민련)은 주로 충청도 지역을 기반으로 국회에 진출한 정당이었다.

유효 정당 지수 - '락소와 타게페라 지수'(Laakso and Taagepera Index)

한 국가의 유효 정당 수를 구하는 지수로서 그 국가가 어떤 유형의 정당 체제에 속하는지를 판단하게 해준다. 의회에 의석을 얻어 실질적으로 입법 과정에 영향을 미치는 정당의 수를 구하며, 의회에 진출하지 못한 정당은 배제된다. 대표적인 지수로는 락소와 타게페라에 의해 제시된 지수이다. 그 값을 구하는 방법은 ① 각 정당의 의석률(득표율)을 제곱한다. ② 제곱한 값을 모두 합한다. ③그 합계로 1을 나눈다. 이를 공식으로 나타내면 다음과 같다.

$$N = \frac{1}{\sum_{i=1}^{n} P_i^2} \quad \text{(P=정당의 득표율 혹은 의석률)}$$

한국 선거제도 개정? 그 결과는 정당 체제 변화

"판도라의 상자, 선관위가 열다."

선거제도를 바꾸는 것은 헌법을 바꾸는 것과 비슷하다. 권력이 어떻게 배분되는지를 근본적으로 규정하는 것이 헌법이라고 한다면, 선거제도 개정 역시 권력 배분의 원리를 뿌리부터 바꾸기 때문이다. 2월 24일 선거관리위원회가 국회의원 선거제도 개정을 핵심으로 하는 일련의 정치관계법 개정 제안을 내놓았다. 선관위가 제안한 선거제도 개정안의 핵심은 두 가지다. 첫째, 지역구 246명 대 비례대표 54명으로 되어 있는 현재 국회의원 비율을 지역구 200명 대 비례대표 100명으로 바꾼다. 지역구 46석을 줄이자는 폭발력 강한 제안이다. 하지만 두 번째가 더 근본적이다. 현행 제도는 정당 득표율에 따라 비례대표 의석만 배분한다. 지역구 득표와 정당 득표는 별개다. 그런데 선관위 안대로 하면, 비례대표 의석이 아니라 전체 의석 배분을 정당 득표율에 맞춘다(독일식 연동형). 2012년 19대 총선을 예로 들면 이렇다. 통합진보당은 비례대표 투표에서 10.3%를 얻었다. 이 득표로 비례대표 54석 중 6석을 받았다. 여기에 지역구 7석을 더해서 총 13석이었다. 그런데 선관위 제안이 도입되면 통합진보당은 득표율인 10.3%를 그대로 의석으로 보장받는다. 300석 중 약 30석 안팎(몇몇 변수에 따라 달라진다)을 얻게된다.

어떤 원리일까. 선관위 제안에서는 비례대표 100석을 일종의 '보증금'으로 간주한다. 이 보증금의 목표는 국회의석 분포를 정당 지지율에 맞추는 것이다. 극단적인 예를 들어 전국 지지율이 15%인 제3당이 지역구에서 1석도 얻지 못할 수 있다. 승자독식인 지역구 선거에서는 1등만이 살아남기 때문이다. 하지만 비례대표 100석이라는 보증금이 있다. 지역구에서 전패한 3당은 이제 정당 지지율에 따라 45석(전체 300석의 15%)을 보증금에서 인출받는다. … (중략) …

의석 변화가 끝이 아니다. 정치학계에서 합의에 가까운 공리가 있다. 승자독식형 제도에서는 양당제가, 비례성이 높은 제도에서는 다당제가 등장할 가능성이 높다. 비례성이 높으면 승자독식형 소선거구제에서 1위를 할 수 없는 정당이라 해도 어느 정도 의석을 얻을 수 있다. 이러면 연대나 통합을 해야 할 이유가 줄어들기 때문에 다당제가 등장한다. 독일식 연동형은 비례성을 아주 강력하게 보장한다. 제3당의 생존 가능성은 극적으로 올라간다. 정당 득표율 10%면 30석을 얻어 단번에 국회 교섭단체 기준(20석)을 넘긴다. … (중략) … 양당제는 통치의 안정성이 높고 극단주의를 걸러낸다는 장점이 있다. 다당제는 다양한 민의가 대변되고 세력 간 타협을 강제한다는 장점이 있다. 다당제 국가의 타협 모델은 복지국가를 잉태하는 경향도 있다. 보는 이에 따라 취향과 선호가 갈릴
수 있다.

(「시사 IN」, 2015년 3월 9일)

▎ 군소 진보정당들의 역사

한국에서 '진보정당'은 일반적으로 사회주의 또는 사회민주주의를 표방하는 정당을 통칭한다. 해방 후 조선공
산당을 비롯한 진보정당은 정치활동을 시작하였으나 미군정에서 공산당을 금지하면서 급격히 위축되었다. 특히
반공을 국시로 하였던 유신체제하에서 진보정당의 명맥은 끊겼다.

광주항쟁과 1987년 민주화 이후 반공주의가 약화되고 이념적 스펙트럼도 확대되기 시작하면서 진보정당 세력
이 재건되기 시작하였다. 2004년 17대 총선에서 민주노동당은 13%(총 10석)를 획득하여 처음으로 국회진출에
성공하였다. 2014년 헌법재판소가 일명 '친북좌파'로 분류되는 통합진보당의 해산을 결정하기도 하였으나 진보
정당세력은 유지되고 있다. 2017년 5월 정의당은 대통령선거에 독자적으로 심상정 후보를 내세워 6.17%를 획득
하였다.

1945년부터 2017년까지 명멸해 왔던 진보정당들의 간략한 연대기는 다음과 같다.

- 진보정당 태동기(1945-1947년): 조선공산당, 조선인민당, 북조선노동당, 남조선노동당, 근로인민당, 사회민
  주당
- 진보정당 암흑기(1948-1985년): 사회당, 진보당, 한국사회당, 통일사회당
- 진보정당 재건기(1986-1994년): 제3세대당, 민중의당, 한겨레민주당, 민중당, 한국노동당, 통합민주당, 진
  보정치연합
- 진보정치 세분화기(1997-2004년): 건설국민승리21, 청년진보당, 민주노동당, 녹색평화당, 민주사민당, 녹
  색사민당
- 진보정당의 현재(2008년-): 진보신당, 통합진보당, 진보정의당/정의당, 진보신당 연대회의/노동당

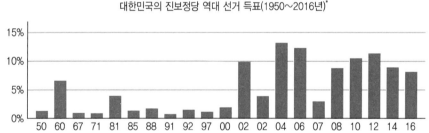

대한민국의 진보정당 역대 선거 득표(1950~2016년)*

* 1960년 총선은 민의원 선거결과만 표시, 지방선거는 광역의원 선거결과 표시
자료: https://ko.wikipedia.org/wiki/%EB%8C%80%ED%95%9C%EB%AF%BC%EA%B5%AD%EC%9D%98_%EC%A7%84%EB%B3%B4%EC%A0
%95%EB%8B%B9

토론 주제 한국 대통령제에서 정당 체제는 어떤 방향성을 지향해야 하는가?

자료 1: 내각제와 다당 체제를 도입해야

　대통령제와 양당제가 오늘에 와서는 대통령과 야당 간의 양보 없는 대립, 타협 없는 마찰을 불러와 민주주의의 위기 상황을 만들어내고 같은 당 안에서도 분열을 조장하고 있다. 우리나라가 정치개혁을 하려면 내각제와 다당제 도입이 필수적이다. 제왕적 대통령제와 양당제는 18세기 미국에는 알맞은 제도이며, 오늘날 이 제도는 승자독식의 제도이며, 대통령과 야당 간의 양보 없는 대립, 타협 없는 마찰을 불러와 민주주의의 위기를 빚고 같은 당 안에서도 분열을 조장하고 있다. 다당제 구도에서는 새로운 사람이 정치에 참여할 기회를 얻어 정치를 활성화할 수 있다. 이 제도에서는 보수·진보의 양당만 있는 것이 아니다. 국가가 추구해야 하는 환경과 복지·중소기업·교육·보건 등 특정 분야의 발전을 표방하는 정당이 나올 수 있다. 다당제에서 제1당이 돼도 단독으로 안정적인 내각을 구성하기는 힘들다. 제1당은 2~3개의 작은 당과 연립하는 경우가 많고 지금처럼 양당이 죽기 살기로 서로를 물고 늘어질 일은 없을 것이다. (「서울경제」, 2014년 7월 10일)

자료 2: 대통령제와 양당 체제를 정착시켜야

　대통령과 의회는 모두 국민들로부터 선거를 통해 직접적으로 정통성을 부여받은 기구이다. 따라서 이 두 기구가 서로 갈등하고 대립할 경우 어느 쪽의 입장이 더 정통성이 있는 것인지를 가리기는 쉽지 않다. 바로 '이원적 정통성'의 문제이다. 이 문제는 특히 여당이 의회 내 소수파이고 야당이 다수파가 되는 '여소야대,' 즉 '분점정부' 상황에서 분명하게 나타난다. 이 경우 대통령을 정점으로 하는 행정부는 야당이 지배하는 입법부와의 갈등으로 인해 정책수행능력에 상당한 손상을 입기 마련이다. 정국은 교착과 파행으로 치달을 수 있다. 대통령이 추진하고자 하는 정책 내용이 아무리 훌륭한 것일지라도 분점정부하에서의 통치력 약화 문제를 해결하지 않고서는 대통령은 그저 무기력할 수밖에 없다. 그래서 다당체계와 대통령제의 만남은 제도적 부조화 문제를 상시적으로 일으키는 "곤란한 결합"이라고 평하는 것이다. 이것은 반드시 이원적 정통성 때문만이 아니라, 다당체계하에서는 대통령이 '정당 권력(partisan power)'을 확보하기가 어렵기 때문이다. 대통령의 정당 권력이란 행정부가 국정을 원활히 수행함에 있어 필요한 정당(들)의 지지를 안정적으로 획득할 수 있는 능력을 의미한다. 집권 여당이 의회의 다수당 지위를 차지하고 있을 경우에는 대통령이 원하는 정책안이 성공적으로 법제화될 가능성은 당연히 높다. 대통령이 다수당인 여당을 통해 정당 권력을 누릴 수 있기 때문이다. 그러나 다당체계에서는 어느 한 정당이 의회의 과반수 의석을 안정적으로 차지하고 있기는 쉽지 않다. 의석이 다수 정당에 의해 나눠지기 때문이다. 여당이라고 예외인 것은 아니다. 결국 소수파 여당과 다수파 야당연합이 의회 구성의 일반적 형태가 되고, 따라서 분점정부 상황 역시 일반적이 된다. (최태욱, "한국의 위임대통령제와 지역/인물 정당구도," 「프레시안」, 2009년 8월 2일)

〈토론 소주제〉

　1. 양당제와 다당제는 어떤 특성과 장·단점을 갖고 있는가?

　2. 정부 형태로서 대통령제와 어떤 정당 체제가 결합되어야 바람직할까?

　3. 향후 한국은 어떤 정부 형태와 정당 체제로 변화해야 할까?

참고문헌

- 김수진. 2008. 『한국 민주주의와 정당정치』. 서울: 백산서당.
- 김용호. 2001. 『한국정당정치의 이해』. 서울: 나남.
- 김윤철. 2009. 『정당』. 서울: 책세상.
- 박상훈. 2015. 『정당의 발견』. 서울: 후마니타스.
- 심지연. 2013. 『한국정당정치사』. 서울: 백산서당.
- 심지연 외. 2003. 『현대 정당정치의 이해』. 서울: 백산서당.
- 정진민. 2008. 『한국의 정당정치와 대통령제 민주주의』. 서울: 인간사랑.
- 정진민 외. 2015. 『정당정치의 변화, 왜 어디로』. 서울: 형설출판사.
- Dalton, Russell and David Farrell. 2013. Political Parties and Democratic Linkage: How Parties Organize Democracy. Oxford: Oxford University Press.
- Duverger, Maurice. 1959. Political Parties. 2nd ed. London: Methuen.
- Mair, Peter 저. 김일영 외 역. 2011. 『정당과 정당체계의 변화: 접근과 해석』. 서울: 오름.
- Michels, Robert 저. 김학이 역. 2015. 『정당론』. 서울: 한길사.
- Sartori, Giovanni 저. 어수영 역. 1995. 『현대정당론』. 서울: 동녘.
- Parties and Party Systems: A Framework for Analysis. New York: Cambridge University Press.
- Ware, Alan. 1996. Political Parties and Party System. Oxford: Oxford University Press.

선 거

1. 선거란 무엇인가?

1) 선거와 선거제도 개념과 의의

❶
선거 개념과
의의

선거는 국민을 대표하여 국가를 운영할 공직자를 투표를 통해 뽑는 일을 의미한다. 인구가 많고, 영토가 넓으며, 정책 사안이 복잡해지고 다원화된 현대 국가들에서 민주정치는 대의민주제 또는 간접민주제의 형태를 띠고 있다. 직접민주제와 달리 간접민주제에서는 국민이 대표자들을 선출하고 이들이 국민을 대신하여 정부를 구성하며 일정 기간 동안 그들에게 권력이 위임된다. 국민 주권 원리가 선거를 통해 구현되는 것이다. 따라서 대의민주제로 운영되는 현대 민주국가에서 선거는 국민이 주권을 행사하는 가장 중요한 수단이며, 민주정치의 성공과 실패를 좌우하는 가장 핵심적인 요인이다. 그러나 선거가 민주정치의 필요조건일 수는 있으나, 충분조건은 아니다. 선거만으로 민주정치가 자동적으로 그리고 충분히 구현된다고 말할 수 없기 때문이다. 그러므로 단순히 선거가 수행되고 있다는 점 이상으로 선거가 민주적 요건을 충족하는지, 선거가 실제로 어떻게 운용되고 있는지, 국민의 투표 참여율은 충분히 높은지 등의 문제가 매우 중요하다.

참고자료

| 대의제와 선거의 필요성: 시간과 수의 법칙

당대 민주주의 이론의 대가인 미국의 정치학자 로버트 달(Robert Dahl)은 『민주주의에 관하여(On Democracy)』(1998)에서 대의민주제와 선거의 필요성을 시간과 수의 법칙을 통해 간략히 논증하였다.

그는 다음의 표를 제시하면서 1만 명의 시민으로 구성된 소규모 국가에서 각 시민에게 발언시간을 10분씩만 할당한다고 하더라도, 8시간 동안의 회합을 200일 이상에 걸쳐 지속해야 하는 우스꽝스러운 상황이 전개될 것이라고 지적하였다.

그리고 이러한 문제로 인해 직접 민주제를 운영하는 국가에서도 대의제도가 사실상

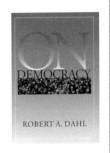

존재할 것이며, 시민들은 결국 자유롭고 공정한 선거를 통해 대표자를 선출하는 것을 합리적으로 선호하게 될 것이라고 주장하였다.

〈시간과 수의 법칙〉

"민주적 단위에 시민들이 많이 있으면 있을수록 정부결정에 직접적으로 참여할 수 있는 시민은 점점 줄어들고 점점 더 그들은 다른 사람들에게 권위를 위임해야 할 것이다."

〈직접 민주제의 값비싼 대가〉

시민 수 (명)	각 시민이 다음의 발언 시간을 갖는 경우 필요한 총 시간					
	10분			30분		
	분	시간	하루 8시간 회합 시 필요한 날짜 수	분	시간	하루 8시간 회합 시 필요한 날짜 수
10	100	2		300	5	
20	200	3		600	10	1
50	500	8	1	1,500	25	3
500	5,000	83	10	15,000	250	31
1,000	10,000	167	21	30,000	500	63
5,000	50,000	833	104	150,000	2,500	313
10,000	100,000	1,667	208	300,000	5,000	625

자료: Dahl 저·김왕식 외 역(1999), 145-148.

▎민주 정치와 선거의 관계

조지프 슘페터(Joseph Schumpeter)가 민주주의를 정치엘리트들이 자유롭게 득표 경쟁을 벌이는 체제로 정의한 이후 많은 학자들은 경쟁 선거 절차의 확립 여부를 기준으로 민주정치와 비민주정치를 구분한다. 그러나 이러한 관점은 민주정치를 절차적 요건의 문제로 축소시켜버리고, 민주정치의 실질적 요건을 간과한다는 비판을 종종 받는다. 자유롭고 공정하며 주기적인 경쟁 선거의 존재는 민주정치의 필요조건이지만, 충분조건은 아니기 때문이다. 다음의 글은 민주정치가 충족해야 하는 실질적 요건의 중요성을 강조한다.

"민주주의는 절차적 수준에서 또는 제도와 규칙을 준거로 한 '최소정의'(minimalist conception of democracy)적 차원에서 이해될 수 있는 정치체제가 아니라, 사회의 성원들이 정치참여를 통해 민주주의의 가치들을 습득하고, 다른 한편 정치적 제도와 절차가 민주적 정치문화에 의해 뒷받침됨으로써 결과적으로 사회구성원들이 광범하게 지배에 참여하는 사회적 이상으로 이해해야 할 것이다(최장집 2005, 80)."

❷ 선거제도의 개념과 의의

선거를 구체화하는 것은 선거제도이다. 선거제도란 광의로는 선거권, 피선거권, 선거구제, 대표제, 선거운동 등 선거를 실제로 운영하기 위한 일련의 규칙을 의미한다. 그리고 협의로는 '유권자가 행사한 표를 의석수로 전환하는 방식'으로, 여러 구성요소들 가운데 특히 세 가지 요소-선거구제도, 대표제도, 투표제도-에 초점을 맞춰 정의한다.

이러한 선거제도를 어떻게 설계하느냐에 따라 직접적으로는 선거의 결과, 예를 들어 각 정당이 획득하는 의석수가 달라질 수 있으며, 정치의 전 과정과 정치체제의 작동방식까지도 다르게 나타날 수 있다. 선거제도를 둘러싸고 논쟁이 끊임없이 되풀이되는 이유는 선거제도가 지니는 이와 같은 영향력 때문이다. 물론 민주국가에서 가장 우선적인 논쟁은 선거제도가 과연 민주적 제 요건을 충족하도록 설계되었는가의 문제를 두고 발생한다.

▍선거제도의 세 가지 구성요소

협의의 선거제도는 '유권자가 행사한 표를 의석수로 전환하는 방식'으로 정의될 수 있는데, 더글라스 레이(Douglas Rae)에 따르면 이러한 선거제도는 다음의 세 가지 요소로 구성된다(Rae 1967).

① 선거구제: 한 선거구에서 선출되는 대표자의 수, 즉 선거구의 크기(district magnitude)에 관한 규정으로, 흔히 대표자의 수에 따라 소선거구제, 중선거구제, 대선거구제로 분류된다.

② 대표제: 당선자를 확정하는 방식(electoral formula)에 관한 규정으로 매우 다양한데, 가장 많은 표를 획득한 후보자가 대표자로 선출되는 다수대표제(majoritarian system)와 정당 또는 후보자의 득표율에 따라 의석을 비례적으로 배분하는 비례대표제(proportional system), 그리고 양자의 혼합형(mixed system) 등으로 대별된다.

③ 투표제도: 유권자의 기표방식(ballot structure)에 관한 규정으로, 유권자가 투표용지에 기재된 후보자들 중 한 명을 선택하는 범주형(categorical), 유권자가 투표용지에 기재된 모든 후보자들에게 선호하는 순위를 표시하는 순위형(ordinal) 등이 있다.

▍선거제도의 영향력

선거 결과는 선거제도, 즉 선거구제도·대표제도·투표제도가 각각 어떻게 설계되어 있는지에 따라 매우 다르게 나타날 수 있다. 예를 들어 소선거구제·다수대표제·범주형 기표방식을 채택한 경우에 도출되는 선거 결과와 대선거구제·비례대표제·순위형 기

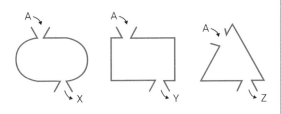

표방식을 채택한 경우에 도출되는 선거 결과는 매우 다를 수 있다. 그림에서와 같이 유권자의 선호도(A)가 동일할지라도 어떠한 선거제도를 통하느냐에 따라 의석의 배분 양상(X or Y or Z)은 상이해진다. 따라서 선거제도는 최대한 많은 의석을 획득하고자 하는 후보자들 또는 정당들 사이에서 항상 주요한 쟁점이다.

2) 민주적 선거 원칙

❶
보통선거
(universal
suffrage)
원칙

선거는 비민주 국가들에서도 종종 치러진다. 그렇다면 이 국가들의 선거와 민주 국가들의 선거는 무엇이 다른가? 현대 민주 국가에서 선거는 보통·평등·직접·비밀선거라는 네 가지 기본원칙에 따라 이행된다. 우리나라 역시 이러한 선거원칙을 헌법에 규정하였다.

보통선거는 능력이나 신분에 따라 유권자의 자격을 제한하지 않고, 모든 국민에게 선거권을 부여해야 한다는 원칙이다. 이러한 원칙이 확립되기 이전까지는 재산, 소득, 성, 인종, 학력 등에 따라 일부의 국민에게만 선거권을 주는 제한선거가 오랫동안 치러졌다.

단, 오늘날에도 각국 선거법이 정하는 요건에 따라 예외적으로 보통선거에 제한을 두고 있다. 우리나라의 경우에는 19세 이상의 대한민국 국민으로서 공직선거법이 규정하는 국적·연령·주소 요건을 충족하고, 범죄 등으로 인한 결격 사유가 없는 자에게만 선거권이 부여된다.

❷
평등선거
(equal
suffrage)
원칙

평등선거는 모든 유권자에게 동등한 가치의 표를 부여함으로써 '표의 등가성'을 실현해야 한다는 원칙이다. 표의 등가성은, 유권자가 행사하는 표가 수적으로 동등하고 – '1인 1표'(one man, one vote), 한 표의 가치가 선거결과에 기여하는 정도에서도 동등할 때 – '1표 1가치'(one vote, one value) 실현된다. 과거에는 사회적 신분, 재산, 학력 등에 따라 차등을 두어 특정 집단에게 더 많은 표를 주거나 더 많은 대표자를 선출할 수 있게 하는 노골적인 차등선거가 존재하였으나, 이제는 거의 사라졌다. 그러

참고자료

| 차등선거 사례: 영국의 대학선거권과 사업처선거권

영국에서는 1918년과 1928년의 선거법 개정을 통해 21세 이상의 모든 남성과 여성에게 선거권이 부여되는 보통선거의 시대가 열렸다. 그러나 평등선거는, 1948년 학력과 재산에 따른 복수선거권제도, 즉 대학선거권(university franchise)과 사업처선거권(business premises franchise)이 폐지되기 이전까지 실현되지 않았다. 당시 대학 졸업생과 대학 교수는 주소지에 근거한 지역선거구에서의 1표에 더해 별도의 대학선거구에서 1표를 더 행사할 수 있었으며, 10파운드 이상의 가치를 지닌 사업처의 소유자는 지역선거구에서의 1표와는 별도로 해당 사업처가 있는 선거구에서 1표를 더 행사할 수 있었다.

나 오늘날에도 평등선거의 원칙이 완벽하게 구현된다고 말할 수 없는 경우가 있는데, 선거구별로 유권자의 수가 동일하지 않기 때문에 발생하는 표의 등가성 훼손 문제가 대표적이다.

❸
직접선거
(direct
voting)
원칙

직접선거는 유권자가 직접 투표소에 가서 후보자에게 투표를 해야 한다는 원칙으로, 대표자가 어떠한 매개도 없이 유권자의 의사에 의해 직접 결정되어야 함을 의미한다. 선거일에 투표소에 갈 수 없는 유권자는 사전투표제도를 활용할 수 있으나, 대리투표나 중간선거인을 통한 간접선거는 모두 허용되지 않는다. 과거 우리나라에서도 대통령을 국회나 통일주체국민회의에서 선출하는 간접선거가 시행되었는데, 부정선거의 가능성뿐만 아니라 국민의 진정한 의사가 왜곡될 수는 있다는 비판에 부딪혀 1987년 직선제로의 개헌이 이루어졌다. 한편, 과거 국회의원 선거에서는 정당에 대한 별도의 투표 없이 각 정당의 지역구 득표율로 정당별 비례대표의석을 배분하였는데, 이러한 선거제도 역시 비례대표의원의 선출이 유권자의 투표에 의해 직접 결정되지 않는다는 점에서 직접선거 원칙에 위배되는 경우에 해당한다.

참고자료

┃ 사전투표제도와 재외선거제도
　　현재 우리나라는 선거일에 투표소에 갈 수 없는 유권자의 기본권을 보장하기 위해 사전투표제도와 재외선거제도를 운용하고 있다. 기존 부재자 투표제도의 단점을 보완한 사전투표제도는 2014년 지방선거에서부터 전국적으로 실시되었는데, 별도의 사전 신고를 해야 하거나 투표용지를 등기우편으로 교부받아야 하는 등의 불편함이 사라졌다. 이로써 사전투표를 원하는 유권자는 신분증만을 소지하고 있다면 전국 읍·면·동마다 설치되는 사전투표소 어디에서나 투표를 할 수 있게 되었다.
　　또한 2012년 국회의원 선거에서부터 실시된 재외선거제도에 따라 재외선거인과 국외부재자신고인이 선거권을 행사할 수 있게 되었다. 재외선거인이란 국외에 거주하거나 체류하는 대한민국 국민으로서 국내에 주민등록이 되어 있지 않은 사람을 의미하며, 국외부재자신고인이란 국외여행자, 유학생, 상사원, 주재원 등 국내에 주민등록이 되어 있는 국외 일시 체류자 중 외국에서 투표하고자 하는 사람을 지칭한다.

┃ 유신헌법에 따른 통일주체국민회의 대통령 간접선거
　　1987년 직선제로의 개헌이 이루어지기 전까지 과거 우리나라에서는 대통령을 국민이 직접 뽑지 않고 대리인이 선출하였는데, 유신헌법이 공포된 1972년부터 1980년까지 통일주체국민회의 대의원들이 대통령을 선출하였던 사례가 대표적이다. 형식적으로 통일주체국민회의는 국민의 직접선거에 의해 선출된 대의원들로 구성되나, 실질적으로는 박정희의 영구집권을 정당화하기 위한 정치적 도구로 이용되었다.

〈유신헌법〉

제36조 ① 통일주체국민회의는 국민의 직접선거에 의하여 선출된 대의원으로 구성한다.

제39조 ① 대통령은 통일주체국민회의에서 토론 없이 무기명투표로 선거한다.

② 통일주체국민회의에서 재적대의원 과반수의 찬성을 얻은 자를 대통령 당선자로 한다.

제40조 ① 통일주체국민회의는 국회의원 정수의 3분의 1에 해당하는 수의 국회의원을 선거한다.

② 제1항의 국회의원의 후보자는 대통령이 일괄 추천하며, 후보자 전체에 대한 찬반을 투표에 붙여 재적대의원 과반수의 출석과 출석대의원 과반수의 찬성으로 당선을 결정한다.

자료: 한국역사정치연구회(2005), 490-491.

ㅣ 직접·평등선거 위배 사례: 비례대표의석 배분방식 위헌 판결

현재 우리나라에서 시행되고 있는 국회의원 선거제도는 2001년 헌법재판소의 위헌 판결을 계기로 2004년 공직선거법이 개정됨으로써 확립되었다. 개정된 선거법에 따라 지역선거구 후보자에 대한 투표와 비례대표 후보자에 대한 투표가 분리되기 이전까지 비례대표의석은 지역구 득표율에 따라 배분되었는데, 이에 대해 헌법재판소는 다음과 같은 이유로 위헌 판결을 내렸다.

〈판시사항〉 비례대표국회의원의석의 배분방식 및 1인 1표제의 위헌여부(적극)

〈결정요지〉

가. 공직선거 및 선거부정방지법(이하 공선법)은 이른바 1인 1표제를 채택하여(제146조 제2항) 유권자에게 별도의 정당투표를 인정하지 않고 있으며, 지역구선거에서 표출된 유권자의 의사를 그대로 정당에 대한 지지 의사로 의제하여 비례대표의석을 배분토록 하고 있는 바(제189조 제1항), 이러한 비례대표제 방식에 의하면, 유권자가 지역구후보자나 그가 속한 정당 중 어느 일방만을 지지할 경우 지역구후보자 개인을 기준으로 투표하든, 정당을 기준으로 투표하든 어느 경우에나 자신의 진정한 의사는 반영시킬 수 없으며, 후보자든 정당이든 절반의 선택권을 박탈당할 수밖에 없을 뿐만 아니라, 신생정당에 대한 국민의 지지도를 제대로 반영할 수 없어 기존의 세력정당에 대한 국민의 실제 지지도를 초과하여 그 세력정당에 의석을 배분하여 주게 되는 바, 이는 선거에 있어 국민의 의사를 제대로 반영하고, 국민의 자유로운 선택권을 보장할 것 등을 요구하는 민주주의원리에 부합하지 않는다.

나. 비례대표제를 채택하는 경우 직접선거의 원칙은 의원의 선출뿐만 아니라 정당의 비례적인 의석 확보도 선거권자의 투표에 의하여 직접 결정될 것을 요구하는 바, 비례대표의원의 선거는 지역구의원의 선거와는 별도의 선거이므로 이에 관한 유권자의 별도의 의사표시, 즉 정당명부에 대한 별도의 투표가 있어야 함에도 현행제도는 정당명부에 대한 투표가 따로 없으므로 결국 비례대표의원의 선출에 있어서는 정당의 명부작성행위가 최종적·결정적인 의의를 지니게 되고, 선거권자들의 투표행위로써 비례대표의원의 선출을 직접·결정적으로 좌우할 수 없으므로 직접선거의 원칙에 위배된다.

다. 현행 1인 1표제하에서의 비례대표의석 배분방식에서, 지역구후보자에 대한 투표는 지역구의원의 선출에 기여함과 아울러 그가 속한 정당의 비례대표의원의 선출에도 기여하는 2중의 가치를 지니게 되는데 반하여, 무소속후보자에 대한 투표는 그 무소속후보자의 선출에만 기여할 뿐 비례대표의원의 선출에는 전혀 기여하지 못하므로 투표가치의 불평등이 발생하는 바, 자신이 지지하는 정당이 자신의 지역구에 후보자를 추천하지 않아 어쩔 수 없이 무소속후보자에게 투표하는 유권자들로서는 자신의 의사에 반하여 투표가치의 불평등을 강요당하게 되는 바, 이는 합리적 이유 없이 무소속 후보자에게 투표하는 유권자를 차별하는 것이라 할 것이므로 평등선거의 원칙에 위배된다.

❹
비밀선거
(secret
voting)
원칙

비밀선거는 어느 유권자가 어느 후보자에게 투표했는지를 다른 사람
이 알 수 없도록 해야 한다는 원칙이다. 비밀선거 원칙의 목적은 투표 내
용이 공개될 경우 받을 수 있는 불이익과 강압으로 인해 유권자가 자신
의 의사에 따라 자유롭게 투표할 수 없게 되는 상황을 방지하기 위함이
다. 따라서 기명·거수·기립·구술투표 등의 공개선거는 모두 허용되지
않으며, 선거는 반드시 무기명투표로 치러져야 한다. 비밀선거를 보장하
기 위해 한 장의 용지에 모든 후보자를 표시한 투표용지가 1858년 오스
트레일리아에서 처음 사용되었기 때문에, 비밀선거는 오스트레일리아식

 참고자료

| 비밀선거 원칙을 위배한 선거법 위반 사례

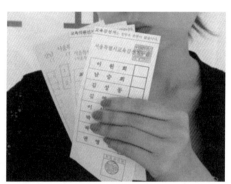

제20대 국회의원 선거에서도 기표소에 자녀와 동반 입장하려다가 제지를 당한 후 분풀이를 한 유권자들에 대
한 보도가 신문에 실리기도 하였는데, 왼쪽의 사진에서처럼 유권자가 초등학생 이상의 자녀와 함께 기표소 안으
로 출입하는 행위는 공직선거법 제157조에 따라 위법이다. 또한 한 연예인이 기표소 안에서 투표용지를 손에 들
고 자신의 모습을 촬영하여 논란거리가 된 일이 있었는데, 공직선거법 제166조의2(투표지 등의 촬영행위 금지)에
따라 이러한 행위도 선거법 위반에 해당한다.

자료: http://www.newdaily.co.kr/news/article.html?no=89877(검색일: 2016. 10. 15);
http://www.polinews.co.kr/news/article.html?no=56021(검색일: 2016. 10. 16).

투표(Australian Ballot System)라고도 불린다. 현재 우리나라에서는 공직선거법이 규정하는 바에 따라 다른 사람이 엿볼 수 없도록 기표소가 설비되고, 규격화된 투표용지가 사용되며, 투표함이 밀폐·보관·인계됨으로써 비밀선거의 원칙이 준수되고 있다.

3) 민주적 선거의 기능

❶
국민의
대표자
선출과
정부 구성

대의민주제에서 선거가 담당하는 가장 주요한 기능은 국민을 대신하여 국정을 운영할 대표자를 선출하는 데 있다. 선거를 통해 유권자는 경쟁하는 후보자들 가운데서 자신의 의사와 이익을 대표하게 할 사람을 선택한다. 이러한 유권자 개개인의 선택이 집약되어 국민의 의사로 표출되고, 경쟁에서 이긴 승자는 국민의 대표자가 된다. 또한 선거를 통해 선출된 국민의 대표자들은 공직자로서 정부를 구성하여 국가의 주요 정책들을 결정하게 된다. 따라서 선거는 국민의 대표자를 선출하여 정치인을 충원하고, 정부를 구성하는 주요 수단임과 동시에 국민의 의사가 정치과정에 투입되어 정책 결정에 영향을 미치게 하는 통로로도 기능한다.

❷
정치권력의
정당성 부여

민주적 선거는 정치권력에 정당성 또는 정통성(legitimacy)을 부여하는 기능을 한다. 선거를 통해 만들어진 정치권력이란 합법적인 절차에 따라 국민의 지지와 동의를 얻어 형성된 것을 의미하기 때문이다. 따라서 선거를 통해 집권한 정부의 행위는 국민의 의사로 간주되며, 국민을 대상으로 하는 공권력의 행사 또한 정당성을 갖게 된다.

선거가 지니는 이러한 기능으로 인해, 쿠데타와 같은 비민주적인 방식으로 집권한 정권도 선거라는 절차를 완전히 없애기보다 부정 선거를 적극적으로 활용하려는 경향이 나타난다. 물론 이러한 정권이 국민들의 반정부 시위와 저항에 지속적으로 직면하게 되는 이유는 민주적 선거를 통해서만 얻을 수 있는 정당성을 결여하고 있기 때문이다.

| 정통성 회복을 위해 선거를 단행하는 권위주의 정권

새뮤얼 헌팅턴(Samuel Huntington)은 『제3의 물결: 20세기 후반의 민주화(The Third Wave: Democratization in the Late Twentieth Century)』(1991년)에서 "이런저런 이유로 위험을 무릅쓰고 선거를 결정"하게 되는 권위주의 통치자에 대해 다음과 같이 적고 있다.

"정통성이 쇠퇴하게 될 때 권위주의 통치자는 종종 점점 더 강력해지는 긴급한 상황에 처하게 되며, 점점 더 의욕적으로 선거를 통해 자신의 정통성을 세탁하려고 시도했다. 통치자는 자신의 정권을 연장시킬 수 있거나 자신의 통치 혹은 타 정파와 연립통치가 가능하다고 믿으면서 선거를 주도적으로 이끌었다. 통치자는 항상 좌절당했다. 극히 희박한 예외를 제외하고 … (Huntington 저·강문구 외 역 2011, 245)."

❸ 정치권력에 대한 통제와 책임정치 구현

민주적 선거는 국민이 대표자를 재신임(reward)하거나 교체(punishment)하는 선택을 통해 정치권력을 통제할 수 있게 한다. 국민은 지난 선거에서 선출되어 국정을 담당하고 있는 대표자를 선거를 통해 평가할 수 있다. 만일 대표자가 국민의 의사를 충실히 반영하여 직무를 잘 수행해 왔다면, 유권자들은 다음 선거에서도 그에게 투표할 것이다. 그러나 만일 반대의 경우라면, 유권자들은 다른 후보자를 선택함으로써 그에게 정치적 책임을 물을 것이다. 국민이 통치에 직접 나서지는 않지만, 선거를 통해 평화적으로 그리고 규칙적으로 정부를 해고할 수 있는 것이다. 그러므로 선거는 정치권력이 국민의 의사와 다른 방향으로 행사되는 것을 막고, 대표자들이 국민의 목소리에 귀를 기울이고 책임정치를 실현하도록 만드는 작용을 한다.

| 회고적 투표를 통한 유권자의 심판

유권자는 회고적 투표(retrospective voting)를 통해 대표자 또는 정부를 심판한다. 현직의원 또는 집권여당이 지난 임기 동안 보여준 정책 수행 능력과 성과를 심판하여 긍정적으로 평가하는 유권자는 다음 선거에서도 그들을 계속 지지하는 반면, 부정적으로 평가하는 유권자는 다른 후보자 또는 야당에게 표를 던짐으로써 위임했던 정치권력을 회수하는 것이다. 한편, 유권자는 과거에 대한 심판보다는 후보자가 제시하는 비전과 공약에 중점을 두고 전망적 투표(prospective voting)를 하기도 한다.

❹
**민주
정치체제
유지**

민주적 선거는 사회적 갈등을 합법적인 방식으로 관리함으로써 민주 정치 체제가 전복되지 않고 유지될 수 있게 한다. 선거는 유권자들의 상충하는 이익과 요구가 후보자들을 통해 표출되는 과정이다. 그리고 선거라는 게임에 참여하는 후보자들은 게임의 규칙을 준수하면서 유권자의 표를 얻기 위해 상호 경쟁한다. 이때 가장 중요한 규칙은, 유권자든 후보자든 게임의 모든 참가자들이 결과에 승복해야 한다는 것이다. 이에 따라 선거의 패배자들도 결과에 불복하고 체제를 전복하려는 혁명 세력이 되기보다 체제 내에서 다시 집권을 시도하는 체제의 구성원으로 남는다. 따라서 선거는 합법적인 절차를 통해 사회적 갈등을 관리하고 정치적 반대를 처리하는 일종의 여과장치로서, 민주정치 과정을 제도화하고 민주 정치 체제를 존속시키는 기능을 한다.

참고자료

¦ 선거와 민주주의의 공고화

아담 쉐보르스키(Adam Przeworski)가 『민주주의와 시장(Democracy and the Market)』(1991년)에서 사용한 표현을 빌려 민주적 선거가 "동네에서 할 수 있는 유일한 게임(the only game in town)"이 되었을 때, 그 국가의 민주주의는 공고화(consolidation)되었다고 간주된다.

"주어진 정치적·경제적 조건하에서 특정한 제도 체계가 우리 동네에서 유일한 게임이 되었을 때, 어떤 사람도 민주적 제도 밖에서 행동한다는 것을 상상조차 할 수 없게 되었을 때, 패배자들이 원하는 모든 것은 그들이 패배한 바로 그 제도 내에서 다시 경쟁하는 것일 때, 민주주의는 공고화된다. … 관련된 정치세력들이 패배하였다 하더라도 현재의 결과에 순응하고 제도적 틀 내에서 모든 행동을 하는 것이 민주주의를 전복하려고 하는 것보다 더 낫다는 것을 발견하였을 때, 민주주의는 공고화된다(Przeworski 저·임혁백 외 역 1997, 49)."

선거를 바라보는 다양한 관점들

자료 1: 루소(Jean-Jacques Rousseau)의 『사회계약론』(1762)에서

"주권은 양도할 수 없는 이유와 마찬가지로 대표될 수 없다. … 인민의 대의원은 그러므로 그들의 대표자도 아니며, 대표자가 될 수도 없다. 그들은 심부름꾼에 불과하다. 그들은 아무것도 확정적으로 결정할 수 없다. 인민이 직접 승인하지 않은 법은 어떤 법이든 무효다. 그러므로 그것은 법이 아니다. 영국 인민은 자신들이 자유롭다고 생각한다. 하지만 그들은 크게 잘못 생각하고 있다. 그들은 의회의 의원 선출 기간에만 자유로울 뿐이다. 의원을 선출하자마자 그들은 곧 노예가 되며, 별 것 아닌 존재가 되어버린다. 그 짧은 자유의 기간 동안, 그들이 자유를 행사하는 것을 보면 자유를 빼앗겨도 마땅할 정도다(Rousseau 저·김중현 역 2010, 135)."

자료 2: 『연방주의자 논설』에 나타난 매디슨(James Madison)의 관점에 대해 헬드(David Held)의 『민주주의의 모델들』(2006)에서

"소위 이익집단이 야기하는 정치적 어려움은 투표함에 의해 극복될 수 있다. 투표함은 '다수가 정기적 투표로서 소수의 사악한 견해를 패퇴시킬 수 있도록 해준다.' … 정치적 대의제는 '나머지 사람들(즉, 대표가 아닌 일반 시민)에 의해 선출된 소수의 시민'에게 통치를 상시적으로 양도하는 것을 뜻한다. … 공중의 견해는 '선출된 시민 집단'이라는 중개자를 경과'하면서 '정제되고 확장'될 수 있기 때문에 대의 체제는 중요한 의미를 지닌다. 대의 정부는 '순수 민주주의'의 과도함을 극복한다. 선거 자체가 공적 이슈의 명료화를 가져오며, 정치과정을 감당할 능력이 있는 선출된 소수는 모든 시민의 이익, 즉 '자기 나라의 진정한 이익을 분별' 할 능력이 있을 것이기 때문이다. 하지만 대의제 규칙만으로는 시민을 보호하기에 충분한 조건이 되지 못한다. 대의제 그 자체로는 선출된 자가 강력한 이기적·착취적 파벌로 변질되는 것을 막을 수 없기 때문이다(Held 저·박찬표 역 2010, 151-152)."

자료 3: 토크빌(Alexis de Tocqueville)의 『미국의 민주주의』(1835)에서

"선거가 다가오면 집권 세력의 우두머리(대통령)는 앞으로 준비해야 할 투쟁에 대해서만 생각한다. 그에게 더 이상 미래란 없으며, 그는 새로운 것이라고는 아무것도 시도할 수 없고, 아마도 그의 후임자가 물려받아 마무리하게 될 일들을 시큰둥하게 계속하기만 할 뿐이다. … 한편 국민의 시선은 오직 한 가지에만 쏠린다. 곧 겪게 될 산고를 감시하는 데에만 온통 집중할 뿐이다. … 우리는 미국 대통령 선거를 국가 위기의 순간으로 간주할 수 있다. … 한편 대통령은 스스로를 방어해야 할 필요성에 온통 정신을 빼앗긴다. 그는 더 이상 국가의 이익을 위해 통치하는 것이 아니라 자신의 재선을 위해 전력투구한다. … 선거가 다가옴에 따라 각종 음모가 판을 치고, 사회적 동요가 심해지면서 광범위하게 확산된다. 시민들은 여러 당파로 분열되어 각자 자기가 지지하는 후보자의 이름으로 행동한다. 나라 전체가 열에 들뜬 상태가 되어버린다(Van Reybrouck 저·양영란 역 2016, 129-130 재인용)."

자료 4: 헌팅턴(Samuel Huntington)의 『제3의 물결: 20세기 후반의 민주화』(1991)에서

"선거는 민주주의를 경영하는 방법이며, 제3의 물결에서 선거는 권위주의 정권을 약화시키고 붕괴시키는 방법이기도 하다. 선거는 민주화의 목표일 뿐만 아니라 민주화의 매체이다. 이런저런 이유로 위험을 무릅쓰고 선거를 결정한 권위주의 통치자와 선거를 추진하고 선거에 참가하려는 반정부집단에 의해 민주화가 시작되었다. 제3의 물결이 주는 교훈은 선거가 민주주의의 생명일 뿐만 아니라 독재정치의 종말이라는 사실이다(Huntington 저·강문구 외 역 2011, 244)."

〈토론 소주제〉

1. 자료들에 나타난 선거에 대한 관점들은 서로 어떻게 다른가?

2. 자료들을 통해 추론될 수 있는 선거의 순기능과 역기능은 무엇인가?

3. 특히 우리나라의 선거와 관련하여서는 어떤 관점이 가장 타당하다고 생각하는가?

우리나라에서 민주적 선거의 원칙은 어떻게 구현되어 왔는가?

자료 1: 헌법재판소, 1인 1표제 비례대표의석 배분방식 위헌결정

"헌법재판소는 지역구 선거 결과에 따라 비례대표 의석을 각 정당별로 배분하는 방식과 비례대표제를 실시하면서도 별도의 정당투표를 허용하지 않는 1인 1표제는 위헌이라는 결정을 내렸다. 이에 따라 선거법의 전면 개정이 불가피해진 만큼 앞으로 여야가 어떻게 선거법 개정 합상을 전개할 지에 대해 국민들의 관심이 쏠리고 있다. 이번 헌재의 위헌 결정은 비례대표 의원 선택권을 유권자들에게 돌려주었다는 점에서 국민들로부터 폭 넓은 지지를 받을 것으로 보인다. 현행 선거제도하에서는 정당 간 전국구 의석배분이 유권자의 정당 선택 의사와는 관계없이 지역구 의원 선출에 의해 비례적으로 결정됨으로써 유권자들에게 전국구 의석에 대한 정당 선택권이 주어지지 않았다." ("정당정치 개혁의 시발점으로." 「매일경제」, 2001. 07. 20.)

자료 2: 재외 국민의 선거권

"한국 국적을 갖고 있으나 국내 주민등록이 돼 있지 않은 재외국민과 국외거주자에게 선거권을 제한한 공직선거법과 주민투표법 등의 관련 조항에 대해 헌법재판소가 28일 '헌법불합치' 결정을 내렸다. … 헌재는 1999년 '재외국민의 선거권 제한'에 대해 합헌 결정한 지 8년 만에 판례를 변경했다. 헌재 전원재판부는 "선거권을 제한하는 입법은 국가안전보장, 질서유지, 공공복리를 위해 필요하고 불가피한 예외적인 때에만 그 제한이 정당화될 수 있으며 이 경우에도 선거권의 본질적인 내용은 침해할 수 없다"고 밝혔다. 재판부는 재외국민과 단기 해외 체류자 등에게 대통령과 국회의원 선거권을 제한한 선거법 제37조 1항에 대해 "단지 주민등록 여부에 따라 선거권 행사 여부가 결정되도록 한 것은 헌법에 보장된 재외국민의 선거권과 평등권을 침해하고 … 원칙에 위배된다"고 지적했다." ("'재외국민도 선거권 줘야' … '선거권 제한' 헌법불합치 결정." 「동아일보」, 2007. 06. 29.)

자료 3: 19세 선거권 vs. 18세 선거권

"경제협력개발기구(OECD) 34개 국 중 유일하다. 한국만 18세에게 선거권을 주지 않는다. …"세계 각국도 20~21세로 규정돼 있던 선거연령을 18세로 낮추는 추세이며, 미국·영국·프랑스·독일·일본 등 세계 147개국도 이미 선거연령을 18세로 하는 점을 고려하여 선거권 연령을 18세 이상으로 낮추려는 것임." 중앙선거관리위원회가 공청회를 거쳐 8월 25일 정리해 발표한 선거법 개정의견의 내용이다. 여기엔 "정치·사회의 민주화, 교육수준의 향상, 인터넷 등 다양한 매체를 통한 정보 교류로 인하여 18세에 도달한 청소년도 독자적인 신념과 정치적 판단에 기초하여 선거권을 행사할 수 있는 능력과 소양을 갖추었다"고 제안 이유가 못 박혀 있다. … 2014년 헌법재판소는 19세 이상에게만 선거권을 부여한 공직선거법을 합헌으로 결정했다. 결정문에는 "국가마다 특수한 상황" "합리적인 입법 재량의 범위" 같은 익숙한 단어들이 동원됐다. 다수의견은 "19세 미만의 미성년자의 경우 독자적으로 정치적 판단을 할 수 있을 정도의 정신적·신체적 자율성을 갖추지 못했다"고 밝혔다. ("18세 선거권이 전부는 아니지만." 「한겨레 21」, 2016. 09. 06.)

〈토론 소주제〉

1. 자료들에 서술된 상황은 각각 어떤 민주적 선거의 원칙과 관련되는가?

2. 민주적 선거의 원칙을 구현하기 위해 〈자료 1〉과 〈자료 2〉의 상황에서 도입될 수 있는 제도는 무엇인가? 실제로는 어떤 제도가 도입되었으며, 그 효력은 어떠한가?

3. 〈자료 3〉에서의 쟁점은 무엇이며, 어떤 주장이 더 타당하다고 생각하는가? 그 이유는 무엇인가?

2. 선거의 역사

1) 고대: 그리스 아테네의 민주 정치와 제비뽑기

❶
민주 정치의
원형: 시민이
곧 정부

선거는 어떤 역사적 과정을 통해 오늘의 형태에 이르게 된 것일까? 선거는 민주정치와 역사를 같이 하므로, 선거의 역사는 민주정치의 발전 과정 속에서 파악될 수 있다. 인민의 지배를 의미하는 민주주의가 처음 시작된 곳은 고대 그리스의 도시국가, 아테네라고 알려져 있다. 당시 아테네의 중추 기관이었던 민회, 평의회, 민중법원, 행정직 모두가 시민들의 자발적 참여로 구성되었으며, 시의 모든 중요한 결정이 소수의 엘리트가 아닌 다수의 시민들에 의해 이루어졌기 때문이다. 평의회에서 500명의 시민들이 법안을 작성하면, 모든 시민이 참석할 수 있었던 민회에

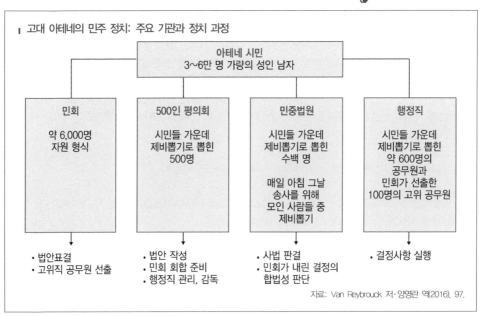

참고자료

고대 아테네의 민주 정치: 주요 기관과 정치 과정

아테네 시민
3~6만 명 가량의 성인 남자

민회	500인 평의회	민중법원	행정직
약 6,000명 자원 형식	시민들 가운데 제비뽑기로 뽑힌 500명	시민들 가운데 제비뽑기로 뽑힌 수백 명 매일 아침 그날 송사를 위해 모인 사람들 중 제비뽑기	시민들 가운데 제비뽑기로 뽑힌 약 600명의 공무원과 민회가 선출한 100명의 고위 공무원
• 법안표결 • 고위직 공무원 선출	• 법안 작성 • 민회 회합 준비 • 행정직 관리, 감독	• 사법 판결 • 민회가 내린 결정의 합법성 판단	• 결정사항 실행

자료: Van Reybrouck 저·양영란 역(2016), 97.

수천 명의 시민들이 모여 최종적인 의사 결정을 내렸고, 민중법원에서 수백 명의 시민 배심원들이 민회에서 내린 결정의 합법성을 판단하면, 행정직을 맡고 있는 600명의 시민 공무원들이 결정 사항들을 실행하였다. 이처럼 시민이 곧 정부이고, 정부가 곧 시민이었다는 점에서 고대 아테네의 정치는 민주정치의 원형으로 여겨진다.

❷
대표자
선출 방식:
제비뽑기
방식의
추첨제와
윤번제

고대 아테네의 정치체제는 직접민주제의 상징으로 알려져 있으나, 엄밀한 의미에서는 그렇지 않았다. 평의회, 민중법원, 행정직이 모두 시민의 대표자들로 구성되어 있었기 때문이다. 그럼에도 불구하고 고대 아테네의 정치체제를 직접민주제라고 규정할 수 있는 까닭은 대표자를 선출하는 방식에 있어 통치자(統治者)와 피치자(被治者)의 일치를 가능하게 함으로써 민주정치의 원리가 가장 충실하게 구현되었기 때문이다. 군사와 재정 분야의 고위 공무원 100명만이 선거로 선출되고, 모든 기관의 대표자들이 클레로테리온(kleroterion)이라는 장치를 통해 시민들 가운데서 추첨, 즉 제비뽑기로 정해졌다. 게다가 임기 1년의 신속한 교체로 인해 시민들이 돌아가며 차례로 공직을 맡는 윤번제가 적용되었다. 그 결과 대부분의 시민들은 일생에 한 번쯤 공직에 참여할 수 있었으며, 번갈아 가면서 통치자가 되고 피치자가 되었다. 이러한 대표자 선출 방식은 통치자와 피치자, 정치가와 시민을 구분짓지 않았던 아테네 시민들의 고유한 관념이 반영된 것이다.

참고자료

| 고대 민주정치의 기본 원리: 아리스토텔레스의 통찰

아리스토텔레스(Aristoteles)의 『정치학(Politika)』(B.C. 335~323년)은 고대 민주정치에 대한 가장 뛰어난 서술을 담고 있다고 평가된다. 비록 그는 민주정치를 좋은 통치 형태에서 벗어난 것이라고 생각했으나, 그 누구보다 예리한 통찰력으로 고대 민주정치의 기본 원리에 대해 다음과 같이 분석하였다.

"민주정체의 토대는 자유다. 일반적인 견해에 따르면 자유는 민주정체에서만 누릴 수 있으며, 모든 민주정체가 추구하는 목표는 자유를 누리는 것이라고 한다. 자유의 한 가지 원칙은 모두가 번갈아가며 지배하고 지배받는다는 것이다. 민주정체의 정의는 가치(능력 또는 실적)에 따른 비례적 평등이 아니라 수에 따른 산술적

평등에 있기 때문이다. 이것이 정의라면, 필연적으로 다수가 최고 권력을 갖고, 다수가 결의한 것이 최종적인 것이며 정의로운 것이다. 민주정체 지지자들의 주장에 따르면, 모든 시민은 평등해야 하기 때문이다. 그래서 민주정체에서는 빈민이 부자보다 더 강력한데, 빈민은 다수이고, 다수의 결정은 최고 권력을 갖기 때문이다. 이것이 모든 민주정체 지지자들이 민주정체의 특징이라고 규정짓는 자유의 징표 가운데 하나다. 다른 징표는 원하는 대로 사는 것이다. 민주정체 지지자들에 따르면, 원하는 대로 살지 못하는 것이 노예들의 특징이라면 마음대로 살게 하는 것이야말로 자유의 기능이기 때문이다. 따라서 이것이 민주정체의 두 번째 특징이다. 그리고 되도록이면 어느 누구에게도 지배받지 않는 것이 가장 좋지만, 그게 안 되면 번갈아 가며 지배하고 지배받아야 한다는 발상은 자유에 대한 이런 이해에서 비롯된다. 그리하여 이런 발상은 평등에 기초한 자유와 연결되는 것이다(Aristoteles 저·천병희 역 2009, 334-335)."

자료: http://www.antikvariaty.cz/index.php?action=ShowImages&id=360750(검색일: 2016. 10. 18).

❸
아테네 민주
정치의
성립조건:
소규모
도시국가와
배타적
시민권

아테네 시민들은 그 누구도 다른 사람보다 정치적으로나 도덕적으로 우월하지 않기 때문에 어떤 사람이든지 정치에 참여할 수 있다고 믿었다. 그러나 당시 참정권은 자유민 성인 남성에게만 있었으며, 여성, 노예, 외국인 등에게는 시민으로서의 자격 자체가 주어지지 않았다. 그리고 여성과 노예가 가사노동과 생산노동을 전담하였는데, 이 덕분에 자유민 성인 남성은 공적 업무에만 전념할 수 있었다. 아테네에서 민주정치가 발달할 수 있었던 이유는 인구가 작고 영토가 좁은 소규모 도시국가였기 때문이기도 하지만, 정치영역으로부터 배제된 대규모 비(非)시민의 노동이 체제를 뒷받침한 덕분이었다. 아테네의 민주정치는 모든 주민이 아니라 전체 인구의 10~24%에 불과한 시민들 사이에서만 작동하였으며, 이들이 직접 민회에 참여하여 시의 중요한 문제를 의결하는 것은 전혀 불가능한 일만은 아니었다.

 참고자료

| 고대 아테네 민주 정치의 배타성
영국의 정치학자 데이비드 헬드(David Held)는 민주주의에 대한 방대한 연구를 담고 있는 그의 역작, 『민주주의의 모델들(Models of Democracy)』(2006년)에서 지극히 제한된 시민권에 기초하고 있었던 고대 아테네 민주 정치의 배타성에 대해 다음과 같이 분석하고 있다.
"아테네 민주주의의 혁신적 내용들은 상당 부분 그 배타성에 근거하고 있었다. … 먼저, 아테네 정치문화는 성인 남성의 문화였다. 20세 이상의 아테네 남성만이 시민으로 활동할 자격이 있었다. 고대 민주주의는 가부장들의 민주주의였다. 여성은 정치적 권리가 전혀 없었으며, 시민적 권리도 엄격히 제한되었다. 고전적 민주주의가 이룬 성취는, 정치적으로 전혀 인정받지 못한 여성(그리고 어린이) 노동과 가사노동에 직접적으로 연계되어 있었

대(아테네 출신의 자유 여성은 '시민'으로 인정되었지만, 그것은 오직 혈통적 목적에서였다. 그들은 정치에 참여할 수 없었다. 그들의 시민권은 시민 아들을 생산하기 위한 수단적인 것이었다).

아테네에는 공적인 과정에 참여할 자격이 없는 대규모의 거주민이 있었다. … 정치적으로 배제된 가장 큰 집단은 아마 노예 인구였을 것이다. 페리클레스 시대의 아테네에서 노예 대 자유 시민의 비율은 최소 3 대 2로서, 노예 인구는 8만에서 10만으로 추정된다. 노예는 집안에서뿐만 아니라 농업, 산업, 광산 등 거의 모든 형태로 이용되었다. 아테네 민주주의는 노예제와 불가분의 것으로 보인다. 아테네 정치 생활의 형식적 원리와 실제적 원리 간의 괴리는 놀라울 정도다. 고전적인 정치적 평등의 개념은 모든 성인의 '동등한 권력'에 대한 개념과는 거리가 멀었다. 정치적 평등이란 같은 신분(아테네에서 태어난 성인)을 가진 사람에게만 해당하는 평등의 한 형태였다. … 전설적인 민주주의는 '시민들의 전제정치'라 할 수 있는 것과 밀접히 연계되어 있었다(Held 저·박찬표 역 2010, 46-47)."

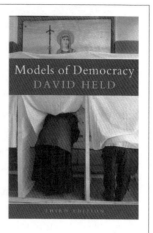

2) 근대: 선거의 탄생과 선거권의 점진적 확대

❶
시민혁명:
공화제와
선거의 탄생

중세와 근대 초반 내내 자취를 감추었던 민주주의가 역사의 전면에 다시 등장하게 된 계기는 영국 명예혁명, 미국 독립혁명, 프랑스 혁명으로 대표되는 시민혁명이었다. 이를 통해 천부 인권 사상과 국민 주권의 원리가 확립되는 기틀이 마련되었다. 그러나 당시 혁명가들의 목표는 민주주의가 아니라 공화제(republic)의 건설에 있었다. 미국 건국의 아버지(Founding Fathers) 중 한 사람인 제임스 매디슨(James Madison)이 「연방주의자 논설 제10호(The Federalist No. 10)」(1787)에서 분명히 밝히고 있는 바와 같이, 본래 그들의 구상은 선거를 통해 선출된 소수의 대표자에게 정부를 위임하는 대의민주제, 즉 공화제였다. 당시만 하더라도 민주주의는 중우정치(衆愚政治)와 동일시되었으며, 새로운 정치체제가 고대 아테네의 민주주의와 흡사해지는 것에 대한 거부감이 컸기 때문이다. 이에 따라 혁명가들은 추첨제와는 전혀 다른 원리에 기초하는 장치, 즉 선거를 고안하였다.

▎민주 정치와 중우정치의 관계: 플라톤의 『국가』에 등장하는 비유

　중우정치란 이성보다 충동에 지배되는 어리석은 무리들의 정치를
의미하는 개념으로, 종종 민주 정치를 폄하하려는 의도로 사용된다.
민주 정치에 중우정치의 위험이 내재되어 있다는 주장을 가장 설득력
있게 제기한 사람 중 하나는 플라톤(Platon)인데, 『국가(Politeia)』에서
그는 국가를 '배'에, 민중을 '선원'에, 대표자를 '키잡이'에, 국가를 통
치하는 데 필요한 능력과 기술을 '항해술'에 비유하면서 고대 민주 정
치의 타락한 모습과 본질적 한계를 날카롭게 지적하였다.

　"여러 척의 배나 한 척의 배 위에서 다음과 같은 사태가 벌어지고
있다고 가정해보게. 선주는 배를 타고 있는 어느 누구보다 키가 크고
힘이 세지만, 귀가 조금 멀고 시력도 약한 편이며 항해술에 관한 지식
도 비슷한 형편이네. 또한 선원들은 키 잡는 기술을 배운 적도 없으면
서 … 저마다 자기가 키를 잡아야 한다고 생각하고는 키 잡는 일 때문
에 서로 싸우고 있네. … 선주가 그들의 말을 듣지 않고 오히려 다른
사람들의 말을 들어주면 이들을 죽여 없애버리든가 배 밖으로 내동댕

이쳐버리고, … 흥청망청 먹고 마시며 그런 자들에게서 예상할 수 있는 그런 방법으로 항해를 계속하네. … 그들은
진정한 키잡이가 진실로 배 한 척을 제어할 수 있는 능력을 갖추자면 해(年), 계절, 하늘, 별, 바람은 물론이요 그
밖에도 이 기술에 속하는 모든 것에 주의를 기울이지 않으면 안 된다는 사실조차 모르고 있네. 그가 키를 어떻게
잡느냐 하는 것은 그가 키를 잡는 것을 사람들이 원하느냐 원하지 않느냐 하는 것과는 아무 상관이 없는데도 그들
은 이런 기술과 수련, 즉 조타술은 배울 수 있는 것이 아니라고 생각하네(Platon 저·천병희 역 2013, 336-337)."

▎공화제의 선거: 가장 뛰어난 인재들을 정당하게 선출하는 방법

　공화제의 대의제도로서 고안된 선거가 제비뽑기 방식의 추첨제와 구별되는 가장 큰 차이점은 통치자와 피치자
가 질적으로 다르다는 점을 전제한다는 데 있다. 시민혁명 이후 혁명가들이 채택한 선거는 어리석은 군중이 아니
라 가장 뛰어난 인재들에게 정당한 절차를 통해 정치권력을 부여하려는 데 목적이 있었다. 남들보다 뛰어난 자질
을 갖추고 있어서 일반 시민들에게 호감을 주는 인재들이 결국 민의의 선택을 받게 될 것이기 때문이다. 혁명가
들이 품었던 이러한 기대는 미국 건국의 아버지들이 쓴 다음과 같은 구절에서 잘 드러난다.

　미국 제1대 부통령과 제2대 대통령을 지낸 존 애덤스(John Adams)는 『정부론(Thoughts on Government)』에
서 "미국은 직접 통치하기에는 영토가 너무 광대하며 인구가 너무 많다. … 가장 큰 다수가 가진 권력을 가장
뛰어나고 가장 현명한 몇몇 사람들에게 위임하는 것이 이제부터 거쳐야 할 중요하고 본질적인 단계(이다.) 민중이
전체의 이름으로 의사를 표현할 수 없다면, 최고 인물들로 이루어진 소수 집단이 전체 민중을 대신해서 그 일을
해야 한다"고 주장했다(Van Reybrouck 저·양영란 역 2016, 118 재인용).

　또한 제4대 대통령 제임스 매디슨은 「연방주의자 논설 제57호」에서 "모든 정치체제의 목표는 우선 그 사회의
공익이 무엇인가를 판단할 최고의 지혜와 그러한 공익을 추구하는 최고의 덕성을 지닌 사람들을 지도자로 확보하
는 것이거나 확보해야 하는 것이다. … 선거를 통해 지도자를 선출하는 방법은 공화정부의 특징적인 정책이다"
라고 서술했다(Madison 저·김동영 역 1995, 345).

❷
노동자들의 차티스트 운동: 재산에 의한 선거권 제한의 철폐

시민혁명 이후 탄생한 공화제에서는 재산과 소득에 의해 참정권이 크게 제한되었다. 노예를 소유한 대지주, 기업가, 법률가 등이 시민혁명을 사실상 주도하였는데, 이들은 왕과 귀족이 누렸던 특권을 타도하고 싶어 하는 동시에 일반 시민들은 정치에 참여할 수 있는 능력이 없다고 강조하였다. 그 결과 선거권은 상당한 재산을 소유한 백인 남성에게만 부여되었다. 이와 같은 상황에서 차티스트 운동(Chartist Movement)으로 대표되는 노동자들의 의회 개혁 운동이 선거법 개혁의 전환점을 마련하였다. 산업혁명 이래 노동자들은 혹독한 노동조건에 줄곧 내몰려 왔는데, 자신들의 현실을 조금이라도 개선하려면 정치권력의 장악이 필요하다는 사실을 깨닫기 시작한 것이다. 그리고 이러한 자각은 선거권과 피선거권에 대한 요구로 분출되었다. 아주 오랜 시간이 걸렸지만 지속적인 투쟁 끝에 노동자들은 투표할 수 있는 권리를 얻게 되었고, 재산에 의한 선거권 제한은 사라졌다.

참고자료

| 세금 납부액에 따른 참정권 제한

시민혁명 이후 보통선거권이 확립되기 이전까지 유럽과 미국에서는 일정 금액 이상의 세금을 납부할 수 있는 사람들에게만 선거권과 피선거권이 제한적으로 부여되었다. 참정권을 재산과 소득의 정도와 연계시킨 것이다. 예를 들어 1815~1830년 동안 프랑스의 하원의원 선거에서 선거권은 300프랑 이상의 직접세를 내는 납세자들에게만, 그리고 피선거권은 1,000프랑 이상을 내는 납세자들에게만 주어졌다. 이로 인해 1848년 남성 보통선거권이 확립되기 이전까지 프랑스의 유권자 수는 전체 인구의 1%도 채 되지 않았던 것으로 추정된다(최장집 2005, 72).

❸
여성 참정권 운동과 흑인 민권 운동: 보통선거권 확립

모든 국가에서 보통선거권이 시민의 당연한 권리가 된 것은 불과 한 세기도 되지 않는다. 모든 백인 남성에게 선거권이 부여된 이후에도 여성과 유색 인종은 한동안 투표를 할 수 없었으며, 많은 시민들이 큰 희생을 치르고 난 후에야 선거권을 행사할 수 있었다. 19세기 중반부터 중산층 여성을 중심으로 전개된 여성 참정권 운동은 미국에서는 1920년에, 영국에서는 1928년에 비로소 성과를 거두었고, 스위스에서는 무려 1971년이 되어서야 여성의 보통선거권이 확립되었다. 한편, 미국에서는 이미 1870년부터 흑인에게도 투표할 수 있는 헌법상의 권리가 주어졌음에도 불구하고, 선거권의 실질적 행사는 치열한 민권 운동의 시기를 거쳐 1965년이 되어서야 가능해졌다.

| 보통선거권의 확립 시기

보통선거권이 확립된 시기와 과정은 국가마다 상이하지만, 선진 민주 국가들에서는 대체로 19~20세기에 걸쳐 전개된 노동자들과 민권 운동가들의 광범위한 투쟁에 의해 점진적으로 성취되었다. 이 국가들에서 선거권은 일정 금액 이상의 재산세를 납부하는 소수의 자산가로부터 점차 중산층, 상층 노동자, 성인 남자, 성인 여성에게까지 확대되었는데, 일반적으로 남성 보통선거권은 1차 대전이 끝나면서, 여성 보통선거권은 2차 대전이 끝나면서 전면적으로 시행되었다. 한편, 우리나라에서 보통선거권은 1948년 제헌국회의원 선거가 실시되면서 성인 남성과 성인 여성 모두에게 즉각적으로 부여되었으나, 선진 민주 국가들에서 예상되었던 민주주의의 공고화는 요원한 실정이었다.

남성·여성 보통선거권 확립 시기

(단위: 연도)

국가	프랑스	스위스	미국	독일	뉴질랜드	벨기에	이탈리아	영국	한국
남성	1848	1848	1860	1871	1879	1894	1913	1918	1948
여성	1946	1971	1920	1919	1893	1948	1945	1928	1948

자료: 최장집(2005), 75(단, 프랑스·이탈리아의 여성 보통선거권 확립 시기 수정함)

| 영국의 여성 참정권 운동: 사상적 기반과 여성사회정치동맹의 투쟁

모든 성인 여성들에게 남성과 동등한 참정권이 부여되기까지에는 선진 민주 국가들에서조차 오랜 시간과 무수한 희생이 필요했다. 영국에서도 19세기 말부터 본격화된 여성 참정권 운동은 1928년이 되어서야 결실을 맺었는데, 이는 존 스튜어트 밀(John Stuart Mill)이 『여성의 종속(The Subjection of Women)』(1869)을 통해 여성의 참정권에 대한 사상적 근거를 밝힌 지 한참 후에서야, 그리고 그보다 훨씬 전에 메리 울스턴크래프트(Mary Wollstonecraft)가 『여성의 권리 옹호(A Vindication of the Rights of Woman)』(1792)를 저술한 지 한 세기도 더 지나서야 일어난 일이다. 당시 이 사상가들의 주장은 너무나 이상한 것이어서 거의 주목받지 못하고 잊혀졌다.

그러다가 1903년 "노예로 사느니 차라리 반역자가 되겠다"고 외쳤던 에멀린 팽크허스트(Emmeline Pankhurst)를 중심으로 여성사회정치동맹(Women's Social and Political Union)이 결성되면서 여성 참정권 운동은 전환점을 맞았다. '서프러제트'(Suffragette)라고 불리는 이 조직화된 여성들은 단식투쟁과 가두시위뿐만 아니라 기물 파손과 방화에 이르는 급진적이고 전투적인 운동을 전개했는데, 이러한 투쟁은 1918년 30세 이상의 여성에게

자료: https://en.wikipedia.org/wiki/Emmeline_Pankhurst(검색일: 2016. 10. 19).

선거권과 피선거권을 부여한 국민대표법이 제정되는 데 가장 중요한 역할을 한 것으로 평가된다. 사진은 왼쪽부터 시계방향으로 여성사회정치동맹, 그리고 에멀린 팽크허스트가 시위 중 연행되는 모습과 대중연설을 하는 모습이다.

| 미국의 흑인 참정권 운동: 셀마 - 몽고메리 행진과 투표권법 제정

　1965년 투표권법(The Voting Rights Act)이 제정되기 이전까지 미국에서는 흑인들에게 실질적인 보통선거권이 주어지지 않았다. 헌법이 보장하는 권리였음에도 불구하고, 흑인들의 투표권 행사를 제한할 수 있는 제도적 장치들이 존재했기 때문이다. 대표적인 예로 남부 지역의 대다수 주들에서는 투표에 참여하는 조건으로 현재 약 20달러에 해당하는 투표세(poll tax)를 납부해야 했을 뿐만 아니라 흑인들에게 차별적으로 적용되는 문맹검사(literacy test)를 통과해야 했다. 그리고 이와 같은 정치적 불평등은 경제적·사회적 불평등을 더욱 더 심화시키는 악순환을 초래하고 있었다.

　이러한 상황에서 1960년대 흑인 민권운동이 다양한 형태와 방식으로 전개되었는데, 특히 마틴 루터 킹(Martin Luther King, Jr.)을 중심으로 한 셀마(Selma)에서 몽고메리(Montgomery)까지의 대행진은 린든 존슨(Lyndon B. Johnson) 대통령으로 하여금 투표권법안을 발의하게 하는 결정적인 계기가 되었다. 이는 주정부가 관장하던 선거관련 업무에 연방정부가 강제적으로 개입해서 흑인의 투표권을 보장할 수 있다는 내용을 골자로 한 법안인데, 이 투표권법이 시행된 1965년을 기점으로 흑인의 투표율이 급상승하고, 민선 공직자에서 흑인이 차지하는 비율이 높아지게 되었다. 2015년 개봉한 영화 『셀마(Selma)』는 당시 미국사회의 인종 차별 실태와 셀마-몽고메리 행진이 이루어지기까지의 과정을 생생하게 그려내고 있다.

자료: http://www.civicagency.org/2013/04/poll-taxes-and-paying-for-public-data/(검색일: 2016. 10. 20);
http://www.nytimes.com/2015/07/29/magazine/voting-rights-act-dream-undone.html(검색일: 2016. 10. 20);
http://movie.naver.com/movie/bi/mi/basic.nhn?code=125428(검색일: 2016. 10. 20).

3) 현대: 민주화의 물결과 선거제도의 발전

❶
선진 민주
국가:
첫 번째
물결과
민주적
선거의
점진적 실현

오늘날 민주 국가들에서는 보통·평등·직접·비밀선거의 원칙을 따르는 민주적 선거가 시행되고 있는데, 이러한 선거의 실현 과정과 구체적인 선거제도는 국가마다 매우 다르다. 헌팅턴(Samuel Huntington)이 제시한 세 번의 민주화 물결에 따라 국가들을 분류해보면, 첫 번째 물결은 시민혁명의 영향을 받은 미국과 유럽대륙에서 수십 년 동안 단절 없이 민주주의를 정착시켜온 선진 민주 국가들에서 나타났다. 이 국가들에서 민주적 선거는 시민혁명 이후 약 100여 년에 걸쳐 매우 점진적으로 실현되었으며, 뚜렷이 대별되는 두 가지 형태의 선거제도가 운용되어 오고 있다. 대체로 영미계 국가들은 상대다수제를 채택한 이후 선거제도를 크게 개편하지 않은 반면, 유럽대륙의 국가들은 상대다수제에서 정당명부식 비례대표제로 선거제도를 전환하는 경향을 보였다.

참고자료

| 새뮤얼 헌팅턴 - 세 번의 민주화 물결

미국 정치학자 새뮤얼 헌팅턴(Samuel Huntington)은 『제3의 물결: 20세기 후반의 민주화(The Third Wave: Democratization in the Late Twentieth Century)』(1991년)에서 "정치체제의 가장 강력한 예비 정책결정자 집단이 자유롭게 득표경쟁을 벌이며, 실제로 모든 성인이 투표권을 가지는 정당하며 공정하고 주기적인 선거를 통해 선출된다는 점"을 충족하는 정치체제를 민주적이라고 규정한다 (Huntington 저·강문구 외 역 2011, 28).

그에 따르면, 이와 같은 조건을 만족시키는 오늘날의 세계 민주주의 국가들은 대체로 세 차례의 거대한 민주화 물결을 타고 출현하였다. 첫 번째 물결은 시민혁명의 영향을 받은 국가들에서 1828~1926년에 걸쳐 점진적으로 전개되었고, 두 번째 물결은 제2차 세계대전 중에 시작되어 1943~1962년 동안 서방 연합국의 영향을 받은 국가들에서 발생하였으며, 세 번째 물결은 1974년 포르투갈 독재체제의 종식을 기점으로 헌팅턴의 저작이 출간된 1990년대 초반에 이르기까지 전 세계 약 30여 개 국가들에서 광범하게 일어났다. 그러나 헌팅턴은 이와 같은 전 지구적 민주화의 역사적 과정을 "2보 전진을 위한 1보 후퇴"라고 규정하는데, 민주화된 국가들 가운데 일부에서는 민주정치 체제가 다시 전복되는 양상이 나타났기 때문이다. 그는 이러한 현상을 "역(逆)물결"이라고 부른다.

세계 각국의 민주화 물결과 역(逆)물결

물결과 역물결	발생 시기	해당 국가군
제1의 장기적 민주화 물결	1828~1926년	A, B, C, D, E, F
제1의 역물결	1922~1942년	C, D, E, F
제2의 단기적 민주화 물결	1943~1962년	C, D, G, H(한국), I, J
제2의 역물결	1958~1975년	B, D, H(한국), I, J
제3의 민주화 물결	1974~1990년대 초	B, D, E, H(한국), I, K, L
제3의 역물결	1990년대 초	I, L

A – 오스트레일리아, 캐나다, 핀란드, 아이슬란드, 아일랜드, 뉴질랜드, 스웨덴, 스위스, 영국, 미국
B – 칠레
C – 오스트리아, 벨기에, 콜롬비아, 덴마크, 프랑스, 서독, 이탈리아, 일본, 네덜란드, 노르웨이
D – 아르헨티나, 체코슬로바키아, 그리스, 헝가리, 우루과이
E – 동독, 폴란드, 포르투갈, 스페인
F – 에스토니아, 라트비아, 리투아니아
G – 보츠와나, 코스타리카, 감비아, 이스라엘, 자메이카, 말레이시아, 몰타, 스리랑카, 트리니다드와 토바고, 베네수엘라
H – 볼리비아, 브라질, 에콰도르, 인도, 한국, 파키스탄, 페루, 필리핀, 터키
I – 나이지리아
J – 버마, 피지, 가나, 가이아나, 인도네시아, 네바론
K – 불가리아, 도미니카 공화국, 엘살바도르, 과테말라, 온두라스, 몽골, 나미비아, 니카라과, 파나마, 파푸아뉴기니, 루마니아, 세네갈
L – 아이티, 수단, 수리남

자료: Huntington 저·강문구 외 역(2011), 37-38(재구성)

❷
전후(戰後)
신생 민주
국가와 한국:
두 번째
물결과
민주적
선거의 이식

신생 민주 국가들은 두 차례의 민주화 물결을 통해 출현하였는데, 그 중 두 번째 물결은 2차 세계대전이 끝난 후 10여 년이라는 짧은 기간 동안 독일, 이탈리아, 일본 등의 패전국들과 식민지 독립 국가들에서 발생하였다. 선진 민주 국가들이 한 세기에 걸쳐 조금씩 민주화되었던 데 비해 이 국가들의 민주화 속도는 빠른 편이었다. 그리고 선거제도는 '식민지 유산'과 '외부로부터의 이식'이라는 경로를 통해 채택되는 경향이 나타났다. 예를 들어 영국으로부터 독립한 국가들의 과반수는 영국과 유사한 상대다수제를 운용하고 있는 반면, 과거 스페인과 포르투갈의 식민지였던 국가들은 주로 정당명부식 비례대표제를 채택하고 있다. 그리고 광복 후 미군정 시대를 거친 우리나라에는 상대다수제가 도입되어 1948년 최초의 국회의원 선거가 치러졌다.

참고자료

| 한국에서 나타난 민주화의 물결과 역물결
　우리나라는 두 번째 물결을 타고 민주주의로 이행하였다가 역물결에 의해 권위주의로 퇴행하고, 세 번째 물결이 일어나 다시 민주화된 사례에 해당한다. 헌팅턴은 『제3의 물결』에서 우리나라의 민주화에 대해 다음과 같이 적고 있다.

"제2차 세계대전 중 제2의 짧은 민주화물결이 시작되었다. 연합국의 점령은 서독, 이탈리아, 오스트리아, 일본, 한국에서 민주적 제도의 출범을 진행시켰다. … (중략) … (그러나) 1950년대 후반 무렵 정치발전과 정권이행은 상당부분 권위주의적 색채를 보여주고 있었다. … (중략) … 1950년대 말 한국에서 이승만 대통령은 민주적 절차를 지키지 않았으며, 1960년 이승만 뒤를 이은 민주당 정부는 1961년 군부 쿠데타로 전복되었다. 이러한 새로운 "반(半)권위주의" 정권은 1963년에 치러진 선거로 정통성을 회복했지만, 1972년 유신헌법의 국회통과로 1973년에 철저한 권위주의 체제로 변했다. … (중략) … 그러나 다시 한 번 역사의 변증법은 사회과학 이론을 뒤집어 버렸다. … (중략) … 1987년 한국의 군부정권은 매우 치열하며 상대적으로 공정한 선거에 자신의 후보를 출마시켰으며, 이 선거에서 승리를 거두었다. 그 다음해에 야당은 국회의 다수의석을 확보하였다(Huntington 저·강문구 외 역 2011, 41-47)."

❸
20세기 후반
신생 민주
국가와 한국:
세 번째
물결과
민주적
선거의 설계

민주화의 세 번째 물결은 1974년 포르투갈을 시작으로 지중해 연안 유럽, 라틴아메리카, 아프리카, 중부·동부 유럽, 동아시아의 국가들에서 광범위하게 일어났다. 1987년 6월 항쟁과 직선제로의 개헌을 통해 민주화된 우리나라는 두 번째 역(逆)물결에 이어 세 번째 물결이 일어난 국가군에 속한다. 20세기 후반에 탄생한 이 신생 민주 국가들에서 선거는 구체제의 종식과 민주화의 성공 여부를 결정짓는 사활적인 문제로 부각되었는데, 이에 따라 선거제도를 어떻게 설계하고 선거법을 어떻게 제정할 것인가를 놓고 중요한 결정들이 내려졌다. 그러나 선진 민주 국가들을 본보기로 하여 채택한 선거제도에도 불구하고, 이 국가들에서 민주 정치가 안정화되기까지는 긴 시간이 필요했으며, 그 과정에서 선거제도는 수차례 개혁되었다.

❹
21세기 세계
민주
국가들의
다양한
선거제도

험난한 역사적 과정을 거치면서 민주정치를 발전시켜온 전 세계 민주국가들에서 선거는 현재 매우 다양하게 치러지고 있다. 국가마다 선거의 양상이 이처럼 다르게 나타나는 것은 상이한 역사적 배경과 상이한 사회경제적 조건에 기인한 당연한 결과이다. 그러나 또 하나의 중요한 이유는 국가들이 서로 다른 선거제도를 운용하고 있기 때문이다. 선거제도의 차이는 전혀 다른 정치적 결과를 가져온다. 따라서 선거제도는 특정한 결과와 기능을 기대하며 설계되는데, 어떤 기능을 가장 우선시할 것인가에 대한 규범적 판단에 따라 채택되는 선거제도가 달라진다. 예를 들어 효율적이고 안정적인 정부의 구성을 우선시하는지 아니면 사회구성원 전체를 고르게 잘 반영하는 의회의 구성에 중점을 두는지에 따라 선거제도는 다르게 고안될 수 있다. 전 세계 민주 국가들이 상이한 선거제도를 발전시켜온 근본적인 이유는 이와 같은 규범적 판단에 차이가 있기 때문이다.

 │ 선거제도를 둘러싼 규범적 판단: 국민을 대표한다는 의미는 무엇인가?

  국민의 '대표자'를 선출하기 위한 제도인 선거제도는 '대표'(representation)라는 개념을 이해하는 상이한 관점으로 인해 여러 가지 형태로 설계될 수 있다. 기본적으로는 두 가지 관점이 대립하는데, 하나는 '전체 사회의 정확한 축소판처럼 구성된 의회가 국민을 잘 대표한다'고 보는 관점이며, 다른 하나는 '모든 국민의 이익을 위해 판단하고 행동할 수 있는 능력을 가진 의회가 국민을 잘 대표한다'고 보는 관점이다.

  그런데 이 두 관점은 양립하기가 어려운 동시에 타당한 면을 모두 지니고 있다는 점에서 사실상 규범적 판단을 요구한다. 과연 국민을 대표한다는 의미는 무엇인가? 그리고 어떤 의회가 국민을 더 잘 대표하는가? 또는 어떤 의회가 국민의 대표기관으로서 더욱 바람직한가? 이러한 의문들에 어떻게 대답하느냐에 따라 선호하는 선거제도가 달라진다. 두 가지 관점과 선거제도 유형의 관계에 대해 아일랜드의 정치학자 데이비드 파렐(David Farrell)은 다음과 같이 이야기한다.

  "한편에서는 의회 구성의 배경과 특징이 전체 인구를 반영해야 한다고 생각한다. 다른 한편은 의원의 능력과 그들이 내리는 판단의 성격이 더 중요하다고 생각한다. 비례대표제 옹호자들은 전자의 관점, 즉 의회는 사회의 '축소판'이여야 한다는 관점을 지지한다. 반면 비례대표제의 반대자들은 후자의 관점, 즉 의회의 구성보다 결정이 더 중요하다는 관점을 옹호한다. … 두 관점의 장단점을 평가한다는 것은 결국 규범적 판단의 문제다. 만약 의회가 사회의 축소판이 되어야 한다고 믿는다면 비(非)비례제보다는 비례제를 더 선호할 것이다. … 하지만 어느 관점이 옳은지는 경험적으로 증명하기가 어렵다(Farrell 저·전용주 역 2012, 254)."

그들에게 선거권의 획득은 왜 그토록 중요했는가?

자료 1: 에밀리 데이비슨의 목숨을 건 투쟁

"1913년 6월 4일 엡섬 더비에서 사고가 났다. 한 여성

이 트랙에 난입하여 질주하던 말과 부딪혀 쓰러진 것이다. 충돌한 말은 국왕 조지 5세 소유의 앤머였다. 병원으로 호송된 지 나흘 만에 사망한 40대 초반의 여성은 에밀리 데이비슨이라는 여성 참정권을 위해 싸우던 투사였다.

데이비슨은 "말이 아닌 행동"을 구호로 삼으며 여성 참정권 쟁취를 위해 과격한 행동으로 사람들의 관심을 끌었던 에밀린 팽크허스트가 결성한 '여성 사회 정치 연합'의 기준을 훨씬 초과 달성했던 회원이었다. 투석과 방화 등의 혐의로 아홉 차례나 수감되었고, 감옥에서도 단식 투쟁을 벌였다. 당시 단식 투쟁을 벌이는 여성 참정권주의자들에게는 강제로 음식물을 섭취토록 하는 것이 관행이었는데, 데이비슨은 49차례나 그 처사를 당했다." (조한욱. "경마장의 죽음." 「한겨레」, 2016. 07. 21.)

자료: http://terms.naver.com/entry.nhn?docId=1582774&cid=47323&categoryId=47323(검색일: 2016. 10. 20).

자료 2: 아멜리아 로빈슨의 비폭력 운동

"로빈슨은 1965년 3월 7일 흑인들의 투표를 가로막는

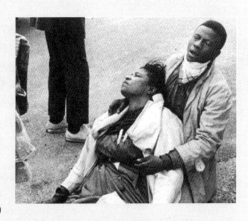

남부 주정부들에 맞서 셀마에서 몽고메리까지 행진에 나선 흑인 시위대 600여 명 중 한 명이었다. 이들이 에드먼드 페터스 다리를 건너려고 하자 경찰은 곤봉과 최루탄으로 무자비하게 진압에 나섰고, 역사는 이날을 '피의 일요일'로 기록했다.

로빈슨은 이날 경찰의 곤봉에 맞아 의식을 잃고 쓰러졌다. 중년의 가정주부가 죽은 듯 거리에 널브러져 있는 사진이 신문에 실리자 미국 국민들은 충격에 빠졌다. 이 사진은 미국인들의 시선을 셀마로 집중시켰다." ("흑인 참정권 불 댕긴 '셀마 행진' 로빈슨 별세." 「한겨레」, 2015. 08. 27.)

자료: http://www.hani.co.kr/arti/international/america/706347.html(검색일: 2016년 10월 20일)

〈토론 소주제〉

1. 당시 이들이 목숨을 내걸고 참정권 투쟁에 나선 이유는 무엇이었을까?

2. 당시 영국과 미국에서 이들의 목숨을 위협하면서까지 여성과 흑인에게 동등한 선거권을 부여하지 않았던 실질적 이유와 명분은 각각 무엇이었을까?

3. 여성과 흑인에게 보통선거권이 부여됨으로써 나타난 결과는 무엇이었을까?

자료 1: 판 레이브라우크(David Van Reybrouck)의 『선거에 대하여』(2013)에서.

"제비뽑기는 나름대로 장점이 있다"고, 나의 심란한 마음 따위는 전혀 아랑곳하지 않는 페르딘 교수가 침착하게 설명을 계속했다. "제비뽑기의 목적은 사사로운 영향력을 무력화시키는 데 있다. 로마시대에는 제비뽑기가 존재하지 않는데, 그 결과 무수히 많은 부패 스캔들이 발생했다. 더구나 아테네에서는 제비뽑기로 선출된 자들에게 할애된 자리의 임기가 1년에 불과했고, 한 번 그 자리에 앉은 사람은 일반적으로 재임되는 경우가 거의 없었다. 그 때문에 시민들은 모든 수준에서 자리를 내어주고 물려받아야 했다. 말하자면 최대한 많은 수의 시민들을 나라 살림살이에 참여시키고, 이를 통해 평등을 구현하려 했던 것이다. 제비뽑기와 교대 책임제(rotation)야말로 아테네 민주주의 체제의 핵심이었다."

나는 열광과 불신 사이에서 주저했다. 나라면 선출된 것이 아니라 제비뽑기를 통해 당첨된 사람들로 꾸려진 정부에 신뢰를 보낼 수 있을 것인가? 도대체 이런 체제가 제대로 기능할 수 있었단 말인가? 어떻게 해야 미숙한 아마추어리즘을 방지할 수 있단 말인가(Van Reybrouck 저·양영란 역 2016, 92-93)?"

자료 2: 매디슨(James Madison)의 『연방주의자 논설 제57호』에서.

"선거를 통해 지도자를 선출하는 방법은 공화정부의 특징적인 정책이다. … (중략) … 누가 연방의 대표들을 뽑아야 하는가? 부자들만도 그리고 가난한 자들만도 아니며, 학식 있는 사람들만도 그리고 무식한 사람들만도, 명문가의 상속자들만도 그리고 불운하고 이름 없는 사람들의 비천한 자손들만도 아니다. 대표를 뽑는 사람들은 합중국 시민 전체이다. 그들은 모든 주에서 의회의 의원을 선출할 권리를 행사하는 바로 그 사람들이다.

누가 대중의 선택 대상이 되는가? 자신의 고장의 존경과 신뢰를 얻고 당당하게 자신을 추천할 만큼 장점을 지닌 모든 시민들이다. … 우선 그들은 동료 시민들에 의해 선발될 것이므로 일반적으로 그들이 동료 시민들이 선호하는 특성을 다소 남다르게 지닌 사람들이며, 그들의 업무에 대해 진지하고 면밀한 관심을 가질 사람들이라는 것을 추측할 수 있다(Madison 저·김동영 역 1995, 345-346)."

〈토론 소주제〉

1. 자료들에서 언급된 대표자 선출 방식은 각각 어떤 제도이며, 각 제도가 운용되었던 정치체제는 서로 어떻게 다른가?

2. 대표자를 선출하는 두 가지 방식의 중요한 차이는 무엇인가?

3. 대표자를 선출하는 두 가지 방식의 장점과 단점은 각각 무엇인가? 그리고 어떤 방식이 국민의 대표자를 선출하는 제도로서 더 바람직하다고 생각하는가?

3. 선거권과 피선거권

1) 선거권

선거권이라 함은 "일정한 자격을 가진 국민이 국가 또는 지방자치단체의 공직을 담당하는 공무원을 선출하는 권리"를 말한다. 우리나라 헌법은 제24조에서 "모든 국민은 법률이 정하는 바에 의하여 선거권을 가진다"고 규정하고 있다. 또한, 「공직선거법」 제15조에서 선거권이 있는 자에 대해서 구체적으로 규정하고 있고, 제18조에서는 선거권의 결격사유를 규정하고 있다. 이에 따르면 선거권이 있는 자로서 선거인명부 또는 재외선거인명부에 등재되어야 선거권을 행사할 수 있다.

❶
선거인의
정의

「공직선거법」 제3조에 따르면 선거인이란 "선거권이 있는 사람으로서 선거인명부 또는 재외선거인명부에 올라 있는 사람"을 말한다. 이는 선거인이 되기 위해서는 선거권이 있더라도 선거인명부(재외선거인명부 포함)에 올라 있어야 한다는 것을 의미한다. 따라서 선거권이 있더라도 선거인명부에 올라 있지 않은 경우나, 반대로 선거인명부에 올라 있더라도 선거권이 없으면 「공직선거법」에 규정된 선거인이라고 할 수 없으므로 선거과정에서 투표가 불가능하다. 다만, 선거인명부에 올라 있지 않은 자 중 선거인명부 누락에 대한 이의·불복·등재신청 결과, 이유가 있다는 결정통지를 받은 사람은 투표할 수 있다.

❷
선거권이
있는 자

「대한민국헌법」 제24조에 근거하여 「공직선거법」 제15조에서 선거권이 있는 자에 대해서 구체적으로 규정하고 있다. 선거권을 갖기 위해서는 기본적으로 '국적요건'과 '연령요건'을 구비해야 한다. 그러나 이 두 요건 외에 지방자치단체의 의회의원 및 장의 선거에 있어서는 지방자치단체에 주민등록이 되어 있어야 하는 '주소요건'이 추가되며, 일정한 요건을 갖춘 외국인에 대해서는 국적요건을 갖추지 못했더라도 지방선거의 선거권을 부여하고 있다.

❙ 대한민국의 선거권

- 국적요건: 대한민국의 국민이어야 대통령 및 국회의원, 지방의회의원, 지방자치단체장의 선거권이 있다. 그러나 지방선거에서는 「출입국관리법」 제10조 및 제34조의 규정에 따라 영주의 체류자격 취득일 후 3년이 경과한 19세 이상의 외국인으로서 선거인명부작성기준일 현재 당해 지방자치단체의 외국인등록대장에 등재된 자는 대한민국의 국민이 아니더라도 지방선거의 선거권을 부여하고 있다.

- 연령요건: 대한민국의 국민이라도 19세 이상이어야 선거권이 있으며, 지방선거의 선거권을 갖는 외국인도 19세 이상이어야 하며, 선거권과 피선거권의 연령은 선거일 현재로 산정하며 출생일을 산입한다.
  ※ 선거일을 기준으로 19년을 역산하여 그 해의 선거일에 해당하는 날의 다음날 이전 출생자까지 선거권이 있는 것으로 이해하면 된다.

- 주소(거소)요건: 지역구국회의원선거에서 선거인명부작성기준일 현재 해당 국회의원지역선거구 안에 주민등록이 되어 있거나, 「주민등록법」 제6조 제1항 제3호에 해당하는 사람으로서 주민등록표에 3개월 이상 계속하여 올라 있고 해당 국회의원지역선거구 안에 주민등록이 되어 있는 사람은 선거권을 가진다. 지방선거에 있어서는 선거인명부작성기준일 현재 해당 지방자치단체 관할 구역에 주민등록이 되어 있거나, 「주민등록법」 제6조 제1항 제3호에 해당하는 사람으로서 주민등록표에 3개월 이상 계속하여 올라 있고 해당 지방자치단체 관할 구역에 주민등록이 되어 있는 사람은 선거권이 있다. 지방선거의 선거권이 있는 외국인도 「출입국관리법」 제34조에 따라 해당 지방자치단체의 외국인등록대장에 올라 있어야 선거권이 있다.

❙ OECD 국가들의 선거권

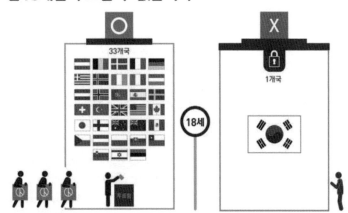

[만 18세 이상 선거 가능 OECD 국가]
오스트리아, 벨기에, 덴마크, 프랑스, 독일, 그리스, 아이슬란드, 아일랜드, 이탈리아, 룩셈부르크, 네덜란드, 노르웨이, 포르투갈, 스페인, 스웨덴, 스위스, 터키, 영국, 미국, 캐나다, 일본, 핀란드, 호주, 뉴질랜드, 멕시코, 체코, 헝가리, 폴란드, 슬로바키아, 칠레, 슬로베니아, 이스라엘, 에스토니아(33개국)

자료: http://img.sbs.co.kr/newimg/news/20160120/200905948_700.jpg

❸
선거권이
없는 자

선거권을 갖기 위한 국적·연령·주소요건을 충족했다고 하더라도 다음과 같은 결격사유가 있는 자는 선거권이 없다. 특히 선거범과 「정치자금법」에 규정된 일정한 죄를 범한 자 및 대통령·국회의원·지방의회의원·지방자치단체장으로서 재임 중 직무와 관련 「형법」·「특정범죄 가중처벌 등에 관한 법률」에 규정된 일정한 죄를 범한 자에게는 선거권을 제한하고 있다.

❹
선거권
행사의 보장

「공직선거법」 제6조에서는 국가는 선거권자가 선거권을 행사할 수 있도록 필요한 조치를 취하여야 하고, 다른 사람에게 고용된 자들의 선거권 행사가 보장되어야 함을 규정하고 있다. 또한 「근로기준법」에서도 근로자의 선거권 행사를 보장하는 사용자의 의무를 규정하고 있으며, 선거권자는 성실하게 선거에 참여하여 선거권을 행사하여야 한다고 규정하고 있다.

❺
주요국 의회
의원 선거권

개별 국가는 자신들의 국가에 맞는 선거권 행사 규정을 갖는데, 주요한 내용은 연령에 따른 선거권의 제한이다. 미국 상하원 선거에 있어서 '18세 이상 미국 시민으로 해당 선거구에 거주하는 자'는 선거권을 가

참고자료

┃ 「공직선거법」상 선거권행사의 보장
　제6조(선거권행사의 보장) ① 국가는 선거권자가 선거권을 행사할 수 있도록 필요한 조치를 취하여야 한다.
　　② 각급선거관리위원회(읍·면·동선거관리위원회는 제외한다)는 선거인의 투표참여를 촉진하기 위하여 교통이 불편한 지역에 거주하는 선거인 또는 노약자·장애인 등 거동이 불편한 선거인에게 교통편의를 제공하거나, 투표를 마친 선거인에게 국공립 유료시설의 이용요금을 면제·할인하는 등의 필요한 대책을 수립·시행할 수 있다. 이 경우 공정한 실시방법 등을 정당·후보자와 미리 협의하여야 한다. 〈신설 2008.2.29.〉
　　③ 공무원·학생 또는 다른 사람에게 고용된 자가 선거인명부를 열람하거나 투표하기 위하여 필요한 시간은 보장되어야 하며, 이를 휴무 또는 휴업으로 보지 아니한다. 〈개정 2008.2.29.〉
　　④ 선거권자는 성실하게 선거에 참여하여 선거권을 행사하여야 한다. 〈개정 2008.2.29.〉
　　⑤ 선거의 중요성과 의미를 되새기고 주권의식을 높이기 위하여 매년 5월 10일을 유권자의 날로, 유권자의 날부터 1주간을 유권자 주간으로 하고, 각급선거관리위원회(읍·면·동선거관리위원회는 제외한다)는 공명선거 추진활동을 하는 기관 또는 단체 등과 함께 유권자의 날 의식과 그에 부수되는 행사를 개최할 수 있다. 〈신설 2012.1.17.〉

진다. 영국 의회의 경우 하원의 경우 '18세 이상의 영국, 아일랜드, 영연방 시민'이 선거권을 가지며, 독일 의회의 경우 연방 상하원 모두 '18세 이상 독일 국민'은 선거권을 가진다. 프랑스 의회는 '18세 이상 프랑스 국민'이 선거권을 가지며, 일본의 경우 '18세 이상 일본 국민'이 선거권을 가진다.

2) 피선거권

피선거권이란 "선거에 있어서 당선인이 될 수 있는 자격"을 의미하고 선거권에 비하여 그 요건이 더욱 엄격하다. 「대한민국헌법」 제25조에서 "모든 국민은 법률이 정하는 바에 의하여 공무담임권을 가진다"고 하여 공무담임권을 기본권으로 보장하고 있으며, 「공직선거법」 제16조에서 피선거권이 있는 자에 대해서 구체적으로 규정하고 있고, 제19조에서는 피선거권의 결격사유를 규정하여 피선거권을 제한하고 있다.

❶
피선거권
요건

「공직선거법」 제16조에서는 피선거권의 적극적 요건으로 국적과 연령, 그리고 주소요건을 규정하고 있다. 따라서 대한민국의 국민이어야 공직선거의 피선거권이 있고, 외국인은 영주권 취득여부를 불문하고 피선거권이 없다. 그리고 선거별로 연령요건을 규정하고 있으며, 지방의회의원과 지방자치단체의 장 선거에서는 주소요건을 두고 있다. 또한 국적, 연령, 주소 요건 외에 소극적 요건으로 「공직선거법」 제19조에서 정한 피선거권에 대한 결격사유가 없는 자이어야 한다.

참고자료

| 여성의 공무담임권 확대를 위한 제도
- 정당은 비례대표국회의원, 비례대표 지방의회 의원선거 후보자중 50/100 이상을 여성으로 추천하되, 그 후보자명부 순위의 매 홀수에는 여성을 추천하도록 하고 있음.
- 정당이 임기만료에 따른 지역구국회의원선거 및 지역구지방의회의원선거에 있어서는 각각 전국지역구 총수의 30/100 이상을 여성후보자로 추천토록 하여 여성의 공무담임권을 확대.
- 한편, 정당이 임기만료에 따른 지역구 지방의회의원선거에 후보자를 추천할 때에는 지역구 시·도의원선거 또는, 지역구 자치구·시·군의원선거 중 어느 하나의 선거에 국회의원지역구(군지역은 제외)마다 1명 이상을 여성으로 추천하도록 함.

❷
선거별
피선거권

대통령의 피선거권: 「대한민국헌법」 제67조에 "대통령으로 선거될 수 있는 자는 국회의원의 피선거권이 있고 선거일 현재 40세에 달해야 한다"고 명시하고 있다. 「공직선거법」에서는 헌법에 명시된 요건 외에 "선거일 현재 5년 이상 국내에 거주하고 있어야 한다"고 거주요건을 규정하고 있다.

국회의원의 피선거권: 국회의원의 피선거권은 선거일 현재 25세 이상으로서 '대한민국 국민'이어야 한다. 지역구국회의원의 경우 비록 각 지역 선거구에서 선출되기는 하지만 국가의 입법기관의 구성원으로서 국민 대표적 성격을 가지고 있기 때문에 거주요건을 요구하지 않는다.

지방자치단체장, 지방의회의원의 피선거권: 지방의회의원 및 지방자치단체장선거의 피선거권은 선거일 현재 25세 이상의 국민이어야 하고, 또한 선거일 현재 계속하여 60일 이상 당해 지방자치단체의 관할구역 안에 주민등록이 되어 있는 주민이어야 한다.

❸
피선거권이
없는 자

피선거권을 갖기 위한 국적·연령·주소요건을 충족하더라도 피선거권 결격사유가 있는 자는 공직선거에 입후보할 수 없다.

참고자료

| 피선거권이 없는 자
- 금치산선고를 받고 선거일 현재 금치산선고가 취소되지 아니한 자
- 선거범, 「정치자금법」 제45조(정치자금부정수수죄) 및 제49조(선거비용관련 위반행위에 관한 벌칙)에 규정된 죄를 범한 자 또는 대통령·국회의원·지방의회의원·지방자치단체장으로서 그 재임중의 직무와 관련하여 「형법」(「특정범죄 가중처벌 등에 관한 법률」 제2조에 의하여 가중처벌되는 경우 포함) 제129조(수뢰, 사전수뢰) 내지 제132조(알선수뢰)·「특정범죄 가중처벌 등에 관한 법률」 제3조(알선수재)에 규정된 죄를 범한 자로서 다음에 해당하는 자
  - 100만원 이상의 벌금형의 선고를 받고 그 형이 확정된 후 5년을 경과하지 아니한 자
  - 형의 집행유예의 선고를 받고 그 형이 확정된 후 10년을 경과하지 아니한 자
  - 징역형의 선고를 받고 그 집행을 받지 아니하기로 확정된 후 또는 그 형의 집행이 종료되거나 면제된 후 10년을 경과하지 아니한 자(형이 실효된 자도 포함)
    ☞ "선거범"이라 함은 「공직선거법」 제16장 벌칙에 규정된 죄와 「국민투표법」 위반의 죄를 범한 자를 말함.
    ☞ 2004. 3. 12. 전에 「정치자금법」 제45조 또는 국회의원, 지방자치단체장 등이 그 재임중 직무와 관련한 알선수뢰 등에 해당하는 죄를 범한 경우에는 종전의 예에 따라 "금고이상의 형의 선고를 받고

선거일 현재 그 형이 실효되지 아니한 자'를 적용함.(「공직선거법」 부칙(2004. 3. 12) 제6조)
- 법원의 판결 또는 다른 법률에 의하여 선거권 또는 피선거권이 정지 또는 상실된 자
- 금고 이상의 형의 선고를 받고 그 형이 실효되지 아니한 자
- 「국회법」 제166조(국회 회의 방해죄)의 죄를 범한 자로서 다음에 해당하는 자(형이 실효된 자 포함)
  - 500만원 이상의 벌금형의 선고를 받고 그 형이 확정된 후 5년이 경과되지 아니한 자
  - 형의 집행유예의 선고를 받고 그 형이 확정된 후 10년이 경과되지 아니한 자
  - 징역형의 선고를 받고 그 집행을 받지 아니하기로 확정된 후 또는 그 형의 집행이 종료되거나 면제된 후 10년이 경과되지 아니한 자
- 제230조 제6항의 죄를 범한 자로서 벌금형의 선고를 받고 그 형이 확정된 후 10년을 경과하지 아니한 자(형이 실효된 자 포함)

❹
주요국
의회의
피선거권

미국 의회의 경우, 상원은 '30세 이상으로 9년 이상 미국 시민권 소지자이며, 해당 선거구 거주자', 하원은 '25세 이상으로 7년 이상 미국 시민권 소지자이며, 해당 선거구 거주자'로 피선거권을 제한하였다. 영국 하원은 '18세 이상의 영국, 아일랜드, 영연방 시민'으로 피선거권을 제한하고 있는데, 영국의 경우 선거권과 피선거권이 동일한 기준에 따르고 있다. 독일 연방하원의 경우 '18세 이상 독일 국민'으로 제한하여 선거권과 피선거권의 기준을 동일하게 유지하고 있다. 프랑스 의회는 상원의 경우 '24세 이상 병역 의무를 마친 프랑스 국민'으로, 하원의 경우 '18세 이상 병역 의무를 마친 프랑스 국민'으로 피선거권을 제한하고 있다. 일본 의회의 경우 상원격인 참의원에서는 '30세 이상 일본 국민'으로, 하원격인 중의원에서는 '25세 이상 일본 국민'으로 피선거권을 제한하고 있다.

자료 1: 대한민국의 선거권 행사 연령

제헌헌법부터 제2차 개헌까지는 대통령, 부통령 선거법과 국회의원 선거법에서 선거권 부여를 21세 이상으로 규정하였으나, 제3차 개헌부터 제4공화국 유신헌법과 제5공화국 헌법까지는 20세 이상으로 변경함. 현행 제9차 개정헌법은 선거권 연령을 법률에 위임하였고, 「공직선거법및선거부정 방지법」이 제정되기 전까지 개별 선거법에서 20세 이상으로 규정함. 2005년 6월 공직선거법 개정으로 19세 이상으로 하향조정됨. 최근에 정치권과 학계를 중심으로 선거권 연령을 18세로 하향하려는 논의가 진행되고 있음.

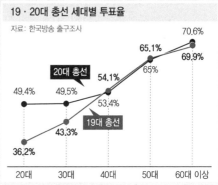

19 · 20대 총선 세대별 투표율
자료: 한국방송 출구조사

20대 총선: 49.4% (20대), 49.5% (30대), 54.1% (40대), 65.1% (50대), 70.6% (60대 이상)
19대 총선: 36.2% (20대), 43.3% (30대), 53.4% (40대), 65% (50대), 69.9% (60대 이상)

자료: http://tag-image.makeshop.co.kr/dailypod/article/content_146
1114108.jpg

고령층, 최대 유권자 집단 됐다

베이비부머 선두세대도 60代, 50代 이상 유권자수 1803만명
2030보다 300만명 더 많아 … 세대간 선거구도 균형 깨질 듯
2030보다 50代 이상 많은 市郡區, 19대 총선 153곳서 올해는 203곳

연령대별 선거인 비중 변화 20대 총선은 행정자치부 1월 주민등록 통계. 단위: %

		19세	20대	30대	40대	50대	60세이상
박근혜 대통령	20대 총선 (예상)	1.6	15.9	18.3	21.2	19.9	23.1
	6회 지방선거 (2014년)	1.7	16.0	19.2	21.7	19.7	21.6
이명박 대통령	18대 대선 (2012년)	1.8	16.3	20.1	21.8	19.2	20.8
	19대 총선 (2012년)	1.8	16.6	20.5	22.0	18.9	20.3
	5회 지방선거 (2010년)	1.6	17.8	21.4	22.4	17.1	19.4
	18대 대선 (2008년)	1.6	19.2	22.7	22.6	15.6	18.3
노무현 대통령	17대 대선 (2007년)	1.7	19.4	22.9	22.5	15.4	18.1
	4회 지방선거 (2006년)	1.7	20.3	23.6	22.6	14.6	17.2
	17대 총선 (2004년)		22.1	24.9	22.8	13.2	16.9

자료: 중앙선거관리위원회 그래픽 = 조선일보 디자인편집팀

자료: http://popkon.konkuk.ac.kr/news/photo/200807/844_401de86a.jpg

자료 2: 최근의 선거연령 개정 논의

중앙선관위는 유권자의 참정권 확대를 위해 선거연령의 18세 하향 조정을 제안했다. 현행법상 혼인 · 8급 이하 공무원시험 응시 · 자원입대 · 운전면허취득 등은 18세 이상이면 가능하고 민법상 성년의 기준은 19세, 7급 이상 공무원시험 응시기준은 20세 이상이다. 경제협력개발기구(OECD) 34개국 회원국가의 선거연령을 살펴보면 한국이 19세, 오스트리아 16세, 나머지 32개국이 18세이다. 이 개정의견은 선거연령 하향 조정이라는 세계적 추세에 부응함으로써 국민의

참정권을 보다 확대하려는 것으로 평가될 수 있다. 반면 선거연령이 하향조정되면 18세 고교생을 대상으로 한 정치활동과 선거운동이 가능해져 교육의 정치적중립을 침해할 소지가 있다는 논란이 따를 것으로 보인다.

(국회입법조사처, 2015, "공직선거법에 대한 중앙선관위의 개정의견과 개선과제" 「이슈와 논점」 1200호.)

〈토론 소주제〉

1. 자료들에서 본 바와 같이 인구가 노령화되고, 연령별 투표율의 차이가 큰 상황에서 선거연령의 하향조정이 갖는 정치적 효과는 무엇인가?

2. 한국의 선거과정에서 선거권의 연령요건을 18세로 하향조정하는 것은 보수와 진보 중 어느 편에 유리할 것인가? 그 이유는 무엇인가?

4. 선거구제와 대표제

1) 선거구의 의의

선거구란 "전체의 선거인을 일정 단위의 선거인단으로 구분하는 표준이 되는 단위지역", "선출직 공직자를 선출하기 위하여 선거가 실시되는 단위지역"을 의미한다. 따라서 선거의 종류에 따라 그 단위지역의 규모가 다르며, 단위지역에 따라 공직자를 선출하는 선거인단이 다르다.

우리나라의 경우 대통령은 나라 전체를 대표하므로 전국을 단위로 하고, 지방자치단체의 장은 해당 지방자치단체 관할구역을 단위로 1인만 선출하기 때문에 행정구역과 일치하여 선거구를 별도로 정할 필요가 없다. 그러나 국회의원과 지방의회의원의 경우는 선출하는 의원의 정수(定數)가 다수이므로 선거구를 어떤 기준으로, 어떻게 구분하여, 그 단위지역에서 몇 명의 의원을 선출할 것인지를 정해야 한다. 따라서 선거에서 선출하는 정수와 선거구획정에 관한 사항은 국회의원선거와 지방의회의원선거에만 해당된다.

▶ **용어해설**
　✓ 선거구획정
　'선거구'란 대표를 선출하는 기본단위를 말하며, '선거구 획정'이란 선거구를 분할하여 대표자를 선출하는 기본단위를 정하는 것을 말한다. 그런데 선거구를 어떻게 정하느냐에 따라 선거 결과에 커다란 영향을 미치므로, 선거구획정에 따라 정당의 이해관계에 커다란 영향을 미치게 된다.
　선거구획정은 정치적·사회적·문화적 동일성이 어느 정도 보장되어야 한다. 그러므로 행정구역, 생활구역, 교통, 정치적, 경제적, 지리적, 사회적 요소 등을 종합적으로 고려하여 결정하여야 된다. 또 선거구획정을 하는 데 있어서 중요하게 고려되어야 하는 문제는 각 선거구의 인구에 대한 고려이다.

2) 선거구제의 종류

❶
소선거구제

소선거구제는 1선거구에서 1인의 대표자를 선출하는 것을 의미하여 '1선거구 1인선출제'라 불리며, 선거인은 필연적으로 후보자 1인에게만 투표할 권리를 가지고 다수의 득표를 한 자를 그 선거구의 당선인으로 결정하는 것으로 단기(單記)투표의 방식을 취한다. 현재 우리나라 지역구

국회의원 및 시·도의원 선거 시 소선거구제를 채택하고 있다. 일반적으로 다수대표제와 결합한다.

참고자료

| 소선거구제의 장단점
• 소선거구제는 다수당의 출현이 용이하여 정국의 안정을 가져올 수 있고, 선거인이 후보자의 인물식견을 잘 알면서 투표할 수 있으며, 선거의 공정을 기하기 쉽고, 선거비용이 소액으로 보궐선거와 재선거를 행하기 쉽다는 장점이 있는 반면, 정치적 소수는 대표를 내세울 수 없고, 사표(死票)가 나올 가능성이 많으며, 정실에 의한 투표 등으로 지역적 인물의 당선 가능성이 높고, 선거간섭 등이 용이하여 부정투표의 가능성이 많으며, 선거구의 정략적 획정(Gerrymandering)의 위험성이 있다는 단점이 있다.
• 외국의 경우 소선거구제를 채택하는 국가로는 미국·일본·영국·호주 등(하원의원선거)과 캐나다, 프랑스 등이 있으며, 독일은 비례대표제에 소선거구제를 가미하는 독특한 방식을 채택하고 있다.

❷
중·대
선거구제

중·대선거구제(中·大選擧區制)는 한 선거구에서 2명 이상의 대표를 선출한다. 일반적으로 소수대표제와 결합한다. 투표방법은 단기 또는 연기(連記)방식이 모두 채택될 수 있으며, 대부분 소수대표제와 비례대표제이지만, 연기투표 방식의 경우 다수대표제로 작용하는 경우도 있다. 우리나라의 경우 제5공화국 이전 국회의원선거에서 한 선거구에서 2명을 선

참고자료

| 중대선거구제의 장단점
• 중·대선거구제의 장점으로는 사표를 적게 할 수 있다는 점, 소수대표를 가능하게 하여 비례대표제의 이상을 실천할 수 있다는 점, 소선거구제에 있어서와 같은 선거간섭·정실·매수 등에 의한 부정투표를 제거할 수 있다는 점, 인물선택의 범위가 확대되어 자질 있는 대표를 선정할 가능성이 많아진다는 점을 들 수 있다.
• 단점으로는 소정당의 출현을 촉진하여 정국의 불안정을 초래할 수 있으며, 선거비용이 많이 들고, 보궐선거와 재선거가 행하여지기 어려운 점을 들 수 있다.

출한 사례가 있으며, 현재 지역구자치구·시·군의원 선거의 경우 선거구별로 2~4인을 선출하고 있다.

3) 대표제

대표제란 대의제 민주주의 정치체제에서 국민의 대표자를 선출하는 방법을 의미한다. 즉 대표제는 선거에서 당선인 결정방법을 의미하므로, 선거구제와 밀접하게 관련되어 대표제를 전제하지 아니하는 선거구제는 아무런 의미가 없다. 아울러 대표제는 투표방법, 정당제도와 관련이 깊다. 대표제에는 다수대표제, 비례대표제, 양자를 절충한 혼합제 등이 있다. 외국에서 대표제 운용사례는 영국과 미국의 경우 소선거구제를 기본으로 한 다수대표제를, 서유럽 국가에서는 대부분 비례대표제를 채용하여 발전시켜 왔다.

❶ 다수대표제

다수대표제는 다수의사를 최고로 존중하는 제도로서, 의사결정의 가장 기본적인 형태인 다수결원리에 따라 선거에서 유효투표의 다수를 얻은 자를 당선인으로 결정하는 방법이다. 다수대표제는 안정적 다수의 형성이 가능하므로 의원내각제를 채택한 국가에서 1인선거구제와 결합하여 주로 사용되고 있다. 현재 영미국가와 프랑스 등에서 시행되고 있다.

❷ 비례대표제

비례대표제는 다수대표제나 소수대표제의 단점을 보완하기 위하여 고안된 제도로서 '투표의 등가성'을 최대한 보장하기 위한 제도이다. 즉 다수대표제의 사표문제, 투표가치의 등가성 문제와 소수파를 존중하기

참고자료

┃ 다수대표제의 유형
다수대표제는 상대다수대표제와 절대다수대표제로 구분할 수 있다. 상대다수대표제는 누구든지 다수표를 얻은 사람을 당선자로 결정하기 때문에 반드시 과반수를 얻지 않더라도 1회의 선거로 당선자가 결정된다. 이 방법은 민주적 정당성의 측면에서는 부족한 점이 있으나 절차가 간소하다는 장점이 있고 영국, 미국 등에서 채택하고 있다.
한편, 절대다수대표제는 적어도 유효투표의 과반수 득표자를 당선자로 하는 제도로서, 1차 투표에서 당선자가 나오지 않는 경우 일정한 기준 이상의 득표를 한 후보자(보통은 1위와 2위 후보자)를 대상으로 다시 2차 투표를 실시하여 과반수를 획득한 사람을 당선자로 결정한다. 이 방법은 투표절차는 번거로우나 민주적 정당성을 확보하는 데 있어 보다 적합하고 프랑스 대통령 선거에서 채택하고 있는 제도이다.

▎게리맨더링이란?

게리맨더링(Gerrymandering)이란 특정 후보자나 특정 정당에 유리하도록 선거구를 확정하는 것을 말한다. 1812년 미국 매사추세츠 주 주지사였던 엘브리지 게리는 자기 정당에 유리하도록 선거구를 분할하였는데, 그 모양이 마치 전설상의 괴물 샐러맨더(Salamander)와 비슷하여 이를 게리(Gerry)의 이름과 합하여 게리맨더(Gerrymander)라고 불렀고, 이후 이와 같이 선거구를 확정하는 것을 게리맨더링이라고 부르게 되었다.

▎뒤베르제의 법칙

프랑스의 정치학자 모리스 뒤베르제(Moris Duverger)가 그의 저서 정당론(1951년)에서 각국의 선거제도와 정당수 간의 관계에 관한 가설과 법칙을 제안하였다. 이 법칙은 첫째, "단순다수제는 양당제와 친화성이 있"고 둘째, "결선투표제와 비례대표제는 다당제와 친화성이 있"다는 것이었다.

소선거구제에서는 지역구에서 1인만을 선출하기 때문에 유권자는 1인에게만 투표하게 된다. 그렇기 때문에 소선거구제는 제3당의 발전을 억제하고 양대 정당에 유리하게 작용한다. 이러한 추정에는 소선거구제에서 실제로 당선될 가능성이 있는 후보는 소수에 불과하다는 생각이 깔려 있다. 합리적으로 생각하는 유권자는 자신이 선호하는 정당의 후보보다 당선가능성이 높은 후보에 투표하게 된다. 이렇게 표는 당선가능성이 높은 소수, 즉 어느 정도 우파와 어느 정도 좌파 양당에 집중된다.

비례대표제, 특히 전국을 하나의 선거구로 하는 이스라엘 같은 경우, 선거제도가 다당제를 촉진시킨다. 득표수가 정당의 의석을 결정하기 때문에, 새로운 정당은 틈새 공략을 통해 발전할 여지가 있다. 그래서 비례대표제는 다당제와 친화적이다.

위하여 인위적·작위적 방법에 의존하는 소수대표제의 결함을 보정하기 위하여 고안된 제도이다. 비례대표제란 각 선거구에서 다수의 정당이 분립하고 있는 경우 각 정당의 득표율에 비례하는 수의 대표자를 공평하게 선출할 수 있도록 하여 '비례성'을 확보하는 대표제이다.

비례대표제는 기본적으로 첫째, 일정한 당선표준수(당선기수)를 정하여 이 표준수에 따라 득표수 비례로 각 당파 또는 후보자에게 의석을 배분하는 당선표준수(당선기수)의 합리화, 둘째로 각 후보자 또는 각 후보자 명부사이에 당선기수를 초과하는 표를 이양하는 투표의 이양성이라는 2가지 기본원칙이 수많은 비례대표제에 공통적으로 내재되어 있다. 비례대표제의 구체적인 도입목적은 ① 소수파에게도 그 득표비례에 따라 의석을 부여하여 소수대표 보장, ② 당선기수를 초과하는 표를 사장시키지 않고 이양시켜 선거인의 의사를 존중하여 사표를 방지, ③ 득표수와 의석수 간의 비례관계를 유지하는 의석비례 보장, ④ 유권자 의사를 존중하는 여론의 복합성 인정 등이다.

비례대표제는 소수대표제에 비하여 유권자의 의사를 보다 정확하게 반영할 수 있다는 점에서 대의정치의 이상에 보다 부합한다고 할 수 있다. 비례대표제는 다양한 사회적 균열을 정치적 세력으로 투영하기 위한 노력으로 고안되었으며 정당제도의 발달과 더불어 20세기에 들어와 시작되었다.

참고자료

│ 투표의 등가성
- 투표의 등가성(等價性): 평등선거의 원칙을 기본으로 하여 모든 투표는 1표로서의 동등한 가치를 가져야 한다는 원칙. 평등선거의 원칙은 헌법상 평등의 원칙이 선거구제에 적용된 것으로써 모든 선거인에게 1인 1표(one man, one vote)를 인정함을 의미할 뿐만 아니라 1표의 가치가 대표자 선정이라는 선거의 결과에 대하여 기여한 정도(투표의 성과가치)에 있어서도 평등하여야 함(one vote, one value)을 의미함.
- 비례성: 투표의 결과가 의석으로 반영되는지의 여부

│ 비례대표제의 방식
비례대표제는 선거구의 규모, 입후보방식, 선거인의 투표방법, 유효투표의 의석배분 등에 따라 다양한 방식이 있다. 선거구의 규모에 따라서는 전국구제와 권역별비례대표제로 나눌 수 있다.

1) 입후보방식

가) 단기이양식(單記移讓式): 후보자 개인이 입후보하는 방식으로서 유권자는 명부상의 개인에 대하여 투표하고 당선된 개인은 초과득표를 같은 정당의 다른 후보에게 이양해주는 방식을 말한다. 전문가의 의회진출을 용이하게 하고 유권자의 후보자에 대한 선택권을 넓혀 줄 수 있는 장점이 있다.

나) 정당명부식(政黨名簿式): 정당명부식 비례대표제는 유권자가 정당명부 또는 정당명부의 후보자에게 투표하도록 하고 각 정당의 득표율에 따라 의석을 배분하는 제도이다. 명부상의 순위의 변동여부에 따라 고정명부식, 가변명부식, 자유명부식으로 나눌 수 있다.
- 고정명부식: 명부상의 후보자와 순위가 당해 정당에 의하여 사전적으로 결정되어 변경할 수 없고 단순히 한 정당명부에 대한 투표여부만을 결정할 수 있음.
- 가변명부식: 유권자가 투표시 명부상의 후보자에 대하여 선호하는 순위를 변경할 수 있는 방식
- 자유명부식: 유권자가 여러 명부상의 후보자 중에서 자유롭게 후보자를 선택하여 자신의 명부를 작성할 수 있는 방식
  ※ 가변명부식과 자유명부식은 정당의 후보자 추천과정에서 유권자의 의사가 반영될 수 있다는 점에서 민주주의의 원리에 보다 부합하지만 투개표의 절차가 번거롭다는 문제가 있다.

2) 유효투표의 의석배분

비례대표제에서는 유권자의 투표와 정당의 의석확보의 비례성을 최대한 반영하기 위하여 다양한 의석배분 방식을 개발하고 있다. 대표적인 것으로 득표할당의 평균을 최대로 하는 최고평균법, 정당별로 득표율에 따라 배분된 기수를 제외하고 잔여표를 최대로 하는 최대잉여법, 고정법(자동식) 등으로 나눌 수 있다.

3) 저지규정

비례대표제는 군소정당의 난립을 막기 위하여 의석을 획득할 수 있는 최소한의 문턱(threshold)을 어떻게 설정할 것인지가 중요한 과제이다. 이는 저지규정(沮止規定)을 어떻게 마련할 것인지와 관련된 것으로 선거에서 일정 수 이상의 득표율을 올렸거나 당선자를 낸 정당에게만 의석배분에 참여하게 함으로써 다수세력의 형성을 촉진하기 위한 제도이다. 저지규정을 어떻게 설정하느냐에 따라 정당의 정치활동에 중요한 영향을 미치기 때문에 다각적인 고려를 해야 한다. 독일의 경우 유효득표율이 5% 이상이거나 지역구에서 3석 이상을 획득한 정당만이 의석배분을 받고 있습니다. 우리나라의 경우는 지역구에서 5명 이상의 당선자를 내거나 유효투표총수의 3% 이상을 득표한 정당에 한하여 의석배분을 하고 있다.

---

❸
혼합대표제

혼합대표제란 다수대표제와 비례대표제를 적절하게 혼합하여 각 제도의 장점을 살리려는 제도이다. 대체로 지역구에서는 소선거구-상대다수대표제 또는 대선거구-비례대표제를 혼합하고 있다. 혼합제 채택 국가는 독일, 일본 등이 있지만 구체적 실현형태는 다소 차이가 있다. 우리나라도 국회의원선거와 지방의회의원 선거에서 혼합대표제를 사용하고 있으나, 다른 나라에 비하여 비례대표 의석 비율이 현저히 낮다.

참고자료

| 혼합대표제를 채택한 국가들 |

혼합형 선거제도를 택한 OECD 국가는?				
국가	의석(하원기준)	비례대표 수(비율)	(하원) 의원 1인당 인구수	정치체제
독일	598명	299명(50%)	137,299	의원내각제
뉴질랜드	120명	50명(41.6%)	37,258	의원내각제
헝가리	199명	93명(46.7%)	49,719	의원내각제
멕시코	500명	200명(40%)	236,790	대통령제
일본	480명	180명(37.5%)	265,204	의원내각제
대한민국	300명	54명(18%)	167,400	대통령제

자료: OECD(http://data.oecd.org)
http://ph.sisain.co.kr/news/photo/201508/24091_47085_1939.jpg

> **｜ 독일과 일본의 혼합대표제**
>
> ### 1) 독일식 혼합대표제(연동식)
>
> 독일 연방하원에서 채택하고 있는 투표방식으로, 유권자는 지역선거구의 후보자와 주명부에 대하여 각각 1표를 행사한다. 지역구선거의 투표지에는 후보자의 성명과 추천정당이 기재되지만 주명부에 대한 투표의 경우에는 정당의 명칭과 정당이 승인한 주명부 중 상위 5인의 성명이 기재된다(「독일연방선거법」 제30조). 의석배분절차를 살펴보면 우선 정당이 차지할 의석은 정당이 획득한 주별 비례대표의 득표율에 따라 주별 의석수가 일차적으로 결정된다. 이때 유효득표율이 5% 이상이거나 지역구 선거에서 3석 이상을 획득한 정당만이 의석배분을 받을 수 있다(저지조항).
>
> 다음으로 정당의 지역구 당선자를 결정하여 정당의 전체적으로 획득한 의석을 정하게 되는데 정당명부의 득표율에 의하여 정하여진 의석보다 지역구의 당선자가 더 많은 경우 지역구의 의석을 모두 인정하게 되므로 초과의석(Überhangsmandat)이 발생할 수 있다. 독일은 정당의 의석이 기본적으로 정당명부에 대한 투표에 의하여 결정된다는 점에서 비례대표제적 속성이 더 강하다고 할 수 있으나, 지역구에서 상대적 다수대표제를 혼합하고 있는 점에서 혼합대표제라 할 수 있다.
>
> ### 2) 일본식 혼합대표제(병렬식)
>
> 일본은 중의원과 참의원선거에서 지역구와 비례대표의 의원정수가 미리 정하여져 있다는 점에서 독일식 비례대표제와 구별된다. 유권자는 1인 2표를 행사하고 지역구의원은 상대다수대표제로, 비례대표의원은 정당명부식 비례대표제로 선출되며 비례대표제는 권역별 비례대표제로 운영된다. 1996년 이후 중의원선거에서 중복입후보를 허용하고 있는데 중복된 후보는 비례대표 명부에서 동일순위로 하고, 지역구에서 낙선한 후보자의 득표수를 그 지역구의 최하위 당선자의 득표수로 나누어 그 비율이 가장 높은 후보자를 비례대표에서 구제하여 당선시키는데, 이를 석패율(惜敗率) 제도라 한다.

4) 선거구 획정

선거구 획정은 해당 선거에 출마하려고 하는 당사자들의 당락에 직접적 영향을 미칠 수 있는 사안이므로 당사자에게 지대한 이해관계가 있음은 물론이고, 선거구 획정에 따른 지역구분에 따라 그 지역의 선거인에게 자신들이 원하는 대표자를 선출할 수 있는 기회가 부여될 수 있는지 여부에 영향을 미치는 것이므로, 적정한 선거구 획정은 평등하고 공정한 선거권 행사를 위하여 필수불가결한 요소이다.

「공직선거법」에서는 지역구 국회의원 및 지역구 자치구·시·군의회의원의 선거구를 획정함에 있어서 객관적 기준에 따라 공정하게 선거구를 획정하기 위하여 선거구획정위원회의 설치·운영에 관한 사항을 규정하여 선거구법정주의를 채택하고 있다. 다만, 시·도의회의원선거에서 지역선거구의 획정을 「공직선거법」 제26조 제1항에 따라 자치구·시·군 또는 국회의원지역구를 분할하여 획정하므로 게리맨더링의 위험성이 적고, 선거구획정위원회를 별도로 둘 필요성이 크지 아니하여 「공직선거법」 별표2를 통하여 입법권자가 직접 규정하고 있다.

국회의원선거구획정위원회는 중앙선거관리위원회에 두며 선거구 획정의 중립성과 공정성을 위하여 국회의원 또는 정당의 당원(국회의원선거구획정위원회의 설치일로부터 과거 1년 동안 정당의 당원이었던 사람 포함)은 국회의원선거구획정위원회의 위원이 될 수 없고, 지방의회의원 또는 정당의 당원은 자치구·시·군의원선거구획정위원회의 위원이 될 수 없다. 자치구·시·군의원지역선거구획정에 관하여는 자치구·시·군의회의원의 의원정수와 선거구제를 중선거구제로 변경하면서 선거구 획정에 공정을 기하기 위하여 자치구·시·군의원선거구획정위원회를 설치·운영하도록 규정하고 있다.

참고자료

| 국회의원선거구 획정에 관한 헌법재판소의 판결

국회의원지역선거구의 획정에 있어 인구편차 상하 33⅓%를 넘어 인구편차를 완화하는 것은 지나친 투표가치의 불평등을 야기하는 것으로, 이는 대의민주주의의 관점에서 바람직하지 아니하고, 국회를 구성함에 있어 국회의원의 지역대표성이 고려되어야 한다고 할지라도 이것이 국민주권주의의 출발점인 투표가치의 평등보다 우선시될 수는 없다. 특히, 현재는 지방자치제도가 정착되어 지역대표성을 이유로 헌법상 원칙인 투표가치의 평등을 현저히 완화할 필요성이 예전에 비해 크지 아니하다.

또한, 인구편차의 허용기준을 완화하면 할수록 과대대표되는 지역과 과소대표되는 지역이 생길 가능성 또한 높아지는데, 이는 지역정당구조를 심화시키는 부작용을 야기할 수 있다. 같은 농·어촌 지역 사이에서도 나타날 수 있는 이와 같은 불균형은 농·어촌 지역의 합리적인 변화를 저해할 수 있으며, 국토의 균형발전에도 도움이 되지 아니한다. 나아가, 인구편차의 허용기준을 점차로 엄격하게 하는 것이 외국의 판례와 입법추세임을 고려할 때, 우리도 인구편차의 허용기준을 엄격하게 하는 일을 더 이상 미룰 수 없다.

이러한 사정들을 고려할 때, 현재의 시점에서 헌법이 허용하는 인구편차의 기준을 인구편차 상하 33⅓%를 넘어서지 않는 것으로 봄이 타당하다.

선거제도에 따라 결과는 어떻게 달라질까?

자료 1: 다수대표제의 장·단점

장점은 첫째, 소선거구제와 결합하여 거대정당에 유리하게 됨으로써 안정적 다수를 형성하는 데 용이하다. 그러나, 비례대표제를 통해서도 정당정치가 성숙되고 정당간의 연립, 연정이 활발하게 이루어지는 정치문화에서는 안정적 다수의 형성이 가능하기 때문에 제도의 우열을 단정하기는 어렵다. 둘째, 대표자와 선거구민간의 개인적 유대관계를 강화하여 책임성을 확보할 수 있다.

단점은 첫째, 사표가 많이 발생하고 정치적 소수세력의 이해관계를 충분히 반영할 수 없다. 둘째, 게리멘더링을 비롯한 선거구의 인위적 조작을 통하여 선거결과를 유리하게 만들 수 있다. 셋째, 상대다수대표제에서는 정당의 득표율과 의회 의석수 간에 불일치가 발생하여 전체적인 민의가 왜곡되는 불합리한 현상이 발생할 수 있다.

자료 2: 비례대표제의 장·단점

비례대표제의 장·단점은 소선거구 다수대표제의 장·단점과는 대조적이다.

장점은 첫째, 소수당의 의석확보에 보다 용이하여 민주주의의 원리인 소수자보호에 적합한 제도이다. 둘째, 투표가치의 비례성을 확보할 수 있어서 선거권의 평등원칙에 충실할 수 있고 유권자의 사표를 방지할 수 있다. 셋째, 계급·인종·지역 등의 사회적 균열을 해소하여 정치세력화하고 정당명부에 투표하게 함으로써 정당정치의 발전에 기여할 수 있다.

단점은 첫째, 소수정당의 난립으로 정국의 안정을 해칠 수 있다. 둘째, 비례대표제는 절차가 복잡하여 당선인의 결정까지 어려움이 있다. 셋째, 정당의 명부작성과정에서 유권자의 의사가 제대로 반영되지 못할 경우 직접선거의 원칙에 위반될 소지가 있다. 넷째, 정당간부의 영향력이 증가하고 금권·파벌정치의 온상이 될 수 있다.

자료 3: 한국 국회의원 선거에서 사표 문제

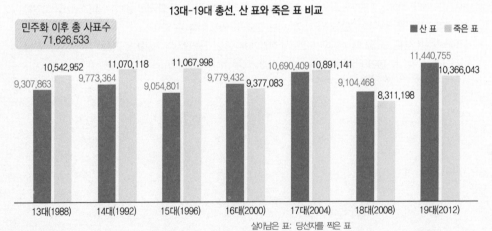

13대-19대 총선. 산 표와 죽은 표 비교

살아남은 표: 당선자를 찍은 표
죽은 표(사표): 당선자를 찍지 못한 표, 당선자 이외의 후보자를 찍은 표
http://www.prforum.kr/files/attach/images/134/530/006/ea0dd55d756fcc9a767e8df7a1c107e.png

〈토론 소주제〉

1. 현재 한국의 국회의원 선거제도는 다수대표제를 기본으로 하여 지역구에서 253명을 선출하고, 비례대표제로 47명을 선출하는 혼합형 선거제도로 운영되고 있다. 선거제도의 차이는 어떠한 결과적 차이를 만들어내는가? 다수대표제와 비례대표제 중에서 어떠한 제도가, 어떠한 점에서 우수한가?

2. 현재 한국의 국회의원 정수는 300명인데, 이들을 전원 다수대표제 방식으로 선출한다면 어떠한 장단점이 있을까? 또한 300명 전원을 비례대표제로 선출한다면 어떠한 장단점이 있을까?

3. 자료 3에서 보는 바와 같이 민주화 이후 실시된 한국의 국회의원 지역구 선거에서는 사표의 양이 당선자를 찍은 표의 양과 거의 비슷할 정도로 많았다. 대의민주주의에서 중요한 점 가운데 하나가 선거의 비례성(득표율과 의석률의 일치도)이라는 측면에서 보았을 때, 높은 수준의 사표를 방지하고 비례성을 높일 수 있는 방안에는 무엇이 있을까?

5. 선거운동

1) 선거운동에 대해 이해하기

❶
선거운동이란
무엇인가

　　일반적으로 선거운동(electoral campaign)은 선거에서 특정 후보를 당선시키기 위해 유권자들을 상대로 벌이는 다양한 종류의 정치활동을 의미한다. 우리나라 「공직선거법」 제7장 제58조는 '선거운동'을 "당선되거나 되게 하거나 되지 못하게 하기 위한 행위"로 정의하고 있다. 선거운동에 관한 이와 같은 정의는 선거운동이 반드시 당선 혹은 낙선을 꾀하는 목적의사가 객관적으로 인정되는 선거운동의 주체에 의한 매우 능동적이며 계획적인 행위임을 의미한다. 따라서 선거 시기에 이루어지는 모든 종류의 정치활동이 모두 선거운동이 될 순 없다. 선거운동이 되기 위해서는 특정 선거에서 특정 후보 또는 정당에 대해 당선 혹은 낙선을 목적으로 하는 행위가 명백히 존재해야 하는 것이다.

❷
선거운동의
다양한
유형과 방법

　　선거운동은 매우 다양한 방법으로 이루어질 수 있고 선거의 종류와 선거가 실시되는 국가 혹은 지역의 문화적 환경에 따라 다양한 모습을 나타낸다. 고대 그리스나 로마에서는 왕이나 집정관, 원로원 의원 등을 선거로 뽑았는데 이때의 선거운동은 주로 투표권자들을 한 곳에 모아 놓고 지지를 호소하는 대중연설의 형식을 띠었다. 하지만 고대 로마사의 기록에는 그 당시의 선거에서도 호별 방문이나 개인 유권자에 대한 매표행위 등 다양한 형태의 선거운동 사례가 나타나고 있다. 오늘날 이루어지는 선거운동은 선거운동의 주체가 누구인가에 따라 그 방법이 달라질 수 있다. 먼저 선거운동에 나서는 사람이 후보 당사자인 경우 혹은 후보가 「공직선거법」에 따라 지명한 공식선거운동원인 경우 「공직선거법」상에 허용된 범위 내에서 다양한 수단과 방법을 동원하여 선거운동을 할 수 있다. 일반유권자도 선거운동을 할 수 있는데 중앙선관위에 따르면 인터넷 홈페이지, 전자우편, 문자메시지, 전화, 공개된 장소(예식장, 장례식장, 도로, 시장 등)에서의 지지 호소를 통해 선거운동을 할 수 있다. 하지만 우리나라 「공직선거법」은 각각의 경우 선거운동이 가능한 기간과 시간 그리고 방법과 장소 등을 명확히 규제하고 있어 이를 잘 준수해야 한다.

2) 선거법과 선거운동의 변화

❶ 통합선거법 제정 이전의 선거운동

사실 우리나라의 선거운동 관련 법제가 처음부터 지금처럼 상세한 규제 체계를 갖고 있었던 것은 아니었다. 1948년 제정된 제헌헌법은 자유로운 미국법제의 영향을 받아 선거운동에 대해 폭넓은 자유를 보장하고 있었다. 그러나 1958년 일본 선거법의 영향을 받은 민의원 및 참의원 선거법이 제정되면서부터 선거운동을 할 수 있는 주체를 포괄적으로 제한하는 규제 중심의 선거운동 관리체계가 형성되기 시작했다. 이후 여러 차례 개정을 거치면서 우리나라 선거법의 규제 중심 성향은 지속되어 왔

참고자료

┃ 통합선거법 제정 이전 대규모 대중동원 중심의 선거운동

1987년 제13대 대통령선거에 나선 김대중 후보가 지지자들을 향해 대중연설을 하고 있다.
자료: http://www.mediaus.co.kr/news/articleView.html?idxno=28784(검색일: 2016년 10월 10일)

으며, 권위주의 정권 시기에는 선거공영제를 지향한다는 명분하에 선거운동에 대한 규제가 더욱 강화되는 경향을 보였다. 선거의 유형에 따라 개별법의 형태로 존재해왔던 선거 관련 법률들을 적용하는 과정에서 법체계의 복잡성으로 인해 많은 혼란이 발생함에 따라 선거법에 대한 국민의 이해를 돕고 또 선거관리의 효율성을 제고하기 위해 1994년 3월 16일 '공직선거 및 선거부정방지법', 이른바 통합선거법이 제정됨으로써 선거운동에 관한 포괄적인 규제체계가 구축되기에 이른다.

▶ **용어해설**

✓ 선거공영제

우리 헌법 116조에서는 "선거운동은 각급 선거관리위원회의 관리하에 법률이 정하는 범위 안에서 하되 균등한 기회가 보장되어야 한다"며 "선거에 관한 경비는 법률이 정하는 경우를 제외하고는 정당 또는 후보자에게 부담시킬 수 없다"고 규정했다. 비용 부담을 최대한 낮춰 국가가 국민의 정치 참여를 보장하겠다는 '선거공영제'를 명시한 것이다. 그래서 정부는 대통령·국회의원·자치단체장·지방의원·교육감 등의 공직후보자를 뽑는 선거 비용을 지원한다. 기탁금, 선거사무원 수당, 벽보·공보물의 제작·발송 비용, 광고·방송연설·합동연설회 비용 등 법이 규정한 항목에 쓰인 비용을 법정 한도 안에서 보전해주는 것이다.

❷
통합선거법
제정 이후의
선거운동

1994년 3월 16일 각급 선거별로 개별적으로 존재해오던 선거법들을 통합하여 「공직선거 및 선거부정 방지법」, 이른바 통합선거법이 제정되면서 원칙적으로 누구든지 선거운동을 자유롭게 할 수 있도록 선거운동 주체의 폭을 확대하였다. 이후 통합선거법은 2016년 현재까지 수십 차례가 넘게 개정되어 왔으며, 이러한 「공직선거법」의 변화에 따라 선거운동의 양상도 크게 달라져 왔다. 2005년 8월 4일에는 현행 「공직선거법」으로 법률의 명칭을 변경하는 등 많은 변화를 시도한 것은 사실이나 그럼에도 불구하고 다른 서구 국가들과 비교해 볼 때 여전히 규제적인 성격이 강한 것은 사실이다.

3) 현행 「공직선거법」의 선거운동 문제

❶
선거운동
규제

이와 같은 선거운동의 경우, 「공직선거법」 제59조는 기본적으로 선거기간 개시일부터 선거일 전일까지만 할 수 있도록 규정하고 있는데 대통령 선거의 경우에는 22일간, 다른 선거의 경우에는 13일간의 공식 선거운동 기간이 주어지고 있다. 선거운동기간이 아닌 경우에도 인터넷 홈페이지, 게시판, 대화방, 전자우편 등을 이용한 상시적인 선거운동은 허용되고 있다. 「공직선거법」 제60조에 의해 "선거운동을 할 수 없는 자"를 제외하고 누구든지 자유롭게 선거운동을 할 수 있도록 허용하고 있다. 개인뿐만 아니라 기관이나 단체도 선거운동을 할 수 있으나 선거에서의 중립 의무가 있거나 공정성을 담보할 수 없는 기관이나 단체(그 대표자와 임·직원 또는 구성원을 포함)는 그 기관이나 단체의 명의 혹은 대표의 명으로 선거운동을 할 수 없도록 규정하고 있다. 특히 현역 후보와의 경쟁에 있어 기회의 균등을 꾀하기 위해 2005년부터 '예비후보자제도'를 도입하여 등록을 전제로 예비후보자 혹은 그 배우자와 직계존비속에게 「공직선거법」에서 허용하는 범위 내에서 자유로운 선거운동을 허용해 오고 있다.

우리나라는 「공직선거법」에 의해 선거운동 전반에 관한 명문화된 규정이 명확한 편이다. 즉, 현행 「공직선거법」은 선거운동의 주체, 기간, 방법 등에 대해 상당히 구체적이고 포괄적인 방식으로 제한을 가하고 있다. 선거운동의 주체에 대해서는 누구든지 자유롭게 선거운동을 할 수 있다고 선거운동의 전반적인 자유를 허용하고 있지만 다른 한편에선 선거운동을 할 수 없는 사람에 대해 매우 폭넓은 규정을 하고 있고 선거운동의 기간에 대해서도 명확한 제한을 두고 있는 등 사전선거운동에 대해서는 엄격히 금지하고 있다. 이렇듯 선거운동에 대한 규제가 세밀하고 복잡하다보니 선거운동의 관리 기관인 중앙선거관리위원회의 유권해석이 선거운동 규제에 있어 매우 중요한 역할을 하게 된다.

❷
외국
선거운동
규제와의
차이

미국, 영국 등 대다수의 서구 민주주의 국가들에서는 선거와 관련된 법률 체계나 우리나라처럼 엄격한 정의 규정이나 규제 조항들을 갖고 있지 않다. 선거운동의 자유를 최대한 보장한다는 원칙은 대부분의 민주국가의 선거법이 지향하는 목표라 할 수 있는데, 이런 선거의 자유 원칙은 선거의 공정성의 원칙을 위배하지 않는 범위에서 보장되어야 하기 때문에 선거운동에 대한 일정한 규제는 피할 수 없는 현실이다. 따라서 대부분의 민주국가들도 선거운동의 자유를 보장하면서도 선거 공정성의 원칙 또한 만족하기 위해 나름의 규제체계를 갖추고 있다. 우리나라나 일본, 프랑스처럼 선거운동의 기간, 주체, 방법 등을 세밀히 규제하는 경우도 있지만 대부분의 국가들에서는 미국과 독일처럼 선거운동에 대한 규제가 거의 없거나, 영국, 호주, 캐나다 등과 같이 선거비용의 한도에 대한 규제를 통해 선거의 공정성을 크게 해치지 않는 범위 내에서 선거의 자유를 최대한 보장하는 방법으로 선거운동을 관리한다.

❸
현행
공직선거법의
문제

현재의 「공직선거법」은 1994년 통합선거법이 제정된 이래 2016년 10월 현재까지 무려 69차례의 개정을 거치면서 선거의 자유와 공정이라는 두 가지 기본 이념에 충실한 방향을 지향해왔으나 실제로는 선거의 자유보다는 선거의 공정에 중점을 둠으로써 선거의 자유를 규제하는 방향으로 운영되어왔다는 평가가 많다. 즉 현행 「공직선거법」은 선거운동에 대해 원칙적으로는 모든 종류의 선거운동을 자유롭게 허용하되 예외적인 사항들에 대해 규제하는 것으로 되어 있지만, 실질적으로 운영하는 과정에서는 오히려 원칙적으로 대부분의 선거운동을 규제하고 예외적인 경우에 한하여 허용하는 이율배반적인 모습을 보였다. 따라서 이와 같은 현행 「공직선거법」의 규제 중심의 성격을 완화하여 보다 폭넓은 선거운동의 자유를 보장하는 쪽으로 「공직선거법」을 개정해야 한다는 요구가 점점 커져가고 있는 것이 오늘의 현실이다.

4) 인터넷의 발달과 선거운동의 다양성

❶
인터넷
발달의 영향

텔레비전, 라디오 등 아날로그 시대의 대중매체들이 일반인에게 널리 보급되지 않았던 1970년대 이전의 선거운동은 주로 당원을 주요한 동원의 대상으로 삼아 수행하는 노동집약적인 형태의 호별 방문이나 지지자나 유권자들을 한 곳에 모아 놓고 벌이는 대중연설 정도가 고작이었다. 그러나 라디오에 이어 텔레비전이 본격적으로 보급되기 시작하고 전화기 사용이 일반화 되면서 선거운동 방법도 새롭고 강력해진 대중매체의 특성에 맞게 이미지 중심의 자본집약적인 선거운동으로 변화했다. 선거운동 과정에서 집 전화를 이용한 여론조사 또한 중요한 수단으로 부상했다. 마치 기업에서 만들어 내는 물건을 팔 듯 텔레비전을 비롯한 대중매체들은 후보의 이미지를 쉼 없이 만들어내고 이것을 통해 유권자들을 정치적 이미지의 소비자로 전락시켰다. 텔레비전과 라디오라는 아날로그의 시대를 넘어 인터넷과 소셜미디어(social media)의 사용이 일상화된 디지털 융합사회(digital convergence)가 만들어 지면서 현대의 선거운동은 이전과는 판이하게 다른 양상으로 변화되었다.

❷ 온라인 선거운동 규제의 변화과정

우리나라에서 온라인 선거운동에 대한 규제는 1997년 11월 선거운동 기간 중에 PC 통신을 이용한 선거운동을 허용하는 「공직선거법」 제82조 3항의 '컴퓨터 통신을 이용한 선거운동' 조항이 신설되면서부터 시작되었다. 이후 인터넷이 급속히 확산되고 이용인구가 늘어나면서 「공직선거법」상의 인터넷 매체와 관련된 규제를 법제화하려는 노력 또한 꾸준히 이어졌고, 그 결과 오프라인에서와 마찬가지로 온라인상의 선거운동 역시 비교적 엄격하게 제한되었다. 인터넷상에서 특정 후보를 지지하거나 비판하는 행위는 선거법 위반 사례로 규제의 대상이 되었다. 심지어 투표를 독려하기 위해 투표 후 인증사진을 촬영해 인터넷 상에 게시하는 행위까지도 선거법 위반 사례가 되기도 했다. 하지만 이와 같은 인터넷 선거운동에 대한 엄격한 규제에도 불구하고 인터넷을 통한 선거운동은 지속적으로 확대되었으며, 그 효과 또한 점점 강하게 나타났다. 따라서 인터넷을 통한 선거운동의 자유를 허용해달라는 사회적 요구가 점점 강해졌다. 결국 이와 같은 사회적 요구에 부응하여 2011년 12월 29일 우리나라 헌법재판소는 인터넷 선거운동에 대한 규제 행위가 위헌에 해당된다는 역사적 판결을 내렸고, 중앙선거관리위원회가 2012년 1월 13일 헌법재판소의 한정 위헌 판결을 적극 존중하여 전체위원회를 통해 SNS 등 인터넷을 이용한 선거운동을 상시 허용한다는 내용의 「공직선거법」 운용기준을 결정함으로써 온라인 선거운동의 전면 자유화가 실현되었다.

참고자료

┃ 인터넷 선거운동 규제에 관한 헌법재판소의 위헌 판결 내용
"선거일전 180일부터 선거일까지 선거에 영향을 미치게 하기 위하여 정당 또는 후보자를 지지·추천하거나 반대하는 내용이 포함되어 있거나 정당의 명칭 또는 후보자의 성명을 나타내는 문서·도화의 배부·게시 등을 금지하고 처벌하는 공직선거법 제93조 제1항 및 제255조 제2항 제5호 중 제93조 제1항의 '기타 이와 유사한 것'에 '정보통신망을 이용하여 인터넷 홈페이지 또는 그 게시판·대화방 등에 글이나 동영상 등 정보를 게시하거나 전자우편을 전송하는 방법'이 포함되는 것으로 해석하는 한 헌법에 위반된다." (헌재 2011. 12. 29. 2007헌마1001 결정)

SNS 등 뉴미디어는 그것을 주로 이용하는 젊은 세대가 자신의 정치적 신념을 자유롭게 표현함으로써 그들 간에 서로 동일한 신념을 공유하는 공동체의식을 형성하게 만든다는 점에서 정치사회에 큰 변화를 가져온다. 뉴미디어 이용자들은 뉴미디어를 통해 정당이나 공직선거에 나선 후보자들에 대한 지지를 보다 쉽게 표현할 수 있게 됨으로써 비교적 쉽고 저렴한 방법으로 자발적인 정치참여와 조직화를 이뤄낼 수 있다.

반대로 정치인의 입장에서는 뉴미디어를 활용함으로써 저렴한 비용으로 손쉽게 대중들에게 빠르고 친근하게 다가갈 수 있는 기회를 갖게될 뿐만 아니라 중요한 사회적 의제들에 대해 자신의 의견을 손쉽게 표현함으로써 견해를 같이하는 지지자들을 보다 쉽게 규합할 수 있는 이점을 누리게 된다.

또한 뉴미디어는 선거과정에 대한 유권자의 관심을 끌 수 있게 하는 유용한 도구로 활용됨으로써 시민의 정치참여를 증진시킬 수 있는 수단으로도 활용된다. 2014년 제6대 전국동시지방선거 당시 SNS 사용자들을 중심으로 광범하게 퍼져나간 트위터를 통한 투표참가 인증샷 보내기 운동은 뉴미디어 선거운동의 효과를 보여주는 대표적 사례라 할 수 있다. 하지만 뉴미디어를 활용한 선거운동이 반드시 긍정적인 역할만 하는 것은 아니다. 경우에 따라서는 뉴미디어가 오히려 네거티브 선거운동 등에 광범하게 활용되어 선거분위를 혼탁하게 만드는 요소로 작용하기도 한다.

[사례 1]

제20대 국회의원선거 예비후보자 A는 B(A의 배우자), C(A의 후원회장), D(유사기관 팀장)와 공모하여 선거운동원 6～12명을 모집하고, '16. 2. 11. ～ 2. 22.까지 A가 운영하는 장례식장 및 자택에서 전화를 이용하여 선거운동을 실시하였다. 그리고 선거운동 대가로 일당 10만원씩 제공하기로 약속하였으며, B는 일부 선거운동원 6명에게 총 470만원의 수당을 현금으로 제공하기도 하였다. 유사기관을 설치해 불법선거운동을 실시하고, 대가를 제공 또는 약속한 것이다. 여기서 유사기관이란 '선거운동'을 목적으로 설립되고 공직선거법으로 정한 선거사무소 또는 선거연락소처럼 이용되는 정도에 이른 기관·단체·조직 또는 시설을 말한다.

[사례 2]

부동산 사무실을 운영하는 A는 '16년 2월 중순경 평소 친분이 두터운 예비후보자 B로부터 선거사무소 개소식에 많은 사람을 참석시켜달라는 부탁을 받았다. 이에 A는 지인들과 함께 참석한 후 식사장소로 이동하여 동행한 사람들(26명)에게 갈비와 주류 등 60만원 상당의 음식물을 제공하였다. 예비후보자 B는 식사장소에 가서 참석자들에게 명함을 나눠주면서 인사를 하고 술을 따라 주었으며, 뒤늦게 참석한 사람들에게 인사를 하고자 선거사무소에 갔다가 다시 식사장소에 돌아와 인사를 하였다. 이를 인지한 선관위의 조사과정에서 A는 "식사모임 참석자들은 대부분 B와 친분이 있는 사람들이고, B는 식사모임을 사전에 알지 못했다"고 하였으며, B도 A로부터 "여기 고향사람들 여럿 있는데, 인사도 하고 밥 먹고 가라"는 말을 듣고 식사모임에 참석하였을 뿐, 식사모임과 관련하여 A와 사전에 논의한 사실이 없고 A가 심적으로 자신을 돕고자 식사를 대접한 것이라고 진술하였다.

[사례 3]

○○신문 발행·편집인 A는 과거 "☆☆☆" 제목으로 월간지를 등록하였으나, 한번도 발행하지 않다가 '16. 1. 초순경 ○○신문으로 제호 및 제명을 변경 등록하여 '16. 2.말경 창간호 1만부를 발행하였다. A는 ○○신문의 기사 작성과 편집 등 모든 업무를 직접 처리하는 과정에서 예비후보자 B를 선전·홍보하기 위하여 전체 8면 중 2면에 걸쳐 B의 기사를 게재하였다. 그리고 지면의 4분의 1 크기의 사진을 부각되게 삽입하고 공약사항을 상세하게 게재하였다. 발행한 신문은 본인이 직접 차를 몰고 다니며 예비후보자 B 후원회사무실, 농협 3개 지점, 마을회관에 배부하고, 이·통장 등 선거구민에게 우편 발송하였다. 조사과정에서 A는 B가 ○○신문과 관련된 연구회 회원이기 때문에 특별대담 기사를 게재하였고, B에게 직접 대담을 요청하지 않고 예전에 물어보았던 내용과 2015년경 자주 만나며 했던 이야기를 구체화하여 인터뷰 형식으로 게재한 것이라고 진술하였다.

[사례 4]

예비후보자 A씨의 학교 동창생인 B씨는 공식적인 선거운동 기간이 아닌데도 불구하고 예비후보자 A씨의 성명·학력·경력·활동상황·정치적 소신, 강연내용과 예비후보자 A씨의 소속 정당인 C정당의 정강정책에 대한 정보를 자신이 직접 사비를 들여 제작한 홈페이지에 저장하여 두고 예비후보자 A씨가 출마하게 될 지역구의 선거구민으로 하여금 자신의 경비와 노력을 들여 그 정보를 열람하게 독려하였다.

자료: http://m.mt.co.kr/renew/view.html?no=20160406154178450017&ca=#imadnews(검색일: 2016.10.20.)

1. 위에 열거한 4가지 [사례] 중 선거의 자유 원칙에서 볼 때 가장 구제받아 마땅한 사례는 어떤 사례인가? 선거의 공정 원칙에서 볼 때 가장 문제되는 위반 행위를 한 사례는 어떤 사례인가? 그렇게 생각하는 이유는 무엇인가?

2. 위에 열거한 4가지 [사례] 중 사전선거운동 위반에 해당하는 사례는 무엇이며 어떤 행동이 위반행위에 해당되는가?

6. 새로운 제도의 도입

1) 선거구획정 문제

❶
현행
공직선거법
이전의
선거구획정
제도

선거구획정 과정은 정치세력 간의 이해관계가 첨예하게 대립되는 것이어서 그 자체로 권력투쟁의 역사라 해도 무방할 정도이다. 우리나라 역대 선거에서의 선거구획정은 선거 관련 4개 법안이 공직선거 및 선거부정방지법으로 통합되었던 1994년을 기점으로 국회 내에 선거구 획정위원회 설치가 명문화되면서 제도적인 안정화의 길을 걸어왔다. 1994년까지는 별도의 선거구획정위원회가 구성되지 않은 상태에서 정치세력들 간의 이해관계에 따라 자의적으로 선거구를 획정해왔기 때문에 특정인이나 특정집단에 유리하도록 선거구가 정해지는 게리멘더링의 가능성이 항상 열려 있었다. 하지만 제15대 국회의원선거를 앞두고 출범한 선거구획정위 또한 많은 문제점을 안고 있었다. 선거구획정 기준을 현재와 같은 인구의 상·하한선으로 삼은 점은 큰 진전이라 할 수 있지만 현직 국회의원이 선거구 획정위원을 맡아 중립성 논란이 불거질 수밖에 없었다. 제17대 국회에 들어서야 선거구획정 위원에는 순수 민간인만 포함하는 것으로 선거법이 개정되어 중립성 논란은 어느 정도 해소될 수 있었다.

▶ **용어해설**
> ✓ 툴리멘더링(Tullymandering)
> 툴리멘더링(Tullymandering)은 아일랜드에서 집권 통일당과 노동당의 연립정부가 1974년 공화당의 게리맨더링에 대항하기 위해 선거구 재획정 담당장관인 제임스 툴리(James Tully)의 주도로 새로운 게리멘더링을 시도한 데서 유래되었다. 하지만 선거 결과는 툴리의 계획과는 정반대로 공화당이 보너스 의석을 대거 차지하면서 게리멘더링의 대표적인 실패 사례가 되고 말았다.

❷
현행
공직선거법
개정 이후의

2014년 10월 30일 헌법재판소가 당시 3대 1이었던 선거구별 인구편차 기준에 대해 헌법 불합치 판결을 내리고 선거구 간 인구편차를 2대 1 이하로 조정할 것을 요구하면서 선거구획정 문제가 2016년 제20대 국회의원선거의 최대 쟁점으로 부상하였다. 중앙선거관리위원회는 선거구획정의 공정성을 기하기 위해 기존 국회 정치개혁특별위원회 산하에 있던 선거구획정위원회를 중앙선거관리위원회 산하 기구로 변경함으로써 선거구획정 제도에 있어 크나큰 변화를 가져 왔다. 하지만 중앙선거관리위원회 산하로 독립한 선거구획정위원회는 여야가 동수로 추천한 위원들이 정치권의 눈치를 보면서 대립할 수밖에 없어 결국 스스로 어떤 결정도 내릴 수 없는 제도적 한계를 드러내면서 유명무실해졌고, 결국 선거구 획정은 여야 정치권의 정치적 담판에 의해 결정되는 구태를 재현하고야 말았다.

❸
우리나라
선거구획정
제도의 문제

우리나라 선거구획정과 관련된 선거제도는 표의 등가성을 확보함으로써 선거를 통한 민의의 왜곡이 최소화되도록 끊임없이 개선되어 왔다. 하지만 선거구획정의 문제는 단순히 선거구 간 인구편차만을 고려하는 문제만은 아니다. 선거구를 획정하기 위해서는 인구수뿐만 아니라 주민의 생활경제권이나 행정구역, 기존 선거구 현황 등 다양한 요소들이 함께 고려될 필요가 있다. 단순히 인구수만 기준으로 한다면 농어촌이나 산촌 지역은 제대로 지역대표성을 반영하기 어렵게 된다. 하지만 제20대 국회의원선거에서의 선거구 획정 과정에서도 불거진 바와 같이 우리나라의 선거구획정은 이와 같은 다양한 요소들이 동시에 고려되지 않는다는 비판으로부터 자유롭지 못하다. 따라서 농어촌 선거구의 경우, 생활권이 다른 몇 개의 시군구를 합친 거대 선거구가 생겨날 수밖에 없는 상황이 계속되고 있다. 선거구 획정과정에 적용되는 인구기준일 또한 논쟁거리가 되고 있다. 사회적 유동성이 강한 현대 사회에서는 인구기준일을 어떻게 설정하는가에 따라 분구 또는 합구 대상 선거구의 분포가 달라질 수 있기 때문이다. 하지만 현행 공직선거법은 제4조에 최근 인구통계에 의한다는 모호한 규정만 있을 뿐이어서 이에 대한 논쟁이 지속되고 있는 것이다. 아울러 제20대 국회의원선거에서 선거구획정위원회가 보여준 바와 같이 여야 동수의 의사결정구조가 갖는 제도적 한계도 현행 선거구획정 제도가 지닌 중요한 문제점의 하나로 지적될 수 있다.

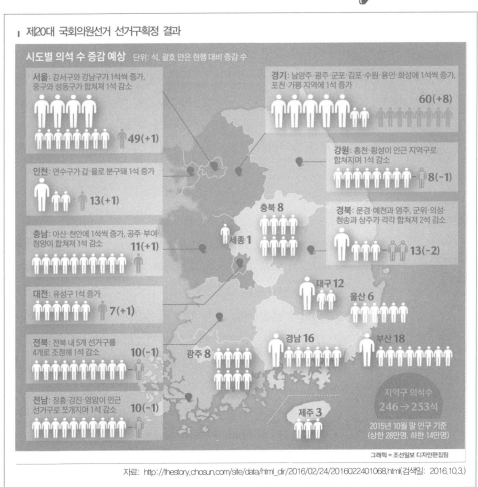

| 제20대 국회의원선거 선거구획정 결과

시도별 의석 수 증감 예상 단위: 석, 괄호 안은 현행 대비 증감 수

서울: 강서구와 강남구가 1석씩 증가, 중구와 성동구가 합쳐져 1석 감소 49(+1)

경기: 남양주·광주·군포·김포·수원·용인·화성에 1석씩 증가, 포천·가평 지역에 1석 증가 60(+8)

인천: 연수구가 갑·을로 분구돼 1석 증가 13(+1)

강원: 홍천·횡성이 인근 지역구로 합쳐지며 1석 감소 8(-1)

충남: 아산·천안에 1석씩 증가, 공주·부여·청양이 합쳐져 1석 감소 11(+1)

충북 8

세종 1

경북: 문경·예천과 영주, 군위·의성·청송과 상주가 각각 합쳐져 2석 감소 13(-2)

대전: 유성구 1석 증가 7(+1)

대구 12

울산 6

전북: 전북 내 5개 선거구를 4개로 조정해 1석 감소 10(-1)

경남 16

부산 18

광주 8

전남: 장흥·강진·영암이 인근 선거구로 쪼개지며 1석 감소 10(-1)

제주 3

지역구 의석수 246 → 253석

2015년 10월 말 인구 기준 (상한 28만명, 하한 14만명)

그래픽 = 조선일보 디자인편집팀

자료: http://thestory.chosun.com/site/data/html_dir/2016/02/24/2016022401068.html(검색일: 2016.10.3.)

2) 공천 문제

❶ 민주화 이전 공천제도의 특징과 변화

선거에 나설 정당의 후보자를 선출하는 정당의 공천과정의 개방성과 민주성은 선거를 통한 정치엘리트의 충원과정의 질을 좌우하는 매우 중요한 요소로 헌법 제8조 제2항에서 요구하는 정당 조직의 활동과 민주화 의무의 충족을 위해 반드시 필요한 요소이다. 그럼에도 불구하고 한국정치에서 정당의 공천과정은 매우 폐쇄적, 비민주적으로 운영되고 있다는 비판과 함께 공천과정의 개방과 민주화를 요구하는 목소리가 끊임없이 제기되었다. 1987년 민주화 이전 권위주의 시대에는 김대중, 김영삼, 김종필 등 3김에 의존하는 정당 운영으로 인해 공천권이 정당의 최고지도자의 수중에 장악되어 있었고 정작 당원이나 유권자들은 공천후보 결정에 거의 영향을 미칠 수가 없었다. 그로 인해 낙하산 공천, 음성적 공천헌금 수수, 공천반발에 따른 무소속 출마 등 정당정치의 안정성을 해치는 여러 가지 문제들이 선거 때 마다 불거지는 악순환이 계속되었다. 민주화 이후, 정당 안팎의 개혁에 대한 요구가 증대되어 왔음에도 이와 같은 공천과정의 폐쇄성과 비민주성은 크게 개선될 기미를 보이지 않았고 이는 정치에 대한 유권자의 불신을 가중시키는 요인으로 작용하였다.

❷
민주화 이후
공천제도의
특징과 변화

　　1987년 민주화가 이루어진 이후에도 기존 공천과정의 문제점은 크게 개선되지 않은 채 한국정치의 고질적인 병폐로 계속적인 비판을 받아왔다. 공천과정의 민주화에 대한 의미 있는 시도가 이루어지기 시작한 것은 2002년 제16대 대통령 선거에서 미국의 오픈 프라이머리를 본 딴 국민경선제가 도입되면서부터였다. 이후 국회의원선거는 물론 지방선거에도 국민경선제가 일부 도입되면서 정당의 공천과정이 정당 지도자들에 의존하는 하향식의 공천방식에서 당원과 유권자의 의사가 더 많이 반영되는 상향식의 공천방식으로 조금씩 변화하였다. 2015년 2월에는 중앙선관위가 정치제도 개혁안을 국회에 제출하면서 정당 후보자 추천의 민주성 강화를 위한 '전국동시 국민경선제'와 함께 국민경선을 위한 여론조사의 공정성을 강화하기 위한 '안심번호제'를 도입할 것을 주장하였고 여야 정당들이 이에 긍정적으로 반응함으로써 공천과정 민주화의 획기적인 전기가 마련되는 듯 했다. 하지만 결국 여야 간, 각 정당 내부 정치세력 간 정치적 이해관계의 벽에 부딪혀 중앙선관위의 제안은 '안심번호제'를 채택하는 수준에 그쳤을 뿐 전국동시 국민경선제는 수용되지 않았다. 이처럼 공천과정의 민주화를 위한 지속적인 노력에도 불구하고 우리나라 공천과정 민주화의 과제는 여전히 미완의 과제로 남아 있다.

❸
우리나라
공천제도의
문제와 과제

우리나라 공천제도는 그간 많은 개선의 노력이 있어 왔음에도 불구하고 여전히 많은 문제점을 안고 있는 것이 사실이다. 여전히 현역의원들에게는 절대적으로 유리한 반면, 예비후보자들에게 불리할 수밖에 없기 때문에 정치신인의 정계진출을 가로막고 있다는 비판이 끊임없이 제기되고 있다. 지방선거에서 기초의회 의원에 대한 정당공천제 폐지 문제는 정당공천제에 반대하는 국민여론이 지배적이어서 여야 각 당이 대통령선거 공약으로 내세웠음에도 불구하고 국회의원들의 반대로 무산되고 있다. 공천심사 과정에 국회의원의 개입을 최소화하기 위해 현역 국회의원의 공천심사위원 배제 요구도 제대로 받아들여지지 않고 있는 실정이다. 여성의 정치적 대표성을 근원적으로 강화하기 위해 여성 공천심사위원을 확대해 달라는 여성계의 주장도 제대로 수용되고 있지 않다. 제20대 총선에서 여야 정당들이 앞다투어 약속했던 완전 국민경선제 도입을 통해 공천권을 국민에게 돌려준다는 약속 또한 지켜지지 않은 상태이다.

3) 대표성 강화를 위한 제도 변화

❶
선거구제의
변화

민주주의의 여러 제도 중 선거제도가 민주주의 발전에 기여하는 것은 선거가 유권자의 표심을 정확히 정치적 대표의 선출과정에 그대로 반영하는 것이다. 즉 민주적 대표성을 확보하는 것이야말로 민주주의 선거의 요체인 것이다. 선거에서 민주적 대표성이 확보되는 정도는 어떤 선거제도를 도입하는가에 따라 크게 달라질 수 있다. 우리나라의 경우에는 제5대, 제9대~제12대 국회의원선거의 지역구 선거가 중(대)선거구로 치러진 것을 제외하면 거의 대부분의 선거가 소선거구제 단순다수대표제로 치러졌다. 이는 승자독식이 가능한 선거제도로 정당득표율과 의석점유율 간에 차이가 나타날 가능성이 높다는 점에서 민주적 대표성이 낮고 사표 방지 효과가 매우 적은 선거제도라 할 수 있다. 따라서 이와 같은 소선거구제를 폐지하고 중(대)선거구제를 도입하자는 의견이 지속적으로 제기되어 왔다. 비례대표제를 확대해 민주적 대표성을 보완하자는 주장도 끊임없이 제기되어 왔는데 우리의 비례대표제는 1963년 제6대 국회의원선거에서 최초 도입된 이후 정치세력의 이해관계에 따라 다양한 형식으로 운영되어 왔고 비례의석의 수도 상황에 따라 심하게 변동되었다.

❷ 비례대표제의 변화과정

우리나라의 국회의원선거에서 비례대표제가 도입된 것은 제6대 국회의원선거인데 그 때부터 제13대 국회의원선거 때까지는 철저하게 제1당에게 유리한 방법으로 의석할당이 이루어졌다. 일정 비율의 지역구 의석 확보가 어려운 군소정당들에게는 아예 비례대표의석을 할당하지 않는 봉쇄조항을 두고 있었기 때문에 이 시기의 비례대표제는 집권당의 의석 독점을 보장하기 위한 제도로 오용되어 왔다. 하지만 제14대 국회의원선거부터는 군소정당의 의회 진출이 가능토록 봉쇄조항에서 요구하는 지역구 최소득표율을 3%로 낮추었고 정당의 지역구 의석비율이나 지역구 득표율 혹은 정당득표율에 따라 의석을 배분하는 방식으로 바뀌었다. 제16대 국회의원선거까지는 정당득표수에 따라 비례대표를 할당했기 때문에 1인 1표제로 후보자와 정당을 별도로 구분하여 선택할 방법이 없었다. 하지만 제17대 국회의원선거에서부터는 1인 2표제를 도입해 지역구선거에서 투표자와 정당 투표를 별도로 구분하여 유권자의 선택의 폭을 확대하였다.

❸ 민주적 대표성 강화를 위한 선거제도 개편의 쟁점과 과제

2015년 2월 제20대 국회의원 선거를 1년여 앞둔 시점에서 중앙선관위가 지역주의를 완화하고 유권자의사를 충실히 반영하기 위한 국회의원 선거제도 개선방안의 하나로 권역별 비례대표제를 제안한 것도 민주적 대표성을 강화하기 위한 선거제도 개혁안이라 할 수 있다. 이는 전국을 크게 6개의 권역으로 구분하여 300명의 국회의원 정수를 권역별 인구 비례에 따라 배분하되 지역구와 비례대표의 비율은 2대 1의 범위에서 정하는 획기적인 방안으로 특히 지역주의 투표행태가 만연해 있는 지역에서 소선거구제 단순다수대표제가 정당 득표율과 의석수 간, 시·도별 인구수와 의석수 간 불비례성을 확대함으로써 심각한 대표성의 왜곡을 가져오는 현상을 극복하기 위한 방안이었다. 대통령 선거에 대해서도 유권자의 표심을 보다 정확히 반영하고 민주적 대표성을 강화하기 위해 결선투표제를 도입하자는 주장이 제기되어 왔으나 아직은 크게 주목을 받고 있지 못한 상황이다.

중앙선거관리위원회가 제안한 권역별 비례대표제의 세부 내용

① 국회의원 총 정수 300명을 6개 권역별로 인구비례에 따라 배분한다. 지역구와 비례대표 비율은 2 : 1 범위에서 정한다.

※ 6개 권역: ▲서울 ▲인천·경기·강원 ▲부산·울산·경남 ▲대구·경북 ▲광주·전북·전남·제주 ▲대전·세종·충북·충남 (선관위 예시안)

② 권역별로 '의석할당 정당'에 배분할 총 의석수를 확정한다.

※ '의석할당 정당'에 배분할 총 의석수＝권역별 총 정수－(무소속 당선인 수＋'의석할당 정당' 이외의 정당 소속 지역구 당선인 수)

※ A권역에 배정된 총 정수가 21석(지역구 14 : 비례대표 7)이고 무소속 당선인이 1명이라면 나머지 20석을 놓고 '의석할당 정당'들이 나눠 받게 된다.

※ 의석할당 정당: 전국 득표율 3% 이상을 얻거나 또는 지역구 의원 5명 이상을 당선시킨 정당

③ 권역별로 확정된 총 의석을 각 '의석할당 정당'의 권역별 정당득표율에 따라 정당별로 배분한다. (지역구＋비례대표)

※ A권역에서 각 정당에 배분할 의석수가 총 20석, 정당득표율이 (가)당 50%, (나)당 30%, (다)당 20%라면 (가)당에 10석, (나)당에 6석, (다)당에 4석이 배정된다.

④ 각 '의석할당 정당'별로 배정된 의석수에서 지역구 당선인을 제외한 나머지 인원을 권역별 비례대표로 채운다.

※ (가)당이 A권역에서 배정받은 의석수가 10석이고 지역구 당선인이 7명이라면 나머지 3석을 비례대표로 채운다.

※ (가)당의 지역구 당선인 수가 10명이라면 추가 비례의석 배정은 이뤄지지 않는다.

※ 지역구 당선인 수가 배정받은 의석수보다 많은 경우가 생길 수도 있다. (가)당이 A권역에서 지역구 10곳을 초과해 당선되는 경우이다. 이때 의원정수가 늘어나는 '초과의석'이 발생한다.

자료: http://www.vop.co.kr/A00001014411.html (검색일: 2016.10.19.)

제20대 국회의원선거 결과에 대비해 본 권역별비례대표제의 제도 효과

권역별 비례대표제가 과연 제3당을 비롯한 군소정당의 대표성 강화에 어떤 효과를 가져오는지를 제20대 국회의원선거 결과를 바탕으로 시뮬레이션을 해본 결과는 다음의 그림과 같다. 자유한국당(전 새누리당) 17석, 더불어

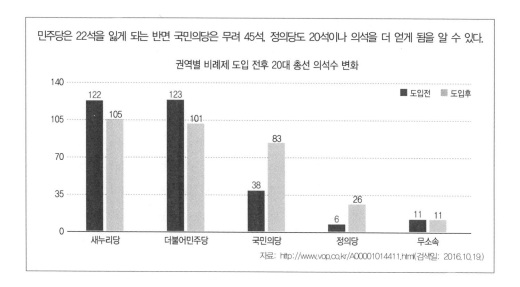

민주당은 22석을 잃게 되는 반면 국민의당은 무려 45석, 정의당도 20석이나 의석을 더 얻게 됨을 알 수 있다.

권역별 비례제 도입 전후 20대 총선 의석수 변화

자료: http://www.vop.co.kr/A00001014411.html(검색일: 2016.10.19.)

4) 정치자금 문제

❶ 우리나라 정치자금 관리 체계의 특징

선거에 나서는 정당이나 정치인들이 사용할 수 있는 정치자금을 관리하는 문제도 민주적인 선거제도 정착을 위해 매우 중요한 부분이 아닐 수 없다. 우리나라는 선거에 나서는 공직선거의 후보자에 대해 비용공영제를 채택하여 일정한 득표 기준을 충족할 경우 모든 선거비용을 국고에서 보전해 주고 있기 때문에 선거와 관련된 정치자금에 대한 규제가 비교적 강력한 편이다. 우리나라는 세계 주요국들 중에서 기업후원을 아예 금지한 거의 유일한 국가이다.

참고자료

ı **정치자금의 개념과 종류**

정치자금이란 당비, 후원금, 기탁금, 보조금과 정당의 당헌·당규 등에서 정한 부대수입 그 밖에 정치활동을 위하여 정당(중앙당창당준비위원회 포함), 공직선거에 의하여 당선된 자, 공직선거의 후보자 또는 후보자가 되고자 하는 자, 후원회·정당의 간부 또는 유급사무직원 그 밖에 정치활동을 하는 자에게 제공되는 금전이나 유가증권 그 밖의 물건과 그 자의 정치활동에 소용되는 비용을 말한다.

자료: 국가법령정보센터(http://law.go.kr/detcInfoP.do?mode=0&detcSeq=48716: 2016년 10월 18일 검색)

우리나라에서 정치자금에 대한 관리가 법률의 형태로 체계적으로 제도화되기 시작한 것은 1965년 「정치자금법」이 제정되면서부터였다. 이후 「정치자금법」은 18차례에 걸쳐 개정되었는데 2012년 개정된 현행 「정치자금법」은 2004년 오세훈 전 서울시장이 국회의원 시절 총선 불출마를 선언하며 통과시킨 일명 '오세훈법'에 근간을 두고 있다. 현행 「정치자금법」에 따르면 개인이 국회의원에게 기부할 수 있는 후원금은 최대 2천만원이며 특정 국회의원에 대한 후원금 한도는 5백만원이다. 국회의원 1명당 모금할 수 있는 연간 후원금 한도는 1억 5천만원이며 선거가 있는 해에 한해서만 3억원까지 모금이 가능하다. 2005년 개정된 「정치자금법」에 따라 법인이나 단체는 어떤 경우에도 후원금을 낼 수 없게 되어 있다. 정치자금에 대한 공적인 통제가 너무 심해 정치활동의 자유가 침해되고 있다는 비판이 제기되면서 정치자금에 대한 규제 기준을 완화하기 위한 새로운 제도의 도입이 모색되어 왔는데 대표적인 경우가 법인이나 단체 후원금을 금지한 부분이다. 2015년 2월 중앙선관위가 제시한 정치제도 개혁안에는 이를 반영하여 정치자금의 원활한 조달을 위해 '법인·단체의 선관위 정치자금 기탁'을 허용하는 등 정치자금과 관련한 새로운 제도개선을 모색해왔다. 아울러 중앙선관위는 물가상승률 등을 반영한 후원금 모금 한도액을 현실화하는 조치도 강구하였는데 대통령 선거 관련 후원회는 선거비용제한액의 5%에서 20%로, 국회의원과 그 후보자 후원회 및 당대표후보자 후원회는 각각 1억 5천만원에서 2억원으로 모금한도액을 상향 조정한 바 있다. 2015년 12월 23일에는 정당후원회 금지에 대한 위헌심판 청구에 대해 헌법재판소가 현실을 고려하여 헌법불합치 판결을

참고자료

| 오세훈법

지난 2004년 총선을 앞두고 '정계 은퇴'를 선언했던 오세훈 서울시장이 주도해 만들었다. '차떼기'로 상징되는 불법 정치자금을 통한 정경유착 등 후진적 정치문화를 개혁하라는 국민 여론과 여야의 자성 의지가 맞물려 유례없이 강력한 조항들이 신설됐다. 단체·법인의 기부가 전면 금지 됐고 '돈먹는 하마'라는 비난을 받았던 지구당도 폐지하도록 했다. 대신 소액 후원제도를 활성화하기 위해 1인당 10만원까지의 정치자금 기부에 대해서는 정부가 전액 보존해 주는 제도를 도입했다. '대가성 뭉칫돈'의 유입을 철저히 묶는 대신 소액 후원을 늘려 정치자금의 투명성을 높이겠다는 의도였다.

자료: http://www.ohmynews.com/NWS_Web/view/at_pg.aspx?CNTN_CD=A0001533664(검색일: 2016.10.01.)

내림으로써 2002년 제16대 대통령선거에서 한나라당의 차떼기 불법 정치자금 수수로 인해 전면금지되었던 정당후원회가 부활되는 등 지나치게 규제 중심인 정치자금 관리체계가 완화되는 제도적 변화를 겪고 있다.

❸
우리나라
정치자금
관리의
문제점과
개선과제

현행 「정치자금법」은 근본적으로 우리나라 선거규제체계가 지닌 규제중심의 성격으로 인해 정치자금에 대한 자유로운 접근이 허용되고 있지 않다는 비판이 계속되고 있다. 특히 우리나라와 같이 진성당원들의 당비 납부가 제대로 이루어지지 않는 정당체계 하에서는 정당의 정상적인 활동을 보장하기 위해 다양한 정치자금에 대한 접근이 허용될 필요가 있는데 현행 「정치자금법」이 이를 강력히 규제함으로써 국고보조금의 대부분을 수령하는 거대정당들에게만 유리한 상황이 조성되고 있다는 비판이 제기되고 있다. 일각에서는 현행 「정치자금법」이 정치자금 운영의 투명성을 충분히 확보하고 있지 못하다는 비판도 제기되고 있는데 성완종 전 경남기업 회장의 제3자 동원방식이나 후원금 쪼개기 방식의 불법 정치자금 수수가 가능했다는 점에서 여전히 정치자금 관리와 관련하여 제도적 허점이 많다는 비판이 제기되고 있다. 따라서 정치자금에 관한 접근은 가능한 범위 내에서 개방의 폭은 최대한 확대하되 정치자금의 부당한 사용에 관한 관리와 규제는 더욱 철저히 함으로써 정치자금의 투명성을 강화해 나가는 방향으로 「정치자금법」 개정이 이루어져야 한다는 목소리가 높다.

5) 선거운동의 자유 확대를 위한 과제

❶
기회 평등
확대와
공정한 경쟁
체제

선거운동은 후보자나 정당이 유권자들에게 자신의 정책이나 이념을 알려 지지를 획득해 내는 과정이기 때문에 가능한 한 자유로운 분위기 속에 이루어질 필요가 있다. 선거가 주권자인 국민이 자신들을 정치적으로 대표해 줄 사람을 뽑는 민주주의의 축제가 되어야 함에도 불구하고 「공직선거법」상의 과도한 규제로 인해 정작 투표권을 지닌 유권자들은 오히려 한낱 구경꾼으로 전락하게 된다. 게다가 우리나라 「공직선거법」은 선거운동에 대해 비교적 엄격한 규제를 가하고 있어 자유로운 선거분위기를 오히려 위축시킨다는 비판을 받기도 한다. 물론 이와 같은 규제 중심의 선거관리체계가 우리나라의 선거관리시스템이 개발도상국의 모범이 되게 할 정도로 공명선거 분위기를 정착시키는 데 크게 기여한 점은 부정할 수 없는 사실이다. 하지만 다른 한편으론 선거운동에 대한 지나친 규제로 인해 헌법에 보장된 '선거자유의 원칙'이 훼손되고 있다는 비판도 만만치 않았다. 따라서 중앙선관위를 중심으로 선거운동의 자유를 확대하기 위한 다양한 제도적인 개선을 모색해 오고 있다.

❷ 규제에서 자율로

선거운동의 자유가 확대되기 위해서는 선거운동의 방법에 대한 규제 완화와 함께, 선거운동 및 선거운동 기간에 대한 규제까지도 폭넓게 완화될 필요가 있다. 이를 위해 일각에서는 선거운동의 불공정성과 선거의 자유를 침해할 수 있는 사전선거운동에 대한 엄격한 규제를 완화 혹은 철폐할 필요가 있다는 주장도 일고 있다. 그 외에 여론조사 결과 공표 금지 규정이나 온라인 여론조사 제한 규정, 호별 방문 금지 규정 등을 폐지 혹은 완화해야 한다는 목소리와 함께 후보자 등록기간이 선거일 기준으로 너무 짧게 잡혀 있는 점도 유권자의 알 권리를 제한한다는 비판의 목소리도 높다. 2012년 제19대 총선을 앞두고 중앙선관위가 인터넷 선거운동을 전면 허용하라는 헌법재판소의 결정을 존중하여 인터넷 등 온라인을 활용한 선거운동을 전면 허용하게 된 것도 지나치게 엄격한 선거운동 규제를 완화해 달라는 주장을 반영하여 선거운동의 자유를 확대한 경우로 이해될 수 있다. 제20대 국회의원선거 후 중앙선거관리위원회는 말과 전화로 하는 선거운동의 상시 허용, 유권자에게 소품 또는 표시물 활용 선거운동 허용, 시설물·인쇄물 등을 활용한 정치적 표현의 자유 확대, 선거일에 온라인 선거운동 허용, 선거운동 가능 단체의 범위 확대와 선거운동 불가능자의 범위 축소 등 다양한 방안을 담은 「공직선거법」 개정 의견을 국회에 제출한 바 있다.

기초단체장과 기초의원에 대한 정당공천제 찬반 논쟁

[자료 1]

단체장과 기초의회 선거에서 정당공천제를 없앨 것인지를 둘러싸고 정치권에서 논쟁이 한창이다. 여야 정치권은 지난 18대 대선 과정에서 기초자치단체 선거의 정당공천제 폐지를 공약했지만 부작용을 우려하는 반대론이 커지면서 지금까지 선뜻 결정을 내리지 못하고 있다. 지방선거 정당공천제는 기초단체장의 경우 1995년, 기초의원은 2006년 지방선거 때부터 각각 도입됐다. 정당의 책임정치 구현, 공직 후보자에 대한 사전 검증 필요성 등이 도입 이유였다. 하지만 중앙당의 지나친 개입으로 지방자치의 취지가 무색해지고 각종 비리가 발생하는 등 부작용도 적지 않았다. 폐지 논의가 나오게 된 배경이다.

[자료 2]

정당공천을 폐지하자는 쪽은 지방정치의 중앙정치 예속을 가져오는 것을 막고 각종 비리도 줄일 수 있다고 주장한다. 김도종 명지대 교수는 "지방정치가 중앙정치에 철저히 예속됨으로써 지방자치 본연의 취지가 전혀 실현되지 못하고 있다"며 "지방선거 과정이 지역별 현안이 쟁점화돼야 하는데 주요 정당 간 대결구도로 선거가 치러짐에 따라 선거 자체가 정권에 대한 중간평가의 성격을 보이고 있다"고 지적했다. 그는 또 "민선 4기 기초단체장의 경우 230명 가운데 49.1%가 임기 중 비리혐의로 조사를 받았고, 결국 19.6%인 45명이 유죄 판결을 받아 임기 중 사퇴했다"며 "이런 비리를 단절시키기 위해서라도 정당 공천을 폐지해야 한다"고 주장했다. 육동일 충남대 교수도 "지역 정치구조가 특정 정당에 독점되면서 '정당공천=당선'이라는 인식과 함께 지방선거가 토착비리와 지역주의를 재생산하고 건전한 지방자치를 저해하는 주요 원인이 되고 있다"며 지방선거 정당공천 폐지를 지지했다. 송광호 의원은 "여성 정치 활성화를 위한 제도 마련은 꼭 해야 한다"면서도 "공천헌금 등 여러 가지 부작용이 제기되므로 정당공천제는 폐지해야 한다"고 말했다. 한편 이채익 의원은 "지방자치 23년을 거치면서 정당공천은 순기능도 많았고 역기능도 많았다"며 "개인적으로는 공천폐지를 찬성하지만 폐지에 따라 극복해야 할 문제점도 많다고 생각한다"고 밝혔다.

[자료 3]

정당공천제를 계속 유지하자는 측에서는 여성을 비롯 신진 소수 세력의 보호를 위해서 필요하다고 맞서고 있다. 정연주 성신여대 교수는 "지방자치제도의 중요한 기능이 다원적 민주주의의 실현"이라며 "정당공천을 금지하는 것은 다원적 민주주의를 내용으로 하는 지방자치제도의 기능에 반하고, 이울러 정당민주주의와 복수정당제를 보장하고 있는 헌법 제8조에 반하는 것"이라고 주장했다. 그는 또 "다른 여타의 선거에서 인정되는 정당공천을 유독 기초지방선거에서만 금지하는 것은 평등의 원칙에도 위반된다"는 입장이다. 특히 여성 의원들의 경우 반대의견이 압도적이다. 진보정의당 심상정 의원은 "정당공천제가 폐지되면 여성할당제마저 사라지게 돼 여성의원 수의 급격한 축소가 불 보듯 뻔하고 소수정당의 진출도 난관에 처하게 될 것"이라며 "여성과 소수정당 진출을 가로막는 정당공천제 폐지 논의를 중단해야 한다"고 주장했다. 새누리당 김을동 중앙여성위원장, 민주당 유승희 전국여성위원장 등 여야 여성 의원 39명은 지난달 초 국회에서 긴급 토론회를 열고 정당공천제를 유지해야 한다는 의견을 낸 바 있다. 목포대 김영태 교수는 "정당을 표방하지 않고 선거에 출마할 수 있는 자유가 보장돼 있듯이 정당을 표방하고 선거에 출마할 자유도 마땅히 보장해야 한다"며 정당공천제 폐지가 지방자치의 강화로 이어지기보다는 오히려 지방자치 역량의 퇴조를 가져올 수도 있다고 주장했다.

자료: http://sgsg.hankyung.com/apps.frm/news.view?nkey=20499&c1=04&c2=04(검색일: 2016.10.20.)

〈토론 소주제〉

1. 기초의원 정당공천제와 관련된 위의 [자료]에 소개된 내용을 바탕으로 정당공천제에 관한 찬성과 반대의 입장 중 어떤 입장이 현재의 한국정치 현실에서 더 설득력이 있다고 생각하는가?

2. [자료 3]에서 정연주 교수는 정당공천을 유독 기초지방선거에만 적용하는 것은 평등의 원칙에 위배된다고 한 반면, 진보정의당 심상정 의원은 정당공천제의 폐지가 여성 할당제의 축소를 가져와 여성의원의 수가 급격히 줄어들 것이라고 걱정했다. 평등의 이념이란 측면에서 볼 때 정당공천에 반대하는 두 사람의 주장은 이율배반적이지 않은가? 어떤 면에서 그러하거나 혹은 그러하지 않은가?

참 고 문 헌

- Farrell, David 저 · 전용주 역. 2012. 『선거제도의 이해』. 파주: 한울.

- Hamilton, Alexander, James Madison, and John Jay 저 · 김동영 역. 1995. 『페더랄리스트 페이퍼』. 서울: 한울.

- Held, David 저 · 박찬표 역. 2010. 『민주주의의 모델들』. 서울: 후마니타스.

- Huntington, Samuel 저 · 강문구 · 이재영 역. 2011. 『제3의 물결: 20세기 후반의 민주화』. 고양: 인간 사랑.

- Przeworski, Adam 저 · 임혁백 · 윤성학 역. 1997. 『민주주의와 시장』. 서울: 한울.

- Van Reybrouck, David 저 · 양영란 역. 2016. 『국민을 위한 선거는 없다』. 서울: 갈라파고스.

- 로버트 달. 2010. 김순영 역. 『정치적 평등에 관하여』. 서울: 후마니타스.

- 박상훈. 2013. 『민주주의의 재발견』. 서울: 후마니타스.

- 한국역사정치연구회. 2005. 『사료로 본 한국의 정치와 외교: 1945~1979』. 서울: 성신여자대학교 출판부.

시민사회

1. 시민과 시민사회

1) 시민과 시민성

❶ 시민은 누구인가?

　　근대사회(modern society)를 태동시킨 것은 '시민'이라는 사회계급의 출현이다. 근대적 시민 개념은 17~18세기 영국 명예혁명, 프랑스대혁명 그리고 미국혁명을 거치면서 봉건질서를 유지해온 신분제와 특권에 기초한 차별을 해체하고 인간으로서 그리고 공동체의 구성원으로서 마땅히 가져야 할 자유와 평등의 권리를 갖는 개인이라는 의미로 발전하였다. 이러한 시민개념은 근대 정치사상가인 루소의 시민에 대한 정의에서 잘 드러난다. 그는 시민을 "자신을 구속하는 법을 제정하거나 그 과정에 참여하는 자유롭고 자율적인 개인"이라고 말한다. 프랑스대혁명 이후에 작성된 '인간과 시민의 권리에 대한 선언'은 인간과 시민으로서의 자유롭고 평등한 권리가 보편적임을 선언하고 있다. 시민은 공동체의 결정에 적극적으로 참여하고, 평등하게 부여된 자신의 권리를 자율적이고 자유롭게 행사할 수 있는 사회구성원을 의미한다.

참고자료

┃ 프랑스 인권선언 〈인간과 시민의 권리선언〉

제1조 인간은 권리에 있어서 자유롭고 평등하게 태어나 생존한다. 사회적 차별은 공동 이익을 근거로 해서만 있을 수 있다.

제2조 모든 정치적 결사의 목적은 인간의 자연적이고 소멸될 수 없는 권리를 보전함에 있다. 그 권리란 자유, 재산, 안전, 그리고 압제에의 저항 등이다.

제3조 모든 주권의 원리는 본질적으로 국민에게 있다. 어떠한 단체나 개인도 국민으로부터 명시적으로 유래하지 않는 권리를 행사할 수 없다.

제4조 자유는 타인에게 해롭지 않은 모든 것을 행할 수 있음이다. 그러므로 각자의 자연권의 행사는 사회의 다른 구성원에게 같은 권리의 향유를 보장하는 이외의 제약을 갖지 아니한다. 그 제약은 법에 의해서만 규정될 수 있다.

제5조 법은 사회에 유해한 행위가 아니면 금지할 권리를 갖지 아니한다. 법에 의해 금지되지 않은 것은 어떤 것이라도 방해될 수 없으며, 또 누구도 법이 명하지 않는 것을 행하도록 강제될 수 없다.

제6조 법은 일반 의사의 표명이다. 모든 시민은 스스로 또는 대표자를 통하여 그 작성에 협력할 수 있는 권리를 가진다. 법은 보호를 부여하는 경우에도 처벌을 가하는 경우에도 모든 사람에게 동일한 것이어야 한다. 모든 시민은 법 앞에 평등하므로 그 능력에 따라서, 그리고 덕성과 재능에 의한 차별 이외에는 평등하게 공적인 위계, 지위, 직무 등에 취임할 수 있다.

제7조 누구도 법에 의해 규정된 경우, 그리고 법이 정하는 형식에 의하지 아니하고는 소추, 체포 또는 구금될 수 없다. 자의적 명령을 간청하거나 발령하거나 집행하거나 또는 집행시키는 자는 처벌된다. 그러나 법에 의해 소환되거나 체포된 시민은 모두 즉각 순응해야 한다. 이에 저항하는 자는 범죄자가 된다.

제8조 법은 엄격히, 그리고 명백히 필요한 형벌만을 설정해야 하고 누구도 범죄 이전에 제정·공포되고, 또 합법적으로 적용된 법률에 의하지 아니하고는 처벌될 수 없다.

제9조 모든 사람은 범죄자로 선고되기까지는 무죄로 추정되는 것이므로, 체포할 수밖에 없다고 판정되더라도 신병을 확보하는 데 불가결하지 않은 모든 강제 조치를 법에 의해 준엄하게 제압된다.

제10조 누구도 그 의사에 있어서 종교상의 것일지라도 그 표명이 법에 의해 설정된 공공질서를 교란하지 않는 한 방해될 수 없다.

제11조 사상과 의견의 자유로운 소통은 인간의 가장 귀중한 권리의 하나이다. 따라서 모든 시민은 자유로이 발언하고 기술하고 인쇄할 수 있다. 다만, 법에 의해 규정된 경우에 있어서의 그 자유의 남용에 대해서는 책임을 져야 한다.

제12조 인간과 시민의 제 권리의 보장은 공공 무력을 필요로 한다. 따라서 이는 모든 사람의 이익을 위해 설치되는 것으로서, 그것이 위탁되는 사람들의 특수 이익을 위해 설치되지 아니한다.

제13조 공공 무력의 유지를 위해, 그리고 행정의 비용을 위해 일반적인 조세는 불가결하다. 이는 모든 시민에게 그들의 능력에 따라 평등하게 배분되어야 한다.

제14조 모든 시민은 스스로 또는 그들의 대표자를 통하여 공공 조세의 필요성을 검토하며, 그것에 자유로이 동의하며, 그 용도를 추급하며, 또한 그 액수, 기준, 징수, 그리고 존속 기간을 설정할 권리를 가진다.

제15조 사회는 모든 공직자로부터 그 행정에 관한 보고를 요구할 수 있는 권리를 가진다.

제16조 권리의 보장이 확보되어 있지 않고 권력의 분립이 확정되어 있지 아니한 사회는 헌법을 갖고 있지 아니한다.

제17조 하나의 불가침적이고 신성한 권리인 소유권은 합법적으로 확인된 공공 필요성이 명백히 요구하고, 또 정당하고, 사전의 보상의 조건하에서가 아니면 침탈될 수 없다.

시민이라는 개념은 고대 그리스 도시국가나 로마 공화정에서도 발견된다. 그러나 그 시기의 시민은 공동체 구성원 모두에게 시민적 권리가 보편적으로 부여되기보다는 배타적이고 특권적이었다는 점에서 근대적 의미에서의 시민 개념과 다르다(최장집 2008, 43). 이와 같은 시민 개념의 차이는 "누가 시민인가?"라는 질문에 대한 답을 구하는 과정에서 쉽게 이해될 수 있다.

먼저 고대 그리스와 로마 공화정에서의 시민은 20세 이상의 남성이면서 재산과 교양을 갖춘 자산 계급이었다. 여성의 경우 시민으로 인정되었는데 이는 시민의 아들을 생산하기 위한 혈통적 목적을 위한 것이었다(정상호 2013, 18). 그리고 노예, 거류 외국인, 이방인들은 시민의 범주에 포함되지 않았다는 점에서 제한적이고 폐쇄적인 시민 개념을 갖고 있었다. 다음으로 시민혁명 이후 등장한 근대적 시민은 신분제와 봉건적 정치제도의 부정적인 영향으로부터 벗어난 사회구성원으로 상·공업 부르주아 계급을 지칭한다(이홍균 2003, 18-19). 이 시기에도 시민의 범주는 재산 소유자로 제한되었다. 로크는 시민의 요건으로서 재산권을 적극적으로 옹호하였으며, 스코틀랜드 계몽주의 사상가들은 시민의 덕목으로 재산권과 상업 활동을 강조하였다(정상호 2013, 29-30). 이는 투표권이 재산에 따라 차등하게 주어지고 노동자를 포함한 무산계급을 배제하였다는 점에서 잘 드러난다.

그러나 대의민주주의 발전과 보통선거권 확대가 이루어지면서 시민의 범주는 확대되었다. 20세기에 들어서면서 재산, 계급, 성별, 인종에 관계없이 시민적·정치적 자유와 권리가 사회구성원에게 평등하게 보장되었다. 보편적 권리로 자리 잡은 것이다. 시민은 시장과 국가의 문제 해결능력의 한계와 더불어 구성원들의 객관적 자아에 미친 부정적인 영향으로부터 벗어나 사적이익을 추구하는 과정에서 야기된 공적영역의 파괴를 막거나, 복원하고 사적인 것과 공적인 것의 조화와 균형을 추구하는 사회구성원이다(이홍균 2003).

요컨대, 역사적으로 시민은 지난 수 세기 동안 새롭게 등장한 사회 집단으로, 봉건사회에서의 도시 유산(有産)계급, 18~19세기에 출현한 산업 자본가들, 의존과 박탈에서 자신을 해방시켰던 농노와 신민(臣民), 식민지 국민, 여러 소수민족, 여성 등 여러 집단으로 구성되었으며, 이들이 시민사회를 건설한 원동력이다(Dahrendorf 1974).

❷
시민권 개념

시민권(citizenship)은 공동체의 구성원에게 부여된 본질적 권리와 권력을 향유할 수 있는 지위를 의미하는 것으로 인간으로서 가져야 할 보편적 권리와 일치한다. 다만 인권이 아니라 시민권이라 부르는 이유는 도시, 국가 그리고 공동체라는 공간적 조건하에서 구성원이 보편적으로 가져야 할 권리와 권력으로 이해되어 왔기 때문이다. 그러나 세계화의 과정에서 시민권은 공간적 경계를 뛰어넘어 세계시민으로서 인간의 보편적 권리로 확장되고 있다.

시민권은 점진적인 발전과정을 거쳤다. 시민권 개념을 이론화한 마샬(T. H. Marshall)은 영국의 역사적 경험을 바탕으로 18세기의 시민적 권리(civil right), 19세기의 정치적 권리(political right), 그리고 20세기의 사회적 권리(social right)로 발전해 왔다고 주장한다. 첫째, 시민적 권리는 법률에 의해 시민(개인)의 자유와 평등을 보장하는 것을 본질로 한다. 즉, 언론, 사상, 신앙의 자유, 재산과 계약의 자유, 정의에 대한 권리 등 법 앞에서의 자유와 평등할 권리를 의미한다. 둘째, 정치적 권리는 정치적 참정권으로써 대표의 선출과 입후보할 수 있는 권리와 정치권력의 행사에 참여할 수 있는 권리를 의미한다. 마지막으로 사회적 권리는 최소한의 경제적 복지와 보장에 대한 권리로부터 사회적 유산을 공유하고 사회의 통상적 기준에 따라 문명화된 삶을 향유할 수 있는 권리로 복지수혜를 시민권 차원으로 재정의한 것이다.

시민의 본질적 권리인 자유는 두 가지 전통에 기초하여 이해된다. 하나는 '소극적·방어적 자유주의'의 전통으로서 구체제나 신분질서, 국가로부터의 억압이나 개입이 없는 상태로 인식하는 것이다. 소극적·방어적 자유주의는 "freedom from"의 의미로써 외부 압력이나 폭력으로부터 자유로운 상태를 의미한다. 다른 하나는 공화주의의 전통으로서 공공선에 대한 헌신, 공적결정에 대한 적극적인 참여와 공동체로부터 누구도 배제되지 않고 권리와 혜택을 누리는 '적극적 자유'로 인식하는 것이다. 소극적 자유와는 다르게 적극적 자유는 "freedom for"의 의미이며, 인간이 스스로를 제약하는 굴레를 벗어던지기 위하여 어떤 자유로운 상태를 적극적으로 추구하는 것이다(정상호 2013, 21-22).

20세기 중반까지만 해도 적극적 자유의 추구가 자칫 일방적 이념이나 가치관의 강요로 비화될 수 있다는 견지에서 소극적 자유를 앞세우는 경향이 지배적이었다.[1] '자유주의'가 보편적 이념으로 확고히 자리 잡았

---

1) 정치철학자 이사야 벌린(Isaiah Berlin)이 1958년 10월 31일 옥스퍼드대에서 강연한 "Two Concepts of Liberty"가 대표적인 경우이다.

지만 과도한 시장화와 공공성의 파괴가 사회문제로 부각되는 시점에서 적극적 시민권에 대한 관심이 높아지고 있다. 사적 이익의 추구에 따른 공적영역의 파괴현상이 이루어지는 현대사회에서 공공성의 추구. 공적업무에 대한 적극적 참여 그리고 평등한 권리에 기초한 적극적 시민권은 공적영역의 복원을 위한 필수조건이기 때문이다. 그리고 적극적 시민권은 민주주의의 발전과 동시에 사회내의 갈등을 조정하고 통합을 이끌기 때문이다(최장집 2008, 47).

참고자료

| 시민권의 전통
- 자유민주주의에서의 시민권: 영토적이고 법률적인 개념. 대의민주주의에서의 시민을 뜻함. 여기서 시민이란 법률적 개인으로 시민적 결속을 지배자가 개인들을 대신해서 지배하도록 정당화하는 최초의 계약으로 간주함. 국가와 개인 또는 사회집단 사이의 관계를 지배하는 일련의 권리와 의무를 통해 실천되는 국가적 정체성에 귀속되는 시민권.
- 적극적 시민권: 공공선을 유지하고 개발하기 위한 목적을 달성하기 위한 권리의 보호를 위해 공공정책에서 자원을 동원하고 권력을 행사하는 다원적 형태의 자기조직의 역량임. 시민으로 태어나는 것이 아니므로 시민교육이 필요하고, 교육과 훈련의 중요성은 시민권을 이해하는 핵심이 되고 참여를 강조함.

2) 시민사회 개념

①
**시민사회의
등장**

시민사회는 시간과 공간 그리고 문화에 따라 다양한 모습으로 나타났으며, 따라서 시민사회 개념도 다양한 관점에 의해 정의되고 있다. 따라서 시민사회는 하나의 합의된 그리고 명료한 개념으로 정의되지 못하고 역사와 맥락에 따라 사용되고 있다. 에드워즈(M. Edwards)는 "시민사회는 모든 사람들의 혀끝에 걸려 있는 '거대한 사상'인 듯하다"면서, "카멜레온처럼 시민사회라는 동일한 구절이 본질적으로 다른 관점들을 정당화하는데 도용되고 있다"(에드워즈 2005, 22; 25)고 지적한다. 즉, 시민사회는 고대와 중세에 국가와 시민사회를 구별할 수 없는 것으로 인식한 반면 근대에는 국가권력의 지배에 대항하여 사적이익을 추구하는 저항의 주체로 인식한다. 그리고 현대는 사적 이익추구 과정에서 야기된 공공영역의 파괴를 막고 복원하기 위한 주체로 인식한다(이홍균 1999, 19).

시민사회가 낳는 영향에 대해서는 일반적으로 두 가지 관점에서 바라볼 수 있다(데이비드 비탐·케빈 보일 1999, 126). 하나는 부정적 시각으로서, 시민사회의 확대로 인해 국가의 세력범위가 제한됨으로써 삶의 모든 영역을 관장하고 모든 사회적 창의력과 재능을 흡수하는 사회의 전반적 활동이 위축된다고 본다. 다른 하나는 긍정적 시각으로서, 사회 내에 자체조직을 갖는 많은 독립적인 중심이 존재한다고 보는 관점이다. 그러한 조직을 통해 사람들은 집단적으로 활동하면서 자신의 문제를 해결한다. 그러한 조직은 여론과 정부에 대한 압력 통로로 기능할 수 있으며, 정부의 권한 침해 행위에 대해서는 보호 장치 역할을 할 수 있다.

존 로크(John Locke), 아담 스미스(Adam Smith)와 아담 퍼거슨(Adam Ferguson) 등 계몽주의 철학자들은 국가와 개인을 연결시켜주는 개념으로 시민사회를 인식하였으며, 헤겔과 마르크스는 시민사회를 부르주아지 사회에 대한 성찰과 비판의 개념으로 급진전 시켰고, 토크빌 등 다원주의자들은 미국정치를 설명하는 개념으로 도입하였다(바버 2006, 24-25).

그러나 제2차 세계대전 이후부터 1970년대 중반까지 국가를 통해 사회문제를 해결하려는 노력이 이루어졌으며, 1970년대 후반부터 1990년대까지 시장에 기반을 두고 사회문제를 해결하려는 노력 속에서 시민사회에 대한 관심은 낮아졌다(에드워즈 2005, 40). 그러나 1990년대에 사회문제의 해결에 있어 국가와 시장의 실패는 시민사회라는 새로운 대안을 모색하도록 만들었다. 즉, 1990년대에 사회의 세 섹터들-공공섹터, 사기업섹터, 시민섹터-의 협력적 파트너십이 사회경제적 문제를 극복하는 최선책으로 제시되었으며, 결사적 삶으로서의 시민사회가 중심적 의제로 자리 잡았다(에드워즈 2005, 40-41).

시민사회의 다원화와 참여 민주주의에 대한 요구가 제기되는 오늘날의 시민사회는 국가 및 시장에 대해 상대적으로 자율성을 가지는 사회적 영역으로서 다양한 부정의, 억압, 불평등-자본주의 시장경제의 불평등, 환경파괴의 심화, 성적인 불평등, 소수자들의 억압, 인권의 억압, 평화의 훼손 등-이 존재하며, 이러한 질서를 유지하려는 세력들과 이에 저항하려는 세력들이 서로 복잡하게 얽혀있는 다원적 갈등과 투쟁의 장이면서 동시에 타협과 연대의 장이라 할 수 있다(정태석 2000, 6).

참고자료

■ 시민사회의 요소

시민사회의 주요 요소는 시장경제, 독립적인 여론매체, 정부정책의 모든 측면에 관한, 국가로부터 독립된 전문적 지식의 공급원, 그리고 무엇보다도 사회생활의 전 분야에서 자발적인 조직망이 번창하는 것이 포함된다. 이것을 통해 사람들은 자신의 문제를 해결해 나간다. 이러한 조건들은 민주주의의 보호와 촉진에 여러 가지로 특별한 의미를 지니며, 표현의 자유와 결사의 자유가 주어진 환경에서 사람들은 그들의 문제를 체계화하거나 그들의 이익을 옹호하고 증진시키는 데 집단적으로 행동할 필요가 있다고 인식하게 된다.

❷
시민사회
모델과 개념

시민사회 모델은 시민사회에 대한 개념과 마찬가지로 학자들 사이에 합의가 이루어지지 않고 다양하게 제시되고 있다. 즉, 민주주의 관점에서 시민사회 모델을 분류한 바버(Benjamin R. Barber)는 전통적으로 국가와 개인 및 공적영역과 사적영역 간의 구분을 시도하는 입장에 기초하여 자유주의 모델, 공동체주의 모델, 그리고 강건한 민주주의 모델로 구분하고 있다. 반면 에드워즈(Michael Edwards)는 시민사회에 대한 이론적 입장을 중심으로 결사적 삶의 토대로서의 시민사회, 좋은 사회로서의 시민사회, 그리고 공공영역으로서 시민사회 모델을 제시하고 있다. 그리고 정태석은 시민사회의 성격을 중심으로 정치적 공동체로서의 시민사회, 경제적 갈등의 장으로서의 시민사회, 헤게모니 투쟁의 장으로서의 시민사회, 그리고 다원적 갈등과 타협의 장으로서 시민사회를 제시하고 있다.

참고자료

■ 에드워즈(Michael Edwards)의 시민사회 모델
① 결사적 삶으로서의 시민사회(association organization): 공익을 발전시키고 집합행동을 용이하게 할 목적으로 구성된 국가 및 시장과는 차별적인 시민사회를 사회의 일부분으로 간주함. '제3 섹터'로 지칭되는 시민사회임. 가정과 국가 사이에 존재하는 기업 이외에 모든 결사체들과 네트워크를 포함함.
② 좋은 사회로서의 시민사회(norm): 자기 이익의 영역이라기보다는 서비스의 영역으로서 시민사회를 규범적 용어로 규정함. 예를 들어 시민사회는 협동, 신뢰, 관용, 비폭력 등과 같은 태도와 가치들을 육성하는 영역임. 여기서 시민사회는 상이한 존재 방식과 삶의 방식에 의해, 또는 사회마다 '시민적인 것'의 의미를 규정하고 있는 서로 다른 합리성에 의해 동기가 부여되는 특정 사회 유형을 의미함.
③ 공공영역으로서의 시민사회(public sphere): 시민사회는 공적 심의와 합리적 대화, 그리고 공익 추구의 일환으로 적극적 시민권이 행사되는 하나의 장, 즉 공공영역임.

자료: 마이클 에드워즈 저, 서유경 역, 2005. 『시민사회(Is Civil Society)』, 서울: 동아시아

이 절에서는 시민사회의 모델과 개념을 사상사적 흐름에 맞춰 전개하고자 한다. 시민사회를 바라보는 관점은 그 시대를 반영하는 사상의 흐름 속에서 발전하였다. 국가와 시민사회의 관계에 대한 관점을 중심으로 이를 정리하면 다음과 같다. ① 국가와 시민사회를 분리하지 않고 정치적 연합공동체로 인식한 고대와 중세 사상적 관점; ② 국가-시민사회라는 이분모델을 제시하고 시민사회에 대한 국가개입의 최소화와 시민사회의 자율성을 강조하는 근대 자유주의적 관점; ③ 국가와 시민사회의 이분모델 속에서 시민사회를 경제적 이익을 둘러싼 갈등의 장으로 인식한 경제주의적 관점; ④ 국가-시민사회-경제사회라는 삼분모델을 제시하고 해당 사회의 문제를 공적인 시각에서 토론할 수 있을 정도의 지적 수준을 갖춘 사람들의 모임으로서의 시민사회를 문화영역으로 바라보는 관점이다.

① 정치적 연합체로서의 관점

고대 그리스의 사상에서는 시민사회를 일의 분업, 신분지위, 우정관계 등의 특수적 맥락에서 다양한 재능과 취향과 이해관심을 지닌 시민의 활동영역으로 파악하였다. 즉, 시민사회는 문명화된 사회로서 인간의 사회성이 실현된 시민의 활동영역이며, 서로 분리된 다양한 삶의 영역을 조직하는 정치적 연합공동체로서 인식하였다.

고대 그리스의 철학자인 플라톤(Plato)과 아리스토텔레스(Aristotle)는 시민의 윤리성에 기초하여 시민사회를 바라보고 있다. 또한 시민사회와 국가는 구별이 불가능한 것으로 인식하였다(에드워즈 2005, 30). 먼저 플라톤은 시민사회란 이성의 힘에 기초한 강력하고 효과적인 리더십을 통해 통일된 윤리적 전체성을 정착시키지 못할 때 시민성의 쇠퇴와 방종 그리고 무질서의 장으로 전락함을 지적한다(김경동 2002, 17). 즉, 플라톤은 시민사회를 이성에 의해 계도해야 할 대상으로 인식하였다. 반면 아리스토텔레스는 국가를 구성하는 다양한 시민사회가 제한적이지만 윤리적 잠재력을 발휘할 수 있음을 인정하고 다양한 결사체를 존중한다는 점에서 플라톤과 다른 인식을 갖고 있다. 그는 시민을 자산과 여가가 충분하며 공공선을 지향하는 호의적이고 공명정당한 관심을 갖는 유산계급으로 정의하였다. 그리고 시민사회는 시민들이 자유로운 토론과 숙의에 참여하여

도덕적 향상과 자기완성을 추구하며 공공선을 이룩하는 장으로 간주하였다(김경동 2002, 17).

로마 공화정 시기에 키케로(Marcus Tullius Cicero)는 시민사회를 문명을 가능하게 하는 정치권력의 조직으로 이해하였다는 점에서 시민사회와 국가를 구별하지 않았다. 즉, 그에게 있어 시민사회란 '정치적으로 조직된 공동체'(에드워즈 2005, 31)이며, 경제력의 불균등한 분배를 반영하면서 불평등한 계층들이 상호 평화롭게 생존할 수 있는 사회이다(김경동 2002, 18). 그리고 정의와 공동선을 추구하는 동반자가 되기로 합의한 인민의 집합으로서의 공화정을 주장하였다.

중세의 기독교적 시민사회는 정치적으로 조직된 연합공동체로서 문명을 가능케 하는 집합체라는 고전사상을 이어받으면서 시민사회가 교회에 종속되어야 한다고 믿었다(김경동 2002, 18). 즉, 인간의 노력으로 시민사회에서 요구하는 도덕적 행위를 인도할 수 없다는 것이다. 그러나 아퀴나스(Thomas Aquinas)는 세속적 질서에도 윤리적 잠재력이 있음을 인정하고 교회의 강제력 행사기구로서 세속적 국가의 기능을 인정하였다. 단테(Dante)는 세속적 권력이라는 단일요소로 구성되는 시민사회의 근대적 관념을 배태하였다. 이후 중세 후기까지 시민사회와 정치적으로 조직된 공동체를 동격으로 간주하면서 고대이후의 시민사회에 대한 전통을 연장시켰다(에드워즈 2005, 31).

고대 및 중세의 공적영역과 시민사회

공적 영역 (국가와 시민사회)
개인생활 영역 (가정)

② 근대의 자유주의적 관점

근대의 시민사회 개념은 스코틀랜드의 계몽사상가들과 존 로크를 중심으로 발전되었으며, 이후 자유주의자들에게 많은 영향을 미쳤다. 이들은 시민사회가 자발적인 결사체들을 통해 새롭게 실현된 개인의 권리를 보호하고, 자유에 대한 국가의 부당한 개입에 대한 방어책이 될 수 있다고 보았다(에드워즈 2005, 32). 이 시기 시민사회의 특징은 절대주의 국가에 반대하는 부르주아 계급의 시민사회 개념이 정착되었다는 점이다. 즉, 근대적인 국가의 인정과 국가의 권위주의를 억제하는 독립적인 정치제도로서 시민사회를 인식하였다. 이는 근대 이전의 국가와 시민사회를 바라보는 관점과 달리 국가와 시민사회를 분리하는 이분법적 관점으로 변화하였음을 의미한다.

이와 같은 국가와 시민사회 사이의 이분모델을 제시한 사상가는 로크이다. 그는 제한적인 국가와 시민사회를 주장하였다. 즉, 시민사회는 자산의 보호와 자유로운 경제활동을 보장해주는 정치적 자유의 조건을 누리는 상태로 인식하였으며, 이 상태를 유지하기 위해서 법과 제도에 의해 지배되는 제한적인 자유주의 국가가 필요하다고 보았다(김경동 2002, 22-23). 또한 토마스 페인과 볼테르도 절대군주에 대한 비판으로 국가로부터 독립된 시민적 자유와 국가의 권한을 제한하는 유토피아를 논의하면서 국가와 시민사회를 구분하였다. 즉, 국가를 필요악으로 인식하였으며, 시민사회는 자율적인 조정과 연대를 낳는다고 보았다.

경제적 이익을 추구하는 장으로서 시민사회를 바라본 대표적인 사상가는 애덤 스미스이다. 그는 외적의 침략으로부터 시민사회를 보호하고 부정의와 억압으로부터 시민을 보호하며, 개인이 감당할 수 없는 공공사업을 시행하는 일 등과 같은 국가의 중요한 역할을 인정하면서 시민사회를 시장이 조직하는 상호의존적 연결망으로 이해하였다(김경동 2002, 24). 즉, 자신의 이익을 추구하는 자산자로서 시장에 의해 조직된 생산과 경쟁의 영역을 시민사회로 인식하였다.

다음으로 결사체 조직으로서의 시민사회 개념을 체계화한 사상가는 토크빌이다. 그는 인위적인 평등을 실현하려는 중앙집권적인 국가의 탄생과 모든 개인들이 국가 관료에 예속되는 결과에 대해 우려하였다. 즉, 그의 주된 관심사는 전제국가의 출현을 막기 위하여 자유를 유지하면서 정치권력을 분산시킬 수 있는 제도(사법부의 독립과 자발적 결사체)를 마련하는 것이었다. 이후 토크빌의 사상을 따르는 자유주의자들은 중앙집권 기구들의 권력을 억제하며, 다원주의를 보호하고, '일반화된 신뢰와 협동'을 육성하는 자발적 결사체의 가치를 중심으로 시민사회의 논쟁을 이끌어왔다(에드워즈 2005, 32).

자유주의적 관점에서 시민사회의 이익대표는 다원주의와 조합주의 유형을 중심으로 이루어진다. 즉, 시민사회를 구성하는 집단들의 이익이 국가로 투입되고 결정되는 과정적 특성에 의해 국가의 역할, 국가와 시민사회 사이의 관계 양상이 규정되어진다.

근대 자유주의 관점에서의 시민사회

| 다원주의(pluralism)

다원주의는 수많은 경쟁적 이익집단들이 경쟁을 통해 반응성 있는 정부에 강한 영향을 미치는 이익대표체계이다. 민주주의의 다양한 이해관계와 권력의 분산을 전제로 특정이익을 대변하는 집단이 그 사회를 지배하지 않으며, 독립적인 집단들 사이에 경쟁적이고 비협조적인 체계를 의미한다. 다원주의의 주요 특징은 집단 간의 상호경쟁으로 스스로 이익을 조정하며, 국가는 심판자의 역할을 한다는 점이다. 문제점은 집단 간 힘의 불균형에 따른 이익의 과도한 독점, 지나친 갈등과 경쟁에 의한 사회 불안정, 불평등 합리화(정치적 불평등의 기반 하에 안정 유지), 조직의 복합성, 이익집단 영향에 의한 공적의사 왜곡을 지적할 수 있다.

| 조합주의(corporatism)

조합주의는 국내문제에 대한 주요한 결정이 정부와 주요한 사회적 파트너-노동과 자본-를 대표하는 정상조직들 사이의 타협과 협상을 통해 이익을 대표하는 체계이다. 시민사회에서 조직화된 이익을 국가의 정책결정구조와 연결시켜 주는 구조로서 협조적이고 타협적인 체계를 의미한다. 다원주의와 반대의 이익대표모델로서 조합주의의 특징은 이익대표의 독점, 위계적이고 전국적인 이익집단, 독립적인 정상조직(peak organizations), 그리고 사용자 단체와 노동자 단체의 공공정책 형성과 집행에 대한 공동책임 등이 제시된다(Schmitter 1979; 1983). 그리고 국가는 보장자 또는 보상자 역할을 수행한다.

조합주의의 유형으로는 국가조합주의와 사회조합주의가 존재한다. 그 특징은 아래 표에 나와 있다.

	국가조합주의	사회조합주의
정치체계	권위주의적 국가	민주적 복지국가
출현단계	종속적인 자본주의 발전단계	선진자본주의(독점자본주의)
제도화과정방식	국가에 의해 사회집단에 침투	이익집단이 국가기관에 자발적 침투(점진적, 장기적)
발생요인	산업화의 조건 마련을 위한 국가의 자본축적 과정 개입	노동계급의 세력 증진에 대처하기 위한 국가의 경제 개입
목적	국가의 안정과 질서유지를 위한 계급 통제 및 지배	계급 이익갈등의 조정 및 계급 협력체제의 유지

	국가조합주의	사회조합주의
헤게모니 상황	부르주아의 내적 분열 또는 미약	부르주아의 헤게모니 장악
통제방식	권위주의적	협력체제
계급간의 관계	노자간 상호배타적	노자간 상호의존적
기능	민중 노동의 통제체제	민주적 이익대표체제

③ 경제주의적 관점

헤겔은 시민사회를 가족과 국가 사이에 존재하는 사회관계의 연결망으로서, 각자 자신의 이익만을 추구하는 자산가들의 영역으로 바라보고 있다. 그리고 이 영역은 불평등과 빈곤의 문제에 의해 소외와 부자유와 부정의가 이루어지는 영역으로서 국가이성에 의해 시민사회가 계도되어야 함을 주장한다. 즉, 국가는 시민사회의 모순을 극복하고 지양하는 보편성과 통합의 영역이다(김경동 2002, 25). 헤겔에게 있어 진정한 정치공동체는 이기적 욕망체계인 시민사회의 극복을 통해서만 가능한 것으로 보았다. 그리고 공적 정신으로서의 국가는 사적이고 특수한 이익인 시민사회를 감독, 통제할 권한을 갖는다는 점에서 관료의 중요성을 강조하였다.

마르크스는 시민사회란 착취와 지배에 기초한 자본주의 생산관계를 은폐하는 부르주아지의 이데올로기(허위의식)라고 지적하면서 경제관계와 계급관계에 초점을 맞춰 시민사회를 바라보고 있다. 그는 시민사회란 두 가지 의미를 갖는다고 지적한다. 하나는 경쟁과 소외를 통하여 인간의 자연적 유대를 해체시키고 공동체적인 요소 대신에 개인주의적 요소를 강화시키는 것이며, 다른 하나는 부르주아 계급의 가치가 지배하는 사회를 의미한다. 반면 국가는 이러한 경제적 토대의 반영물에 불과하며 시민사회의 계급관계가 그대로 나타난다고 보았다.

참고자료

| 마르크스의 허위의식으로서 시민사회
 독립적인 개인들의 자유로운 선택과 등가교환으로 나타나는 경제관계는 착취관계와 종속관계의 외형이며, 다른 허구적 속성은 이데올로기적인 내용으로서 사회를 자유롭고, 평등한 그리고 재산을 가지고 있는 개인들의 합으로 본다는 것이다.

④ 헤게모니와 생활세계로서의 시민사회(중립적 개념으로서의 시민사회)

시민사회를 사회 문화의 재생산 구조라는 측면에서 분석하는 대표적인 사상가는 그람시와 하버마스이다. 이들은 시민사회라는 제3영역이 갖는 자율적인 측면에 대해 조명하고 있다.

먼저 그람시의 시민사회론은 국가와 시민사회라는 전통적인 분류법과 달리 상부구조로서 정치사회-시민사회가 있으며, 하부구조로서 경제사회가 있음을 지적한다. 그는 계급지배를 재생산하는 국가를 물리적 강제력을 갖는 정치사회와 지적, 윤리적, 그리고 종교적 지도력에 기초한 헤게모니(동의에 의한 지배)가 작동하는 시민사회로 분류하고 있다. 그리고 시민사회에서 시민조직의 강화를 통하여 부르주아지 민주주의를 변혁해야 한다고 주장한다. 그람시에게 있어 시민사회는 경제와 정치를 제거한 잔여부분으로서 사회의 재생산에 결정적인 기능을 하는 영역이며, 지적, 윤리적, 그리고 종교적 지도력에 기초한 헤게모니를 통해 적극적인 동의가 이루어지는 공간이다. 즉, 시민사회는 계급지배를 재생산하는 국가의 한 영역이다.

비판이론적 관점에서 시민사회를 바라본 하버마스는 마르크스주의 전통과 개인적 자율성의 수호에 있어 시민사회의 역할을 강조하는 자유주의 전통을 결합시켰다. 그는 시민사회를 공공영역으로 정의하였다. 공공영역이란 여론이 형성하는 생활영역으로 경제적 활동이나 통치행위가 아닌 자유로운 사회성원들이 공개적으로 의견을 표출하는 곳을 의미한다. 그리고 공공영역의 기능은 국가를 견제하는 여론형성기능이다. 그러므로 공공영역의 발달은 정치적 민주주의의 발달을 의미한다.

하버마스는 이후 시민사회 논의에서 공공영역 대신에 생활세계를 도입하여 의사소통을 통하여 이루어지는 사회영역을 제시하였다. 그는 사회란 체계와 생활세계로 구성된다고 지적한다. 우선 체계는 관찰자의 관점에서 특정한 행위자의 행위가 체계의 유지에 기능적으로 유의미한 행위의 체계를 의미한다고 보았다. 반면에 생활세계는 행위자의 관점에서 사회통합의 기반으로서 합의에 대한 해석적 이해가 이루어지는 일상영역이라고 정의한다. 그리고 생활세계의 세 가지 구조적 요소로서 문화, 사회, 심성을 제시한다.

지금까지 살펴본 삼분모델은 자본주의적인 계급관계와 시민사회가 어떠한 관계를 보이는지 불분명하다는 점에서 그리고 시민사회 내의 갈등의 문제를 간과하고 있다는 점에서 비판이 제기된다.

| 위르겐 하버마스(Jürgen Habermas)와 공론장

하버마스는 현존하는 사상가 중에서 가장 영향력있는 인물로서 영미 철학 전통과 유럽대륙 철학을 아울러 광범위한 주제에 걸쳐 포괄적인 사상체계를 발전시켜 왔다. 그 가운데서도 초기 연구를 통해서 집대성한 공론장(public sphere)에 대한 분석은 시민사회 개념을 정초하고 확산시키는 데 결정적인 기여를 하였다. 공론장은 개인들이 사회문제에 대해 자유롭게 토론하고 문제점을 부각할 수 있는 사회적 삶의 공간을 말하는데, 18세기 들어 유럽에서 공적 권위와 함께 확대되어 온 것으로 파악한다. 사적 영역이 시민사회의 협의의 개념에 속한다면, 공적 권위는 국가, 경찰, 지배계급과 관계된다. 그 가운데, 새롭게 등장한 공론장은 공적이면서 사적인 성격을 가지며 담론의 생산과 유통의 공간이다. 공론장은 원칙적으로 국가에 대해 비판적인 기능을 할 수 있고, 공식적 경제와도 다르며, 시장교환의 관계가 아니라 토론과 숙의의 극장으로 간주된다. 하

위르겐 하버마스

버마스는 신문과 같은 인쇄매체 등장으로 능동적이고 이성적 공중(public)이라는 존재가 출현했다는 사실을 밝히고 있다. 제한된 지식인만 교류가능했던 과거 시민계층과는 달리 인쇄문화 확산으로 광범위한 시민계층이 형성되었고, 비판적인 이성의 사용이 보편적인 현상으로 굳어진 것이다.

 토론 주제

1. 시민이란 무엇인가? 도시에서 삶에 대해 특권적 지위를 부여할 수 있는가? 시민과 주민의 차이는 무엇인가?

2. 시민사회는 사회 전체를 의미하는가, 일부인가? 실제로 존재하는 상태인가, 규범적 이상을 의미하는가?

3. 시민사회는 사익이 지배하는가, 공익을 추구하는 영역인가?

4. 시민사회는 특정 사회 유형을 지칭하는가, 혹은 사회적 토의의 장인가?

5. 향우회, 동창회, 친목회, 동호회, 비즈니스 단체 등은 시민사회에 포함되는가?

2. 시민사회의 유형

1) 비정부·비영리 부문

❶
비정부기구

시민사회에서는 다양한 결사체들이 자율, 참여, 연대라는 개념하에 서로 의견을 공유하거나 집합적 여론을 형성한다. 다원적이고 복합적인 시민사회 영역에서 다양한 가치관을 지닌 다수의 결사체들은 갈등하고 협력하게 된다. 사회를 국가, 시장, 시민사회로 구분하는 경우, 시민사회는 비정부·비영리 부문이라고 볼 수 있으며, 이 영역에서 활동하는 단체로는 비정부기구(Nongovernmental Organization, NGO), 비영리기구(Nonprofit Organization, NPO), 시민사회단체(Civil Society Organization, CSO) 등을 들 수 있다.

우선 비정부기구(NGO)라는 용어가 국제사회에 등장한 것은 대체로 제2차 세계대전 이후이다. 1945년 NGO라는 용어를 공식적으로 사용한 이후, 국제연합(United Nations, UN)은 1950년과 1968년 개정한 UN헌장 제71조에 따라 NGO에 경제사회이사회(Economic and Social Council, ECOSOC)와 협의할 수 있는 자격을 부여하였다.

국제연합의 정의에 의하면, 비정부기구는 국가기구와 관계를 맺고 협의하는 조직, 곧 정부 이외의 기구로서 국가주권의 범위를 벗어나 사회적 연대와 공공목적을 실현하기 위한 자발적인 공식조직을 의미한다. 즉 비정부기구는 비정부성, 공익성, 연대성, 자원성, 공식성, 국제성을 특징으로 하는 민간단체라고 할 수 있다. 그렇지만 오늘날 비정부기구는 시민들의 자발적 참여와 연대를 통하여 국제 영역뿐만 아니라 주권국가 내의 문제나 지역사회 문제를 해결하는 단체로서 국가권력을 견제하고 시민 권리를 옹호하는 단체로 정의된다.

비정부기구의 범위는 국가마다 다르다. 미국이나 일본에서는 비정부기구가 비영리기구의 일부로서 환경, 개발, 인권, 여성 등과 같은 공공이익을 추구하는 자발적 결사체, 특히 국제원조에 참여하는 국제단체로 간주된다. 반면 유럽에서는 비정부기구를 비영리기구와 같은 개념으로 보는 경향이 강하다. 즉 사회에서 재화와 용역을 할당하는 각 부문 가운데 정부와 기업을 제외한 나머지 단체를 의미한다.

한국에서 비정부기구는 공공의 이익, 집단의 공동 이익을 추구하는 결사체로서 임시적 기구가 아닌 내부 구조와 규칙을 토대로 지속적으로 활동하는 조직이며, 회원의 자발적 참여로 구성되는 회원조직이라고 할 수 있다. 특히 한국 비정부기구는 시민의 자발성, 단체의 자율성과 더불어 공익성을 주요 근간으로 하고 있다. 즉 한국에서는 시민의 자발적이고 능동적 참여를 바탕으로 자원주의에 입각하여 공익을 추구하는 '시민단체'와 같은 협의의 의미로 사용하고 있다.

❷ 비영리기구

비영리기구(NPO)는 미국에서 많이 사용하는 용어이다. 미국의 비영리기구는 정부와 기업을 제외한, 자체 관리절차에 따라 공공목적에 봉사하는 단체를 의미한다. 비영리기구는 비영리 병원과 사립학교에서부터 고아원, 보육원, 박물관, 오케스트라, 종교단체, 환경운동 단체, 사교클럽 등 규모와 역할이 다양하지만, 대체로 공식적 조직, 사조직, 이윤배분 금지, 자율관리, 자원봉사, 공익추구의 특징을 지닌다. 한편 비영리기구의 발달이 미국에 비해 뒤떨어진 독일에서는 비영리기구가 민법에서 규정한 정치단체, 유권자 그룹, 스포츠클럽, 병원, 모금단체뿐만 아니라 공법에서 규정한 적십자, 유태인 복지기관, 대부분의 대학, 교회 등을 포함하는 용어로 사용된다. 일본에서 비영리기구는 대체로 자선단체, 사회복지법인, 사립학교법인, 종교법인, 의료법인, 자선기금 등을 의미한다.

한국에서 비영리기구는 공공 서비스를 제공하고 국가권력을 견제하는 단체로 간주된다. 비영리기구는 영리를 추구하지 않는 민간조직으로서 건강, 교육, 과학의 진보, 사회복지, 다원적 가치관의 촉진 등 공공목적을 추구하는 기관의 집합체이다(김상영 1996). 즉 국가와 시장 사이에 놓여 있는 다양한 조직으로서, 자체 관리절차를 지니고 공공의 목적에 봉사하거나 조직 구성원의 공동 이익을 추구하는 자발적 단체라고 할 수 있다.

❸
시민사회단체

비정부기구에 내포된 소극적 의미에 대한 반발에서 비정부기구라는 용어 대신 시민사회단체(CSO) 용어를 사용하자는 주장이 제기되었다. 비정부기구라는 개념은 정부가 하지 않는 일을 수행하거나 정부를 보조하는 역할을 수행하는 단체의 의미가 강하기 때문에, 시민사회에서 국가와 상대하여 적극적으로 국가권력을 견제하고 시민 권리를 옹호하는 시민사회단체 용어가 더 적절하다는 것이다.

시민사회단체는 '시민의 사회단체'라기보다는 '시민사회의 단체'의 의미가 더 강하다. 따라서 정부와 협력하여 공공서비스를 제공하는 비영리병원, 사립학교, 사회복지기관 등의 단체는 제외되며, 한국의 '시민단체'와 유사한 개념이라고 할 수 있다.

1980년대 후반부터 등장하기 시작한 한국의 시민단체는 국가권력에 대한 견제와 정책 변화 추동을 통하여 시민권을 옹호할 뿐만 아니라 공공서비스를 제공하기도 하고 사회적 약자의 이익을 대변하기도 한다. 또한 사회적 갈등을 조정하고 시민교육을 담당한다. 특히 시민의 자발적 참여, 자원봉사 활동, 공익추구 등이 한국 시민단체의 근간을 이룬다. 여기서 시민이란 국가와 상대되는 개념인 시민사회의 구성원으로서의 시민을 의미하기도 하지만, 공동체 발전에 필요한 자질과 태도를 갖추고, 개혁적, 능동적 사고를 바탕으로 민주주의 가치를 추구하며, 각종 시민운동에 능동적으로 참여하는 '깨어 있는 시민'을 지칭한다.

참고자료

| 참여연대

참여연대는 정부, 특정 정치세력, 기업에 정치적 재정적으로 종속되지 않고 독립적으로 활동하며, 2004년부터 유엔경제사회이사회(ECOSOC) 특별협의지위를 부여받아 유엔의 공식적인 시민사회 파트너로 활동하는 비영리민간단체이다. 1994년 9월 10일 '참여와 인권을  두 개의 축으로 하는 희망의 공동체'를 실현하기 위하여 '참여민주사회와 인권을 위한 시민연대'의 이름으로 창립 총회를 열고 공식 출범하였다.

참여연대는 정치, 경제, 사회 각 분야 권력의 남용과 집중, 기회의 독점을 감시하고 고발함으로써 시민의 민주적 참여에 바탕을 둔 법의 지배를 정착시키기 위한 활동을 전개하였다. 특히 회원과 시민들의 회비와 후원에 기초하여 재정자립을 이루었다.

2014년 참여연대는 창립 20주년을 맞아 8가지 혁신 키워드와 8가지 중장기 의제를 제시하였다. 8가지 혁신

키워드는 현장성, 전문성, 나눔과 협력의 재정, 글로벌 참여연대, 소통 능력, 시민 리더십, 변화의 공간, 참여연대 공동체이며, 8가지 중장기 의제에는 권력유착과 부정부패 척결, 공공성 강화, 외교안보권력 및 정보권력 민주화, 시민 참여·자구 수단의 확대, 경제민주화와 모두를 위한 복지, 안전하고 지속가능한 사회, 한반도·동아시아 공동체, 진영논리의 극복과 사회적 연대가 포함된다.

자료: 참여연대 홈페이지(http://www.peoplepower21.org)

2) 풀뿌리 조직

풀뿌리는 길가에 무성한 이름 없는 풀이지만 땅 속 깊이 뿌리를 내리고 다른 풀들과 서로 연결되어 억센 바람에 큰 나무들이 쓰러질 때도 꿋꿋이 버티는 풀들을 의미한다. 풀뿌리 민주주의는 시민의 대표가 아닌 실제 시민이 주체가 되며, 참된 민주주의를 실현하고자 하는 노력을 의미한다. 이 점에서 능동성, 자율성을 근간으로 누구나 발언하고 의제를 제안할 수 있는 권리인 고대 그리스의 이세고리아(isegoria)와 추첨제도 등 직접 민주주의를 주요한 근간으로 삼는다.

참고자료

| 이세고리아
고대 그리스 폴리스에서는 모든 시민이 법에 대해 토론하고 결정하고 집행하기 위해 모였고, 직접 참여라는 삶의 방식의 원칙이 바로 통치의 원칙이었다. 통치 과정 그 자체가 이세고리아, 즉 주권 기관인 민회에서의 동등한 발언권에 의해 보장되는 자유롭고 제한 없는 토론에 기반하고 있었다.

현대 사회에서 풀뿌리 조직은 시민사회의 이상을 간직한 결사체 사회의 부분집합으로 볼 수 있다. 이들 조직에서는 사람들이 자발적으로 모임으로써 관심사나 이익을 진전시키고, 문제를 해결하며, 조치를 취하거나 공통의 것을 공유하면서 네트워크를 구축해 간다. 풀뿌리 조직은 거버넌스와 책임성에 있어 더욱 민주적이고 덜 위계적이며, 유급 스태프보다는 자원 활동가가 더 많이 참여하고, 지방 문제에 중점을 둔다는 점에서 비영리 기구와는 차이를 보인다. 실제 여러 국가들에서 지방의 소규모 자원 활동 지향적 특성을 지닌 풀뿌리 조직들의 규모와 수를 파악하거나 유형화하는 것은 쉽지 않다. 그렇지만 대체로 풀뿌리 조직은 다음과 같은 특징을 지닌다.

첫째, 참여와 주제영역의 확대이다. 풀뿌리 조직에서 주장하는 참여는 단지 선거에서

▎ 전체 경제활동 인구 중 시민단체 종사자 비중 1995-2000년

아래 그림은 미국 존스홉킨스 대학 연구팀이 『비영리부문 국제비교연구』(Comparative Nonprofit Sector) 프로젝트를 통해서 세계36개국을 대상으로 1995년부터 2000년에 걸쳐 시민단체 종사자가 전체 경제활동인구에서 차지하는 비중을 분석한 결과이다. 가장 높은 네덜란드의 경우, 경제활동인구의 14.4%나 시민단체에 종사하는 것으로 나타나며, 무급 자원봉사자도 5.07%를 기록했다. 스웨덴의 경우, 전체에서 차지하는 비중은 7%선이지만 자원봉사자는 5.11%로 오히려 네덜란드보다도 높게 나타난다. 반면, 가장 낮은 비중은 차지하는 멕시코의 경우, 전체 경제활동인구에서 0.4%에 그치고 있다. 전체 평균이 4.4%인 데 반해, 한국은 2.4%로 중하위권이다. 이 가운데, 유급활동가의 비율이 높고, 순수 자원봉사자는 전체 인구의 0.55%에 그치고 있다.

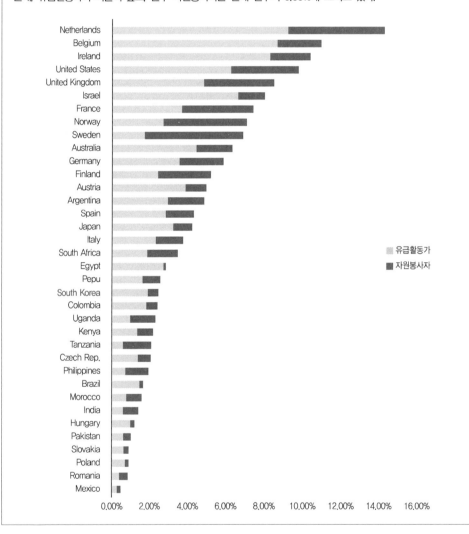

의 정치참여만이 아니라 삶에 영향을 미치는 결정들에 대한 직접적인 참여를 강조한다. 이러한 풀뿌리 민주주의에서는 대의 민주주의를 지양하면서 직접 민주주의로 나아가고자 한다. 특히 그 동안 정치적으로 배제되었던 사람들, 주변화되고 소외되어 발언권을 상실했던 행위자들이 정치영역에서 자신의 목소리를 지니는 것을 목표로 삼는다. 또한 풀뿌리 조직들은 전통적으로 다루어지지 않았던 여성, 평화, 생태 등과 같은 영역의 주제들을 주로 다루면서, 생활정치(life politics)와 같은 일상 생활에서 드러나는 갈등을 시민 스스로 해결해야 한다는 점을 강조한다. 즉 정치, 경제, 사회 영역을 따로 구분하기보다는 총체적 삶의 변화를 지향한다는 점에서 다른 결사체들과 차이를 보인다.

둘째, 풀뿌리 조직은 분권과 자율성을 그 특징으로 한다. 여기서 풀뿌리의 범위는 면대면(face-to-face) 접촉이 가능한 마을이나 공동체가 단위가 된다. 대의민주주의하에서는 마을이나 공동체가 실질적 정책결정권을 가지지 못하기 때문에, 풀뿌리 민주주의에서는 분권화(decentralization)가 핵심 전제조건이 된다. 분권화는 중앙권력이 소외시킨 수동적 시민을 스스로 판단하고 결정하며 집행하는 시민으로 발전시키는 과정이므로 삶의 자율성을 확보할 경우에만 의미를 찾을 수 있다. 여기서 분권은 지방자치의 자율성뿐만 아니라 시민의 자율성과 능동적 참여를 강조한다.

풀뿌리 조직은 시민들이 그들의 이해관계, 수요, 관심사를 표출할 수 있는 장을 제공함으로써 시민참여의 경험을 구축할 수 있게 해준다. 그러나 풀뿌리 조직과 시민사회 발전과의 연계성은 분명하지 않다. 소규모 조직을 결성할 권한이 시민사회의 공동선에 기여한다는 보장이 없는 것이다. 예를 들어, 축구 클럽은 소규모의 자발적인 조직이지만 사적 친목도모의 성향이 강하며 공적 조직으로서의 의미는 약하다고 할 수 있다. 또한 풀뿌리 조직의 존재가 지역사회에 가치를 부여할지라도, 그 가치가 공평하게 분배되기는 어렵다. 풀뿌리 조직은 공평한 참여를 보장하고 있지만, 지역사회나 공동체에는 이미 더 영향력 있는 목소리와 권한을 지닌 세력이 존재하며, 이들이 결사체를 조직하고 법, 규제, 정책 형성에 영향력을 행사할 가능성이 높기 때문이다. 즉 분권화가 이루어졌을지라도 지역의 기득권 세력인 토호가 주체가 된다면, 토호가 지역을 통제하고 문제를 해결하면서 주민들의 뒤를 봐주고 지지를 확보하는 후견주의(clientalism), 혹은 풀뿌리 보수주의로 발전할 수 있기 때문이다.

풀뿌리 조직의 활성화가 민주주의 발전에 기여하기 위해서는 첫째, 자기 목소리를 낼 수 있는 토착 리더십을 통해 주민들 스스로 정치력이 활성화되고 역량을 강화시키는 것이 필요하다. 둘째, 자기 목소리를 내고 공론장을 통해 영향력을 행사하기 위해서는 직접 행동이 필요하며, 일정한 교육, 학습 역시 이루어져야 한다. 셋째, '어떠한 결정을 내렸는가'

만큼 '어떤 과정을 통해 결정에 이르렀는가'가 중요하다는 점에서 풀뿌리 공론장을 통한 자기 스스로의 입법과정인 민주적 절차를 정립하는 것이 필요하다(하승우 2006, 222-230).

참고자료

| 한국 소비자생활협동조합

　한국의 소비자생활협동조합(이하 생협) 운동이 현재와 같은 모양을 갖추고 활동을 시작한 것은 1980년대 중반부터이다. 식품 분야를 중심으로 안전한 먹을거리에 대한 요구와 삶의 기반으로서 지속가능한 농업, 환경을 지켜내고자 하는 생산자-소비자의 각성 속에 생협운동은 발전해왔다. 1980년대 다수의 지역 단위의 생협들이 조직되었는데, 이들은 정치, 사회 민주화에 대한 지향을 갖고 지역사회 안에서 주민들과 함께 하는 운동을 만들고자 생협을 조직하기 시작하였다. 이들은 생협의 사업으로 친환경 유기농산물의 생산자-소비자 직거래 방식을 선택하였는데, 이는 당시 우루과이라운드 협상으로 쇠퇴일로에 있던 농업을 지켜야 한다는 공분과 농약과 인체에 유해한 식품첨가물의 남용, 빈번한 식품사고에 대한 소비자들의 불안 심리에 따른 요구를 반영한 것이었다. 특히 80년대에는 농업이나 식품안전 문제와 같이 높은 의식수준을 요구하는 사회적 과제에 관심을 갖는 고학력 전업주부 층이 형성되어 있었고 이들이 생협의 조합원으로 참여함으로써 생협운동의 기반을 마련하였다.

　1980년대 조직된 지역 생협들은 의식은 높았지만 경영 마인드는 미약했고 경험도 부족하였다. 경영 과제 해결을 위하여 생협들은 물류사업을 중심으로 사업통합을 모색하였고 그 결과 1997년 '수도권사업연합(현 두레생협)'이 1998년에는 '21세기생협연대(현 iCOOP생협)'가 만들어졌다. 이들은 사업은 연합했으나 단위 생협을 통합하지는 않았다. 이는 생협이 '조합원의 참여에 의한 민주적 관리'를 중요한 운영원리로 삼고 있으므로, 조합원의 참여가 쉽게 이루어지기 위해서는 지역 단위에 있어야 한다고 보았기 때문이다. 이러한 과정을 겪은 후 비로소 생협은 식품분야를 중심으로 하는 사업단위의 성장과 지역 단위 생협들의 지역사회와 결합한 다양한 조합원 활동이 활발하게 성장하게 되었다.

　생협은 사업과 운동을 동시에 실현하는 것을 목표로 하기 때문에 사업의 효율성과 조직, 운동의 민주성이라는 양자의 적절한 조화와 균형을 모색하였다. 문제 해결을 위하여 대부분 생협들은 '사업은 경영의 효율을 위해 집중'하되 '운동은 지역에 밀착하고 분권화'하여 조합원의 활발한 참여가 가능한 구조를 만들어야 한다는 점이 제시되었다. 이러한 생각에 따라 생협의 물류유통은 통일하여 사업적인 효율화를 추진하였으나, 지역에 뿌리를 가지고 있는 지역생협은 통합하지 않았다. 이는 지역생협에 소속된 조합원들의 참여와 활동이 용이하도록 하기 위함이었다.

　이러한 지역 분권화에 따른 조합원 활동가 중심의 조직구조는 전국의 주요도시는 물론 군 단위의 소규모 도시들까지도 포괄하고 있으며 이들 지역생협의 운영 주체는 모두 조합원 출신의 주부 활동가들이다. 총회에서 선출되는 이사회는 물론, 각종 위원회 활동에 참여하여 조합원의 의사를 조합의 사업과 활동에 반영하고 지역사회와 연대하는 활동의 주체 역시 조합원 활동가들이다.

　지역의 단위생협들이 조합원 활동가 중심의 운영구조를 통해 민주적 조직운영을 실천하고 있다면, 전국 단위에서는 지역생협 간의 연합조직을 통해 조합원 활동가들이 생협운동을 보다 활발히 벌일 수 있도록 운동의 과제를 설정하고 실천을 조직하는 역할을 하고 있다. 전국단위의 연합조직은 시, 군단위의 지역생협들을 인근 지역별로 묶어 지역별 대표자 회의를 조직하여 지역생협 간의 의사소통과 정보교류가 활발히 이루어지도록 하고 있다. 지역별 모임에서는 각 지역생협의 대표자들이 매월 정기적으로 모여 회의를 갖고 생협의 사업과 운동의 현황과 과제를 논의한다. 이와 같이 분권화된 지역 단위생협의 조합원 활동가 중심의 조직구조와 상향식 의사결정구조를 통해 거버넌스를 실현하는 생협의 조직운영 방식은 지역사회에서 시민들이 지역의제에 자발적으로 참여하고 의사를 개진하는 자치 활동의 경험을 훈련시키는 토대가 되고 있다.

생협은 또한 지역사회 시민의 조직으로서 소외된 이웃과의 나눔, 연대 활동에 많은 관심을 기울이며 활동하고 있다. 생협은 태동부터 사회에서 소외된 약자 층(당시 노동자계급)의 협동과 연대라는 가치를 담고 있었다. 생협은 비영리 조직으로서 사업의 성과를 조합원에게 돌리거나 사회의 바람직한 변화, 발전을 도모하는 활동에 투여한다. 또한 생협 조합원들이 펼치는 일상적인 자치 활동은 생협이 지향하는 협동, 나눔, 연대의 가치를 사회 안에 전파하는 활동들이다.

생협에서 일상적으로 실천하는 지역과의 나눔, 연대활동으로는 각 지역의 단위조합들이 진행하고 있는 수입의 1% 나눔 운동이 있다. 저소득층 공부방이나 지역아동센터, 독거노인, 이주 노동자 가정 등 지역의 소외 이웃을 찾아 매년 말 성금이나 물품을 전달하는 활동들을 벌이고 있다. 또한 매장을 운영하는 경우 1개 매장당 연간 평균 800~1,500만 원에 해당하는 물품들을 푸드뱅크를 통해 지원하고 있다. 또한 생협은 장애인 등 사회 취약계층을 고용하여 사회적 기업으로 운영하는 생산지와의 거래를 안정적으로 지속하여 해당 생산지의 경영 안정을 돕고 사회적 약자의 자립, 자활을 지원하고 있다.

자료: 김균섭 (2011) "한국 소비자생활협동조합운동의 현황과 과제"
(http://xn—oy2bo5klqa50j99cs6rynk.kr/yboard/read.php?table=data&oid=6&r_page=1&category=&searchword=&rd=)

3) 사회운동

사회운동(social movement)은 비공식적 운동이다. 대부분 사회운동은 '투쟁적 정치'에 의해 야기되는데, 여기서 투쟁적 정치란 시민들과 정치 혹은 경제 엘리트 간의 대결을 특징으로 한다. 사회운동은 비공식적인 집단운동으로서 행동에 있어 느슨하게 조정되고, 유연한 전술을 사용하며, 일종의 지도자 집단에 의해 행동의 일관성이 유지된다. 비공식적으로 조직되어 있다고 하더라도 사회운동은 목적과 방향성을 지니고 있다.

사회운동은 정치체계 전반의 정치적 기회구조(political opportunity structure), 운동 자체의 동원구조(mobilizing structure), 자원 동원을 위한 틀짓기 과정(framing process)이 근간이 되어 발생한다(McAdam, McCarthy and Zald 1996). 사회운동의 성패 여부는 공공재 문제, 즉 무임승차자(free riders) 문제 극복에 달려있다. 본래 집합행동에의 참여와 동원에 있어 규모가 작은 집단이 큰 집단보다 성공적이며, 대규모 집단이 성공적이기 위해서는 부산물(by-product)이 필요하다(Olson 1971). 이 때 대규모 집단의 운동, 즉 사회운동이 성공하기 위해서는 유인(incentive)이 중요한데, 이러한 유인에는 물질적(material), 연대적(solidary), 목적적(purposive) 유인이 포함된다.

사회운동은 목표 측면에서 권력을 추구하거나 정책 영향력을 추구하며, 조직 측면에서 느슨하고, 탄력적인 비공식적 조직을 특징으로 한다. 이러한 사회운동의 비공식성은 자신의 이슈를 정의하고 설정하는 데 있어 민첩성을 보일 수 있고, 유연한 틀 짓기가 가능하며, 신속하게 전술을 바꿀 수 있도록 하고, 이슈를 중심으로 국경을 넘어 네트워크를 형성할 수 있는 등의 장점을 지니도록 만든다. 반면 사회운동의 비공식성으로 인하여 자원이 부족하고, 지속적인 정치적 지지와 동원을 이끌어 내기가 쉽지 않으며, 문제가 해결되는 경우 지속되기 어려운 단점을 지닌다.

사회운동은 서구 사회에서 1970-1980년대를 거치며 성장하였고, 1980년대 이후에는 민주화 물결과 함께 제3세계에서도 활발하게 전개되었다. 특히 1970년대 유럽과 미국에서는 기존의 사회운동과는 다른 새로운 유형의 사회운동인 '신사회운동'(New Social Movements)이 등장하면서 활성화되었다.

제2차 세계대전 이후 서구에서의 신사회운동은 '전통적 패러다임' 정치에 대응하는 '새로운 패러다임' 정리로 이해될 수 있다. 여기서 전통적 패러다임이란 전후 복지국가의 개입 프로그램을 지칭하는 것으로 경제성장, 분배구조 개선, 민주국가의 안전을 목표로 설정하였다. 그러나 전통적 패러다임은 새로운 위기에 직면하였는데, 우선 기존 정치제도가 조합주의적 대표 형태로 대체되었고, 정당 지도부의 관료화가 심화됨에 따라 기층 구성원의 탈정치화가 진행되었으며, 정당이 정체성을 상실하였다(Offe 1984). 또한 정치문화에 있어 기존의 경제적 생활에 중점을 두는 물질주의적 가치(material value) 기반에서 삶의 질 향상에 중점을 두는 탈물질주의적 가치(post-material value) 기반으로 변화하면서 사회운동 방식이 변화되었다(Inglehart 1997).

신사회운동은 기존 사회운동과 비교할 때 목표, 지지 기반, 참여 동기, 조직구조, 이슈 등에 있어 차이를 보인다. 우선 목표 측면에서 산업민주주의 국가에서 강조되었던 부와 물질적 행복에 의문을 제기하면서, 문화적인 것과 삶의 질 문제에 더 관심을 기울인다. 지지 기반의 경우, 기존의 사회운동(노동, 농민 등)은 갈등의 계급적 토대를 기반으로 하여 경제적 이해관계와 그들의 사회 네트워크가 결합하면서 특수이익을 표출하기 위하여 발생하였다면, 신사회운동은 가치 및 이슈에 기초한 분열에 근거하여 협소한 특수이익을 대표하기보다는 그들과 목적을 공유하는 광범위한 사회집단들로부터 지지를 받았다. 특히 신사회운동에 참여하였던 시민은 이데올로기적 목적과 공공선을 추구하였다는 점에서 차이를 보인다. 조직구조에 있어서도 기존 사회운동이 대체로 중앙 중심 위계구조의 유형을 취하였던 데 반하여 신사회운동은 분권적, 개방적, 민주적인 유연한 구조를 취하였다. 이들이 다루었던 이슈들은 매우 다양하였는데, 자아, 건강, 성, 이웃, 환경, 성차별, 세대차, 문화, 인류생존, 인권 등을 포괄하는 삶의 정치를 지향하는 이슈들이다.

노동운동과 신사회운동의 비교

	노동운동	신사회운동
위치	(점차) 정치체계 내부	시민사회
목표	정치적 통합, 경제적 권리	가치 및 생활양식의 변화, 시민사회 방어
조직	형식적, 위계적	네트워크, 풀뿌리 조직
행위수단	정치적 동원	직접행동, 문화혁신

자료: Scott(1990)

　　신사회운동은 국가마다 다른 양상으로 전개되었는데, 독일에서는 평화운동과 핵발전소 반대운동을 포함한 환경운동이 두드러졌다면, 네덜란드에서는 평화운동과 연대운동이, 스위스에서는 환경운동과 반문화운동이 활발하게 진행되었다. 또한 1970-1980년대 다수의 유럽 국가들에서는 환경운동에서 정치제도화 된 '녹색당'이 등장하면서 영향력을 지니고, 기존 정당체계를 변화시킴으로써 신사회운동의 정치적 구심체로서 기능하게 되었다.

참고자료

│ 민주화 물결

　　민주화의 물결이란 특정시기에 발생하였던 비민주적 체제로부터 민주적 체제로의 일련의 이행을 의미하며, 헌팅턴(Samuel P. Huntington)의 『제3의 물결(The Third Wave)』에서 제시된 개념이다. 전 세계 차원에서 세 차례의 민주화의 물결을 통해 여러 국가들이 민주화 되었다. 첫 번째 민주화 물결은 제1차 세계대전 이후부터이다. 1918년 독일이 민주화되고, 동유럽에 새로운 민주주의 국가들이 등장하였고, 남미의 다수 국가들이 민주 정치체제를 수립하였다. 그러나 세계 대공황, 제2차 세계대전으로 인하여 이 시기 민주 정치체제의 다수는 몰락하였다. 두 번째 민주화 물결은 제2차 세계대전 이후 등장하였다. 독일과 이탈리아에서 민주주의가 복원되었고, 제3세계에서 식민지 국가들이 독립하였다. 많은 민주 정치체제가 살아남았지만, 다수의 민주주의 국가들이 군부쿠데타에 굴복하였다. 세 번째 즉, 제3의 물결은 1970년대 말 스페인과 포르투갈이 민주주의 국가로 전환하는데 성공하면서 시작되었다. 제3의 물결 동안 세계 전체 국가들 중 민주주의 국가의 비율은 1977년 31%에서 1990년대 중반 60% 이상으로 증가하였다.

│ 68혁명

　　68혁명 혹은 68운동은 1968년 프랑스 5월 혁명에서 시작되었고, 프랑스 드골 정부의 실정과 사회 모순에 대한 저항운동과 총파업 투쟁으로 시작되었다. 이 혁명은 교육체계와 사회문화 측면에서 '구시대'를 비판하고 바꾸고자 시도하였다는 점에서 기존 가치와 질서에 저항하였던 사건이라고 볼 수 있다. 프랑스에서 시작된 운동은 미국, 일본, 독일 등 다수의 국가들로 확산되었다.

　　초기 사회운동은 파리의 몇몇 대학교와 고등학교, 대학 행정부와 경찰에 대한 학생 봉기로 시작했다. 드골 정부는 경찰력을 동원해 저항을 진압하고자 하였지만, 라틴 지구의 경찰과의 가두 전투를 일켰고, 결국 프랑스 전역의 학생과 파리 전 노동자의 2/3에 해당하는 노동자 총파업으로 이어졌다. 드골 정부는 이러한 시위자들에 대항해서 군사력을 동원했고 의회를 해산했으며 1968년 6월 23일에는 다시 총선을 실시하였다. 드골 대통령이 독일군 주둔의 비행 기지로 잠시 피신하기까지 했으나, 혁명적인 상황은 지속되지 못하였다.

저항자들에게 1968년 5월 혁명은 실패였지만, 사회적으로 큰 영향을 미쳤다. 프랑스에서는 종교 ,애국주의, 권위에 대한 복종 등의 보수적인 가치들을 대체하는 평등, 성해방, 인권, 공동체주의, 생태주의 등의 진보적인 가치들이 사회의 주된 가치로 자리매김하게 되었다.

68혁명 세력들은 생활속 민주주의 또는 일체의 권위를 거부하는 평등주의를 주장하였다. 억압적 권위주의, 자본주의, 가부장제, 관료제 등을 비판하면서 교수, 목사, 기업사장 모두를 추방할 것을 강조하였다. 이와 더불어 사람 사는 세상과 인간다운 삶도 요구하였다. 특히 자본주의 생산체제를 넘어 소비체제의 물신주의, 물질숭배, 인간소외에 저항하면서 다음과 같은 구호를 외쳤다.

"행동하라."
"열정을 해방하라."
"금지를 금지하라."
"불가능한 것을 요구하라."

석 달 동안 이어진 68혁명으로 인하여 오히려 선거에서 보수파가 승리하는 등 혁명은 실패로 끝이 났지만, 이들이 외쳤던 평등주의, 생태주의, 여성주의, 소수자운동 등은 현재까지도 영향을 미치고 있다. 특히 자본주의와 현실의 사회주의의 한계를 모두 극복하고 더 나은 삶과 가치를 추구했다는 점에서 68혁명은 의미가 있었다.

4) 사회적 기업 및 기업가

사회적 기업가정신(social entrepreneurship)은 최근 전 지구 시민사회에서 가장 주목할 만한 혁신 중 하나를 대표한다. 이 용어와 관련된 활동이나 접근법이 새로운 것은 아니지만, 이러한 활동이 이루어지는 개별 조직 분야의 진전은 사회적 활동 제도에 있어 중요한 구조적 변화를 의미한다.

사회적 기업가(social entrepreneurs)는 세계가 직면한 시스템의 문제를 다루도록 동기부여 된 시민사회의 새로운 세대를 대표한다. 이들은 위험감수, 창의력 등과 같은 기존의 기업가와 연관된 과감한 규범이나 개별적 개성에 순응하기도 하지만, 기존의 시민사회 활동의 근간이 되는 공동체, 민주주의, 네트워크 구축 전통 등에 의존하는 경향이 강하다. 따라서 사회적 기업가정신은 공동체 활동의 역사적 규범과의 선형적 관계 내에서 이해되어야 한다.

사회적 기업가의 활동은 긍정적인 외부성과 새로운 시강구조를 창출함으로써 사회적, 환경적 결과에 중점을 두는 혁신과 변화를 초래하기 위하여 조직적 융합을 활용할 수 있다. 시민사회의 관점에서, 사회적 기업가정신은 개인들에게 "변화를 이끌어 내는 자(changemakers)"로서의 역량을 부여함으로써 체계적인 사회변화에 있어 계획 달성 목표를 취하게 하는 새로운 활동 흐름을 대표한다. 정부 차원에서, 영리적 사회기업가 모델은 완전한 국가 민영화를 제안하지 않고 사회 복지 프로그램을 시장화 할 수 있는 유용한 접근법을 제시할 수 있다. 사적 부문에서 사회적 기업가는 국가 복지 예산, 윤리적 소비자의 증가 등과 같은 접근이 어려운 시장 기회들에 접근할 수 있는 모델을 제공할 수 있다.

　최근의 환경악화, 보건문제, 물과 에너지 위기, 이민 증가 등과 같은 위기로 인하여 혁신적인 사회적, 환경적 조치가 요구되었고, 이에 따라 사회적 기업가 및 기업가정신이 활성화될 수 있었다. 첫째, 기술 혁신 등과 같은 사회학적 요인들이 영향을 미쳤다. 둘째, 1980년대 신자유주의의 등장으로 시작된 국가 역할에 대한 재개념화와 연관된 정치적 요인이 존재하였고, 1990년대 '제3의 길'은 공공재를 새로운 방식으로 인지하도록 하는 사회적 공급의 새로운 언어를 만들어 냈다. 셋째, 시민사회 경제의 변화 역시 영향을 미쳤는데, 1990-1991년과 2008-2010년 경제위기를 거치면서 다수의 시민사회 단체들은 수입 창출에 있어 자금조달 방식을 다양화하면서 점차 기업가적으로 변화할 수밖에 없었다.

　사회적 기업가정신 및 기업가는 사회성(sociality), 혁신(innovation), 시장 지향성(market orientation)을 기본 특징으로 한다.

　첫째, '사회성'에는 기업가정신이 작동하는 미시적 수준의 제도적 맥락이 포함되는데, 공공재 및 긍정적 외부성의 창출, 복지 및 보건 서비스, 교육 및 훈련, 경제발전, 재난 완화 및 국제원조, 사회적 정의 및 정치변화 등이 그것이다. 사회적 기업가의 조직 과정에서는 고용, 공급망 관리, 에너지 이용 및 재활용 등에 있어 새로운 사회적 가치를 창출하는 혁신을 선도한다. 그리고 사회적 기업가정신의 결과는 물질적 이익보다는 사회적 혹은 환경적 효과로 결정된다.

　둘째, '혁신'은 체계를 변화시키고 새로운 경제적 균형을 중심으로 시장을 재편성함으로써 거시적 수준의 '창조적 파괴'(creative destruction)를 달성하는 모델로 규정지을 수 있다.

　셋째, 사회적 기업가정신의 시장 지향성은 사회적 기업가의 이윤 추구 비즈니스 모델로 인식될 수 있다. 그러나 이 분야 비영리 조직에서의 시장 지향성은 확대된 책임성과 외향형 전략적 견해에 중점을 둔 굳건한 활동을 포괄하는 의미이다.

　이와 같은 사회적 기업가정신 및 기업가는 시민사회와 시민사회의 중요성에 대한 논쟁에 있어 새로운 중요한 차원을 이끌어 냈다. 즉 사회적 기업가에 내포된 제도적 담론은 유연성, 적응, 그리고 복잡한 시장실패에 대한 대응의 신속함 측면에서 전략적 이점을 부여할 수 있다.

▎영국의 공동체이익회사(Community Interest Company)

공동체이익회사는 사회적기업이 제도화되는 과정 중 영국에서 처음으로 등장한 개념이다. 사회적 경제조직 중에서도 협동조합보다는 좀 더 개방적이고 느슨한 형태인 사회적 기업은 그동안 다양한 이름으로 제도화되어 왔다. 영국에서는 2004년 공동체이익회사라는 이름으로 사회적 기업을 제도화하였다.

영국의 공동체이익회사는 과거에는 별도 규정 없이 회사법(Companies Act 1985)의 적용을 받던 것이, 2005년 회사법의 개정과 함께 공동체이익회사에 관한 단독규정이 생기며 처음으로 그 개념이 법적으로 규정된다. 공동체이익회사는 사적 이익을 넘어 공동체 이익을 위한 사업 기타 활동을 수행하는 회사를 지칭하는 개념으로, 주주보다 공동체 이익을 고려하는 유한회사의 한 형태이다.

공동체이익회사는 공동체 목적을 위해 설립되었는지 여부를 심사하는 '공동체이익심사'(community interest test)를 통과해야 하며, 그 자산과 수익이 이러한 목적을 위해 쓰인다는 것을 입증하기 위해 '자산 동결'(asset lock)을 약속해야 한다. 또한 한 해의 분배 가능한 이익 중 35%까지만 주주에게 사적 배당금으로 분배가 가능하다. 나머지는 공동체이익회사의 미션 달성을 위해 사용된다.

공동체이익회사는 법적으로 조합과는 달리 개인 투자에 제한이 없고, 주주 배당의 한도에 있어서도 조합보다 덜 엄격하기 때문에 큰 수익이 창출될 전망이 있고 주주의 이익을 더 보장하고자 하는 이들에게 적합하다. 또한 자선단체가 자금조달이나 조직운영에 제한 많은 것과 달리 공동체이익회사는 지역공동체 전체에 이익이 되는 활동이라면 영리활동을 할 수 있고 배당액에 상한이 있는 주식도 발행할 수 있다. 몇 가지 규정만 제외하면 공동체이익회사는 전통적인 회사 방식으로 운영된다. 즉 법적 주체로서 스스로 계약을 체결할 수 있고 주주의 변경이 없는 한 존속되지만, 해산 시에는 자산은 주주나 기타 사적 이익이 아닌 공동체에 양도된다.

공동체이익회사는 도입 첫 해에 360개 이상이 설립되었고 2016년 5월 12,000개를 넘어섰다. 새롭게 설립되는 회사 200개 중 하나가 공동체이익회사일 정도로 영국에서 빠르게 성장하는 공동체 기반의 회사로 자리 잡고 있다.

공동체이익회사의 성공적 사례로는 런던의 '민와일 스페이스'(Meanwhile Space)를 들 수 있다. 런던 북서부의 브렌트구 웸블리(Wembley)는 이민자들이 많이 몰려 있는 지역으로 과거에 영국에서 가장 악명 높은 범죄 지역이었다. 런던시는 웸블리를 재개발지역으로 지정했고 이후 지역에 빈 공간이 증가하게 되었다. 2009년에 설립된 '민와일 스페이스'(Meanwhile Space)는 정부, 민간으로부터 공간을 빌린 후 이를 공동체를 위한 공간으로 활용하는 공동체이익회사로, 웸블리의 빈 공간들을 활용해 다양한 프로젝트를 진행한다. 그렇게 탄생한 것이 '커밍순 클럽'(The Coming Soon Club)이다. 지역 주민들과 정치나 종교 주제를 제외한 아이디어들을 모아 공동체를 위한 공간으로 재탄생시키는 프로젝트로, 축구 클럽, 수공예 모임, 사진 전시, 영화 상영, 뮤직비디오 촬영을 위한 공간들로 유휴공간을 활용해왔다. 민와일 스페이스의 또 다른 대표 사례는 '코트렐 하우스'(Cottrell house)로 35년 간 사용되지 않던 자동차 전시장(car showroom)을 17개월 동안 빌려, 아티스트 스튜디오, 워크숍 공간, 소셜키친 등 지역 주민을 위한 공간으로 재탄생시켰다.

자료: 서울시 NPO 지원센터 홈페이지
http://www.seoulnpocenter.kr/bbs/board.php?bo_table=npo_aca&wr_id=1137&sfl=wr_4&stx=%EA%B3%B5%EB%8F%99%EC%B2%B4

5) 한국 시민사회 유형

한국의 시민사회는 정치, 사회운동적 정향을 지니며 역동적으로 발전하였다는 특징을 지닌다. 특히 1987년 민주화 이후 변화된 정치구조에서 시민사회는 양적으로 질적으로 팽창하게 되었다. 그 동안 억눌렸던 시민의 다원화된 요구가 표출되면서 정치, 사회, 환경, 인권, 여성, 정치개혁에서부터 복지, 자원봉사, 청년/아동에 이르기까지 다양한 주제의 결사체들이 등장하였다. 이후 시민사회를 구성하는 이들 결사체의 수는 급속도로 증가하였다.

한국 비영리민간단체 현황
자료: 행정자치부

위의 그림에 의하면 한국에서 비영리민간단체로 등록하여 공익활동 증진과 민주사회 발전에 기여하는 단체의 수는 증가하고 있다. 특히 시민사회의 성장과 민간단체 공익활동의 중요성이 부각됨으로써 등록이 증가한 것으로 볼 수 있다.

시민사회의 지속가능성은 자체의 건실한 조직을 갖추고 시민들의 자발적 참여에 기초하여 성장하고 발전하며, 동시에 정부와 파트너십(또는 적대적) 관계 등 정치사회적 환경에 지배를 받으며, 평등과 민주주의 등 사회가 추구하는 가치 실현에 기여하고, 정부와 기업, 사회 전반에 영향을 미치는가로 평가될 수 있다. 2008~2010년 시민사회지표(Civil Society Index) 조사를 근거로 조직, 참여, 가치, 영향, 환경의 다섯 가지 측면에서 살펴본 한국 시민사회의 현황은 다음과 같다. 우선 참여에 있어 참여의 다양성이 나타나지만 권익 주창 활동은 저조한 편이며, 조직 수준에서 인적 자원과 국제적 연계가 부족한 것으로 나타났다. 가치 측면에서 민주적 의사결정, 양성평등 기회제공, 내부 민주주의 등에서는 발전된 반면, 노조 참여율, 환경기준 공개, 비폭력과 비관용 의식 등에서는 취약한 것으로 드러났다. 시민사회의 영향력은 대체로 낮게 나타났고, 외부 환경의 경우, 정부와의 관계에 있어 대립과 갈등이 있다는 점이 나타났다(주성수 2010). 이를 그림으로 표시하면 아래와 같다.

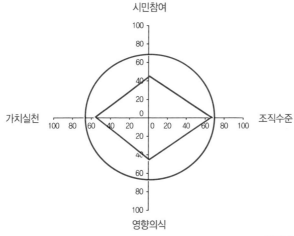

한국시민사회지표(2008-2010년)
자료: 주성수(2010).

전반적으로 한국의 시민사회는 국가와 사회의 정치, 경제, 사회 발전의 수준에 적합하지 않은 저발전 수준에 머물러 있다고 볼 수 있다. 특히 시민사회 발전 여건이 성숙되어 있음에도 시민들의 참여가 부족한 것이 문제점으로 지적될 수 있다.

 토론 주제

1. 시민단체가 비민주적일 수 있는가?

2. 시민사회는 다원주의적 경험을 통해 개별 자유를 실현하는 단초인가, 혹은 특별 이익정치를 조장하여 민주주의에 위협을 가하는가?

3. 시민단체의 참여와 동원은 구분될 수 있는가?

4. 시민사회, 시민단체, 시민운동은 어떻게 다른가?

5. 시민단체는 이익집단의 일부인가? 공익집단(public interest group)이라고 간주한다면, 사익과 공익의 경계는 어디에 있나?

3. 시민사회의 영역

1) 이론적 논의

시민사회의 영역은 본래 국가에 대해 상대적인 것으로 부각되었다. 즉, 국가의 정의와 범위가 주어진 뒤에 그것에 속하지 않는 영역이라고 할 수 있는 것이 시민사회이다. 이런 의미에서 부정적(negative) 개념규정이라고 할 수 있다. 막스 베버(Max Weber)는 국가가 '주어진 영토 안에서 물리적 폭력의 사용을 독점할 수 있는 권위체'라고 정의했는데, 이에 반해 시민사회는 국가의 통제 바깥에서 개인이나 집단 간에 사적이고 자발적인 합의에 의해 조직되는 영역이다(임혁백 1993). 국가의 일원인 국민이 되는 것은 자신의 자유롭고 자발적인 선택에 의한 것이 아니며, 해당 국가에 소속되는 이상 모든 성원에게 보편적으로 적용된다. 이에 반해, 시민사회에 소속되는 것은 자신의 선택에 달려 있으며, 자신의 필요와 이익에 따라 자유롭게 가입과 탈퇴가 가능하다. 애초에 헤겔(G. W. Hegel)이 근대적 의미의 시민사회(Bürgerliche Gesellschaft)라는 개념을 정초할 때에도 시민 개인의 욕구와 노동에 기반한 경제적 체계와 소유와 권리에 기반한 법적 체계가 결합된 영역으로 간주하였다. 그런 의미에서 경제적 시장도 시민사회의 한 부문이라고 할 수 있다. 마르크스(K. Marx)도 시민사회에 대해 자본주의 체제에서 경제적 이해관계를 놓고 계급 간에 적대와 갈등이 발생하는 영역으로 간주한다.

이후 이론적 발전과정에서 시민사회는 국가와 구별될 뿐 아니라, 시장체제와도 긴장관계를 갖는 영역으로 재인식된다. 스트릭과 슈미터(Streek and Schmitter 1985)는 사회질서의 조직방식으로 공동체, 시장, 국가 혹은 관료기구의 3분 모델을 제시한다. 공동체의 조직원리는 자발적 연대(spontaneous solidarity)이고, 시장은 분산된 경쟁(dispersed competition)이다. 반면, 국가의 조직원리는 위계적 통제(hierarchical control)이다. 여기서 말하는 공동체는 현대적 의미의 시민사회가 배태되는 영역이다. 공동체의 경우, 해당 집단에 소속되어 있는가 하는 성원권(membership)이 행위의 조건이 되지만, 시장에서는 지불능력, 국가에서는 법적인 인정이 그런 기능을 한다. 공동체에서 의사소통은 상호존중에 기반하지만, 시장에서는 계약을 통한 화폐교환이 지배한다. 반면, 국가는 규제권의 독점을 통해서 강제력을 행사한다. 행위동기에 있어서도 공동체가 정체성을 확인하고 강화하는 데 있는 반면, 시장은 이윤동기가 지배하며, 국가에서는 위험을 줄여서 안전을 보장하고 예측가능성을 높이는 데 맞춰진다. 공동체에서는 관례가 쌓이면서 구속력을 갖게 되지만, 시장은 재산소유권, 국가에서는 형식화된 법절차에 의거한다. 여기서 연대와 돌봄, 존중과 신뢰에 기반한 공동체는 시민사회의 주요 요소를 갖고 있지만, 정체성에 대한 확인, 외부에 대한 배타성과 같은 편협한(parochial) 측면도 있다. 코헨과 아라토(J. Cohen and A. Arato 1994)는 국가-경제-시민사회의 삼분모델을 제시하면서, 정치권력이 재생산되는 국가, 상품의 생산 및 소비가 이루어지는 경제, 그리고 친밀성의 관계부터 여러 결사체와 사회운동과의 의사소통행위로 이루어진 시민사회를 독립적인 공간으로 정립하였다. 여기서 시민사회는 의사소통하는 행위자들이 자신들의 이익만을 앞세우지 않고 공공의 이익을 고려하는 상호 협력과 부조의 원리가 작용하는 곳이다. 시민사회에서 경제부문과 국가 간의 상호작용이 일어나고, 자발적 결사체 활동이나 사회운동, 그리고 공적인 의사소통도 시민사회에서 벌어지는 일들이다. 시민사회는 개인과 국가를 매개하는 고리이고, 이 영역에서 국가의 온정주의(paternalism)에 기초한 수직적 통합 논리와 사회적 연대(social solidarity)에 기초한 수평적 통합 논리 간의 긴장이 일어난다. 국가 수준에서 응집을 위한 규제행위와 사회수준에서 자발적 결사는 사회통합을 위한 씨줄과 날줄과 같다. 이러한 상호작용이 일어나는 장소가 시민사회인 것이다.

참고자료

정부나 국가에 대비하여 사회적 삶의 영역을 의미하며, 시장교환, 자선단체, 사교클럽, 자원봉사, 독립적인 교회와 출판업 등 여러 형태를 아우르는 개념이 되었다.

시민사회를 가족이나 국가와 구분되는 사회경제적 실체로 정립한 사람은 헤겔(G. W. Hegel)이다. 18세기 산업사회가 도래하고, 소유권의 법적 근거가 마련되며, 계약에 기반한 국가관이 성립하면서 시민사회(Bürgerliche Gesellschaft)의 개념이 정립되었다. 시민사회는 욕구와 노동의 경제적 체계와 소유와 권리의 법적 체계가 결합된 영역이며, 배타적 사익을 쟁취하기 위한 경쟁의 장이자, 상호의존과 협동이 이뤄지는 장이기도 하다.

헤겔의 시민사회 개념 가운데, 마르크스(K. Marx)는 부르주아 계급이 주도하는 시장교환의 체계를 부각하여 자본주의 사회를 추동하는 힘으로 간주하였고, 국가, 법, 제도, 문화 관습 등이 모두 이러한 경제적 토대에 의해 규정되는 것으로 보았다. 이에 대한 마르크스주의 내부의 수정이 가해지는 가운데, 그람시(A. Gramsci)가 자본주의 질서가 사회 수준의 동의에 기반하고 있다는 사실을 보여주었고, 이후 시민사회는 시장의 힘으로 환원될 수 없는 고유한 영역이라는 사실이 다시금 부각되었다. 이후 하버마스(J. Habermas)는 여론이 형성되는 공론장(public sphere)을 경제활동이나 통치행위로 환원되지 않는 공간으로 재인식하였는데, 여기서는 자유로운 사회성원들이 공개적으로 의사표현이 이뤄지게 된다. 코헨과 아라토에 따르면, 문화전수와 사회화를 담당하는 조직원리로서 법률이 있는데, 법률이 보장하는 권리의 체계가 현대 시민사회의 토대라고 보았다. 보편적 권리의식에 바탕해서 공개적인 의사소통과 이를 통한 합의도달이 시민사회라는 것이다(김준수 2004).

공동체, 시장, 국가의 조직원리

	공동체	시장	국가
조정원리	자발적 연대	분산된 경쟁	위계적 통제
지배적 행위자	가족	기업	관료기구
기타행위자	친족, 혈통, 동네, 지역, 협회	기업가, 소비자와 노동자	납세자, 징집대상자, 공무원, 법조의뢰인, 수당청구자
행위가능조건	귀속 성원권	지불능력	법적 인정
교환의 매개	존중	돈	강제
교환의 산물	협약	계약	규제권한
지배적 자원	존중, 신뢰, 계승된 지위	경제적 혁신성, 계산적 합리성	강제수단에 대한 정당한 통제, 지위의 권위적 배분, 행정적 법적 전문성, 절차적 정확성
우세 행위자의 동기	추종자의 존경	이윤	승진, 관료적 안정성
열세 행위자의 동기	집단 소속감, 공통가치의 공유	물질적 혜택	처벌 위협

	공동체	시장	국가
공통된 동기	정체성 충족	이익 극대화	위험 최소화, 예측가능성 극대화
결정원리	공통의 동의, 만장일치	소비자 선호	형식적 권위체의 판결, 강제성있는 증명
주요 배분재화	연대	사적 재화	공공재
주요 균열	토박이 대 외지인	판매자 대 구매자	지배자와 피지배자
기타 균열	친족갈등, 세대차, 세력다툼, 상속 갈등, 사적 충돌	자본 대 노동, 생산자 대 소비자, 수입 대 수출,	우세한 자 대 열세한 자, 관할권의 중첩, 정부수준간 갈등, 국가간 갈등
지배적인 법원리	관례	재산소유권	형식적 행정절차
주요 보상	상호돌봄, 집합적 정체성	물질적 번영	외부적 안전, 공평하고 예측가능한 대우, 자원의 효율적 동원

자료: Wolfgang and Schmitter(1985, 122)에서 수정 및 재구성

2) 국가와 시민사회

국가는 해당 영토 안에서 전체를 포괄하는 조직 영역이며, 상위의 통제기구이다(Rosenblum 2013, 285-297). 정부는 공동의 목표를 달성하기 위한 책임을 부과 받는다. 법과 공공정책을 통해서 정부는 제도적 틀을 구축하고 이러한 틀 안에서 시민사회와 사회집단이 형성되고 자신들의 활동을 하게 된다. 국가는 시민사회의 요소들을 배정하고, 법적 지위, 권리와 책임에 대해서 규율한다. 특정한 집단에 대해서 불법이나 합법으로 규정하고 특정의 행위에 대해서 규제할 권한도 갖고 있다. 공법을 통해서 집단과 단체 간 갈등 및 상호작용의 범위와 한계를 규정하는 것도 국가의 몫이다. 강제력과 유인의 부여를 통해서 국가는 결사체를 육성하거나 제약하며, 규제하고 지도할 뿐 아니라 지원할 수도 있다. 이러한 의미에서 국가는 시민사회 이전에 존재하고, 시민사회의 구성요소들이 2차적이고 매개적인 역할을 갖는다. 국가는 시민사회의 제반 활동과 행태가 공동체의 집합적 목표와 조화를 이루고 안정적 민주주의를 훼손하지 않도록 규제할 책임이 있다. 이를 위해 시민사회 집단에 대해 법적 보호와 정당한 법집행을 보장해야 한다. 그러므로 시민권에 대한 규정은 시민사회 내 성원권(membership)에 대한 규정보다 상위의 것이며, 정부의 역할은 공적이고 민주적인 규범을 배양하고 시민조직들이 공적 목표에 부합하도록 안내하는 데 있다. 동시에 개인과 집단이 결사체 속에서 의미를 찾는다는 측면에서 볼 때, 어떤 사람들에게는 시민사회 조직 내에서의 성원권이 전체 사회에서 시민권보다 더 우선순위를 가질 수도 있으며, 정부는 시민권의 요구사항과 성원권의 요구사항 간의 갈등적 요소를 최소화해야 한다. 가령, 특정 종교집단 내부에서 공적 질서에 저해되는 내부 규범을 수립하여 운

영한다면, 이에 대한 적절한 규제를 해야 할 책임이 있다.

시민사회의 견지에서 볼 때, 결사적 삶은 인간의 기본적인 욕구와 생각만큼이나 다양해서 정부정책이나 시민권의 논리로 재단될 수 없는 것이다. 이익이나 확신, 문화적, 종교적, 성적 정체성, 사회적 지위 등은 부분적 결사체를 통해서 나타난다. 사회집단의 구성원의 입장에서는 시민사회가 정부와 매한가지의 위상과 의미를 지닌다. 자발적 결사체이든, 귀속집단이나 종교, 문화, 인종 집단이든 그들은 나름대로 내부 구성원에게 규칙과 강제를 부과하고 권리와 혜택, 그리고 집합적 목표를 설정한다. 내부에서도 권위의 구조를 제도화하고 통치형태를 결정한다. 하지만, 국가나 정부와 달리 그러한 결사체는 다원적이고 부분적이며 특수한 성격을 가진다. 이러한 집단에 대한 참여는 민주적 시민권과 동렬에서 이해될 수 없다. 집단의 성원권은 전체를 포괄하는 것이 아닌 만큼 부분적이다. 그러므로 시민사회 조직은 사회적 차이를 반영하기도 하지만, 사회적 불평등을 반영하기도 한다. 사회집단은 구성원의 생활 모든 면에 걸쳐서 규제할 수는 없다는 점에서도 부분적이다. 사람들은 소비자이자 생산자이고 납세자이며, 종교인이면서도 가족 구성원일 뿐 아니라 정치적 행위자이기도 하다. 이렇게 사람들은 하나 이상의 집단에 중복해서 소속된다. 이와 같이 관여방식이 유동적이고 다원적인 것이 결사체에서의 시민생활이다.

국가가 시민사회에 대해서 규제하고 조정하는 역할을 하며, 공공선의 보루 역할을 한다는 것은 어디까지나 이상적 상황이다. 시민사회 영역의 중요성을 부각시킨 역사적 계기는 동구 사회주의에서 시민사회를 억압하는 국가기구와 이에 저항해서 자유화, 민주화를 이뤄 낸 자발적인 시민의 힘에 있었다. 일찍이 토크빌(Alexis de Tocqueville)도 자발적 결사체와 시민적 습속이 자리 잡지 못한 곳에서 민주주의가 싹트기 어렵다고 보았고, 이는 민주주의 국가에 대해서도 마찬가지이다. 좋은 국가, 좋은 정부는 시민사회의 자양분을 통해서 만들어지며, 좋은 국가의 역할 없이 시민사회 자체가 조화롭고 호혜적인 상호작용을 보장하지는 못한다.

참고자료

| 폴란드의 솔리다리티(Solidarity)

'솔리다리티'(Solidarity)는 1980년 폴란드의 바웬사(Lech Walesa)가 조직한 노조연맹이다. 솔리다리티는 로마 가톨릭교회와 연합하여 반공주의 비폭력 사회운동을 주도하였다. 국가체제에 반대하는 지식인들의 지지를 등에 업고 솔리다리티 운동은 폴란드 전역에 노조 결성으로 이어졌고, 1981년 회원수가 9백만 명에 이르는 성과를 이루면서, 국가 공산당의 전횡을 차단하는 정치적 효과를 가져왔다. 1982년 10월 솔리다리티 운동의 확산에 당황한 정부는 계엄령을 발동하고 노조활동을 정지시키고자 하였지만, 성공하지 못하였고 1983년 계엄령을 철회하

였다. 그럼에도 여전히 노조활동은 불법이었기 때문에 1980년대 계속 솔리다리티는 지하활동을 전개하였고, 1988년 정부와의 협상을 통해 결국 노조활동의 합법화가 이루어졌다. 이후 솔리다리티 후보들이 대규모로 의회에 진출하였고, 솔리다리티 운동을 주도했던 바웬사는 대통령에 당선되었다. 현재 솔리다리티의 영향력은 예전만큼 크지 않다. 그러나 솔리다리티의 비폭력 사회운동은 1980년대 동유럽 국가들의 민주화에 큰 영향을 주었다.

▍ 굿거버넌스(good governance)

거버넌스(governance)에 대해서는 다양한 규정이 가능하지만, 일반적으로 기존 정부의 위계적 통치방식(government)과 대비하여 정부와 시민사회 간의 네트워크와 파트너십에 기반한 관계양식을 일컫는다. 세계화, 민주화, 분권화의 흐름 속에서 전통적인 정부역할이 약화되고 국경이 희미해지며, 참여장벽이 낮아지고, 국지적 선호가 다변화되는 등의 변화가 일어나고 있다. 이런 조건에서 국가와 시민사회 간의 대화, 협상, 조정을 통한 문제해결을 거버넌스라고 말한다. 1980년대 이후 등장한 거버넌스 개념은 '기업가적 정부', '작은 정부'와 같은 신자유주의적 경향을 반영하며, 고객중심, 수익창출에 초점을 맞추고, 직책이 아니라 임무 중심으로 조직을 유연화하는 데 중점을 두었다. 이에 반해 최근의 굿 거버넌스에 따르면 시민의 참여를 확대하고, 정책결과 못지 않게 의견수렴과 결정과정을 중시한다. 시민을 행정수요나 정책대상으로 간주하지 않고 행정의 주체이자 관리의 중심으로 인식하는 것이다. 이러한 협력적 거버넌스는 단지 참여를 개방하는 데 그치지 않고, 정책의 공동생산을 통해서 시민역량을 배양하는 목표까지 지향한다. 이를 통해 정책의 반응성, 책임성, 지속가능성, 포용성 등을 제고할 수 있게 된다는 것이다(김정희 2015).

3) 시장과 시민사회

애덤 스미스를 필두로 한 신고전파 경제학에서 사익 동기가 지배하는 시장은 '보이지 않는 손'(invisible hand)의 작용으로 최적의 자원배분을 가져오는 것으로 간주된다. 현실에서는 이러한 이상적 상태에 이르지 못하는 사례가 빈번하다. 외부성(externality)은 어떤 행위가 화폐교환 이외의 경로로 다른 사람에게 손해나 이익을 주는 현상을 일컫는데, 사회적인 최적으로 계산된 비용산정과 개인이나 집단 수준에서 최적인 수준이 불합치할 때에는 외부성으로 인해서 전체적으로 최적의 자원배분에 실패한다. 가령, 자동차 생산에서 탄소배출 비용을 감안하지 않은 생산확대는 사회 전체적으로 과다 생산과 환경오염을 통해서 해악을 끼치게 된다. 도시로의 인구집중도 근시안적 시장행태가 낳는 외부효과로 공공의 이익에 반한다. 시장에서는 독과점으로 인한 불완전 경쟁 상황도 자주 일어나며, 정보 비대칭으로 인해 비용을 치르지 않고 편익만 취하려는 무임승차자가 나타날 수 있다. 자본주의 시장경제에서 노동소외의 문제와 불평등과 계층화로 인한 사회통합의 문제 등을 낳을 수 있다. 이처럼 시장기제를 통한 자원배분은 최적의 효율을 낳지 못하는 경우가 다반사이다.

시장을 조직하는 원리가 성공을 거두지 못할 때, 이에 대한 대안 내지는 보완을 위해서 시민사회의 역할이 주목받았다. 시장을 규율하는 원리인 분산적 경쟁과 다원주의에 대비해서 사회의 주요이익을 독점적으로 대변하는 단체 간의 교섭과 합의를 통해 장기적이고 안정적이고 조화로운 거버넌스를 창출하는 조합주의 혹은 코포라티즘(corporatism)이 제시된 것이다. 다원주의가 국가나 사회적 대표체계에 탈중심적이고 경쟁적으로 이익을 투입하는 체제인 반면, 코포라티즘에서는 이익 당사자들을 아우르는 협의체계를 제도화하는 것이다. 경쟁과 이윤추구의 원리에 대해서 사회적 연대와 협력의 원리로 보완하게 된다.

시민사회의 일반적 용법 중 하나는 '제3섹터'나 NGO(비정부기구) 등과 같은 의미로 이해하는 것이다. 이런 시각에 따르면 시민사회는 자본주의나 시장질서로부터 엄격히 분리된 것으로 간주된다. 시민사회에 대해 다양한 개인이나 집단, 조직 등이 모인 결사체나 시민 주도의 사회운동 등을 뜻하며, 의사소통, 연대, 개방성, 차이에 대한 관용, 비폭력, 정의수호 등의 긍정적 가치와 관계된 것으로 바라본다. 이런 시각에서는 탐욕적인 이윤논리가 지배하는 시장은 시민사회와 정반대되는 운영원리를 가진 것이다. 실제로 대표적인 시민사회운동인 그린피스나 세계투명성기구(Transparency International), 세계사회포럼(World Social Forum) 등은 시장이 낳는 부정적 결과에 대한 반대를 주된 의제로 삼고 있다. 실제로 시장은 사회질서를 해치는 요소로 작용할 수 있다는 경고는 오래전부터 제기되어 왔다.

하지만, 시장과 시민사회의 구분은 생각만큼 뚜렷하고 확고한 게 아니다. 시장도 비정부 수준에서 화폐를 매개로 한 투자, 생산, 교환, 소비의 영역이라는 점에서 모든 시장 참여자는 언어와 관습과 같은 사회적 규약에 구속받고 구성해 나가는 일을 하게 된다. 이처럼 시장은 사회적 관계망 안에 자리잡고 있으며, 시장에서의 상호작용이 사회적 규범을 변경하는 작용도 일어난다. 때문에 시장과 시민사회는 상호 긴밀한 영향을 주고받는 관계라 할 수 있다. 시장행위가 불가피하게 사회적 습속 안에서 일어날 수밖에 없는 한편, 시장 자체가 시민성을 증진하는 기능도 갖고 있다. 또한, 시민사회와 시장 모두 비폭력적 과정을 필요로 한다. 시장에서는 시민사회와 마찬가지로 낯선 외부인과 의사소통하고, 협상하며, 신뢰를 얻어야 한다. 더구나 시장질서에서 노동력은 순수한 상품으로만 간주될 수 없으며, 노동행위는 사회적 활동의 일환으로 이해되어야 한다. 가족 안에서 비시장적 생산활동이나 자선단체에서 노동이 있으며, 취미나 여가로 이뤄지는 노동, 의사소통과 관계된 노동이나 종교활동도 있다.

이런 측면에서 최근에는 시장질서를 시민화(civilizing)하는 힘으로서 시민사회에 대한 관심이 증가하고 있다. 시장의 주요 행위자인 기업에 대해서도 이익 극대화를 배타적인 행위동기로 가정하는 데서 벗어나 기업의 사회적 책임(corporate social responsibility)을 강조하는 논리가 제시되었다. 기업행위로 인한 직접적인 결과인 환경오염, 소비자 문제 등에 대해서 기업이 책임을 다한다는 차원을 넘어서, 빈곤 문제, 인종차별, 지역사회 활성화 등의 사회적 목적에 기업이 기여하는 것을 목표로 한다. 한발 더 나아가, 시장의 독과점과 정보비대칭이 경제적 약자를 양산하고 재생산하는 문제에 대응하기 위해 지역 공동체의 자립과 공생을 지향하는 사회적 경제(social economy), 그리고 이윤추구의 목표가 아니라 사회적 목적을 추구하는 사회적 기업 등이 새로운 기업유형으로 주목받고 있다. 이와 같이 시민사회는 시장이 약점을 보이는 곳에서 서비스를 제공하고, 신뢰와 협조를 포함하여 성공적인 시장경제를 뒷받침하는 사회적 가치와 네트워크 및 기관들을 육성할 수 있다. 나아가, 자발적 결사체들은 보건과 복지에서 민간서비스의 제공자가 될 수 있으며, 사회 전반의 투명성 확대에 기여할 수 있다.

참고자료

| 기업의 사회적 책임(CSR: Corporate Social Responsibility)과 공유가치창출(Creating Shared Values)
'기업의 사회적 책임'은 기업이 주도적으로 나서서 사회적으로 유익한 기능을 수행하는 것을 말한다. CSR은 환경경영, 윤리경영, 사회공헌, 노사공생, 지역사회 활성화 등 다양한 방식으로 수행될 수 있다. 가장 단순하게는 기업의 이윤을 통해서 자선사업을 펼칠 수 있고, 취약계층에게 일자리 및 사회서비스 제공 등의 사회적 목적을 달성할 수도 있다. 친환경 사업목표를 세워서 탄소배출을 절감하는 것도 한 방법이다. 영업 이익의 일부를 사회적 목적을 위해서 재투자하거나, 지역 공동체에 투자할 수도 있다. 고용관계에서 공정하고 윤리적인 대우를 통해서 CSR을 수행할 수도 있는데, 다국적 기업의 경우 모국에 비해 느슨한 노동규제를 가진 국가에서 이러한 윤리경영을 실천할 수 있다.

2008년 글로벌 금융위기 이후 기업과 사회의 관계에 대한 전면적인 재인식이 일어나게 되었는데, 기업이 경제적 가치를 위해서 사회적 가치를 희생하는 관계를 바꾸어 두 가지가 공존하고 시너지가 나게 하는 데 목표가 있다. CSR이 기업과 사회의 관계를 독립적인 것으로 전제하고, 창출된 이윤에 대한 윤리적이고 공생적인 사용을 추구한다면, CSV는 생산과 공급단계에서부터 공유가치를 창출해야 한다는 것이다. CSR이 시혜적이고 외부압력에 대한 수동적인 대응이라면, CSV는 사회적 가치를 투자로 인식하며 사회공업을 주체적으로 설계하자는 논지이다. 가령, 기존의 공정무역(fair trade) 방식에서는 상대적으로 고가에 현지 커피를 구매하는 전략이었다면, CSV에 따르면 현지에서 품종개량과 혁신농경을 전수하여 현지 사회를 발전시키고 기업가치도 성장하는 결과를 얻을 수 있는 것이다.

| 협동조합
협동조합은 경제적 약자나 중소상공업자 및 일반 소비자가 상부상조를 통해서 물자의 생산, 판매, 구매, 소비 등의 경제행위를 해나가는 것을 말한다. 자본주의와 시장의 불완전성에 대한 대안 내지는 대응방식으로 주목받고 있다. 미국, 덴마크, 네덜란드 등의 낙농협동조합의 경우, 대기업의 시장 독과점 문제에 대응하여 소비자협동조합을 조직함으로써 조합원들에게 수익을 배분하고 혁신을 통해서 기업으로 발전해 간 사례들이 다수 존재한다. 있다. 신용부문에서도 정보비대칭을 이용한 고리 대출에 대응해서 지역사회의 신뢰에 기반한 신용협동조합이 활성화되었다. 믿을 수 있는 먹거리에 대한 수요가 증대하지만, 시장거래의 비인격적 특성으로 인해 소비자 신뢰를

확보할 수 없는 조건에서 친환경농식품에 대한 생활협동조합이 활성화되고 있다.

한국의 경우, 고도성장기 농협, 신협, 새마을금고와 같은 관제 협동조합은 정부주도의 경제개발의 파트너로 기능해 왔는데, 1980년대 후반부터 자발성에 기초한 새로운 협동조합이 등장하기 시작했다. 대표적으로 소비자공동구매협동조합은 최근까지 가장 성공적으로 확대되어온 조직유형이라 할 수 있다. (아래 그림 참조)

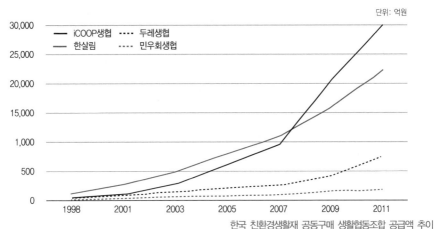

한국 친환경생활재 공동구매 생활협동조합 공급액 추이

자료: 각 연합조직 총회자료집. 장종익 (2012) "협동조합기본법 제정 이후 한국협동조합의 역할과 과제." 『동향과 전망』 제86권에서 재인용.

2011년 12월에 협동조합기본법이 제정되어 다양한 분야에서 협동조합이 설립될 수 있게 되었다. 이 법에 따르면 협동조합은 주식회사와는 달리 1인 1표의 민주적 운영원리에 따르며, 일반협동조합이나 사회적협동조합을 통해서 영리/비영리 부문에 걸쳐 설립이 가능하다. 기존 회사와 달리 소규모 창업을 진작하고 취약계층 자활을 통한 '공생발전'을 지향한다.

4) 국가-시장-시민사회 거버넌스

앞서 보았던 바와 같이 기본적으로 정부는 중앙집권적 계획과 통제를 운영원리로 삼는 반면, 시장은 쌍방간 이해관계 합치에 따른 교환관계가 지배하며, 시민사회는 시민 간 호혜성과 연대의 원리에 기반한다. 이것은 어디까지나 이론상의 조직원리일 뿐이고, 실제 세계에서는 각각의 영역이 상호작용할 뿐 아니라 영역의 중첩과 전이가 일어나고 있다. 최근 주요 부문 간 기능과 운영의 차별성과는 별도로, 주요 부문 간 협력적 거버넌스를 대안으로 제시하는 이론에 따르면 정부, 기업, 비영리단체 등은 더 이상 대립관계가 아니라 공생하는 동반자이며, 각 부문은 거버넌스를 이루는 일부일 뿐, 수직적 위계는 지양해야 할 것으로 간주한다.

국가 행정 분야에서는 경직적인 관료제 패러다임에서 벗어나 시장체제의 경쟁성과 유연성을 도입하여 효율성을 증대하는 신공공관리(new public management)가 대대적으로 도입되었다. 정부는 시민사회의 참여를 정책 입안 단계부터 개방함으로써 양질의 거버넌스를 구축할 수 있다. 예를 들어, 예산편성 과정에 시민이 참여함으로써 재정운영의 투명성과 책임성을 제고하는 주민참여예산제도가 있다.

시장기제와 기업 행위자는 생산자 집단이나 소비자를 대상화하지 않고 그들의 생활안정과 복리증진을 함께 도모함으로써 이윤 가치와 사회적 가치를 두루 달성할 수 있다는 인식이 확산되고 있다. 기업이 이윤만을 배타적으로 추구하고 그에 따라 발생하는 사회적 비용을 외면하는 게 아니라, 사회적 가치를 주요 기업활동에 반영하는 '기업의 사회적 책임'(corporate social responsibility)이 대두되는 것이다. 주요 대기업들은 공익재단 설립이나 사회적 기업 지원 사업 등을 통해서 소비자 신뢰구축과 기업 이미지 제고에 힘쓰고 있다.

시민사회의 경우에도 순전히 자발성과 상호부조에만 의존하는 것이 아니라, 정부 및 기업과의 파트너십을 구축함으로써 시너지를 발휘할 수 있게 된다. 이와 같이 국가, 시장, 시민사회라는 세 주체는 견제하고 갈등하는 관계에서 벗어나, 협력하고 공생해서 시너지를 낼 수 있는 관계로 재인식되고 있다. 현대 사회에는 3자간 협력에 중점을 두며, 정부는 기업처럼 효율적으로 작동하면서 시민사회의 견해를 보다 많이 수렴하고, 기업은 기업시민으로서 사회적으로 보다 많은 책임을 지게 되었을 뿐만 아니라 공공부문의 일부를 운영하게 되었으며, 시민사회는 정부의 거버넌스 영역과 경제의 특정 부문을 담당하게 되었다. 다음 <그림>에서 보듯이 대부분의 나라에서 시민사회 부문은 자발적인 회원의 회비만이 아니라 정부재정을 통해서도 자원조달을 하고 있다. 이처럼 시민사회는 애초에 국가나 정부와 차별화된 공간으로 부상하였지만, 현재는 상호간의 융합과 파트너십을 통한 사업추진이 빈번하게 벌어지고 있는 것이다. 하지만, 정부조직 내부에 성과, 경쟁, 효율 같은 원리를 도입한 이래, 비영리단체에 대한 지원에 있어서도 성과와 효율의 원리에 따른 차등 배분 등을 도입하는 추세이다. 기업이 시민사회에 대한 지원을 늘림에 따라, 시민단체가 시민의 자발적인 참여가 아니라 자본에 의존하는 재원구조에 대한 우려도 제기된다. 국가 및 시장과의 융합이 시민사회의 자율성을 훼손하고, 시민사회마저 시장화의 위험에 노출된다는 문제가 노출되고 있는 것이다.

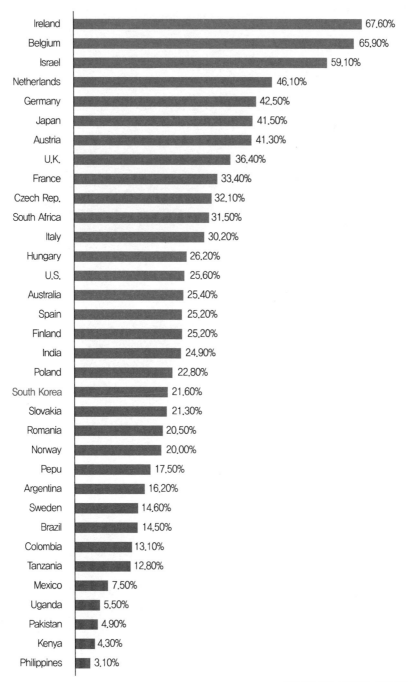

Ireland	67.60%
Belgium	65.90%
Israel	59.10%
Netherlands	46.10%
Germany	42.50%
Japan	41.50%
Austria	41.30%
U.K.	36.40%
France	33.40%
Czech Rep.	32.10%
South Africa	31.50%
Italy	30.20%
Hungary	26.20%
U.S.	25.60%
Australia	25.40%
Spain	25.20%
Finland	25.20%
India	24.90%
Poland	22.80%
South Korea	21.60%
Slovakia	21.30%
Romania	20.50%
Norway	20.00%
Pepu	17.50%
Argentina	16.20%
Sweden	14.60%
Brazil	14.50%
Colombia	13.10%
Tanzania	12.80%
Mexico	7.50%
Uganda	5.50%
Pakistan	4.90%
Kenya	4.30%
Philippines	3.10%

시민사회 부문 정부재정 의존도(1995-2000년)
자료: Salamon and Sokolowski(2014)

토론 주제

1. 시민사회는 국가나 시장이 낳는 폐해를 시정하는 기능을 하는가?

2. 시민사회가 정부나 기업의 지원에 의존하면 어떤 문제가 발생할까? 재정지원을 받는다면 어떤 조건이 필요할까?

3. 시민사회에 대한 정부개입의 한계는 어디까지인가?

4. 기업이 시민단체의 일원이 될 수 있나?

5. 경제적 이해관계와 시민사회의 시민적 활동의 경계는 어디인가?

4. 시민사회 영역의 확대: 세계시민사회

1) 세계시민사회의 등장

1980년대 후반부터 세계화(globalization)가 진전되면서 삶의 방식뿐만 아니라 정치, 경제, 사회, 문화 등 모든 영역에서 전 지구적 전환이 이루어지게 되었다. 세계화는 인적 유동성의 증가, 커뮤니케이션의 발달, 무역과 자본이동의 폭증, 테크놀로지 개발의 결과로 등장하였는데, 세계 한 부분에서 발생한 사건이 멀리 떨어져 있는 사람과 사회에 더 큰 영향을 미치게 되었고, 다수의 이슈들이 전 지구적으로 상호연결되고 상호작용하게 되었다. 세계화로 인하여 인간과 국가, 국가와 국가, 국가와 국제사회 간 상호연계가 증가하면서 지속적인 경제성장과 세계 경제 발전의 새로운 기회가 창출되었다. 반면, 세계화는 급속한 변화와 조정과정에서 빈곤과 실업, 사회적 분열, 금융위기, 에너지 위기, 식량위기, 환경위험 등을 초래하기도 하였다. 즉, 세계화는 통합 및 상호의존 증대라는 측면과 분열 증대라는 측면이 공존하는 모순을 내포하고 있다.

세계시민사회(global civil society)는 이러한 세계화를 배경으로 부상하게 되었다. 우선 환경, 인권, 난민, 기아, 개발 등 국가 차원에서 해결하기 어려운 초국적 문제들이 등장하면서 국민국가의 주권과 통제가 약화되는 등 국가 중심의 통치체제가 도전에 직면하였다. 또한 세계화 시대 이데올로기인 신자유주의가 확산되면서 탈규제, 민영화, 자유화 등 국가에 대하여 경제영역이 우위를 점하게 되었다. 이 점에서 새롭게 야기된 문제와 갈등을 해결할 수 있는 새로운 통치모델의 필요성이 요구되면서 전지구 거버넌스(global governance)가 등장하였다.

전지구 거버넌스는 세계화 시대 새로운 정치, 경제, 사회적 환경으로 인하여 국민국가 중심의 통치방식이 한계를 보이는 상황에서 과거와는 다른 방식의 관리, 운영체제가 필요하다는 인식에 기초하고 있다. 또한 초국가적 이슈의 등장으로 인하여 문제해결에 있어 지구촌 다수의 국가와 시민들의 동의를 구해야 하는 필요성이 강조되면서, 풀뿌리 차원의 결사체로부터 초국적 연합체에 이르기까지 다양한 행위자의 역할이 중요해지게 되었다.

다른 한편으로 세계시민사회의 등장은 세계화에 대한 반작용의 결과라고 볼 수 있다.

세계화가 경제적 혜택을 가져오기도 하였지만 불균등한 분배와 갈등, 분열을 초래하기도 하였다. 세계화 과정의 희생자이자 자본주의 혜택으로부터 소외된 시민들은 거부자(rejectionist), 개혁론자(reformist), 대안론자(alternatives) 등 세계화에 대한 전 지구 시민운동의 주역들로 등장하게 되었다. 이 점에서 세계시민사회는 경제적 세계화가 파생하는 현상에 대한 대안으로 훨씬 덜 폭력적인 세계의 비전을 담고 있는 담론공동체라고 볼 수 있다. 권력을 공유하는 담론적 장치들을 통해 평화적인 세계공동체를 만들어가자는 제안인 동시에 비전인 것이다.

결국 세계시민사회는 "가족, 정부 및 시장의 제도적 복합체 외부에 위치하면서 국가 단위의 사회, 정치, 경제의 한계를 넘어 작동하는 사상, 가치, 기구, 조직체, 연결망 및 개인들의 사회적 영역"으로 정의된다(안하이어 2002). 특히 1980년대 이후 세계시민사회의 활성화는 "2대 혁명(경제성장, 커뮤니케이션 혁명), 3대 실패(정부실패, 시장실패, 자원섹터 실패), 4대 위기(복지국가, 개발, 환경, 사회주의의 위기), 3대 압력(위로부터, 아래로부터, 밖으로부터의 압력)이 주요 배경"(Salamon 1994)이 되었다고 볼 수 있다.

현재 세계시민사회에는 국제 네트워크 사회운동, 캠페인 등이 포함된다. 국경을 넘어서는 멤버십 기반의 다양한 INGO들이 활동을 전개하고 있다. 이들은 국제사회 쟁점에 대한 긍정적이고 도덕적인 세력의 의미와 새로운 글로벌 규범(인권, 환경협력, 빈곤퇴치, 평화 등)이 개발되는 메커니즘의 의미를 내포한다. 특히 INGO들이 '전지구 NGO 혁명'을 일으키면서 활발하게 활동 중에 있는데, 이들은 국제 차원에서 국제연합(UN)의 역할이 확대되는 상황에서 전국적으로, 지역적으로, 사회 전체 차원에서 급진적인 조직화를 통해 이루어졌다고 볼 수 있다.

참고자료

| 전 지구 거버넌스(global governance)
본래 거버넌스는 20세기 후반 등장한 외적 환경변화에 대한 국가의 적응을 의미하며, 다른 한편으로는 사회체계의 협조적 조정과 그 과정에서의 국가의 역할에 대한 새로운 개념적, 이론적 표현으로 볼 수 있다. 이를 국제 차원으로 확장시키는 경우, 전 지구 거버넌스는 정부 간 혹은 국가 간의 협조뿐만 아니라 국제기구, 비정부기구, 다국적기업, 세계자본시장, 세계 언론매체 등의 다양한 세력들이 자발적 상호협력체제를 만들어 당면한 문제를 해결하고자 하는 의사결정과정으로 정의할 수 있다(주성수 2000).
전 지구 거버넌스 개념은 1990년대 새로운 세계 정치경제 질서의 등장과 관련성을 지닌다. 냉전 이후 안보, 군사 및 정치 이슈(high politics)에 국한되어 있던 무게 중심이 경제, 문화, 인권, 환경 등의 연성이슈(low politics)로 확산 혹은 강화되어 가는 세계질서를 이해하기 위한 통합적이고 포괄적인 분석 틀이 필요하게 되었다. 더 이

상 한 국가가 자국의 문제를 국가 간 외교, 군사관계로 해결할 수 없고, 다양한 행위자들과 상호관계, 협력이 필요하게 됨에 따라 전지구 거버넌스가 등장하게 된 것이다.

전 지구 거버넌스는 정책결정에 있어 신뢰와 네트워크에 근거한 수평적 연계를 전제로 하고 있어 개인과 집단의 다양한 참여를 허용하면서 동시에 개인의 공공이익 추구의 집단행동 딜레마도 해결할 수 있는 장점을 지닌다. 즉 민주성과 효율성 양자를 모두 만족시킬 가능성이 높다고 할 수 있다.

1999년 시애틀 WTO 전투(WTO Protest in Seattle)

자료: http://wspaper.org/article/7247

시애틀 전투는 사회운동에 의한 정치적 행동의 대표적 사례로서 느슨한 조정, 운동 내 다양한 목표를 지닌 다양한 세력의 존재 등 다수의 사회운동에 공통적으로 나타나는 특징을 모두 포함하였다.

1999년 세계무역기구(WTO) 장관회의가 시애틀 개최로 결정되자, 무역과 경제발전에 대한 주류 국제 규칙에 반대하던 반세계화 세력, 노동 세력, 환경단체 등이 결집하면서 시위가 발생하였다. WTO 회의 몇 달 전부터 랄프 네이더 시민조직에서 일하고 있던 마이크 돌란(Mike Dolan)은 시애틀로 이동하여 WTO 저항시위를 조정하고, 참가자들에게 물류 지원을 제공하였다. 돌란은 또한 미국노동총연맹(AFL-CIO), 시에라 클럽 등과 같은 기존의 조직들과도 긴밀한 연계를 유지하였다.

기존의 조직화된 단체들은 평화적 행진을 선호하였지만, 자본주의에 근본적으로 반대하는 무정부주의자, 녹색평화 활동가, 반자본주의 단체 등은 길거리 공연과 소요를 주도하기를 원하였다. 이들은 느슨하게 연결된 직접행동네트워크(Direct Action Network: DAN)를 결성하여, 기존 조직들과는 적정한 거리를 유지하면서 운동을 전개하였다.

시위는 1999년 11월 30일 발생하였다. 직접행동네트워크 활동가들은 회의장 주변 교차로에 방어벽을 세웠고, 이에 따라 대부분의 대표들이 회의장에 제 시간에 도착하지 못하였다. 이들은 녹색거북이 복장을 하고 거리 공연을 하거나, 거리 성토대회를 개최하였고, 학생들과 행진을 진행하였다. 오후에는 2만 5천 명에서 5만 명에 이르는 노동자들의 행진이 이어졌다.

경찰은 시위자의 수, 비조직적이고 불규칙한 전술 등에 압도당하여 제대로 대응하지 못하였다. 시위대와의 대결에서 경찰은 최루탄, 후추 분사기 등을 사용하였지만, 부상자는 거의 없었다. 이후 경찰은 신속한 대응이 부족했다는 점에서 비난받았고, 시애틀 시정부는 지나치게 많은 사람들을 체포했다는 점에서 비난 받았다.

시애틀 전투는 노동단체와 급진적 활동가들을 하나의 목적으로 단합하였다는 점에서 의미가 있었다. 또한 미국 내에서 또한 국제적으로 '반세계화' 구호가 확산되도록 만들었다. 이후에도 WTO는 회의 때마다 대규모 시위에 직면하였지만, 시애틀 전투만큼 규모가 크지는 않았다.

시비쿠스(CIVICUS)

시비쿠스는 지방, 국가, 지역, 국제 수준의 영향력 있는 조직들의 네트워크이며, 시민사회를 포괄하고 있는 회원 및 파트너들의 국제 연대이다. 시민사회의 개념에는 시민사회네트워크 및 조직, 노조, 신념 기반 네트워크, 전문 결사체, NGO 역량강화 조직, 자선재단 등이 포함된다.

시비쿠스는 전 세계에서 시민활동과 시민사회 강화를 위해 활동하는데, 특히 참여민주의와 결사체의 자유가 위협받는 곳에 중점을 둔다. 시비쿠스는 더욱 정의롭고 공평한 세상을 만들기 위하여 적극적이고 참여적인 시민들의 전 지구 공동체를 비전으로 하고 있다. 또한 이들은 지식공유, 공통의 이해관계 대표, 전 지구 제도 구축, 다양한 부문들 간 연계의 구심점을 제공하고자 한다.

핵심 가치로는 정의와 평등, 상호호혜성, 지식, 비전, 주의에 의거한 용기이며, '영향력', '연계', '역량부여'를 목표로 한다.

시비쿠스에서는 국제 차원의 시민운동에 대해 다음과 같이 설명하였다(CIVICUS 1994).

"계급과 종교, 인종이 다른 모든 사람이 민주주의와 인권을 수호하고 더 형평적인 개발과 더 안전한 환경을 위해, 혹은 자신들의 이웃과 지역사회에서 도움이 필요한 사람들을 돕고 일상 삶의 질을 향상시키기 위하여 조직을 구성하였다. 오늘날 두드러지게 나타나고 있는 특징은 이러한 연대와 공공영역에 대한 책임의 미덕을 글로벌 차원으로 확대해 가고 있다는 점이다. 더 광범위한 시민 참여와 더 강력한 시민 영향력을 지향하는 대규모 운동, 거의 보편적인 운동이 하나의 새로운 현상으로 자리 잡았다."

자료: http://www.civicus.org

2) 세계시민사회의 쟁점

❶
대표성

민주주의에서 정통성(legitimacy)은 선거 등 합법적 절차와 제도뿐만 아니라 국민 다수의 지지를 받는 실질적 정통성에 기초한다. 이 점에서 세계시민사회에서 활동하는 NGO들은 대의제에 대한 도전이기보다 이를 지지하는 보충자 역할이며 대의제와 상호보완적 관계가 될 수 있다. 국제사회의 국가 정부는 국민의 대표자라고 간주될 수 있지만, 한편으로 정부는 국내의 승자만을 대표한다고 볼 수 있다. 즉 국가 정부란 국내에서 통치의 정통성을 지닐 수 있겠지만, 국제 차원에서 시민들이 정통성을 부여한 것은 아니다. 이 점에서 세계시민사회가 오히려 전지구 차원에서 시민들을 대표할 수 있다. 특히 NGO들은 지리적으로 다양하게 분포되어 있고, 제도권에서 목소리를 낼 수 없는 사람들의 목소리를 대변하면서 참여 공간을 마련할 수 있기 때문이다.

그러나 세계시민사회 대표성에 있어 문제는 어느 누구도 합법적 절차를 거쳐 공식적으로 정통성을 부여하지 않았다는 데 있다. NGO들이 모든 시민을 대표하는 것이 아니며, 때로는 특정 사회집단만을 대표하기도 한다. 예를 들어, 저개발국의 빈곤층의 목소리를 대변하는 단체들의 대표는 대부분 선진국에 기반을 둔 엘리트 집단들인 경우가 많다. 이 점에서 "일반 대중의 목소리가 자주 우렁차며 분명하게 들리지만, 전혀 평등하지 않다"고 볼 수 있다.

❷
투명성

투명성과 개방성은 민주주의의 필수 조건이다. 토론과 투표과정은 공개되어야 하고, 공론화가 이루어져야 한다. 국제협상에서는 비밀주의가 전통적 규범이 되면서 중요 협상은 대부분 밀실에서 이루어졌다. 이 점에서 세계시민사회는 비밀주의 관행에 도전하였다고 볼 수 있다. 세계시민사회는 어떻게 권력이 내부에서 혹은 권력 사이에서 행사되는가를 밝히기 위하여 국제제도의 절차 운영의 투명성을 주장하였다. 투명성에 대한 강조는 민주적 권리의 강화로 나타나게 되었다.

국제영역의 NGO들은 이슈마다 국제협상에 직접 참여하여 정보를 제공함으로써 교육에도 중요한 역할을 담당하였다. 즉 기후변화, 제3세계의 부채, 지적재산권 등 문제들에 있어 능동적 시민들이 정보를 얻고 참여할 수 있는 보편적 토론기회를 부여하였다.

그러나 모순적이게도 지출내역과 지출처를 공개하는 NGO는 많지 않다. 또한 저개발국 빈민층을 대상으로 하는 NGO의 경우에는 자치권력 과정을 개인화함으로써 공공복지의 개념을 사익의 개념으로 환원시켰다는 점에서 사적 민주주의로 변질되었다는 문제도 지니고 있다.

❸
참여

시민이 정치에 참여할 권리는 민주주의의 핵심이 되며, 시민사회는 다수의 소외되었던 공동체들로 하여금 전지구 거버넌스에 참여할 수 있도록 했다는 점에서 의미가 있다.

이는 대의제 민주주의에서 참여 민주주의로의 확장을 의미한다. 전통적 민주주의에서는 시민들이 이웃 공동체, 즉 선거구로 집약된다. 그러나 참여민주주의에 있어 시민들은 이익공동체(communities of interest)로 집약된다. 현대 정보기술, 커뮤니케이션의 발달 덕분에 이러한 이익공동체들이 지역과 마찬가지로 전 지구적으로 쉽게 연결될 수 있었다.

❹
책임성

그 동안 국제 영역에서 국가 간 협상 시 국가의 입장은 내부의 전문적 지식과 외부 정보에 의해 점진적으로 형성되고 특징지어지며 지속적으로 재조정되어 왔다. 세계시민사회에서는 이러한 분위기를 투명성과

심의의 관점에서 변화시키면서 규범 강화를 주장하였다. 글로벌 거버넌스 문제에 있어 전통적인 민주주의의 영향이 약하다는 점이 세계 대부분의 시민들이 국제기구들에 대한 민주적 책임성을 요구하고 있는 하나의 이유라고 할 수 있다.

그러나 전지구 정치 영역에서 책임성은 복잡한 문제이다. 세계시민사회의 활동이 제도의 권한을 법치(rule of law)로 구속할 수 있는지, 통치자들의 책임을 강화할 수 있는지, 개인의 권한 혹은 공동체가 침해받는 경우 이를 시정할 수 있는지, 정치적 권한 남용의 한계는 있는지 등 누구의 책임이고 무엇을 위한 책임인지가 쟁점이 될 수 있다.

1. 전지구 시민사회는 가능한가?

2. 국가가 해결하지 못하는 문제들을 세계시민사회가 해결할 수 있는가?

3. 새로운 기술이 시민사회를 변화시킬 수 있는가?

5. 시민사회의 미래: 전망과 과제

1) 대의민주주의 한계

현대 대의민주주의는 민주주의 결손과 민주주의 제도에 대한 시민들의 불신에 의해 위기를 맞고 있다. 즉, 많은 시민들은 점차 선거에 참여하지 않고 또 정책에도 관심을 갖지 않으며 민주주의 제도에 대해 냉소와 불신을 갖고 있다.

퍼트남(Putnam 2000)은 대의정부와 정치에 대한 불신의 요인을 첫째, 정부와 의회 등 민주주의 제도의 성과 실패에서 찾고 있다. 즉, 시민의 이해와 욕구에 부응하지 못한 정부, 정치인의 역량과 충실도의 쇠퇴 및 사회자본의 쇠퇴를 지적한다. 여기서 사회자본이란 공조와 참여의 문화적, 시민적 복합 네트워크를 의미하며, 시민들의 사회적 신뢰에 기초한 자율적 연대인 가족, 교회, 자발적 결사체가 포함된다. 둘째, 시민이 정부와 제도의 실정에 대해 부정부패 등 부정적인 정보를 더 많이 갖게 된 점과 실적에 대한 평가의 기준이 복잡함에 따른 정부성과를 평가함에 있어 실패했다는 점에서 찾고 있다.

엘리트 간의 경쟁을 강조하는 대의민주주의는 시민을 무력한 시민의 모습으로 부각하고 있다. 즉, 시민들은 정부와 정치에서 자신의 의견이 반영되지도 않고 자신의 역할이 영향력도 갖지 못한다는 무력감을 느끼고 있다는 것이다. 또한 소수의 정치엘리트 집단과 이익집단 주도적인 로비활동에 의해 돈과 조직을 갖춘 거대 정치집단과 이익집단들의 활성화를 조장하지만 비조직화된 집단들이 정책에 접근하는 것을 허용하지 않고 있다는 약점을 갖고 있다.

민주주의는 시민들의 물질적 이해와 사회복지 욕구를 충족시키는 것뿐만 아니라 모든 시민들에게 자신들의 비전과 정체감을 확대시킬 수 있는 조건들을 제공하는 것이다. 그러나 시민의 선거참여에 기초하는 자유민주주의 이론과 시민참여의 현실 사이에 심각한 괴리가 존재한다. 즉, 정치엘리트와 관료들이 대의 민주주의에서 핵심적 역할을 하는 것으로 전제한 자유민주주의는 시민의 정치참여를 시민들의 성장과 개발에 필수적인 것으로 중시하지 않는다는 점이 문제점으로 지적된다.

특히, 선호집합적 의사결정 구조를 강조하는 대의민주주의는 민주적 시민이 자유롭고 평등하다는 이상을 충족시킬 수 없고, 시민은 자기통치적이며 그들이 수용한 법률에만 복종한다는 이상과 배치되고 법률은 정의와 공동선을 촉진해야 한다는 이상을 실현하지 못한다.

결론적으로 대의민주주의의 한계는 다음과 같다. 첫째, 자유주의 가치와 실천을 유지하는 규범적 이상을 성취하는 데 실패하고 있으며, 시민들이 자신의 집단적인 운명에 대해 목소리를 낼 수 있는 채널을 제공하는 데도 실패하고 있다. 둘째, 가치 다원화 시대에 각 개인들의 선호에 대한 질적 특성을 효과적으로 수렴 및 반영하지 못하고 있다. 셋째, 개인들의 선호 형성 및 표출에 대한 사회제도적 영향을 소홀히 다루고 있다.

2) 대안

❶
참여민주주의

공동체와 자치적 시민과 관련되어 시민 각자가 개인으로서 자신에게 관련되는 공동체의 규율과 규제를 형성하는 일에 관여하는 과정으로서, 대의정부하에서 시민들이 직접 공적인 업무를 담당하지는 않더라도 정치과정에 적극적인 관심을 갖고 참여함으로써 민주주의를 활성화시키는 것을 목표로 하는 체제이며, 시민들이 자신들이 선출한 대표들에게 상당한 접근과 영향력을 갖고 있는 체제이다.

 참고자료

> | 참여민주주의의 특징
> - 대표들이 시민들의 요구에 상당히 호응하는 개방적 과정이며, 여론조사가 상당한 영향력을 행사하는 체제이다.
> - 정치적 활동을 통해 시민들이 계몽된 토의에 참여하며, 타인의 견해를 이해하게 되고 공동체와 국가의 필요에 정서적 동의를 하게 된다.
> - 시민들 사이의 공적판단은 상호의존적 심사숙고와 결정의 조건에서 상호작용을 하는 시민들에 의해서만 행사된다.
> - 작업장과 지역공동체를 포함하는 사회의 핵심제도를 시민들의 직접 참여에 의해 규제한다.
> - 자유민주주의의 제도인 정당, 선거 그리고 의회의 필요성을 인정한다.

페이트만(C. Pateman 1970)은 참여민주주의가 인간발전을 장려하고 정치적 효용성을 고양하고 권력중심으로부터 소외감을 감소시킴으로서 집단적 문제에 대한 관심을 불러일으킨다고 지적한다. 그리고 참여민주주의가 정부의 일에 대하여 더 민감한 관심을 가질 수 있는 보다 적극적이면서 통찰력 있는 시민의 형성에 도움이 된다고 보고 있다. 참여민주주의는 자유민주주의 체제에서 시민들의 수동성과 정치인들의 억압이라는 악순환을 깨기 위해서 시민들이 공공현안에 직접 참여할 것을 주장한다. 즉, 자유민주주의는 시민들이 참여하지 않고, 시민 개개인의 탈정치화 조장과 정치적 무관심을 심화시키고 있기 때문에 이를 해결하기 위해서는 시민들의 정치 참여를 촉진하여야 한다는 것이다.

참여민주주의의 새로운 참여방식은 자신들의 의사를 정책에 반영시키는 대안으로서 시민사회단체를 통한 보다 조직화된 참여에 있다. 시민사회단체는 민주주의 발전에 독특한 기능을 수행한다. 즉, 사회적 공론의 장, 대의민주제 감시자, 정책결정에 직접 참여하기를 바라는 시민의 참여 매개 역할이다. 그러나 시민사회단체의 대표성과 정치참여에는 한계가 존재한다. 참여민주주의 확대는 정치위기를 초래할 수 있으므로 기존의 대의민주주의가 잘 작용할 수 있도록 자극해서 투명성과 책임성을 제고하도록 하는 보충적인 역할을 수행하여야 한다.

경쟁적 정당과 직접민주주의 조직을 연결하는 체계를 제안한 맥퍼슨 (C. B. Macpherson 1979)은 정당이 직접민주주의의 원칙과 절차에 따라 민주화된다면, 그리고 이러한 실제로 참여하는 정당이 작업장과 지역공동체에서 스스로 관리하는 조직에 의하여 보완되고 통제되는 의회구조 안에서 움직인다면, 참여민주주의를 위한 하나의 실질적인 토대가 만들어진다고 주장한다.

그러나 참여민주주의에 대해 다음과 같은 한계가 지적된다. 첫째, 정치체제 차원의 갈등 증대이다. 사회개혁을 요구하는 시민들과 현상유지를 고수하는 관리들 사이의 갈등이 심화된다는 점이다. 둘째, 정부정책결정상의 문제이다. 참여와 합리적 정책결정 사이의 갈등이 발생된다. 이질적인 참여자가 정책결정과정에 참여함으로써 합의 도출에 어려움을 초래하기 때문이다. 셋째, 사회차원의 평등의 쇠퇴이다. 참여의 효과에 대한 기대와는 정반대로 권력의 재분배보다 집중이 심화되어 평등의 쇠퇴를 가져온다. 참여의 자원과 기술, 그리고 설득의 능력에 있어 불평등성이 존재하며, 정치적 영향력의 불평등성을 심화시킨다. 마지막으로 의사결정의 질에 대한 문제이다. 대중의 직접참여를 통해 의사결정의 자율성을 확보하는 과정에서 중재되지 않은 이해관계들이 직접적인 영향력을 행사하는 것이 의사결정의 질을 향상할 수 있는지에 대해 의문이 제기된다. 즉, 참여만의 증대가 아니라 충분한 시간과 지식의 제공을 통한 참여자들의 권한강화와 의사결정에 대한 성찰과 책임의식의 동반이 필요하다.

❷
심의민주주의

심의민주주의는 의사결정에 대한 개방적이고 폭넓은 참여와 참여자들의 자기성찰적 자세에 기초한 심의를 강조하며, 이를 통해 풍부한 토의과정이 참여자들 선호의 전환을 동반함으로써 집합적 의사결정의 질을 높이는 것을 핵심 내용으로 한다. 시민참여는 시민들이 이슈에 대해 생각하고 대안들을 비교하며, 어떤 정책 또는 후보가 적절한지 의사표현을 할 수 있는 개방적이고 신중한 토의를 전제로 할 때 민주정치에 있어 중요성을 인정받는다.

심의민주주의를 공동체 의사결정의 심의적 과정에 정보를 갖춘 시민들의 참여로 정의할 때, 심의민주주의의 조건들은 광범위한 참여, 정보를 갖춘 참여, 심사숙고하는 참여, 신뢰할 만한 결론 등이다.

참고자료

| 심의민주주의 특징
• 개인주의를 비판하며, 공공선을 중시한다. 민주주의는 참여자의 이슈에 대한 지식, 타인의 이해에 대한 인식, 공공업무에서 적극적인 활동자의 역할에 대한 확신을 조장하는 동등하고 포용적인 기초에 근거하는 토론을 포함해야 한다.
• 자유민주주의를 사회적 약자와 소외층의 참여가 배제되고 이들을 옹호하는 시민사회단체 등의 참여가 배제되며, 사회적 불평등이 해소되지 않는 체제라고 문제를 제기한다.
• 심의민주주의에서 훌륭한 시민은 정치적 토의와 심사숙고를 통해 정책결정과정에 참여할 권리가 있다. 대의민주주의는 선거참여, 배심원으로 봉사활동을 하는 시민을 훌륭한 시민으로 보고 있다.
• 정치적 정책결정이 시민들과 시민대표들이 단순한 사익과 제한된 견해를 초월해서 일반적 이해나 공공선에 대해 숙의하는 공공 토론과 대화의 과정에서 생산될 때 정당성을 갖는다.

심의민주주의는 의사결정과정에서 이루어지는 논쟁과 토의가 참여자들로 하여금 서로의 이해관계를 재평가하고 자신의 선호를 성찰 조정함으로써 보다 개방적이고 합리적인 자세를 가지도록 하여 의사결정의 총체적 합리성과 질을 높여 공동의 이익을 창조적으로 모색하는 가능성을 열어준다.

심의민주주의는 의사결정에 있어 참여와 심의의 측면을 가지고 있다. 참여적 측면은 의사결정과정의 포용성을 의미하는 것으로 결정에 영향 받는 모든 행위자들의 폭넓은 참여와 다양한 이해관계의 반영을 통해 집합적 의사결정을 도출한다. 그리고 심의적 측면은 참여자들의 강제되지 않은 담화를 의미한다. 다양한 견해와 가치들의 소통이 이루어지는 담화적 조건 속에서 이루어지는 의사결정은 보다 합리적이고 민주적으로 정당하며, 상호간의 이해와 존중을 자극하여 공동의 이익을 탐색 또는 형성하도록 한다. 따라서 심의민주주의는 심의 과정을 통한 합의를 이룸으로써 민주주의적 정당성뿐만 아니라 의사결정의 책임성을 함께 보장해 주며 의사결정의 질의 향상을 가져온다.

다만, 심의민주주의는 의사결정의 질과 효율성 사이의 딜레마가 존재한다. 이를 해결하기 위한 제도화 방향은 시민사회영역에서 공론의 장을 통한 심의의 활성화(Dryzek 2002)와 시민사회와 국가의 제도영역 사이의 긴밀한 교류와 협력관계를 강화하는 것이다(Young 2000). 두 가지 방안에 대한 이중적 전략이 함께 진행될 필요가 있다. 즉, 참여자들 상호간의 신뢰와 자원과 권력, 책임성을 공유할 수 있는 제도적 기반이 구축되지 못하면 심의과정 자체가 제약 및 왜곡될 수 있다. 즉, 참여자들의 불평등성은 오히려 특정 참여자들의 이해를 과다 반영하는 결과를 도출할 수 있으며, 무임승차자들의 양산을 가져올 수 있다.

결론적으로 심의민주주의는 대의민주주의가 가지고 있는 특성인 민주주의 결손을 보충하는 제도적 장치가 될 수 있을 뿐 아니라 참여민주주의의 민주주의 과잉적 요소를 보완하는 제도적 기초를 제시해 준다. 심의민주주의는 의견불일치의 조정과 참여자들의 신뢰 제고와 함께 유용한 정보와 대안탐색의 기회를 제공함으로써 선호체계 변화를 통해 의사결정에 대한 책임성과 반응성을 보장하는 역할을 할 수 있다. 이를 위해서는 참여자들 상호간의 신뢰에 기초한 지식과 경험, 비전의 공유를 통해 개인과 조직, 제도와 사회문화적 특성들 간의 차이를 넘어서는 새로운 협력체제를 정교하게 설계할 필요가 있다.

1. 대의민주주의는 위기인가? 시민의 직접참여는 대안인가, 보완적 역할에 그치는가?

2. 시민참여에 있어서도 여건에 따른 불평등이 있는데, 이로 인한 참여민주주의의 문제점은 무엇인가?

3. 민주주의도 통치체제인 이상 의사결정의 효율성도 중요한 가치인데, 심의민주주의에 있어 의사결정의 질과 효율성 사이의 딜레마를 어떻게 해결할 수 있는가?

참고문헌

- 데이비드 비탐·케빈 보일(이창호·윤병순 옮김). 1999. 『민주주의를 이해하는 여든 가지 물음』 서울: 오름.
- 로버트 퍼트남(안청시 외). 2000. 『사회적 자본과 민주주의』 서울: 박영사.
- 마이클 에드워즈(서유경 옮김). 『시민사회』 서울: 동아시아.
- 벤자민 R. 바버(이선향 옮김). 『강한 시민사회 강한 민주주의』 서울: 일신사.
- 안하이어, 헬무트. 2002. 『지구시민사회: 개념과 현실』 서울: 아르케.
- 알렉산더 토크빌(임효선·박지동 옮김). 1997. 『미국의 민주주의 I』 서울: 한길사
- 유팔무·김호기 엮음 1995, 『시민사회와 시민운동』, 서울: 한울.
- 정상호. 2013. 『시민의 탄생과 진화』 강원: 한림대학교 출판부.
- 최장집·임현진 공편 1993, 『시민사회의 도전: 한국 민주화와 국가·자본·노동』 서울: 나남.

저자약력

김순영
서강대학교 사회과학연구소 책임연구원

김형철
성공회대학교 민주주의연구소 연구교수

서현진
성신여자대학교 사회교육과 교수

유진숙
배재대학교 글로벌공공인재학부 교수

윤석준
성공회대학교 동아시아연구소 교수

이관후
서강대학교 글로컬한국정치사상연구소 연구원

이은정
인제대학교 시간강사

이재철
동국대학교 정치외교학과 교수

전용주
동의대학교 공공인재학부 행정정책학전공 교수

정하윤
배재대학교 글로벌공공인재학부 시간강사

조희정
서강대학교 사회과학연구소 책임연구원

주장환
한신대학교 중국학과 교수

차재권
부경대학교 정치외교학과 교수

한정택
연세대학교 BK플러스 연구교수

허석재
국회입법조사처 입법조사관

시민이 만드는 민주주의
-민주주의 그리고 시민교육

초판발행   2018년 2월 20일
중판발행   2022년 2월 10일

엮은이   강원택·유진숙
펴낸이   안종만·안상준

편 집   전은정
기획/마케팅   이영조
표지디자인   조아라
제 작   고철민·조영환

펴낸곳   (주) 박영사
             서울특별시 금천구 가산디지털2로 53, 210호(가산동, 한라시그마밸리)
             등록 1959. 3. 11. 제300-1959-1호(倫)
전 화   02)733-6771
f a x   02)736-4818
e-mail   pys@pybook.co.kr
homepage   www.pybook.co.kr
ISBN   979-11-303-0477-9   93340

정 가   19,000원